Stefan Albers
Modellbasiertes Prototyping

Stefan Albers

Modellbasiertes Prototyping

Entwicklung betrieblicher Anwendungssysteme auf der Basis von Metamodellen

Springer Fachmedien Wiesbaden GmbH

Die Deutsche Bibliothek — CIP-Einheitsaufnahme

Albers, Stefan:
Modellbasiertes Prototyping : Entwicklung betrieblicher
Anwendungssysteme auf der Basis von Metamodellen / Stefan
Albers.
(DUV: Wirtschaftsinformatik)
Zugl.: Darmstadt, Techn. Hochsch., Diss., 1995
ISBN 978-3-8244-0266-3   ISBN 978-3-663-12473-3 (eBook)
DOI 10.1007/978-3-663-12473-3

D 17

© Springer Fachmedien Wiesbaden 1995
Ursprünglich erschienen bei Deutscher Universitäts-Verlag GmbH, Wiesbaden 1995

Lektorat: Monika Mülhausen

Gedruckt auf chlorarm gebleichtem und säurefreiem Papier

ISBN 978-3-8244-0266-3

Geleitwort

Die Entwicklung von Anwendungssystemen hat in jüngerer Zeit durch Architektur-modelle, neue Modellierungstechniken und durch eine Vielzahl von Werkzeugen eine wesentliche Unterstützung erfahren. Dennoch wurden die Erwartungen an eine deut-liche Verbesserung der Wirtschaftlichkeit des Entwicklungsprozesses, an eine Verkür-zung der Entwicklungsdauer und an eine Erhöhung der Softwarequalität, insbesondere an die Wartungsfreundlichkeit nicht im erhofften Umfang erfüllt. Es fehlt sowohl an methodischer Geschlossenheit und Durchgängigkeit zwischen den unterschiedlichen Modellierungsebenen und Systemsichten mit der für die praktische Arbeit notwendigen Detaillierung als auch an einer den gesamten Software-Lebenszyklus umspannenden Vorgehensweise, bei der insbesondere zwischen der Erstentwicklung und den nach-folgenden Wartungsphasen keine prinzipiellen methodischen Unterschiede bestehen.

Trotz der zahlreichen Arbeiten auf den Gebieten der Modellierung von Anwendungs-systemen und der Ablauforganisation zur Systementwicklung bietet sich hier genügend Raum für innovative Konzeptionen. Dieser wird vom Verfasser des Buches in einer breit angelegten Untersuchung für die im betrieblichen Bereich im Mittelpunkt stehenden interaktiven und datenbankbasierten Anwendungssysteme genutzt.

Der Autor hat sich mit seiner Schrift zwei miteinander in enger Beziehung stehende Aufgaben gestellt: Zum einen soll in Form von Metamodellen ein geschlossenes System von Modellen für den fachlichen und den dv-technischen Entwurf entwickelt werden und zum anderen soll gezeigt werden, wie diese Modelle in einem am Rapid Prototyping orientierten Vorgehensmodell entstehen und während des Software-Lebenszyklus zugleich die Grundlage für sich wiederholende Wartungsaufgaben bilden.

Die Basis bildet eine Modellarchitektur für die betrachtete Klasse von Anwendungs-systemen. Sie ist in eine fachliche und in eine dv-technische Entwicklungsebene gegliedert. Für beide Ebenen werden jeweils drei spezifische Modellierungssichten gebildet. Die nach dem Entity-Relationship-Modell entwickelten Metamodelle bilden die Grundlage für die Modellierung konkreter Anwendungssysteme. Durch die ein-heitlichen Beschreibungskonstrukte des Entity-Relationship-Modells ergibt sich als besonderer Vorteil eine methodische Durchgängigkeit zwischen den beiden Ebenen. Diese ist eine wichtige Voraussetzung für eine verlustfreie und automatisierte Trans-formation von fachlichen Modellen in dv-technische Modelle sowie für die rechnerge-stützte Dokumentation.

Der durchgehend festzustellende empirische Gehalt der Schrift wird durch ein Vorge-hensmodell bestätigt, das gegenüber den klassischen, phasenorientierten Modellen kürzere Entwicklungszeiten und eine deutliche Verbesserung der Benutzerakzeptanz erwarten läßt. Hervorzuheben ist hier, daß die Aufgaben der Modellierung, der Ent-wicklung des Zielsystems und der nachfolgenden Wartung methodisch eng miteinan-der verflochten sind.

Durch die Betrachtung von Werkzeugen, mit denen das entwickelte Gesamtkonzept unterstützt wird, erhält auch der mehr an der praktischen Umsetzung und Anwendung interessierte Leser brauchbare Anregungen. Einige mit einer Implementierung des vorgestellten Entwicklungskonzeptes durchgeführte Projekte belegen die Tragfähigkeit des Ansatzes.

Insgesamt ist diese ideen- und inhaltsreiche sowie durch breite Erfahrungen in der Softwareentwicklung gestützte Schrift allen bestens zu empfehlen, die sich mit methodischen Problemen auf dem Gebiet der Entwicklung von Anwendungssystemen auseinandersetzen oder nach neuen Wegen bei der praktischen Arbeit suchen.

Prof. Dr. H. J. Petzold

Vorwort

Die vorliegende Arbeit entstand während meiner Tätigkeit als wissenschaftlicher Mitarbeiter am Fachgebiet für Informationssysteme und Datenverarbeitung des Instituts für Betriebswirtschaftslehre der Technischen Hochschule Darmstadt. Sie wurde im September 1995 vom Fachbereich Rechts- und Wirtschaftswissenschaften der Technischen Hochschule Darmstadt als Dissertation angenommen.

Mein Dank gilt meinem akademischen Lehrer, Herrn Prof. Dr. Hans Joachim Petzold, für die Betreuung der Dissertation und für die angenehme und sehr persönliche Arbeitsatmosphäre an seinem Fachgebiet. Herrn Prof. Dr. Wolfgang Domschke danke ich für die Übernahme des Korreferats. Meinen Kollegen während meiner Mitarbeiterzeit, Herrn Dr. Hans-Jochen Schmitt und Frau Dipl.-Wirtsch.-Inform. Susanne Strahringer, danke ich für die zahlreichen fachlichen Diskussionen und kritischen Anmerkungen, die mir immer wieder neue Denkanstöße gaben.

Ein ganz besonderer Dank gilt meiner Frau Susanne, die viel Geduld und Verständnis während der Anfertigung der Arbeit aufgebracht hat und auf viele gemeinsame Abende und Wochenenden verzichten mußte.

Widmen möchte ich die Arbeit meinen Eltern in Dankbarkeit für ihre Unterstützung während meiner Ausbildung, durch die eine Promotion erst möglich wurde.

Darmstadt, im Oktober 1995

Stefan Albers

Inhaltsverzeichnis

Abbildungsverzeichnis

Tabellenverzeichnis

Abkürzungsverzeichnis

3GL	Programmiersprache der dritten Generation
4GL	Programmiersprache der vierten Generation
ADT	Abstrakte Datentypen
ANSI	American National Standards Institute
ANSI/SPARC	ANSI Study Group on Database Management Systems
API	Application Programming Interface
ARIS	Architektur integrierter Informationssysteme, Architekturmodell für betriebliche Anwendungssysteme
ATIS	A Tools Integration Standard, standardisierte Repository-Schnittstelle
AWS	Anwendungssystem
BPR	Business Process Reengineering
CAD	Computer Aided Design
CASE	Computer Aided Software Engineering
CDIF	CASE Data Interchange Format, standardisiertes Datenaustauschformat für Repositories
CIMOSA	Open System Architecture for CIM, Forschungsprojekt im Rahmen des ESPRIT-Programms
CLI	Call Level Interface, prozedurale Aufrufschnittstelle (eines Datenbanksystems)
CUA	Common User Access, Benutzerschnittstellenstandard der IBM
DBMS	Datenbankmanagementsystem
DBS	Datenbanksystem
DBVS	Datenbankverwaltungssystem
DDL	Data Definition Language
DDS	Data Dictionary System
DIN	Deutsche Industrie-Norm
DTP	Desktop Publishing
DV	Datenverarbeitung
E-R	Entity-Relationship
EDV	Elektronische Datenverarbeitung
EIS	Executive Information System
ESPRIT	European Strategic Program for Research in Information Technology, Forschungsförderungsprogramm der Europäischen Union
EVA	Eingabe-Verarbeitung-Ausgabe

GRID	General Repository for Interactive Development, an der TH Darmstadt entwickelte Softwareentwicklungsumgebung
GUI	Graphical User Interface
IDAPI	Integrated Database Application Programming Interface, prozedurale Datenbankaufrufschnittstelle von IBM
IDV	Individuelle Datenverarbeitung
IEC	International Electrotechnical Commission
IFIP	International Federation for Information Processing
IRDS	Information Resource Dictionary System
IS	Informationssystem
ISO	International Organisation for Standardisation
IV	Informationsverarbeitung
LAN	Local Area Network
MIS	Management-Informationssystem
MVS	Großrechnerbetriebssystem der IBM
ODBC	Open Database Connectivity, prozedurale Datenbankaufrufschnittstelle von Microsoft
OMS	Object Management System, Datenhaltungskomponente des Repository bei PCTE
OOA	Objektorientierte Analyse
OODBS	Objektorientiertes Datenbanksystem
OSF	Open Software Foundation, Herstellervereinigung zur Normung offener Systeme
PC	Personal Computer
PCTE	Portable Common Tools Environment, Standard zur Integration und Portabilität von Softwarewerkzeugen
RDBS	Relationales Datenbanksystem
RI	Referentielle Integrität
RM	Relationales Modell
RRM	Relationen-Relationship-Modell
SA	Structured Analysis, datenflußorientierte Analysemethode
SADT	Structured Analysis and Design Technique, graphisches Beschreibungsmittel zur Modellierung von Aktivitäten und Daten
SAG	SQL Access Group, Standardisierungsgremium verschiedener Datenbankhersteller
SEQUEL	Structured English Query Language, Vorläufer von SQL
SERM	Strukturiertes Entity-Relationship-Modell

SEU	Softwareentwicklungsumgebung
SOM	Semantisches Objektmodell
SPU	Softwareproduktionsumgebung
STEPS	Software Technology for Evolutionary Participative System Development
SQL	Structured Query Language
UDM	Unternehmensdatenmodell
UIMS	User Interface Management System
VBX	Visual Basic custom controls, standardisierte Softwarekomponenten für Microsoft Windows
VDT	Visual Display Terminals
WYSIWYG	What You See Is What You Get, Entwurfsprinzip graphischer Benutzer- schnittstellen
X/Open	Herstellergremium zur Standardisierung von Betriebssystemen, Program- miersprachen und Datenbanken

1 Einleitung

1.1 Themenstellung

Die Informationsverarbeitung überspannt in stetig zunehmendem Maße alle betrieblichen Funktionsbereiche. Durch die Einführung von Client-Server-Architekturen und den anhaltenden Verfall der Hardwarekosten sind an den Arbeitsplätzen immer größere Rechnerleistungen verfügbar. Hieraus entsteht eine ständig steigende Nachfrage nach Softwarelösungen für alle Funktionsbereiche eines Unternehmens.

Neben dem wachsenden Bedarf an zusätzlicher Rechnerunterstützung im betrieblichen Anwendungsbereich besteht zunehmend die Notwendigkeit, bestehende Systeme immer rascher an sich ändernde technische und betriebswirtschaftliche Anforderungen anzupassen.[1]

Projekte zur Entwicklung betrieblicher Anwendungssysteme werden heute weitgehend nach dem klassischen Phasenmodell durchgeführt.[2] Die Einführung dieses Vorgehensmodells hat seit Mitte der siebziger Jahre dazu geführt, daß Entwicklungsprojekte planbarer geworden sind und nicht mehr so häufig scheitern. Trotzdem zeigen sich in der Praxis im betrieblichen Anwendungsbereich deutlich Defizite dieses Vorgehensmodells.[3] Entwickelte Systeme erfüllen häufig nicht die Erwartungen der Anwender, geänderte oder falsch verstandene Anforderungen machen bereits unmittelbar nach Fertigstellung Modifikationen an den Systemen notwendig. Auch im weiteren Verlauf unterliegen die Systeme Anpassungsanforderungen, so daß der Änderungsaufwand die Erstentwicklungskosten bei weitem übersteigt.[4] Die klassischen Vorgehensmodelle konzentrieren sich aber auf die Erstentwicklung. Auch der Einsatz moderner Softwarewerkzeuge konnte die Kosten und die Dauer von Entwicklungsprojekten bisher nicht nennenswert reduzieren.[5]

Die Ursachen dieser Defizite wurden bereits identifiziert. Die streng sequentielle Abfolge von Spezifikation und Entwurf ist idealisiert und kann i. d. R. nicht eingehalten werden.[6] Die vollständige Spezifikation eines Systems ist vor dem Entwurf nicht möglich, da sich mit dem Entwurf ein Erkenntnisgewinn vollzieht, der die Revision voran-

---

[1] Vgl. Scheer/Hoffmann/Wein, 1994, S. 92.

[2] Vgl. Pomberger/Blaschek, 1993, S. 22.

[3] Vgl. u. a. Oertly, 1991, S. 13 f.

[4] Vgl. Martin/McClure, 1983, S. 7.

[5] Vgl. Schirmer/Roth, 1992, S. 24.

[6] Vgl. Pomberger/Pree/Stritzinger, 1992, S. 49.

gegangener Spezifikation notwendig macht.[7] Zudem besitzt eine zu einem bestimmten Zeitpunkt festgeschriebene Spezifikation nur für einen begrenzten Zeitraum Gültigkeit, da sich die Anforderungen an das System ändern können. Die in klassischen Vorgehensmodellen durchaus übliche Entwicklungsdauer von zwei Jahren und mehr führt dazu, daß die Systeme ständig den sich ändernden Anforderungen „hinterherlaufen". Zur Lösung dieser Probleme bieten sich zwei komplementäre Ansätze an. Zum einen kommt man von der Forderung nach einer Vorweg-Spezifikation ab und geht zu einer schrittweisen Klärung des Problems durch Bewertung vorläufiger Lösungsvorschläge über.[8] Durch die stärkere Einbeziehung der Anwender in den Gestaltungsprozeß kann deren Wissenspotential dann nicht nur bei der Erhebung der Anforderungen zu Beginn des Entwicklungsprozesses, sondern während des gesamten Entwurfsprozesses genutzt werden. Zum anderen kann durch die Entwicklung eines Anwendungssystems in kurzen iterativen Schritten schneller auf sich wandelnde Anforderungen reagiert werden. Das Anwendungssystem wird in diesem Fall als eine Folge aufeinander aufbauender Systemversionen immer weiterentwickelt (vgl. Abbildung 1).

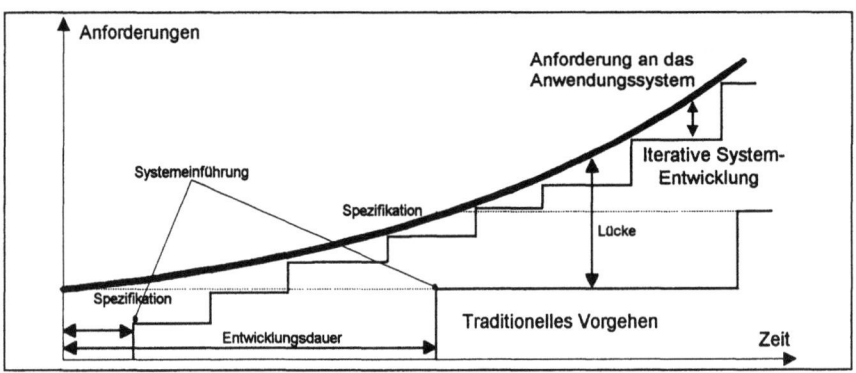

Abbildung 1: Anpassung der Anwendungssysteme an sich ändernde Anforderungen (Quelle: In Anlehnung an Texas Instruments, 1992, S. 4)

Durch die frühzeitige Festlegung der Spezifikation bei traditionellen Vorgehensmodellen und der langen Entwicklungsdauer entsteht zum Zeitpunkt der Einführung eine große Lücke zwischen den bestehenden und den durch das System abgedeckten Anforderungen. Werden Systeme in kleineren iterativen Schritten entwickelt, kann diese Lücke erheblich verkleinert werden. Es ist erkennbar, daß traditionelle Phasenmodelle

---

[7]   Vgl. Hallmann, 1990, S. 21 und Budde et al., 1992, S. 28.

[8]   Vgl. Floyd, 1994, S. 39.

ungeeignet sind, wenn die Anforderungen an die Anwendungssysteme nicht langfristig stabil bleiben.

Dieser Idee der iterativen Entwicklung folgt der Ansatz der evolutionären Software-entwicklung.[9] Die Methode des Prototyping hat sich als geeignet erwiesen, den Anwender stärker in den Entwicklungsprozeß eines Anwendungssystems zu integrieren. Die vorliegende Arbeit greift deshalb diese beiden Ansätze auf, um die methodische und instrumentelle Unterstützung bei der Entwicklung und Wartung von betrieblichen Anwendungssystemen aufzuzeigen.

1.2 Abgrenzung des Themas

Die Planung der zukünftig im betriebswirtschaftlichen Anwendungsbereich eines Unternehmens einzusetzenden Softwaresysteme ist eine Aufgabe des strategischen Informationsmanagements.[10] Für eine mögliche Unterstützung betrieblicher Aufgaben durch Softwaresysteme bieten sich grundsätzlich drei Alternativen an:[11]

◻ Einsatz von Standardsoftware

◻ Entwicklung von Individualsoftware

◻ Einsatz von Software der individuellen Datenverarbeitung (IDV)

Merkmal von Standardsoftware[12] ist, daß die funktionalen Anforderungen an die Systeme für eine große Zahl von Unternehmen nahezu identisch sind und langfristig keinen großen Änderungen unterliegen. Ein großes Einsatzpotential besteht für Standardsoftware deshalb im Bereich operativer Grundfunktionen.[13] Werden für den Einsatz von Standardsoftware die geringeren Kosten als Vorteil genannt, so steht diesen eine geringe Flexibilität der Systeme gegenüber. Diese kann zu einer unvollständigen Abdeckung der Geschäftsfunktionen führen.[14] Spezialisierte Anwendungsbereiche, die eine strategische Bedeutung für ein Unternehmen besitzen, sind dagegen als Einsatzfeld der Individualsoftware anzusehen. In diesem Bereich müssen die Systeme flexibel gestaltbar sein, um immer wieder Anpassungen an individuelle Anforderungen durch-

---

[9] Vgl. Floyd, 1981.

[10] Vgl. Heinrich/Burgholzer, 1988, S. 22 f.

[11] In Anlehnung an McClure, 1988, S. 59.

[12] Produkte in der Kategorie von Textverarbeitungssystemen oder Tabellenkalkulationssoftware werden den Werkzeugen der IDV und nicht der Standardsoftware zugeordnet. Unter Standardsoftware fällt hier nur betriebswirtschaftliche Standard-Anwendungssoftware, wie z. B. das System R3 von SAP.

[13] Vgl. Giesecke, 1994, S. 54. Als klassisches Beispiel können die Aufgaben der Buchhaltung genannt werden.

[14] Vgl. Schmieder/Uhr/Woehe, 1995, S. 78, Bartsch-Spörl/Rohe, 1993, S. 70.

führen zu können. Höhere Investitionen als bei Standardsoftware können hier begründet werden, weil die adäquate Unterstützung einer spezialisierten Organisationsform ein Wettbewerbsvorteil gegenüber konkurrierenden Unternehmen darstellt.[15]

Werkzeuge der individuellen Datenverarbeitung kommen für betriebliche Aufgabenbereiche zum Tragen, bei denen der benötigte Informationsbedarf oder die Abläufe und Regeln zur Lösung der Aufgaben im voraus nicht bestimmt werden können oder sehr häufigen Änderungen unterliegen. Werkzeuge der IDV dienen zur Unterstützung bei der Aufgabenlösung. Lassen sich einzelne Arbeitsschritte zur Aufgabenlösung formalisieren, dann können sie in den Werkzeugen automatisiert werden.[16] Im Gegensatz zur Individualsoftware werden diese Progammiertätigkeiten durch die Mitarbeiter der Fachabteilung oder durch eine Stabsstelle durchgeführt.

Kennzeichnend für das skizzierte Spektrum der Anwendungssoftware ist, daß die Stabilität der Anforderungen und die notwendigen Reaktionszeiten bei Änderungen der Anforderungen bei Standardsoftware am längsten ist und bei Individualsoftware und Werkzeugen der IDV zunehmend kleiner wird.

In der vorliegenden Arbeit soll die Entwicklung von Individualsoftware betrachtet werden. Dabei konzentrieren sich die Untersuchungen auf interaktive, datenbankbasierte Systeme, da diese im Bereich der betrieblichen Individualsoftware eine zentrale Stellung einnehmen.[17]

1.3 Ziele der Arbeit

Zielsetzung der Arbeit ist es, ein prototypingorientiertes Vorgehensmodell für die Entwicklung von interaktiven, datenbankbasierten Anwendungssystemen zu entwikkeln, um den Forderungen nach rascher und flexibler Entwicklung von Anwendungssystemen gerecht zu werden. Werden Prototypen mit herkömmlichen Programmiersprachen entwickelt, führt dies zu einem oft schwierigen Nebeneinander von implementierten Prototypen und spezifizierten Anforderungen. Deshalb werden beim modellbasierten Prototyping Beschreibungsmodelle eines Anwendungssystems als einheitliche Basis für Prototypen und spezifizierte Anforderungen verwendet.[18] Hier fehlen für den betrachteten Bereich der betrieblichen Anwendungssysteme bisher in sich geschlossene Beschreibungsmodelle und geeignete methodische Anleitungen zum Vorgehen bei der Anwendungsentwicklung. Die vorliegende Arbeit soll deshalb zwei zentrale Fragen beantworten:

---

[15] Vgl. Giesecke, 1994, S. 54.

[16] Z. B. durch die Makroprogrammierung in einem Tabellenkalkulationsprogramm.

[17] Vgl. Denert, 1991, S. 15.

[18] Vgl. Glinz, 1993, S. 176.

◻ Welche Modelle eignen sich zur Beschreibung der betrachteten Systeme?

◻ Durch welche Vorgehensweise sollten diese Modelle entwickelt werden?

Zur Beantwortung der ersten Frage wird eine Modellarchitektur entwickelt, in der ein Anwendungssystem sowohl durch fachliche als auch durch dv-technische Modelle beschrieben wird. Diese Modelle definieren eine Struktur, mit der die betrachteten Systeme dargestellt werden können. Da diese Struktur aus Sicht der Anwendungsentwicklung unveränderlich ist, wird sie in der Arbeit als statischer Aspekt der Untersuchung bezeichnet. Die Vorgehensweise bezieht sich dagegen auf den Entwurf eines Anwendungssystems, sie wird deshalb auch als dynamischer Aspekt bezeichnet (vgl. Abbildung 2).

Neben der methodischen Unterstützung ist die Anwendungsentwicklung auf eine instrumentelle Unterstützung durch Softwarewerkzeuge angewiesen. Ziel ist es deshalb auch, eine Werkzeugarchitektur aufzuzeigen, mit der die Anwendungsentwicklung nach diesem Vorgehensmodell durchgeführt werden kann.

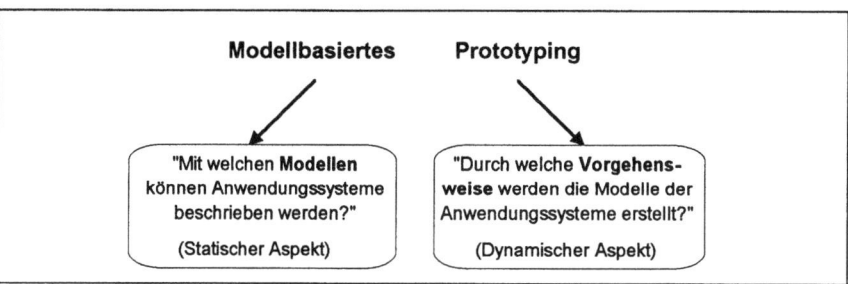

Abbildung 2: Statischer und dynamischer Aspekt der Untersuchungen

1.4 Stand der Forschung

Prototyping als Methode zur Entwicklung von Softwaresystemen hat seit Beginn der achtziger Jahre Eingang in die wissenschaftliche Diskussion gefunden.[19] Seither wurden eine Vielzahl von prototypingorientierten Ansätzen zur Entwicklung von Softwa-

---

[19] Ausgangspunkt hierfür bildet 1983 die Working Conference on Prototyping in Namur, dokumentiert in Budde et al., 1984.

resystemen vorgeschlagen, in denen verschiedene Arten des Prototyping diskutiert[20] und mögliche Formen der Benutzerpartizipation aufgezeigt werden.[21]

Viele der Ansätze betrachten jedoch keine datenbankbasierten Systeme, so daß die für diese Systeme zentralen Aspekte des Datenbankentwurfs und der Datenmodellierung dort unberücksichtigt bleiben.[22] Sogenannte transformationelle Prototyping-Ansätze schlagen formale Spezifikationssprachen vor, die Notwendigkeit der expliziten Darstellung fachlicher Modelle wird in diesen Ansätzen aber nicht berücksichtigt.[23] Prototyping-Ansätze im betrieblichen Anwendungsbereich stehen der evolutionären Entwicklung noch kritisch gegenüber.[24]

Arbeiten zur Modellierung von Anwendungssystemen legen den Schwerpunkt auf eine betriebswirtschaftliche (fachliche) Sicht der Systeme. Modelle zur Beschreibung der dv-technischen Ebene sind im Verhältnis zur fachlichen Ebene nur schwach ausgeprägt.[25] Allen Ansätzen ist gemeinsam, daß sie die fachlichen Modellsichten auf die dv-technische Ebene projizieren. Dv-technische Architekturen der Anwendungssysteme finden dort keine Berücksichtigung. Die dv-technischen Modelle haben deshalb nur deskriptiven Charakter und dienen nicht zur Simulation der Systeme.[26]

Unberücksichtigt bleiben in den Modellierungsansätzen auf dv-technischer Ebene moderne graphische Benutzerschnittstellen. Bei der Schnittstellenbeschreibung werden nur textuelle, systemgesteuerte Benutzerschnittstellen betrachtet.

Wird in Ansätzen zur Modellierung von Anwendungssystemen das Vorgehen zur Modellentwicklung untersucht, so wird dort auf phasenorientierte Konzepte der Anwendungsentwicklung zurückgegriffen.[27]

1.5 Aufbau der Arbeit

Zur Bearbeitung der Aufgabenstellung wurde die Arbeit in weitere vier Hauptkapitel gegliedert.

▫ Das *zweite Kapitel* legt die begrifflichen und methodischen Grundlagen. Das Kapitel beginnt mit der Definition und Abgrenzung der ausgewählten Klasse betrieblicher

---

[20] Vgl. Floyd, 1984, S. 4 ff. sowie Hallmann, 1985.

[21] Vgl. Spitta, 1989, S. 147 ff.

[22] Vgl. Pomberger, 1990 sowie Budde et al., 1992.

[23] So Schönthaler, 1989 und Hallmann, 1990.

[24] Vgl. Spitta, 1993, S. 50.

[25] So bei Scheer, 1991 und 1994 sowie ESPRIT-AMICE, 1993.

[26] Vgl. Gutzwiller, 1994a und 1994b.

[27] Vgl. Olle et al., 1991, S. 2-4 und Gutzwiller, 1994a, S. 52-54.

Anwendungssysteme. Danach erfolgt eine grundlegende Betrachtung der Modellierung von Anwendungssystemen. Zentrales Element des Kapitels ist die Entwicklung einer geeigneten Modellarchitektur zur Beschreibung der Anwendungssysteme. Abschließend werden die begrifflichen Grundlagen für die Betrachtungen des dynamischen Aspekts, dem Vorgehen bei der Entwicklung dieser Systeme, gelegt.

□ Im *dritten Kapitel* werden Metamodelle für betriebliche Anwendungssysteme erstellt. Gemäß der im zweiten Kapitel vorgeschlagenen Modellarchitektur werden auf fachlicher Ebene Metamodelle für die verschiedenen Sichten und auf dv-technischer Ebene Metamodelle zur Beschreibung der Komponenten eines Anwendungssystems entwickelt. Das Kapitel schließt mit einer Darstellung der Zusammenhänge zwischen der fachlichen und der dv-technischen Beschreibungsebene und der Integration beider Modellebenen.

□ Das *vierte Kapitel* behandelt das in dieser Arbeit vorgeschlagene Vorgehen bei der modellbasierten Entwicklung von Anwendungssystemen. Ausgehend von einem Klassifikationsschema für Prototyping-Ansätze und der Einordnung bestehender Ansätze wird der Ansatz des modellbasierten Prototyping entwickelt. Anschließend wird das Vorgehen bei der Erstellung und Validierung der Modelle in den Phasen des Vorgehensmodells beschrieben. Dabei werden Reihenfolge, Detaillierungsgrad und Transformationen bei der Erstellung der im dritten Kapitel entwickelten fachlichen und dv-technischen Modelle dargestellt. Abschließend werden für das Vorgehensmodell Formen der Partizipation sowie Methoden zur Planung und Kontrolle diskutiert.

□ Im *fünften Kapitel* wird eine mögliche instrumentelle Unterstützung des Vorgehensmodells durch Softwarewerkzeuge dargestellt. Zum einen werden die Anforderungen an ein Repository als Werkzeug zur Speicherung und Verwaltung der Beschreibungsmodelle eines Anwendungssystems erarbeitet. Zum anderen werden Anforderungen an die Werkzeuge aufgestellt, die zur Entwicklung der Beschreibungsmodelle nach dem hier vorgeschlagenen Vorgehensmodell benötigt werden.

Abbildung 3 stellt den Gedankenfluß der Arbeit dar und ordnet gleichzeitig die einzelnen Kapitel entweder dem statischen oder dem dynamischen Aspekt der Untersuchungen zu.

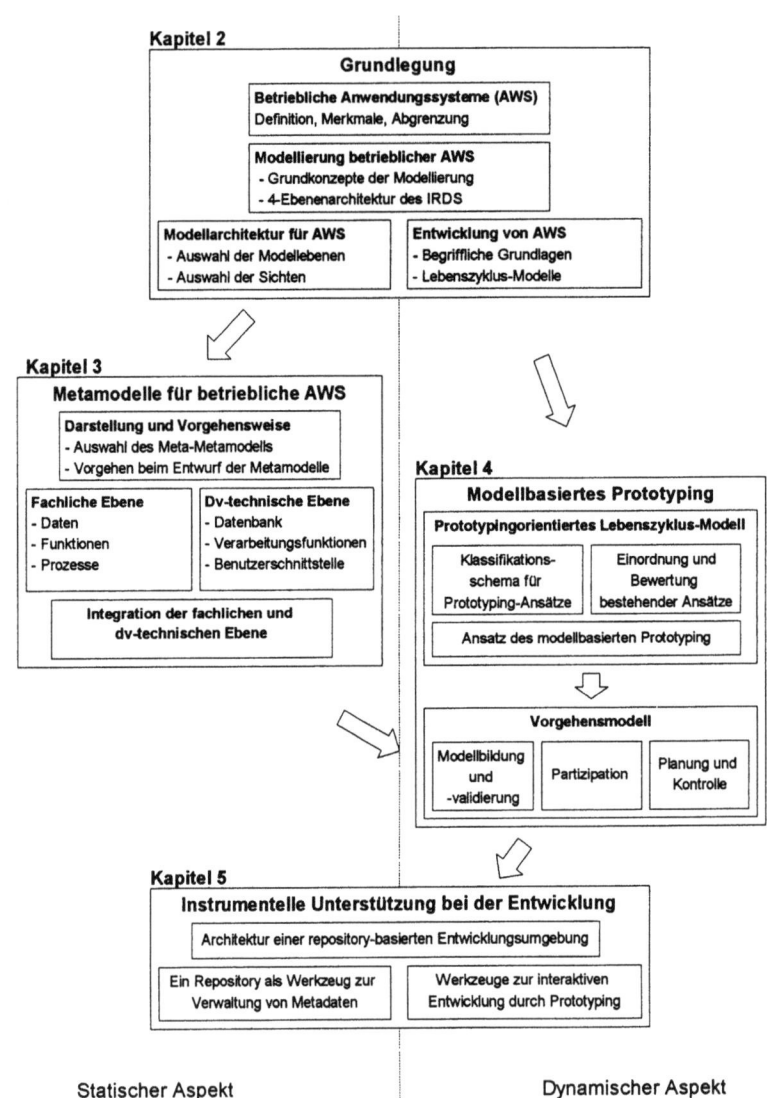

Kapitel 2

Grundlegung

Betriebliche Anwendungssysteme (AWS)
Definition, Merkmale, Abgrenzung

Modellierung betrieblicher AWS
- Grundkonzepte der Modellierung
- 4-Ebenenarchitektur des IRDS

Modellarchitektur für AWS
- Auswahl der Modellebenen
- Auswahl der Sichten

Entwicklung von AWS
- Begriffliche Grundlagen
- Lebenszyklus-Modelle

Kapitel 3

Metamodelle für betriebliche AWS

Darstellung und Vorgehensweise
- Auswahl des Meta-Metamodells
- Vorgehen beim Entwurf der Metamodelle

Fachliche Ebene
- Daten
- Funktionen
- Prozesse

Dv-technische Ebene
- Datenbank
- Verarbeitungsfunktionen
- Benutzerschnittstelle

**Integration der fachlichen und
dv-technischen Ebene**

Kapitel 4

Modellbasiertes Prototyping

Prototypingorientiertes Lebenszyklus-Modell

| Klassifikations-
schema für
Prototyping-Ansätze | Einordnung und
Bewertung
bestehender Ansätze |

Ansatz des modellbasierten Prototyping

Vorgehensmodell

| Modellbildung
und
-validierung | Partizipation | Planung und
Kontrolle |

Kapitel 5

Instrumentelle Unterstützung bei der Entwicklung

Architektur einer repository-basierten Entwicklungsumgebung

| Ein Repository als Werkzeug zur
Verwaltung von Metadaten | Werkzeuge zur interaktiven
Entwicklung durch Prototyping |

Statischer Aspekt   Dynamischer Aspekt

Abbildung 3: Gedankenfluß der Arbeit

2 Grundlegung

2.1 Betriebliche Anwendungssysteme

2.1.1 Begriffsdefinition

Gegenstand der Untersuchung ist die Entwicklung betrieblicher Anwendungssysteme. Die Definition und Abgrenzung dieses Begriffs bildet die Grundlage für die weitere Arbeit.

SEIBT[28] definiert ein Anwendungssystem[29] als "Anwendungsprogramme zusammen mit den organisatorischen Regelungen und Verhaltensvorschriften, die notwendig sind, um die Anwendungsprogramme in einer realen Umgebung (Betrieb, Behörde usw.) organisatorisch zu implementieren und zur Wirkung zu bringen".

Ähnlich stellen auch HESSE et al. die Software in den Mittelpunkt ihrer Definition des Begriffs Anwendungssystem:

„System, zu dem diejenigen Menschen, Maschinen und sonstige Gegenstände gehören, die von einem bestehenden oder künftigen Einsatz von SW-Produkten (Software-Produkten) betroffen sind."[30] Sie untergliedern das Anwendungssystem in ein technisches und ein organisatorisches System (vgl. Abbildung 4).

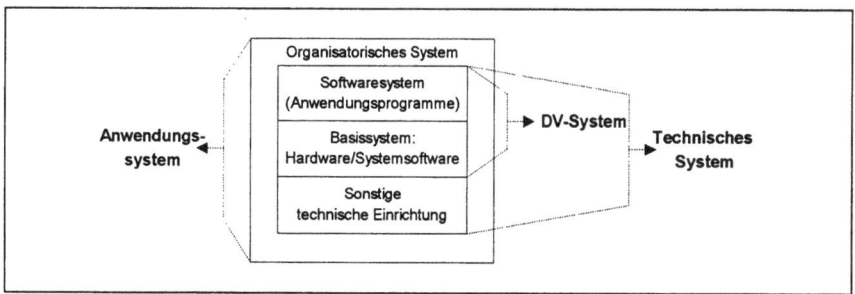

Abbildung 4: Begriff des Anwendungssystems
    (Quelle: In Anlehnung an Hesse et al., 1994a, S. 93)

---

[28] Vgl. Seibt, 1986, S. 31.

[29] Die Begriffe Anwendung und Applikation werden synonym zu Anwendungssystem verwendet (vgl. Seibt, 1986, S. 31).

[30] Hesse et al., 1984, S. 205.

Im organisatorischen System stehen Menschen und Aufgaben im Mittelpunkt, im technischen die Software und technische Einrichtungen. Das DV-System wird als Teil-system des technischen Systems aufgefaßt.

HESSE et al. unterscheiden bei den Softwarekomponenten innerhalb des DV-Systems zwischen Anwendungsprogrammen (Anwendungssoftware[31]) und Systemsoftware[32]. Während Anwendungsprogramme die fachliche Aufgabenstellung lösen, dient System-software der Steuerung des Betriebsablaufes einer Datenverarbeitungsanlage.[33]

SEIBT zählt dagegen nur die Anwendungsprogramme zum Anwendungssystem und klammert Systemsoftware davon aus. Hier stellt sich jedoch zunehmend ein Abgren-zungsproblem. Denn moderne Anwendungssysteme nutzen anwendungsunabhängige Softwarekomponenten (wie z. B. Datenbanksysteme oder User Interface Management Systeme). Einerseits können diese Komponenten nach der obigen Definition nicht mehr der hardwarenahen Systemsoftware zugeordnet werden, andererseits sind sie aber anwendungsneutral und sollten somit auch nicht der Anwendungssoftware zuge-rechnet werden. Aus diesem Grund wird der Begriff Systemsoftware häufig etwas weiter gefaßt, so daß z. B. Datenbanksysteme auch noch zur Systemsoftware gezählt werden.[34]

Zweckmäßig für die Untersuchungen im Rahmen dieser Arbeit ist es, alle software-technischen Komponenten als Bestandteile des Anwendungssystems zu betrachten. Die Anwendungssoftware nutzt die Dienste und Funktionalität der anwendungsneutra-len bzw. systemnahen Software. Der Gestaltungsprozeß bei der Systementwicklung beschränkt sich bei der anwendungsneutralen und systemnahen Software auf eine Auswahl der zu verwendenden Komponenten.

Die Bezeichnung der Software eines Anwendungssystems als Anwendungsprogramm kann zu Mißverständnissen führen, wenn mit dem Begriff „Anwendungsprogramm" die Vorstellung verbunden wird, es handle sich um eine technisch abgegrenzte Einheit im Sinne einer Menge von Programmcode, die zu einem in sich geschlossenen, aus-führbaren Programm übersetzt und gebunden wird.[35] Diese Annahme kann in objekt-orientierten Systemen nicht mehr aufrecht erhalten werden. Kleinere Komponenten (Objekte) werden dort isoliert und können somit auch unabhängig verändert werden.[36]

---

[31] Die Begriffe Anwendungsprogramm und Anwendungssoftware sowie Systemprogramm und Sy-stemsoftware werden im folgenden synonym benutzt.

[32] HESSE et al. bezeichnen diese als Basis-Software (vgl. Hesse et al., 1994a, S. 43).

[33] Vgl. Griese, 1992, Sp. 967.

[34] Vgl. Denert, 1991, S. 12.

[35] Vgl. hierzu auch die Diskussion von SCHMITT (Schmitt, 1993, S. 45-46).

[36] Durch die Technik des dynamischen Bindens werden die einzelnen Komponenten zur Laufzeit miteinander gekoppelt.

Zudem besteht die Möglichkeit, in verteilten Systemen die Komponenten auch auf unterschiedlichen Rechnern zu betreiben und somit die Softwarekomponenten nicht nur innerhalb einer Rechenanlage zu trennen, sondern auch in einem Rechnerverbund dynamisch zu verteilen.

Ein Anwendungssystem beschreibt damit nur noch eine Sicht auf eine Menge von Softwarekomponenten, die unter fachlichen, organisatorischen oder entwicklungs-technischen Gesichtspunkten logisch zusammengefaßt werden. Diese Sichten können auch ohne eine Veränderung der Implementierung umstrukturiert werden, indem Kom-ponenten hinzugefügt und andere entfernt werden.[37] Ein Anwendungssystem kann damit als logische Sammlung von Komponenten zur Lösung fachlicher Aufgaben angesehen werden.[38] Fachliche Aufgaben, die von einem Anwendungssystem abge-deckt werden, werden im folgenden als Funktionen bzw. Anwendungsfunktionen bezeichnet.[39] Im dv-technischen System bezeichnet eine Funktion (auch als Funktions-prozedur bezeichnet) ein (Unter-) Programm.[40] Zur Abgrenzung wird in diesem Kontext hier der Begriff Verarbeitungsfunktion gewählt.

Bei der Entwicklung von Anwendungssystemen steht innerhalb dieser Arbeit die Soft-ware im Mittelpunkt. Hardware und sonstige technische Einrichtungen als Bestandteil des Anwendungssystems werden von den Betrachtungen ausgeschlossen. Die Zweitei-lung des Anwendungssystems in ein organisatorisches und ein technisches System von HESSE et al. wird übernommen, das technische System wird auf die Softwarekom-ponenten beschränkt.

Aus Gründen der Vereinfachung werden in Rahmen dieser Arbeit die Begriffe "Anwendung" und "System" synonym zu Anwendungssystem verwendet.

Einige Autoren benutzen den Begriff „Informationssystem" synonym zu dem des An-wendungssystems.[41] Betrachtet man aber die Definitionen des Begriffs Informations-

---

[37] So kann ein Anwendungssystem aus Sicht eines Benutzers z. B. nur die Komponenten darstellen, die er zur Erfüllung seiner spezifischen Teilaufgaben benötigt. (Der Benutzer erhält z. B. nur die für seinen Aufgabenbereich relevanten Objekte des Anwendungssystems auf der Benutzeroberflä-che zur Bearbeitung angeboten). Aus Sicht eines Entwicklers umfaßt das Anwendungssystem aber alle Komponenten des gesamten Aufgabenbereichs.

[38] Nach der Intensität lassen sich die reine Registrierung von Eingabedaten, die teilautomatische und die vollautomatische Ausführung einer Aufgabe durch das Anwendungssystem unterscheiden (vgl. Stahlknecht, 1990, S. 41).

[39] Zur Diskussion und Abgrenzung der Begriffe Funktion und Aufgabe vgl. Kapitel 3.2.2.1.

[40] Vgl. Müller/Neuhold, 1991, S. 325.

[41] So z. B. SCHEER, vgl. Scheer, 1988a, S. 1-3.

system[42], so ist eine Abgrenzung und die Wahl des Begriffs „Anwendungssystem" innerhalb dieser Arbeit aus zwei Gründen zweckmäßig:

- Informationssysteme setzen im Gegensatz zu Anwendungssystemen keine Rechnerunterstützung voraus. HANSEN sowie PICOT/MEIER definieren explizit das rechner- bzw. computergestützte Informationssystem als Informationssystem, in dem Teilaktivitäten in Form eines Mensch-Maschine-Systems realisiert werden.[43]

- Der Begriff Anwendungssystem rückt die Softwarekomponente in den Mittelpunkt der Betrachtungen, das Informationssystem die Informationsversorgung zur Aufgabenerfüllung.

Untersuchungsgegenstand dieser Arbeit sind **betriebliche Anwendungssysteme**. In Abgrenzung zu technisch-wissenschaftlichen Anwendungen werden unter diesem Begriff die DV-Systeme des kommerziellen Anwendungsbereichs zusammengefaßt.[44] HANSEN definiert: Betriebliche Anwendungssysteme „dienen zur Abbildung der Leistungsprozesse und Austauschbeziehungen im Betrieb und zwischen dem Betrieb und seiner Umwelt."[45]

Hier sollen betriebliche Anwendungssysteme betrachtet werden, die bestimmte Merkmale aufweisen. Diese Merkmale werden im folgenden dargestellt. Anschließend erfolgt eine Einordnung der Systeme in das Spektrum der Anwendungssysteme im betrieblichen Bereich.

---

[42] HANSEN definiert ein Informationssystem wie folgt: „Ein Informationssystem besteht aus Menschen und Maschinen, die Informationen erzeugen und/oder benutzen und durch Kommunikationsbeziehungen miteinander verbunden sind." (Hansen, 1992, S. 68.)

PICOT/MEIER definieren: „Ein Informationssystem läßt sich als ein aufeinander abgestimmtes Arrangement von personellen, organisatorischen und technischen Elementen verstehen, das dazu dient, Handlungsträger mit zweckorientiertem Wissen für die Aufgabenerfüllung zu versorgen." (Picot/Meier, 1992, Sp. 932.)

An manchen Stellen wird der Begriff wesentlich enger gefaßt und nur spezielle Systeme zur Bereitstellung von Führungsinformationen damit bezeichnet (vgl. Kargl, 1989, S. 1). Diese werden dann auch Management-Informationssysteme („MIS", vgl. Scheer, 1988a, S. 2) oder Executive Information Systems („EIS", vgl. Österle/Steinbock, 1994a, S. 31) genannt.

[43] So HANSEN: „Ein rechnergestütztes Informationssystem ist ein System, bei dem die Erfassung, Speicherung, Übertragung und/oder Transformation von Information durch den Einsatz der EDV teilweise automatisiert ist." (Hansen, 1992, S. 69.) Einige Autoren beziehen die Rechnerunterstützung in die Definition eines Informationssystems allerdings mit ein. So charakterisiert z. B. RZEVSKI Informationssysteme als rechnergestützte Systeme zur Aufnahme, Speicherung, Verarbeitung, Verteilung und Wiederauffindung von Informationen in einer Organisation (vgl. Rzevski, 1984, S. 357).

[44] Vgl. Griese, 1992, Sp. 968.

[45] Vgl. Hansen, 1992, S. 68. HANSEN definiert damit in seiner Terminologie betriebliche Informationssysteme.

2.1.2 Merkmale der betrachteten Klasse von Anwendungssystemen

Im Rahmen dieser Arbeit sollen Methoden und Instrumente zur Entwicklung von betrieblichen Anwendungssystemen erarbeitet werden, die sich durch die folgenden Grundmerkmale charakterisieren lassen:[46]

□ Interaktiv,

□ datenbankbasiert und

□ geringe algorithmische Komplexität der Anwendungsfunktionen.

Ein Großteil der Systeme des betrieblichen Anwendungsbereichs können dieser Klasse zugeordnet werden. Aufgrund ihrer Merkmale oder des typischen Anwendungsbereichs werden derartige Systeme auch als administrative Dialogsysteme[47] oder als interaktive Anwendungssoftware[48] bezeichnet. DENERT charakterisiert betriebliche Anwendungssysteme durch den „online"-Zugriff auf eine gemeinsame, große und komplexe Datenbank.[49]

2.1.2.1 Interaktivität

Betriebliche Anwendungssysteme werden bezüglich der Betriebsart in interaktive bzw. dialogorientierte[50] Systeme und in Systeme im Stapelbetrieb[51] unterteilt.[52] Kennzeichnend für die interaktive Verarbeitung ist, daß ein Auftrag nicht vollständig definiert sein muß, bevor mit der Abwicklung begonnen werden kann. Er wird dem DV-System vielmehr in Form von einzelnen Schritten (Teilaufträgen) übergeben, die unmittelbar danach ausgeführt werden. Während der Auftragsbearbeitung besteht für den Benutzer eine Eingriffsmöglichkeit in den Ablauf des Auftrags, und es findet ein fortlaufender

---

[46]   Vgl. Wasserman/Pircher/Shewmake, 1986, S. 147 sowie Denert, 1991, S. 15.

[47]   Vgl. Spitta, 1989, S. 34.

[48]   Vgl. Berblinger, 1988, S. 15 f.

[49]   Vgl. Denert, 1991, S. 15.

[50]   Die Begriffe „interaktiv" und „dialogorientiert" werden hier synonym verwendet. Interaktive Verarbeitung schließt nicht nur Interaktionen zwischen Mensch und Maschine sondern auch den Informationsaustausch zwischen einem DV-System und physikalisch-technischen Prozessen mit ein. So definiert HANSEN interaktive Verarbeitung als Oberbegriff und gliedert diese in Dialogverarbeitung und Prozeßverarbeitung (vgl. Hansen, 1992, S. 374-378). Für den betrieblichen Anwendungsbereich ist diese Unterscheidung aber nicht relevant, da es sich dort bei dem überwiegenden Teil aller Interaktionen um Dialoge zwischen einem Benutzer und einem Rechner handelt. Systeme, die zur Prozeßverarbeitung zu zählen sind, wie z. B. Steuerungs- und Regelungssysteme, werden in dieser Arbeit nicht betrachtet.

[51]   Üblich ist auch die aus dem Englischen übernommene Bezeichnung Batchbetrieb.

[52]   Vgl. Seibt, 1991, S. 41.

Informationsaustausch zwischen dem DV-System und dem Benutzer statt.[53] Der Stapelbetrieb ist dagegen durch eine schubweise und auftragsbezogene Verarbeitung von Daten gekennzeichnet.[54]

Mit steigender Rechnerleistung konnten immer mehr Anwendungsfunktionen durch interaktive Systeme realisiert werden, so daß heute der überwiegende Teil betrieblicher Anwendungssysteme interaktiv ist. Vorteile der interaktiven Verarbeitung gegenüber dem Stapelbetrieb sind ein hoher Aktualitätsgrad der Daten, eine ereignisbezogene Aufgabenerfüllung und eine Beschleunigung der Abläufe.[55] Dagegen können im Stapelbetrieb die von einzelnen Aufträgen benötigten Betriebsmittel geplant und die Aufträge untereinander koordiniert werden.[56]

In zunehmendem Maße verschwindet die strikte Trennung zwischen Systemen im Dialog- und im Stapelbetrieb. In sich geschlossene Verarbeitungsaufträge im Sinne des Stapelbetriebs können häufig direkt über interaktive Systeme bzw. zeit- oder ereignisgesteuert aktiviert werden.[57] Die Verarbeitung erfolgt dann im Hintergrund oder auf einem anderen Rechner in einem Rechnerverbund. Systeme zur reinen Stapelverarbeitung werden bei der heute verfügbaren Rechnerleistung nur noch für Aufgaben der Massendatenverarbeitung und für rechenintensive Anwendungen eingesetzt.

Hier sollen Anwendungssysteme betrachtet werden, bei denen der überwiegende Teil der Anwendungsfunktionen interaktiv ausgeführt wird. Der Gestaltung der Benutzerschnittstelle kommt somit bei der Entwicklung dieser Systeme eine bedeutende Rolle zu. Unabhängig davon kann ein interaktives Anwendungssystem aber auch Funktionen besitzen, bei denen alle Eingaben zu Beginn getätigt werden bzw. bereits feststehen und die in Form eines Hintergrundprozesses ausgeführt werden.

2.1.2.2 Datenbankbasierung

Betriebliche Anwendungssysteme verwalten Informationen über Objekte und Prozesse in betrieblichen Organisationen. Die integrierte Speicherung und Verarbeitung der Daten ist ein Hauptziel beim Einsatz dieser Systeme. Grundlage dafür ist die integrierte und strukturierte Speicherung aller Daten über die Grenzen einzelner Anwendungssysteme hinweg. Der Einsatz von Datenbanksystemen[58] zur zentralen

---

[53] Vgl. Hansen, 1992, S. 373 f.

[54] Vgl. Petzold, 1970, S. 123 f.

[55] Vgl. Hesse et al., 1994b, S. 99.

[56] Vgl. Haupt, 1991, S. 763.

[57] Vgl. Scheer, 1988a, S. 71.

[58] Ein Datenbanksystem (DBS) ist eine Sammlung von Systemprogrammen zum Aufbau, zur Überwachung und Manipulation von Datenbanken (vgl. Falkenberg/Wildgrube, 1991, S. 180). Häufig

Speicherung[59] der Daten ist heute im betrieblichen Anwendungsbereich selbstverständlich.[60]

Entscheidend für den Entwurf der Datenstrukturen für ein Anwendungssystem ist das Datenbankmodell, auf dem ein Datenbanksystem basiert. Das Datenbankmodell legt die logischen Strukturen fest, in denen die Daten in der Datenbank gespeichert werden. Als Datenbankmodelle für den betrieblichen Anwendungsbereich haben sich das hierarchische, das Netzwerk- und das relationale Modell als geeignet erwiesen.[61] Während das hierarchische Modell aufgrund seiner Defizite heute keine Bedeutung mehr besitzt[62], sind sowohl Netzwerkdatenbanksysteme als auch relationale Systeme in diesem Anwendungsbereich im Einsatz. Netzwerkdatenbanken werden noch im Großrechnerbereich für große operationale Anwendungen eingesetzt. Dort konnten relationale Systeme aufgrund von Performance-Problemen und hohen Umstiegskosten die Netzwerkdatenbanken nicht ablösen.[63] Mit der Einführung von Client-Server-Architekturen und dem damit verbundenen Einsatz von leistungsfähigen, dedizierten Datenbankservern[64] erfolgt auch in diesem Anwendungsbereich zunehmend der Wechsel auf relationale Datenbanktechnologie. Relationale Datenbanken repräsentieren den aktuellen Stand der Technik.[65] In dieser Arbeit werden deshalb nur Anwendungssysteme betrachtet, die auf relationalen Datenbanken basieren.

---

finden sich in der Literatur auch die Bezeichnungen Datenbankmanagementsystem (DBMS) oder Datenbankverwaltungssystem (DBVS).

[59] Es handelt sich hier um eine logisch zentralisierte Speicherung der Daten. Dies schließt keinesfalls eine physische Verteilung der Daten auf verschiedene Rechner in einem Verbund aus. Kennzeichnend ist nur, daß sich die Datenbank so verhält, als ob alle Daten zentral gespeichert würden und so eine logische Einheit gewahrt wird (vgl. Schmitt, 1994, S. 235 f.).

[60] Vgl. Lockemann/Schmidt, 1987, S. VII.

[61] Vgl. Schmidt, 1987, S. 3 f. Datenbanksysteme werden in Abhängigkeit vom verwendeten Datenbankmodell als Hierarchische Datenbanksysteme, Netzwerkdatenbanksysteme, Relationale Datenbanksysteme (RDBS) bzw. Objektorientierte Datenbanksysteme (OODBS) bezeichnet. Dabei handelt es sich um eine idealtypische Unterteilung, in der Praxis sind auch Mischformen anzutreffen, die zwar einem dieser Modelle zugeordnet werden können, jedoch nicht alle Eigenschaften des entsprechenden Modelles unterstützen (z. B. das Datenbanksystem ADABAS der SOFTWARE AG, das zwar relationale Eigenschaften besitzt, aber auch Wiederholungsgruppen in Tupeln erlaubt, die im Widerspruch zum relationalen Modell stehen).

[62] Das größte Defizit des hierarchischen Modells ist, daß N:M-Beziehungen im Datenbankmodell nicht redundanzfrei abgebildet werden können (vgl. Schlageter/Stucky, 1983, S. 71).

[63] Vgl. Schneider, 1992, S. 47.

[64] Unter einem dedizierten Server ist ein Rechner zu verstehen, der ausschließlich die ihm zugewiesenen Aufgaben, in diesem Fall die Funkionalität der Datenbank, realisiert (vgl. Schmitt, 1993, S. 41-42).

[65] Vgl. Scheer, 1994, S. 64.

2.1.2.3 Geringe algorithmische Komplexität der Anwendungsfunktionen

Mit Anwendungsfunktionen sind die Funktionen eines Anwendungssystems aus fachlicher Sicht gemeint.[66] Diese transformieren Eingabedaten nach festgelegten fachlichen Regeln in Ausgabedaten.[67] Die Algorithmen, die zur Realisierung der Anwendungsfunktionen entworfen werden, bestehen zumeist nur aus einfachen arithmetischen Operationen sowie dem Lesen und Schreiben von Daten.[68] Beispiel für eine Anwendungsfunktion ist die Funktion „Wareneingang erfassen" einer Lagerbuchhaltung. Die Algorithmen dieser Funktion bestehen aus Lese- und Schreiboperationen auf den zugehörigen Bestands- und Bewegungsdatensätzen einer Datenbank.

Die Konstruktion von Lösungsalgorithmen hat bei der Entwicklung betrieblicher Anwendungssysteme keine große Bedeutung. Sind die fachlichen Regeln festgelegt, nach denen die einzelnen Funktionen ausgeführt werden, so stellt deren Umsetzung in einen Algorithmus einen vergleichsweise geringen Aufwand dar.[69] Zudem bestehen zwischen den verschiedenen Anwendungsfunktionen nur in einem geringen Maß wechselseitige Abhängigkeiten. WEDEKIND verwendet in diesem Zusammenhang den Begriff der Komplexität gegensätzlich zu dem der Einfachheit.[70] Er unterscheidet zwischen logischer und struktureller Komplexität bzw. Einfachheit von Algorithmen.[71] Mit logischer Einfachheit wird ausgedrückt, daß ein Algorithmus aus sequentiell aufgebauten Anweisungen mit einer nur geringen Anzahl von Bedingungen und Wiederholungen besteht. Strukturelle Einfachheit beschreibt geringe wechselseitige Abhängigkeiten zwischen verschiedenen Funktionen.

---

[66] In Abgrenzung dazu werden in Kapitel 3.3.2 dv-technische Verarbeitungsfunktionen betrachtet. Diese beziehen sich nicht notwendigerweise auf fachliche Inhalte.

[67] Vgl. Kattler, 1994, S. 21. Diese Verarbeitungsform wird als EVA-Prinzip (Eingabe-Verarbeitung-Ausgabe) bezeichnet. (vgl. Zilahi-Szabó, 1988, S. 6 f. und Pagel/Six, 1994, S. 167 f.).

[68] Die Benutzeroberfläche (Dialoge und Masken zur Ein- und Ausgabe von Daten), die zu einer bestimmten Anwendungsfunktion gehört, wird hier von der reinen Verarbeitungslogik (Transformation der Daten) getrennt. Programmteile, die z. B. eine Eingabemaske realisieren, werden nicht zu den Algorithmen der Anwendungsfunktion gezählt.

[69] Es soll nicht ausgeschlossen werden, daß einzelne Funktionen durch komplexe Algorithmen realisiert werden müssen. Häufig sind die Algorithmen zur Lösung solcher speziellen Probleme aber bereits bekannt. Die Kodierung der Algorithmen kann in diesen Fällen entweder aus bereits bestehenden Lösungsvorschlägen übernommen werden oder mit Hilfe vorgefertigter bzw. zugekaufter Module realisiert werden.

[70] Der Begriff der Komplexität wird häufig auch als Maß für den Rechenaufwand eines Algorithmus verwendet. In diesem Fall drückt die Komplexität den Rechenaufwand in Abhängigkeit von der Länge der Eingabedaten (Problemgröße) aus (vgl. Domschke/Scholl/Voß, 1993, S. 40). Strukturelle und logische Komplexität eines Algorithmus machen noch keine Aussage über den Rechenaufwand.

[71] Vgl. Wedekind, 1976, S. 173.

Der Aufwand für Entwurf und Implementierung der Funktionen ist im Verhältnis zum Aufwand für Entwurf und Implementierung der Benutzerschnittstelle verhältnismäßig gering.[72] Die geringe algorithmische Komplexität drückt sich auch durch den Einsatz von Programmierern ohne spezielle Informatik-Qualifikation aus.[73]

2.1.3 Einordnung, Klassifikation und Abgrenzung

Die zur Untersuchung ausgewählte Klasse betrieblicher Anwendungssysteme soll zunächst in das Spektrum betrieblicher DV-Anwendungen eingeordnet werden.

Betrachtet man die gesamte DV-Unterstützung im Unternehmen, so lassen sich von den Anwendungssystemen Büro- und Kommunikationssysteme, Entwurfssysteme und Fachinformationssysteme abgrenzen (vgl. Abbildung 5).[74]

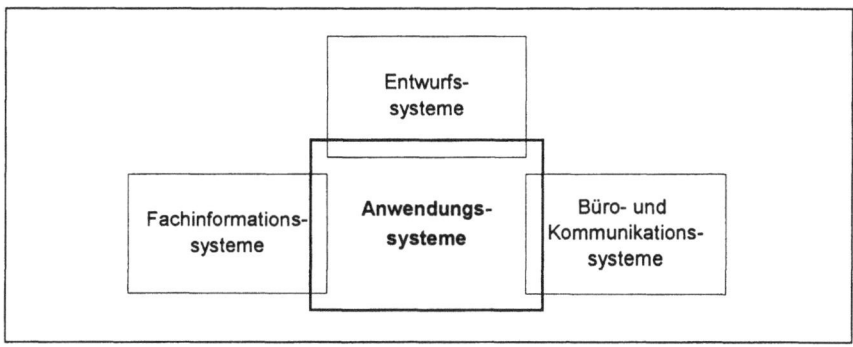

Abbildung 5: Spektrum der DV-Unterstützung im Unternehmen

Unter Büro- und Kommunikationssystemen[75] werden betriebliche Hilfsfunktionen wie Textverarbeitung, Terminverwaltung, Tabellenkalkulation und interpersonelle Kommunikation (z. B. Electronic Mail) zusammengefaßt. Im Gegensatz zu den Anwendungssystemen sind diese Systeme i. d. R. dokumentenorientiert. Nicht die strukturier-

---

[72] Vgl. Kühme, 1991, S. 75 f.

[73] Im Gegensatz zur Entwicklung systemnaher Software, die von den Entwicklern fundierte Informatikkenntnisse verlangt. Die Berufsbezeichnungen Anwendungsprogrammierer bzw. Systemprogrammierer drücken diese Unterscheidung aus. Ein Anwendungsprogrammierer muß in der Lage sein, eine Spezifikation in eine prozedurale Programmiersprache umzusetzen.

[74] In Anlehnung an Kargl, 1989, S. 7-10 und Österle/Steinbock, 1994a, S. 27.

[75] Diese werden auch als Officesysteme bezeichnet (vgl. Österle/Steinbock, 1994a, S. 29 f.).

ten Daten einer Datenbank, sondern ein zentraler Dokumententyp (Text, Graphik, Tabelle) wird mit diesen Systemen bearbeitet.[76]

Fachinformationssysteme, wie z. B. Expertensysteme und Informationsdatenbanken, dienen der Akquisition und Nutzung von Know-how aus unternehmensinternen und externen Datenbanken.[77]

Unter Entwurfssystemen werden Systeme zum Entwurf und zur Entwicklung verschiedenartiger Objekte zusammengefaßt. Anwendungsbereiche sind z. B. die technische Konstruktion (CAD), das Desktop Publishing (DTP) und die Softwareentwicklung (CASE).[78]

Die Anwendungssysteme bilden den zentralen Bereich der DV-Unterstützung, Teile der Daten dieser Systeme werden von den anderen Systemen genutzt.

Verbreitet ist eine Klassifikation der Anwendungssysteme nach der Unternehmenshierarchie, auf der die Aufgaben der Systeme eingeordnet werden können. Es werden Systeme auf administrativer, dispositiver und planender Ebene unterschieden.[79] SCHEER stellt dies mit Hilfe einer Pyramide dar, in der die Anwendungssysteme horizontal nach den verschiedenen Funktionsbereichen und vertikal nach dem Aggregationsgrad der Daten gegliedert werden (vgl. Abbildung 6).[80]

Motivation für diese Klassifikation ist die Forderung einer Datenintegration über alle betrieblichen Aufgaben- und Funktionsbereiche hinweg. Auf horizontaler Ebene steht der Zugriff auf einen einheitlichen Datenbestand und die Automatisierung der Abläufe zwischen den Systemen der einzelnen Funktionsbereiche im Mittelpunkt. Unter vertikaler Integration wird die Verwendung und Verdichtung der Daten der unteren Ebenen[81] in Planungs- und Entscheidungssystemen verstanden.[82]

---

[76] Einzelne Inhalte der Dokumente können dabei aber aus den Daten der administrativen Systeme gewonnen werden. Es kann sogar eine unmittelbare Verknüpfung zwischen den Systemen bestehen. Z. B. können unter dem Betriebssystem MS Windows über dynamischen Datenaustausch Inhalte zwischen den Systemen ausgetauscht werden. Auch das Einbinden und Bearbeiten der Dokumente in Anwendungssysteme ist dort durch OLE (Objekt Linking and Embedding) möglich.

[77] Im Gegensatz zu der Datenbank eines Anwendungssystems dient eine Informationsdatenbank nur dem Auffinden und der Abfrage von Informationen.

[78] Vgl. Österle/Steinbock, 1994b, S. 52-54.

[79] Vgl. Griese, 1992, Sp. 968. MERTENS unterscheidet noch zwischen Planungs- und Kontrollsystemen (vgl. Mertens, 1991, S. 11 f.).

[80] Vgl. Scheer, 1988a, S. 2-3.

[81] Insbesondere der administrativen Ebene.

[82] Vgl. Scheer, 1988a, S. 592.

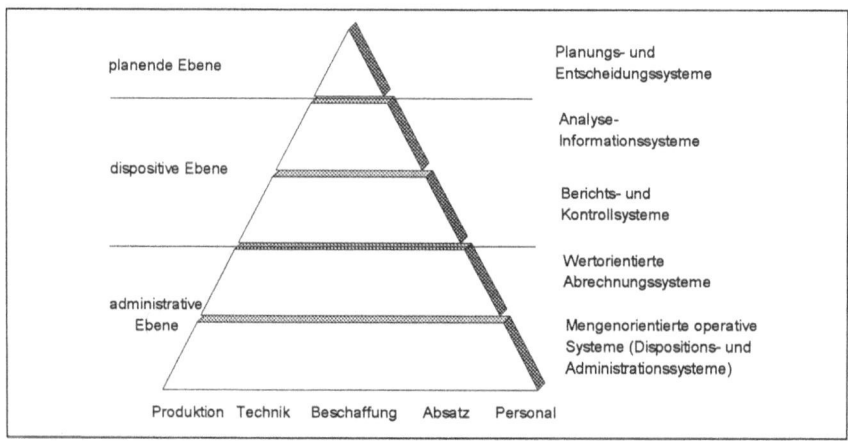

Abbildung 6: Ebenen integrierter Anwendungssysteme
(Quelle: Nach Scheer, 1988a, S. 594)

Die hier betrachteten Anwendungssysteme sind innerhalb der Anwendungsarchitektur vorrangig auf der administrativen und der dispositiven Ebene zu finden.[83] Sie werden für Routineaufgaben eingesetzt, deren Arbeitsschritte im voraus strukturierbar und deren Informationsbedarf bekannt ist.[84] In den oberen Ebenen der Unternehmenshierarchie lassen sich die Aufgaben schwerer vorstrukturieren, der Informationsbedarf ist situationsbedingt und nicht planbar. In diesen Fällen eignet sich der Einsatz von speziellen Führungssystemen[85] sowie Bürosystemen als unterstützendes Instrumentarium.

---

[83] Der überwiegende Teil aller Informatikinvestitionen der Wirtschaft geht in diesen Bereich. Nach Studien betrug dieser Anteil 1991 in der Schweiz 70% (vgl. Österle/Steinbock, 1994a, S. 27). SPITTA spricht von 60 % (vgl. Spitta, 1989, S. 3).

[84] Zum Aufgabenmerkmal Strukturiertheit siehe Picot, 1993, S. 118 f.

[85] Als Führungssysteme oder Führungsinformationssysteme werden Anwendungssysteme bezeichnet, deren Aufgabe die Aggregation und Analyse der operativen Daten zur Unterstützung von Entscheidungproblemen des Managements ist. Bei den Systemen kann es sich um Anwendungen für eine vorbestimmte Aufgabe handeln. Solche Systeme fallen unter die hier betrachteten Anwendungssysteme. Viele Führungssysteme haben aber mehr den Charakter von Werkzeugen (wie z. B. Berichtgeneratoren, Endbenutzerwerkzeuge zur Datenabfrage und Auswertung), die für verschiedenartige Aufgaben eingesetzt werden können. Diese Systeme sind zu den Werkzeugen der individuellen Datenverarbeitung zu zählen. Zu Führungssystemen siehe auch Österle/Steinbock, 1994a, S. 30 f.

Abgrenzung zu Vorgangssystemen

In jüngerer Zeit wird der Einsatz von Vorgangssystemen (Workflow Systems) im betrieblichen Anwendungsbereich diskutiert.[86] Aus diesem Grund ist eine Abgrenzung und Einordnung dieser Systeme notwendig.

Vorgangssysteme unterstützen die Forderung nach einer prozeßorientierten Aufgabenbetrachtung. Nach ihrem Einsatzbereich lassen sich bei einem Vorgangssystem Modellierungs-, Analyse- und Steuerungskomponente unterscheiden.[87] Die Modellierungskomponente dient zur Beschreibung von Aufbau- und Ablauforganisation, die Analysekomponente zur Simulation und Optimierung. Durch die Steuerungskomponente wird die Ablauforganisation durch Implementierung von zeit- und ereignisgesteuerten Ablaufregeln in Anwendungen realisiert. Ein Vorgangssystem besitzt zumindest eine Steuerungskomponente, Modellierungs- und Analysekomponente müssen nicht notwendigerweise Bestandteile des Systems sein.

Ein Ursprung der Vorgangssteuerungssysteme liegt bei der Dokumentenverarbeitung im Büro. Die Verteilung und Weiterleitung von Dokumenten erfolgt in den Systemen durch regelbasierte Ablaufmechanismen und in Abhängigkeit von Zuständen und Ereignissen an den verschiedenen Arbeitsplätzen.[88] Die Modellierung der Ablaufregeln ist dabei flexibel, so daß eine Umgestaltung der Prozesse kurzfristig möglich ist.[89]

Werden Steuerungssysteme in Anwendungssysteme integriert, so ergibt sich eine neue Art von Anwendungssystemen. Bisher sind Anwendungssysteme durch eine hierarchische Aufgabenteilung gekennzeichnet. Aufgaben eines Bereiches werden bis auf die Ebene von Elementaraufgaben gegliedert und diese dann implementiert. Vorgänge bzw. Prozesse als Folgen dieser Elementaraufgaben werden dagegen in den Anwendungssystemen nicht abgebildet. Zu begründen ist dies mit einer mangelnden Stabilität der Prozesse über längere Zeit. Würden Prozesse in Anwendungssystemen implementiert, so wären sie starr und könnten erst mittelfristig wieder geändert werden. Dies schränkt die Flexibilität bei der Wahl von Bearbeitungsfolgen i. d. R. zu stark ein, so

---

[86] Siehe hierzu u. a. Heilmann, 1994a, Jablonski, 1995, Kirn, 1995 sowie Kock/Rehäuser/Krcmar, 1995.

[87] Kock/Rehäuser/Krcmar, 1995, S. 36 f.

[88] Ein möglicher Zustand ist z. B. die Größe der unbearbeiteten Eingangsdokumente, von der die Zuteilung weiterer Dokumente abhängig gemacht werden kann.

[89] Hier können Systeme unterschieden werden, bei denen die Abläufe zur Laufzeit durch den Mitarbeiter geändert werden können und solche, bei denen die Abläufe zur Laufzeit starr sind (vgl. Picot/Rohrbach, 1995, S. 33).

daß darauf verzichtet wird. Funktionen in Anwendungssystemen und noch mehr die Daten weisen dagegen eine höhere Stabilität auf (vgl. Abbildung 7).[90]

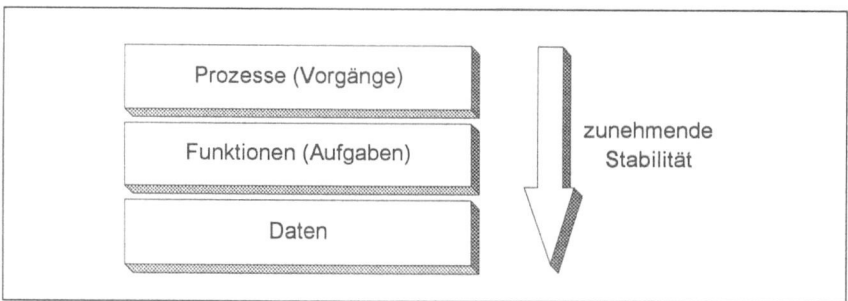

Abbildung 7: Stabilität von Daten, Funktionen und Prozessen

Zur Unterstützung vorgangsorientierter Bearbeitung in Anwendungssystemen bieten sich zwei Möglichkeiten an: Zum einen kann die Funktionalität eines Vorgangssteuerungssystems innerhalb eines Anwendungssystems implementiert werden. In diesem Fall kann von einem prozeßorientierten Anwendungssystem gesprochen werden.[91] Zum anderen können getrennte Vorgangssysteme und Anwendungssysteme miteinander gekoppelt werden. In diesem Fall werden die Funktionen der adminstrativen Systeme durch die in den Vorgangssystemen definierten Ablaufroutinen gesteuert.[92] Hierzu sind standardisierte Schnittstellen zwischen Vorgangssystemen und Anwendungssystemen notwendig.[93]

In dieser Arbeit soll die Vorgangssteuerung nur betrachtet werden, soweit sie in Anwendungssysteme integriert wird. Im Gegensatz zu Vorgangssystemen hat die Modellierung von Prozessen hier in erster Linie das Ziel, gültige Ablauffolgen zu beschreiben und soll nicht zur Definition und Steuerung der Abläufe eines Anwendungssystems dienen.[94]

---

[90] Gerade Daten (unter typenmäßiger Betrachtung) werden als langfristig stabil angesehen. Die Entwicklung von Unternehmensdatenmodellen und auch die datenorientierten Vorgehensmodelle der Anwendungsentwicklung beruhen auf dieser Feststellung (vgl. u. a. Scheer, 1988b, S. 1091, Mistelbauer, 1989, S.112, Vetter, 1990, S. 28-29 und Ortner, 1991, S. 271). Diese Annahme wird auch durch empirische Untersuchungen bestätigt (vgl. Heilmann/Pleye, 1993).

[91] Eine Modellierungs- und Analysekomponente ist in diesen Systemen i. d. R. nicht enthalten.

[92] Vgl. Jablonski, 1995, S. 16.

[93] Vgl. Jablonski, 1995, S. 22.

[94] Siehe hierzu Kapitel 2.3.4.1.

2.2 Modellierung betrieblicher Anwendungssysteme

2.2.1 Grundkonzepte der Modellierung

Die Modellbildung ist ein anerkanntes methodisches Hilfsmittel zur Veranschaulichung und zum Begreifen der Realität. Modelle bilden die Basis für gestaltende Handlungen. In der Softwareentwicklung kommt der Modellbildung eine zentrale Rolle zu.

Modelle werden nach STACHOWIAK durch **Abbildungsmerkmal, Verkürzungsmerkmal** und **pragmatisches Merkmal** charakterisiert.[95]

Das *Abbildungsmerkmal* kennzeichnet den Bezug zu einem Original. „Modelle sind stets Abbildungen **von etwas**."[96] Zur Benennung und Charakterisierung von komplexen Originalen hat sich der Systembegriff als zweckmäßig erwiesen. Dieser erlaubt, etwas zusammengehörendes Ganzes als ein Gebilde aus einer Vielzahl von Elementen und deren Zusammenwirken aufzufassen.[97] Ein Modell soll deshalb als Abbild eines bestehenden oder geplanten Systems verstanden werden.[98] Auch ein Modell kann selbst als ein System betrachtet werden.[99] Handelt es sich bei dem abgebildeten System um ein Modell, so wird das Modell (des Modells) auch als **Metamodell** bezeichnet.[100]

Das *Verkürzungsmerkmal* drückt aus, daß die Abbildung der Attribute (Eigenschaften und Beziehungen)[101] des Originals nicht vollständig ist, sondern sich auf ausgewählte Attribute beschränkt. Ein Modell stellt somit eine Abstraktion vom Original dar.

Das *pragmatische Merkmal* sagt aus, daß ein Modell für ein bestimmtes Subjekt, zu einem bestimmten Zweck und innerhalb eines bestimmten Zeitintervalls verwendet wird. Modelle werden nach ihrem Zweck in Erklärungs-, Entscheidungs- und Beschreibungsmodelle gegliedert.[102] Ziel von Erklärungsmodellen ist es, Ursachen-Wirkungen-Aussagen über das abgebildete Original machen zu können, aus

---

[95]   Vgl. Stachowiak, 1973, S. 131-133.

[96]   Stachowiak, 1973, S. 131.

[97]   Vgl. Gebhardt et al., 1992, S. 310. Zum Systembegriff siehe Wedekind, 1976, S. 12 f.

[98]   Vgl. Klein, 1990, S. 8. Zur Leistungsfähigkeit des systemorientierten Ansatzes für die Modellbildung vgl. auch Wolf, 1979.

[99]   Vgl. Stachowiak, 1973, S. 138.

[100] Vgl.Habermann/Leymann, 1993, S. 60.

[101] Die Modelltheorie versteht unter Attributen sowohl Eigenschaften als auch Beziehungen eines Objekts (vgl. Stachowiak, 1973, S. 134). Damit weicht der Begriff hier von seiner späteren Verwendung im Zusammenhang mit der Datenmodellierung ab. Dort beschreiben Attribute nur die Eigenschaften, nicht aber die Beziehungen von Objekten (vgl. Kapitel 3.2.1).

[102] Siehe hierzu auch Domschke/Drexl, 1990, S. 2 f.

Entscheidungsmodellen sollen Handlungsvorschriften abgeleitet werden.[103] Beschreibungsmodelle dienen der Darstellung von Eigenschaften eines Systems zur Informationsgewinnung.[104] Die hier verwendeten Modelle können den Beschreibungsmodellen zugeordnet werden. Die Frage nach dem Zweck reduziert sich somit auf den Zweck der Beschreibung.

Sollen Modelle bei der Entwicklung von Anwendungssystemen verwendet werden, so sind folglich vier Fragen zu beantworten:

□ Was soll in Modellen abgebildet werden?

□ Wozu dienen die Modelle?

□ Für wen sind die Modelle bestimmt?

□ Für welchen Zeitraum erfüllen die Modelle ihren Zweck?

Die Beantwortung dieser Fragen wird Aufgabe des Kapitels 2.2.2.2 sein, wenn diejenigen Modelle, die bei der Entwicklung von Anwendungssystemen verwendet werden sollen, ausgewählt werden.

Als Modellierung (oder Modellbildung) wird der Prozeß der Abbildung eines Originals in ein Modell bezeichnet. Für die Modellierung wird eine Modellierungsmethode benötigt. Sie umfaßt zum einen eine Modellierungssprache, bestehend aus Konstrukten und formalen Regeln, zum anderen Vorgehensregeln, die Handlungsanweisungen zur Verwendung der Modellierungssprache geben.[105]

Diese beiden Aspekte, die für eine Modellierungsmethode von Bedeutung sind, sollen für die folgenden Betrachtungen auch begrifflich unterschieden werden:

Merkmal der hier zu modellierenden Systeme ist, daß vom Einzelfall eines konkreten Systems abstrahiert wird. Es soll eine Methode entwickelt werden, die für eine definierte Klasse von Systemen in gleicher Art und Weise angewendet werden kann. Die Konstrukte und formalen Regeln einer Modellierungssprache stellen somit einen formellen Rahmen zur Abbildung von verschiedenen Systemen dar.[106] Aus diesem Grund wird das Festlegen einer Modellierungssprache im folgenden als **statischer Aspekt** der Modellierung bezeichnet.

---

[103]   Vgl. Pfohl, 1981, S. 42.

[104]   Vgl. Mertins/Süssenguth/Jochem, 1994, S. 9.

[105]   Vgl. Mertins/Süssenguth/Jochem, 1994, S. 11.

[106]   Die Modellierungssprache ist für einen bestimmten Zeitraum (solange der gewählte Rahmen zur Beschreibung der betrachteten Systeme vom Modellbildner als geeignet angesehen wird) als unveränderlich anzusehen.

Zum anderen werden Vorgehensweisen zur Modellierung, d.h. Handlungsvorschriften, in welchen Schritten ein konkretes System mit Hilfe der definierten Modellierungssprache abgebildet werden kann, benötigt. Da diese den Prozeß der Modellbildung i. e. S. betrachten, wird dies als **dynamischer Aspekt** der Modellierung angesehen. Zur Beschreibung eines komplexen Originals ist es zweckmäßig, mehrere Teilmodelle zu verwenden und diese in einer Architektur oder Hierarchie anzuordnen. Der dynamische Aspekt der Modellbildung kann dann in die Modellbildung im Kleinen und die Modellbildung im Großen gegliedert werden. Die Modellbildung im Kleinen befaßt sich mit dem Vorgehen innerhalb eines einzelnen Teilmodells.[107] Die Modellbildung im Großen betrachtet dagegen das Vorgehen unter Berücksichtigung des Zusammenwirkens der verschiedenen Teilmodelle.

Neben den oben aufgezählten Hauptmerkmalen, durch die die verwendeten Modelle charakterisiert werden, ist demnach auch festzulegen, unter welchem der beiden Aspekte die Modellierung zu untersuchen ist.

2.2.2 Die 4-Ebenenarchitektur des IRDS als konzeptioneller Rahmen

2.2.2.1 Die 4-Ebenenarchitektur des IRDS

Einen konzeptionellen Rahmen für die Beschreibung eines Anwendungssystems mit Hilfe von Modellen liefert die 4-Ebenenarchitektur des IRDS-Standards.[108] Dieser Standard hat das Ziel, Systeme, die Informationen als Ressource für ein Unternehmen verwalten, zu vereinheitlichen. Das zentrale Konzept bei der Bildung der Ebenenarchitektur ist die Formulierung von Intensions-/Extensions-Paaren.

Zur konkreten Deutung von Daten ist stets deren Beschreibung notwendig.[109] Somit bilden Daten (Extension) und deren Beschreibung (Intension) jeweils ein Paar. Daten, z. B. die Zeichenkette "713, FLICK,VIVIEN, 08.04.1994", können erst mit der zugehörigen Beschreibung, "Person(Nr., Name, Vorname, Geburtsdatum)", gedeutet werden. Auch für die in diesem Paar als Intension verwendete Beschreibung ist selbst wieder eine Beschreibung notwendig. Es muß ein neues Intension-/Extension-Paar gebildet werden, in dem die vorher als Intension verwendete Beschreibung die Extension darstellt.

---

[107] Wie z. B. das Vorgehen bei der Erstellung eines fachlichen Datenmodells in Form eines Entity-Relationship Modells.

[108] Das IRDS (Information Resource Dictionary System) ist ein System zur Beschreibung und Verwaltung von Daten der Informationsverarbeitungsprozesse. Sowohl ANSI (vgl. ANSI, 1988) als auch ISO (vgl. ISO-IRDS, 1990) haben hier Standardisierungsvorschläge formuliert und verabschiedet. Basis beider Vorschläge ist die hier vorgestellte 4-Ebenenarchitektur.

[109] Vgl. Habermann/Leymann, 1993, S. 61.

- 25 -

Der IRDS-Standard unterscheidet drei Intension-/Extension-Paare, die in einer 4-Ebenenarchitektur angeordnet werden.[110] Zur Modellierung eines Anwendungssystems ist ebenfalls eine Unterscheidung dieser vier Ebenen zweckmäßig (vgl. Abbildung 8).[111]

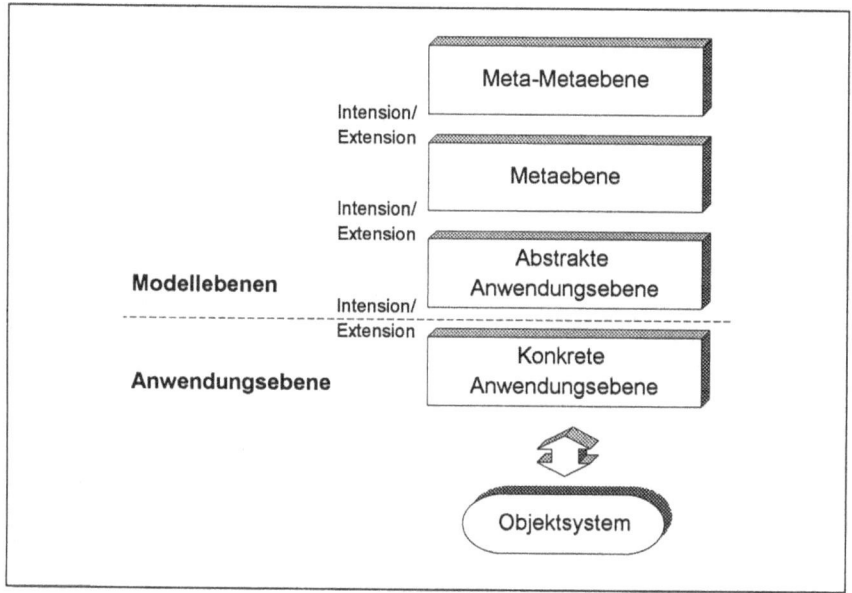

Abbildung 8: Die vier Ebenen des IRDS-Standards

Die **konkrete Anwendungsebene** bildet die unterste Ebene der Architektur und dient zur Darstellung konkreter Phänomene des Objektsystems[112] (der Kunde „Meier", der Eingang des Auftrags Nr. 95011).

Die **abstrakte Anwendungsebene** ist die Intension zu der konkreten Anwendungsebene. Sie beschreibt die Phänomene des Objektsystems in einer von der Einzelausprägung der konkreten Anwendungsebene abstrahierten Form mit Hilfe von Fach- und Gattungsbegriffen (der Objekttyp „Kunde", die Funktion „Auftragseingang"). Auf

---

[110] Vgl. Habermann/Leymann, 1993, S. 79.

[111] Während der IRDS-Standard nur die Beschreibung von Daten der Informationsverarbeitung zum Gegenstand hat, soll in dieser Arbeit innerhalb dieser Architektur ein Anwendungssystem vollständig beschrieben werden.

[112] Zum Begriff des Objektsystems siehe Kapitel 2.3.1.

dieser Ebene sind die Modelle, die ein betriebliches Anwendungssystem beschreiben, einzuordnen. Aus diesem Grund soll erst auf dieser zweiten Ebene von einer Modellebene gesprochen werden.

Auf der **Metaebene** werden die Beschreibungsmodelle für die abstrakte Anwendungsebene definiert. Dies umfaßt die Festlegung von Darstellungselementen, Verfahren, Sichten und Begriffen.[113] Da die Beschreibungsgegenstände der Modelle dieser Ebene selbst Modelle sind, werden diese als Metamodelle (Modelle von Modellen) bezeichnet. Daneben ist für die Modelle dieser Ebene häufig auch die Bezeichnung *Informationsmodelle*[114] zu finden.

Die **Meta-Metaebene** liefert die formalen Beschreibungsmodelle für die Metaebene. Da die Modelle dieser Ebene aus Sicht der hier dargestellten Architektur die Intension zu den Metamodellen sind, werden sie als *Meta-Metamodelle* [115] bezeichnet.[116]

Daß sich diese 4-Ebenenarchitektur nicht nur für die Beschreibung von Daten eignet, läßt sich am Beispiel einer einfachen arithmetischen Funktion eines Anwendungssystems darstellen (vgl. Tabelle 1).

Auf konkreter Anwendungsebene stellt sich die Funktion (in dem gewählten Beispiel die Berechnung der Fakultät einer Zahl) durch ihre Ausführung zu einem konkreten Zeitpunkt mit bestimmten Datenobjekten (der Zahl 5) dar. Auf abstrakter Anwendungsebene sind die Ausführungsregeln dieser Funktion allgemeingültig, d. h. unabhängig von einem konkreten Anwendungsfall, beschrieben. Mögliche Formen der Beschreibung einer Funktion sind Struktogramme oder ausführbarer Programmcode.

Das Metamodell definiert die formale Beschreibungssprache für die Funktionen. Wäre auf der abstrakten Anwendungsebene das Struktogramm als Darstellungsmittel gewählt worden, so müßte das Metamodell die Konstrukte des Struktogramms (Sequenz, Auswahl, Wiederholung, Verfeinerung, Anweisung) festlegen. In dem hier gewählten Beispiel wird im Metamodell die Syntax einer Programmiersprache definiert. Die Meta-Metaebene legt fest, wie diese Beschreibungssprache dargestellt wird. Eine mögliche Beschreibungsmethode für die Syntax einer Programmiersprache ist die

---

113 Vgl. Scheer, 1991, S. 7.

114 Vgl. Scheer, 1991, S.19-20 sowie Habermann/Leymann, 1993, S. 60.

115 Vgl. Habermann/Leymann, 1993, S. 73 sowie Smolander et al., 1991, S. 175. Diese werden auch als formale Metamodelle (vgl. Eicker, 1991, S. 172) oder Meta-Informationsmodelle (vgl. Scheer, 1991, S. 19 f.) bezeichnet.

116 In anderen Ansätzen wird auf die explizite Darstellung der Meta-Metaebene verzichtet. So verwendet SCHEER für das Architekturmodell ARIS (Architektur integrierter Informationssysteme) ein 3-Ebenen-Modell (vgl. Scheer, 1991, S. 6-11). Da die Meta-Metaebene aber bei der späteren Betrachtung der instrumentellen Unterstützung von Bedeutung ist, erscheint eine explizite Darstellung zweckmäßig.

Darstellung in der Backus-Naur-Form.[117] Das Meta-Metamodell definiert in diesem Fall die Backus-Naur-Notation.

Ebene	Beispiel
Meta-Metaebene	**Definition einer Grammatik in der Backus-Naur-Form:** Symbole: <x> Nichtterminal (Hilfssymbol) | Trennsymbol für Alternativen in einer Regel ::= Definitionssymbol für Regeln Alle anderen Symbole sind Terminale der Sprache Ableitungsregeln: a ::= b a ist Nichterminal, b ist Folge von (Nicht)terminalen, a ::= b_1 ∨ a ::= b_2 ⇔ a::= b_1 | b_2

Metaebene	**Syntax der Programmiersprache:**
	
	<Anweisung> ::= begin <Sequenz> end
	     | while <Ausdruck> do <Anweisung>
	     | ...
	<Sequenz > ::= <Anweisung> | <Anweisung>; <Sequenz>
	<Ausdruck > ::= ...

Abstrakte Anwendungsebene	**Berechnungsregel:**
	
	Function Fak(n: integer): integer;
	begin
	  if n > 1 then
	    Fak := n * Fak (n-1)
	  else
	    Fak := 1;
	end;

Konkrete Anwendungsebene	**Ausführung der Funktion:** Fak(5) mit dem Ergebnis 120

Tabelle 1: Darstellung einer Verarbeitungsfunktion in der 4-Ebenenarchitektur

2.2.2.2 Bedeutung der Ebenen für die Modellierung

Die Architektur der IRDS-Standards soll als Bezugsrahmen für die nachfolgende Betrachtung der Modellierung von Anwendungssystemen dienen. Die konkrete Anwendungsebene ist dabei ohne Bedeutung, da es das Merkmal von Anwendungssystemen ist, vom Einzelfall zu abstrahieren.[118] Es verbleiben deshalb die drei Modellebenen der Architektur, die im Rahmen der Modellierung zu betrachten sind (vgl. Abbildung 8).

---

[117] Vgl. Horowitz, 1984, S. 51 ff.

[118] Die Darstellung der einzelnen Geschäftsvorfälle ist Inhalt der konkreten Anwendungsebene, erst auf abstrakter Anwendungsebene wird davon abstrahiert.

Für die Modelle dieser drei Ebenen sind jetzt die zu Beginn gestellten Fragen nach dem abgebildeten Original und den pragmatischen Merkmalen zu beantworten:[119]

□ Was soll in den Modellen abgebildet werden?

□ Wozu dienen die Modelle?

□ Für wen sind die Modelle bestimmt?

□ Für welchen Zeitraum erfüllen die Modelle ihren Zweck?

Die letzte Frage wird zunächst zurückgestellt und im nächsten Kapitel isoliert betrachtet.

In den Modellen auf abstrakter Anwendungsebene werden konkrete Anwendungssysteme dargestellt. Sie dienen zum einen der Darstellung der fachlichen Inhalte der Anwendungssysteme, zum anderen der Darstellung ihrer dv-technischen Realisierung. Soll die Anwendungsentwicklung auf Basis dieser Modelle erfolgen, dann müssen die Modelle so detailliert sein, daß sich die Implementierung des Anwendungssystems daraus ableiten läßt. Die Modelle sind für die Entwickler und die an der Entwicklung partizipierenden Anwender bestimmt.

Die Modelle auf Metaebene stellen die Beschreibungsmodelle für die betrachtete Klasse von Anwendungssystemen dar. Sie werden durch die gewählten Beschreibungsmethoden bestimmt. Diese lassen sich wiederum aus den Merkmalen und Eigenschaften der Anwendungssysteme entwickeln. Die Metamodelle benötigt der Modellbildner und der Modellbenutzer, d. h. Entwickler und Anwender, um die Modelle eines Anwendungssystems verstehen zu können. Daneben sind die Metamodelle auch Grundlage für ein Vorgehensmodell zur Entwicklung der Anwendungssysteme und für die Softwarewerkzeuge, die den Entwicklungsprozeß unterstützen.

Die Meta-Metamodelle liefern das Instrumentarium zur Beschreibung der Metamodelle. Ihre Darstellung ist notwendig, um die Syntax der Metamodelle verstehen zu können. Es ist zweckmäßig, für alle Metamodelle ein einheitliches formales Beschreibungsmodell zu wählen. Zum einen wird damit das Verständnis der Metamodelle erleichtert, zum anderen ist es ohne weitere Anpassungen möglich, verschiedene Metamodelle zu integrieren. Im folgenden soll deshalb nur noch von *einem* Meta-Metamodell gesprochen werden.

Zweck des Meta-Metamodells ist die integrierte Speicherung der Modelle eines Anwendungssystems. Sie ist zur rechnergestützten Verwaltung der Modelle und zur Unterstützung der Anwendungsentwicklung durch Softwarewerkzeuge notwendig. Datenbanken, die zur Speicherung dieser Modelle dienen, werden als Data-Dictionary,

---

[119] Siehe S. 23.

IV-Dictionary, Entwicklungsdatenbanken oder **Repository** bezeichnet.[120] Ein einheitliches Meta-Metamodell ist Voraussetzung für die integrierte Speicherung der Modelle des Anwendungssystems.

Tabelle 2 faßt die Merkmale der verwendeten Modelle synoptisch zusammen.

Ebene	Was wird abgebildet?	Zweck (wofür?)	Subjekt (für wen?)
Meta-Metamodell	Formales Beschreibungsmodell	Integrierte Speicherung der Beschreibung eines Anwendungssystems	Repository
Metamodelle	Beschreibungsmethoden für die betrachtete Klasse von AWS	Darstellung der Komponenten und Sichten dieses Anwendungssystems	Software-Werkzeuge zur Entwicklung von AWS, Entwickler, evtl. Anwender
Modelle des Anwendungssystem	Ein konkretes Anwendungssystem	Fachliche und dv-technische Beschreibung eines AWS zum Zweck der Entwicklung	Entwickler, Anwender

Tabelle 2: Merkmale der verwendeten Modelle

2.2.2.3 Statische und dynamische Komponenten in der Ebenenarchitektur

Betrachtet man die drei Modellebenen der Architektur des IRDS, so stellt sich unter der Zielsetzung dieser Arbeit die Frage, welche Modellebenen unter dem statischen und welche unter dem dynamischen Aspekt der Modellierung untersucht werden sollen.

Modelländerungen treten immer dann ein, wenn sich die Annahmen über die Eigenschaften des modellierten Originals ändern. Kennzeichnend für die Modelländerungen in einer Hierarchie von Extension-/Intension-Paaren ist, daß Änderungen der Intension sich auch auf die zugehörige Extension auswirken, nicht aber umgekehrt. Die Auswirkungen von Modelländerungen auf einzelnen Ebenen der hier gewählten Architektur machen sich deshalb nur auf den untergeordneten Ebenen bemerkbar, übergeordnete Ebenen sind von Änderungen nicht betroffen. Somit kann zwischen den Modellebenen jeweils eine Trennlinie gefunden werden: Modelle oberhalb der Linie werden als stabil angesehen, Modelle unterhalb der Linie sind veränderlich.

Für diese Arbeit erweist sich die folgende Trennung als zweckmäßig:

---

[120] Im folgenden wird nur noch der Begriff Repository verwendet. Eine genaue Betrachtung dieser Systeme erfolgt in Kapitel 5.2.2.

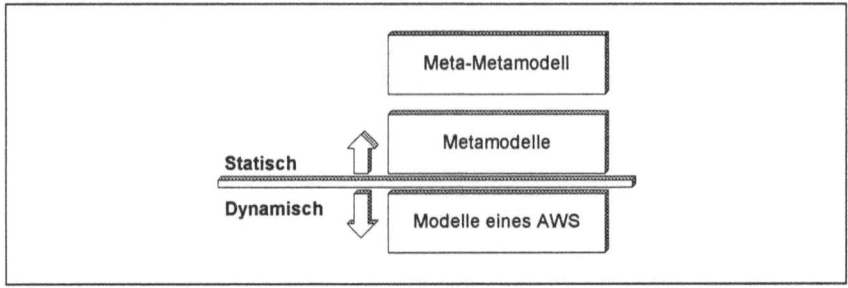

Abbildung 9: Trennung zwischen statischen und dynamischen Komponenten

Auf abstrakter Anwendungsebene sind die Modelle für ein konkretes Anwendungs-system angesiedelt. Die Erstellung dieser Modelle ist Aufgabe der Anwendungsent-wicklung. Änderungen der Modelle werden durch eine Veränderung der in ihr abgebildeten Realität, d. h. einer Änderung von betrieblich-organisatorischen Sachver-halten oder der technischen Einsatzumgebung des Anwendungssystems verursacht.

Ein Vorgehensmodell für das Erstellen und Anpassen der Modelle eines Anwendungs-systems ist Zielsetzung dieser Arbeit. Hierbei soll die Modellierung im Großen, d. h. das Vorgehen unter Berücksichtigung des Zusammenwirkens der verschiedenen Mo-delle im Mittelpunkt stehen.[121] Die Metamodelle stellen dabei das Beschreibungsmittel (die Intension) für die Modelle des Anwendungssystems dar. Sie werden deshalb unter dem statischen Aspekt auf ihre Struktur und ihre Elemente hin untersucht. Ebenso wird das Meta-Metamodell als unveränderlich angesehen.

Im folgenden soll kurz dargestellt werden, für welche Aufgabenstellungen andere Trennlinien geeignet sind.

Werden die Modelle eines Anwendungssystems nur unter einem statischen Aspekt betrachtet, so ist nicht mehr deren Entwicklung oder Umgestaltung von Bedeutung, sondern nur deren Inhalte für konkrete Anwendungsfälle (vgl. Abbildung 10). Die Modelle eines Anwendungssystems sind während des Softwarebetriebs konstant. Eine ausschließlich statische Betrachtung der Modelle dieser Ebene erfolgt bei der Darstel-lung von Referenzmodellen für bestimmte Anwendungsbereiche.[122] Die Modelle der Architektur werden dann nur unter dem statischen Aspekt untersucht.[123]

---

[121] Zur Abgrenzung der Modellierung im Kleinen und Großen siehe Kapitel 2.2.1.

[122] Wie z. B. bei SCHEER (vgl. Scheer, 1988a).

[123] Betrachtet man die Entwicklung oder die Anpassung von Referenzmodellen, kommt der dyna-mische Aspekt allerdings hinzu.

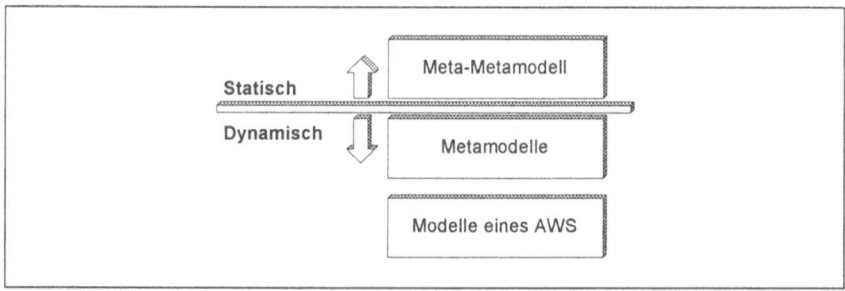

Abbildung 10: Statische Betrachtung der Anwendungsmodelle

Änderungen auf Metaebenen müssen vorgenommen werden, wenn sich die zur Meta-modellierung getroffenen Annahmen über Architektur oder Komponenten des Anwen-dungssystems geändert haben oder andere Beschreibungsmethoden verwendet werden sollen.[124] Bei der Änderung der Metamodelle müssen die Modelle der Anwendungs-systeme in die Strukturen der neuen Metamodelle überführt werden (vgl. Abbildung 11). Arbeiten, die sich mit Verfahren und Vorgehen bei dem Wechsel von Metamodel-len befassen, finden sich im Forschungsbereich des Reengineering.[125]

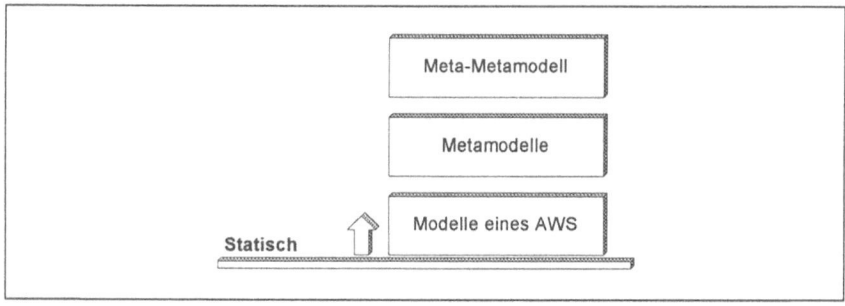

Abbildung 11: Dynamische Betrachtung der Metamodelle

---

[124] Bei Veränderungen der Metamodelle ist eine Unterscheidung zwischen sichtenerhaltenden und nicht sichtenerhaltenden Änderungen zweckmäßig. Während sich im ersten Fall nur einzelne Informati-onsobjekte innerhalb von Sichten ändern, macht die Einführung einer neuen Sicht oder der Wegfall einer bestehenden Sicht eine grundlegende Neustrukturierung der Metamodelle notwendig (z. B., wenn eine daten- und eine funktionsorientierte Sicht zu einer objektorientierten Sicht verschmolzen werden).

[125] Hier ist insbesondere der Ansatz des modellbasierten Reengineering zu nennen (vgl. Kaufmann, 1994, S. 82 f.).

Letztlich kann auch die Veränderung von Meta-Metamodellen Gegenstand der Betrachtung sein (vgl. Abbildung 12). Das Meta-Metamodell legt die formalen Strukturen
fest, in denen die Metamodelle beschrieben werden. Werden die Modelle des Anwendungssystems in einem Repository gespeichert, so definiert das Meta-Metamodell das
Paradigma der Datenhaltung. Wird das Meta-Metamodell gewechselt, z. B. von einem
relationalen zu einem objektorientierten Modell, dann müssen alle Metamodelle in die
neuen Strukturen überführt werden. Dadurch müssen auch die Modelle des Anwendungssystems angepaßt werden. Ein Wechsel der Repository-Technologie macht somit
eine Transformation der Modelle auf allen Ebenen notwendig. Da dies nur mit einem
hohen Aufwand zu realisieren ist, ist ein langfristig stabiles Meta-Metamodell zu fordern. Arbeiten, die sich mit der Gestaltung und Umstrukturierung von Meta-Metamodellen beschäftigen, sind in der Literatur bisher selten zu finden.[126]

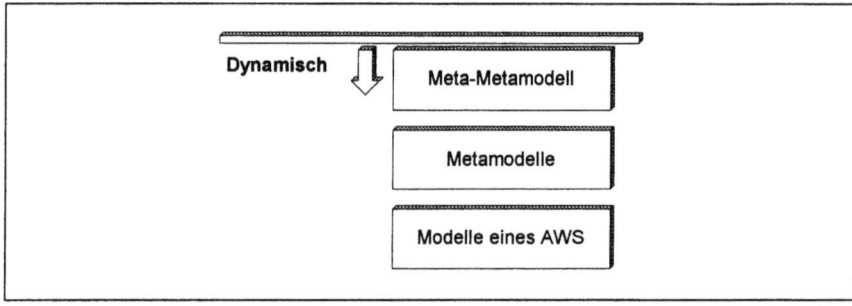

Abbildung 12: Dynamische Betrachtung der Meta-Metamodelle

---

[126] Ein Ansatz zur Integration von Metamodellen, die auf verschiedenen Meta-Metamodellen basieren,
findet sich bei Smolander et al., 1991.

2.3 Modellarchitektur für Anwendungssysteme

Für die betrachtete Klasse von Anwendungssystemen werden Beschreibungsmodelle benötigt. Sie stellen die Modellierungssprache zur Abbildung konkreter Systeme dar. Ein Anwendungssystem ist zu komplex, um in einem einzigen Modell beschrieben zu werden. Deshalb ist es notwendig, das System aus verschiedenen Blickwinkeln (Sichten) darzustellen.[127] Jede Sicht des Anwendungssystems wird in einem Modell dargestellt. Die einzelnen Modelle ergänzen sich zu einem Gesamtmodell, das eine vollständige und widerspruchsfreie Beschreibung des Systems liefert. Die Auswahl geeigneter Sichten ist Aufgabe dieses Kapitels. Ergebnis ist eine Modellarchitektur, die die Basis für die Entwicklung der Beschreibungsmodelle in Kapitel 3 bildet.

2.3.1 Abgrenzung des Gegenstandsbereichs der Modellierung

Zur Abgrenzung des organisatorischen Systems bei der Modellierung von Anwendungssystemen ist es zweckmäßig, zwischen *Gegenstandsbereich* und *Untersuchungsbereich* zu unterscheiden. Der Untersuchungsbereich ist der „Teilbereich der realen Welt, der mit dem Ziel untersucht wird, ein Anwendungssystem zu erstellen. Zum Untersuchungsbereich gehören u. a. die beteiligten Menschen, Organisationseinheiten, Technikkomponenten und ihre Funktionen, Tätigkeiten, Verrichtungen und Beziehungen untereinander."[128] Der Gegenstandsbereich ist dagegen nur der „Teil des Untersuchungsbereiches, der Gegenstand der Modellierung und Realisierung des Anwendungssystems ist."[129]

Wird der Untersuchungsbereich als System dargestellt, wird dieses auch als *Objektsystem* bezeichnet.[130] *Modelle des Objektsystems* stellen somit betrieblich-organisatorische Sachverhalte dar. Ihr Ziel ist, das Problemfeld abzugrenzen, bestehende Schwachstellen aufzuzeigen und die Anforderungen für das Anwendungssystem zu

---

[127] Vgl. Albers/Petzold, 1995, S. 28.

[128] Hesse et al., 1994b, S. 97.

[129] Hesse et al., 1994b, S. 97.

[130] Vgl. Ferstl/Sinz, 1991, S.481 f. Die für die Modellierung der betrieblich-organisatorischen Sachverhalte verwendeten Begriffe Objekt und Objektsystem sind nicht mit dem Objektbegriff der Informatik gleichzusetzen. Vergleichbar ist das Objektsystem mit dem Arbeitssystem aus der Arbeitswissenschaft: "Ein Arbeitssystem dient zur Erfüllung einer Arbeitsaufgabe, hierbei wirken Menschen und Arbeitsmittel im Arbeitsablauf am Arbeitsplatz in einer Arbeitsumgebung unter den Bedingungen dieses Arbeitssystems zusammen." (DIN 33 400, 1975). Im Gegensatz zum Arbeitssystem ist das Objektsystem nicht auf Arbeitsaufgaben beschränkt, sondern umfaßt das gesamte organisatorische System eines Aufgabenbereichs.

definieren.[131] Die *Modelle des Anwendungssystems* beschreiben die Sachverhalte, die für die informationsverarbeitenden Prozesse von Relevanz sind.

Modelle des Objektsystems und des Anwendungssystems stehen in einer wechselseitigen Abhängigkeit. Zur Unterstützung der fachlichen Entwurfsentscheidungen bei der Modellierung eines Anwendungssystems sind die Informationen des betrieblich-organisatorischen Umsystems erforderlich. Der Einsatz eines Anwendungssystems kann in Form von Rückkopplungen Anpassungsprozesse im Objektsystem nach sich ziehen.[132]

Gegenstand dieser Arbeit ist der softwaretechnische Aspekt der Entwicklung eines Anwendungssystems, deshalb stehen die Modelle des Anwendungssystems im Mittelpunkt der Betrachtungen. Modelle des Objektsystems werden nicht betrachtet. Ziel der Modellierung ist es, die einzelnen Komponenten, aus denen ein Anwendungssystem besteht, hinsichtlich ihrer Art, ihrer funktionalen Eigenschaften und ihres Zusammenwirkens zu beschreiben.[133] Die Modelle müssen so detailliert sein, daß sie nach definierten Regeln in ein ausführbares Programm überführt werden können.

2.3.2 Dimensionen der Modellarchitektur

In der Literatur werden unterschiedliche Modellarchitekturen zur Anwendungsmodellierung vorgeschlagen. Allen Ansätzen ist gemeinsam, daß verschiedene Dimensionen der Modellierung betrachtet werden. In jeder Dimension wird ein Anwendungssystem unter mehreren Aspekten dargestellt. Die verschiedenen Dimensionen und deren Inhalte werden hier zunächst beschrieben, bevor für die Zielsetzung dieser Arbeit eine Modellarchitektur ausgewählt wird. Die folgenden Modellierungsansätze werden dabei betrachtet:

□ ARIS-Architektur[134]

□ CIMOSA-Referenzarchitektur[135]

□ IFIP-Architektur[136]

---

[131] Vgl. Vetter, 1990, S. 28.

[132] Vgl. Spitta, 1989, S. 28.

[133] Vgl. Scheer, 1991, S. 2.

[134] ARIS (Architektur integrierter Informationssysteme) ist ein von SCHEER an der Universität Saarbrücken entwickeltes Architekturmodell für betriebliche Anwendungssysteme (vgl. Scheer, 1991).

[135] Die CIMOSA-Architektur ist eine Referenzarchitektur für die Unternehmensmodellierung. Sie ist im Rahmen des ESPRIT-Forschungsprojekts der Europäischen Union entstanden (vgl. ESPRIT-AMICE, 1993, Mertins/Süssenguth/Jochem, 1994, S. 58-65, Zimmermann et al., 1993, S. 67-72).

[136] Diese Architektur wurde von Mitgliedern der Arbeitsgruppe WG 8.1 der IFIP entworfen (vgl. Olle et al., 1991).

◻ AD/Cycle-Informationsmodell[137]

◻ CC RIM-Referenzmodell[138]

2.3.2.1 Abstraktionsebenen

Mit der Dimension der Abstraktionsebene wird die Distanz zu der informationstechnischen Umsetzung ausgedrückt. Im Software-Engineering hat sich eine Dreiteilung in fachliche, dv-technische und Implementierungsebene etabliert.[139] Diese Unterscheidung drückt sich in allen gängigen Vorgehensmodellen der Softwareentwicklung aus, die zwischen fachlichem Entwurf, dv-technischem Entwurf und Implementierung differenzieren.[140]

Auch wenn sich die verschiedenen Modellierungsansätze in der Abgrenzung der einzelnen Ebenen unterscheiden, ist allen diese Dreiteilung gemeinsam. Tabelle 3 gibt einen Überblick über die Bezeichnungen der Abstraktionsebenen in den verschiedenen Ansätzen.

Ansatz	Fachliche Ebene	DV-technische Ebene	Implementierungsebene
ARIS	Fachkonzept	DV-Konzept	Implementierung
CIMOSA	Requirements Definition	Design Specification	Implementation Description
AD/Cycle	System model	Technology model	Components
CC RIM	Modell des Geschäftssystems	Externes Modell	Internes Modell
IFIP WG 8.1	Business analysis	System design	Construction design

Tabelle 3: Abstraktionsebenen der verschiedenen Modellierungsansätze

Auf fachlicher Ebene erfolgt eine Beschreibung des Softwaresystems in einer realisierungsunabhängigen Form. Es soll beschrieben werden, „WAS" das System leistet und

---

[137] Im Rahmen des AD/Cycle Konzepts von IBM wurde zur Modellierung von Informationssystemen eine Architektur von Beschreibungsmodellen entworfen (vgl. Sowa/Zachman, 1992, IBM, 1991 sowie Klein, 1990, S. 10-11).

[138] Dieses Referenzmodell wurde an der Hochschule St. Gallen im Rahmen des Forschungsprogramms „Informationsmanagement 2000" entwickelt (vgl. Gutzwiller, 1994a und 1994b).

[139] Vgl. u. a. Olle et al., 1991, S. 13 ff. und Scheer, 1991, S. 15 ff.

[140] Auch wenn von einem phasenorientierten Vorgehen bei Softwareentwicklung abgewichen wird, sind diese Abstraktionsebenen gegeben (vgl. Scheer, 1991, S.17). Unterschiede bestehen nur in der Reihenfolge und der Vollständigkeit der Entwürfe im Vorgehensmodell. Siehe hierzu auch Kapitel 2.4.2.1.

nicht, „WIE" diese Leistungen erbracht werden. Diese Trennung zwischen Problem bzw. Anforderung und Problemlösung resultiert aus der Auffassung, daß die Spezifikation eines Softwaresystems die konkrete Realisierung noch nicht vorbestimmen darf.[141] Diese Aussage ist aber zu relativieren, da mit jeder fachlichen Modellierungsmethode auch grundsätzliche Realisierungsentscheidungen vorweggenommen werden.[142]

Die dv-technische Ebene beschreibt die Realisierung des Systems, abstrahiert allerdings noch von der konkreten Implementierung, d. h. der Codierung des Programms in einer Programmiersprache. Üblich ist auf dv-technischer Ebene die Unterscheidung zwischen einem Grob- und einem Feinentwurf. Der Grobentwurf spezifiziert die Komponenten (Module) und deren Architektur, der Feinentwurf spezifiziert die Realisierung der einzelnen Komponenten.[143] Die Implementierungsebene definiert die konkrete Umsetzung des Systems mit Hilfe von Programmiersprachen und durch den Einsatz von Systemsoftware und Hardwarekomponenten.

2.3.2.2 Sichten der Systembeschreibung

Zur Beschreibung von Anwendungssystemen ist aufgrund ihrer Komplexität eine isolierte Betrachtung einzelner Tatbestände zweckmäßig. Das zu modellierende System wird deshalb unter verschiedenen Blickwinkeln (Sichten) betrachtet. Traditionell haben sich im Software-Engineering eine daten- und eine funktionsorientierte Sicht von Anwendungssystemen entwickelt.[144] Die Datensicht stellt die Struktur und die Beziehungen der Datenobjekte, die einer Anwendung zugrunde liegen, dar. Die Funktionssicht[145] beschreibt die Funktionen, die durch das Anwendungssystem abgedeckt werden. Inhaltlich kann diese Sicht von einer einfachen funktionalen Dekomposition bis zu einer detaillierten Darstellung der Transformationsregeln der Funktionen rei-

---

[141] Vgl. Freeman/Wasserman, 1984, S. 6-9.

[142] So wird nach einem Entwurf des konzeptionellen Datenmodells in Form eines Entity-Relationship-Modells die Realisierung der Datenhaltung in einer relationalen Datenbank zweckmäßig sein. Die vor dem fachlichen Entwurf getroffene Implementierungsentscheidung (relationale Datenbank) bestimmt in diesem Fall die einzusetzende Modellierungsmethode (Entity-Relationship-Modell).

[143] Üblich sind auch die Bezeichnungen 'Programmieren im Großen' und 'Programmieren im Kleinen' (vgl. Kimm et al., 1979, S. 211). In der englischsprachigen Literatur werden Grob- und Feinentwurf als architectural bzw. detailed design bezeichnet (vgl. Freeman/Wasserman, 1984, S. 6).

[144] Vgl. Schönthaler/Nemeth, 1992, S. 19-20. Die daten- bzw. die funktionsorientierte Sicht der Modellierung eines Informationssystems kann jeweils als Ausgangspunkt der dv-technischen Umsetzung verwendet werden. Dementsprechend führt dies zu einer funktions- bzw. datenorientierten Systementwicklung. Entsprechend den sprachlichen Kategorien der Systembeschreibung wird bei Daten auch von passiven und bei Funktionen von aktiven Elementen gesprochen (vgl. Hesse et al., 1994a, S. 44).

[145] SCHEER bezeichnet die Funktionssicht auch als Vorgangssicht (vgl. Scheer,1991, S. 14).

chen. Um den Zusammenhang zwischen Daten und Funktionen zu beschreiben, bedarf es einer zusammenhangbildenden Sicht.[146] Diese wird als Prozeßsicht[147], Steuerungssicht[148] oder auch verhaltensorientierte Sicht[149] bezeichnet.

Zu den Elementen der Datensicht werden Datenobjekte, Beziehungen, Attribute und Integritätsbedingungen gezählt. Während bei den Elementen der Datensicht bei allen hier betrachteten Ansätzen weitgehende Übereinstimmung besteht, weichen sie bei den beiden anderen Sichten zum Teil erheblich voneinander ab. Das CC RIM-Referenzmodell und die CIMOSA-Architektur verzichten auf die Prozeßsicht. Innerhalb der Funktionssicht werden dort neben einer funktionalen Dekomposition und der Beschreibung von Funktionen auch Datenflüsse und Verwendungsbeziehungen dargestellt. Ebenso sind beim CC RIM-Referenzmodell Ereignisse sowie Zustände und Zustandsübergänge von Datenobjekten Inhalt der Funktionssicht. Dagegen werden in ARIS Datenflüsse, Zustände von Datenobjekten und Ereignisse, die von Funktionen ausgelöst werden, in der Prozeßsicht dargestellt. Die IFIP-Architektur beschränkt sich bei der Prozeßsicht auf die Darstellung von Ereignissen als Auslöser von Funktionen sowie Reihenfolgebeziehungen zwischen Ereignissen. Datenflußorientierte Beschreibungen sind dort in der Funktionssicht enthalten.

Neben den drei genannten Sichten werden in den Modellierungsansätzen noch weitere Sichten auf ein Anwendungssystem verwendet. So stellen ARIS, das CC RIM-Referenzmodell und die CIMOSA-Architektur eine Organisationssicht, ARIS und die CIMOSA-Architektur zusätzlich noch eine Ressourcensicht dar. Die Organisationssicht beschreibt die an den Geschäftsprozessen beteiligten Organisationseinheiten, Benutzer sowie deren Zuordnungen.[150] Mit der Ressourcensicht werden die zum Einsatz kommenden Betriebsmittel der Informationstechnik dargestellt. Organisationseinheiten, Benutzer und Kompetenzen werden in der IFIP-Architektur innerhalb der

---

[146] Vgl. Hesse et al., 1994a, S. 44.

[147] Vgl. Klein, 1991, S. 54. In der englischsprachigen Literatur werden fachliche Funktionen auch als „business process" bezeichnet. Entsprechend findet sich für Funktionsmodelle die Bezeichnung „process model" (vgl. Zachman, 1987, S. 283) und für die Funktionssicht die Bezeichnung „process oriented perspective" (vgl. Olle et al., 1991, S. 12). Diese ist nicht mit der hier als Prozeßsicht bezeichneten Sicht gleichzusetzen.

[148] Scheer, 1991, S. 14.

[149] „Behaviour oriented perspective" (Olle et al., 1991, S. 12.)

[150] Sie beschränkt sich damit auf die Aufbauorganisation, die Ablauforganisation ist implizit in der Funktions- und Prozeßsicht dargestellt.

Funktionssicht[151], im AD/Cycle Informationsmodell in der Prozeßsicht[152] dargestellt.[153]

Tabelle 4 stellt die Sichten dar, die in den verschiedenen Ansätzen gewählt wurden.

Ansatz \ Sicht	Daten	Funktionen/ Vorgänge	Prozesse	Organi- sation	Ressour- cen
ARIS	●	●	●	●	◕
CIMOSA	●	●	○	●	●
AD/CYCLE	●	●	●	○	○
CC RIM	●	●	○	●	○
IFIP WG 8.1	●	●	●	○	○

Legende: ● Sicht enthalten
○ Sicht nicht enthalten
◕ Sicht nicht explizit modelliert

Tabelle 4: Die Sichten der verschiedenen Modellierungsansätze

Festzuhalten bleibt, daß die auf fachlicher Ebene modellierten Elemente in allen Ansätzen sehr ähnlich sind, ihre Zuordnung zu Sichten jedoch variiert. Alle betrachteten Modellierungsansätze verwenden ihre Sichten durchgängig auch auf der dv-technischen und der Implementierungsebene. Die Beschreibung der Benutzerschnittstelle eines Anwendungssystems, die auf dv-technischer Ebene benötigt wird, ist dabei in unterschiedlichen Sichten enthalten. Während Elemente der Benutzerschnittstelle, wie Masken, Listen und Menüs, bei ARIS in die Prozeßsicht aufgenommen werden, sind sie in der IFIP-Architektur auf Daten- und Funktionssicht verteilt.[154] In den anderen Ansätzen sind sie dagegen in der Funktionssicht enthalten.

2.3.2.3 Individualisierungsgrad

Als einziger Modellierungsansatz besitzt die CIMOSA-Architektur eine dritte Dimension. Diese berücksichtigt unter der Bezeichnung „genericity dimension" die schrittweise Individualisierung[155] von Modellen in drei Stufen.

---

[151] Vgl. Olle et al., 1991, S. 97 f.

[152] Dort als „network model" bezeichnet (Zachman, 1987, S. 283).

[153] Vgl. Sowa/Zachman, 1992, S. 595.

[154] Menüs sind als Auslöser von Funktionen in der Funktionsicht, Masken und Listen in der Datensicht modelliert (vgl. Olle et al., 1991, S. 129 u. 146).

[155] Vgl. ESPRIT-AMICE, 1993, S. 20-21, übersetzt nach SCHEER, vgl. Scheer, 1991, S. 29.

Die allgemeinste Stufe betrachtet generische Bausteine, die nur unternehmensunspezi-
fische, universelle Elemente enthalten. In der nächsten Stufe der Individualisierung
werden partielle Modelle betrachtet. Partielle Modelle besitzen für eine Vielzahl von
Unternehmen Gültigkeit, sie sind aufgaben- oder branchenspezifisch. Auf der untersten
Stufe sind dann die spezifischen Modelle angesiedelt. Spezifische Modelle sind individuell auf die Besonderheiten des einzelnen Unternehmens ausgerichet und kaum mehr
auf andere Unternehmen übertragbar.[156]

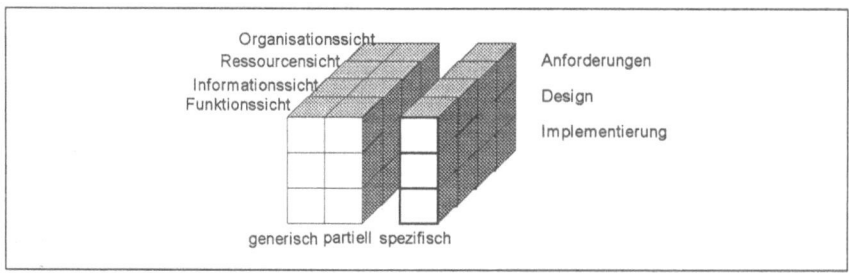

*Abbildung 13: Abgrenzung der spezifischen Modelle im CIMOSA-Rahmenwerk
(Quelle: Nach ESPRIT-AMICE, 1993, S. 20)*

Ziel der Verallgemeinerung von Modellen ist das Schaffen von Referenzmodellen und
Standardlösungen. Unter dv-technischen Gesichtspunkten sind generische und partielle
Bausteine Voraussetzung für die Wiederverwendung von Komponenten. Spezifische
Modelle können unter Verwendung von generischen und partiellen Modellen entwik-
kelt werden.

Ungeachtet der Bedeutung der generischen und partiellen Modelle stehen hier die
Modelle eines konkreten Anwendungssystems im Mittelpunkt der Betrachtungen.
Diese sind im CIMOSA-Rahmenwerk den spezifischen Modellen[157] zuzuordnen.
Überlegungen nach Modellstrukturen, die für eine Abbildung allgemeinerer Modelle
zweckmäßig wären, fallen außerhalb des Rahmens dieser Arbeit. Die hier gewählte
Modellarchitektur beschränkt sich somit auf die Darstellung spezifischer Modelle.

---

[156] Vgl. Mertins/Süssenguth/Jochem, 1994, S. 60. Diese Dimension der Modellierung wird dort als
Architekturebene bezeichnet.

[157] Im Original als „particular models" bezeichnet (vgl. ESPRIT-AMICE, 1993, S. 20-21).

2.3.3 Auswahl der Modellebenen

2.3.3.1 Fachliche Modellebene

Die fachliche Modellebene soll ein Anwendungssystem implementierungsunabhängig auf einer fachlichen Begriffsebene beschreiben. Aufgabe ist die verständliche Darstellung der Komponenten und der Funktionsweise eines Anwendungssystems im Sinne einer Spezifikation[158] bzw. einer Systemdokumentation. Die fachlichen Modelle bilden die Informationsbasis für die dv-technischen Entwurfsentscheidungen und damit für die zu entwickelnden dv-technischen Modelle.

Neben ihrer Aufgabe für ein einzelnes Entwicklungsprojekt haben die fachlichen Modelle im Rahmen einer unternehmensweiten Modellierung eine strategische Bedeutung. Durch die Weiterverwendung und Integration der Projektmodelle können unternehmensweite Modelle entwickelt werden. So geben z. B. unternehmensweite konzeptionelle Datenmodelle einen umfassenden Überblick über die Daten des gesamten Unternehmens. Ihre Ziele sind u. a. die eindeutige Definition von Fachbegriffen und die Vermeidung von redundanter Datenhaltung. Aus diesem Grund wird im Bereich betrieblicher Anwendungsentwicklung die Datenmodellierung als ein strategisches Instrument des Informationsmanagements angesehen.[159] Zunehmend wird im Rahmen des Business Process Reengineering (BPR) ein Schwerpunkt bei der integrierten Unternehmensmodellierung auf die projektübergreifende Modellierung von Geschäftsprozessen gelegt.[160]

2.3.3.2 Dv-technische Modellebene

Die Modelle auf dv-technischer Ebene sollen die Realisierung eines Anwendungssystems in einer deklarativen Form auf einem hohen Abstraktionsniveau beschreiben. Der Abstraktionsgrad zwischen dv-technischer Ebene und Implementierungsebene hängt von der eingesetzten Implementierungssprache ab. Je stärker diese von der Maschinensprache hin zu einer deskriptiven Sprache abstrahieren, um so stärker nähert sich die Implementierung der dv-technischen Beschreibung.[161] Bei ausreichender Abstraktion von der Maschinensprache kann die Umsetzung der dv-technischen Beschreibung in eine Implementierungssprache automatisch erfolgen.

---

[158]   Vgl. hierzu Kapitel 2.4.2.1.

[159]   Vgl. McClure, 1988, S. 59 f.

[160]   Vgl. u. a. Hammer/Champy, 1994, Scheer, 1994 und Österle, 1995.

[161]   Die Abstraktion von der Basismaschine reicht von der Maschinensprache über Assembler, 3GL-Sprachen bis zu deskriptiven Sprachen der 4. Generation.

Von den dv-technischen Modellen wird deshalb ein Detaillierungsgrad gefordert, der eine Umsetzung in ein ausführbares Programm ermöglicht. Die Implementierung kann dann für eine bestimmte Einsatzumgebung mit Hilfe fester Transformationsregeln und ohne Erschließung zusätzlicher Informationen abgeleitet werden.

Da die Elemente und Beziehungen der Implementierungsebene nur abgeleitet und nicht im Entwicklungsprozeß entworfen werden, haben sie keinen Einfluß auf das Vorgehen bei der Entwicklung eines Anwendungssystems. Auf die explizite Darstellung der Beschreibungsmodelle dieser Abstraktionsebene kann verzichtet werden.[162] Aus diesem Grund werden hier keine Metamodelle der Implementierungsebene entwickelt, sondern nur bei der Beschreibung der instrumentellen Unterstützung in Kapitel 5.3.2 auf mögliche Abbildungsregeln und -mechanismen zwischen dv-technischer und Implementierungsebene eingegangen.

2.3.4 Auswahl der Sichten

2.3.4.1 Sichten auf fachlicher Modellebene

Die fachliche Beschreibung erfolgt aus verschiedenen Sichten. Für die Zielsetzung dieser Arbeit werden drei Sichten gewählt:

□ Datensicht,

□ Funktionssicht und

□ Prozeßsicht.

Die Datensicht beschreibt die Datenobjekte, die für die Erfüllung der Aufgaben benötigt werden. Die funktions- bzw. aufgabenorientierte Sicht grenzt den Aufgabenbereich des Anwendungssystems ab und gliedert ihn bis auf die Ebene von Elementaraufgaben. Die prozeßorientierte Sicht stellt die Präzedenzstruktur der Funktionen, d. h. ihre zeitliche Abfolge, dar.

Von Vertretern objektorientierter Entwurfsmethoden wird die Trennung von Daten und Funktionen in dieser Form der sichtenorientierten Modellierung kritisiert. Dabei wird verkannt, daß diese Trennung zunächst der Komplexitätsreduktion und der Isolierung organisationsrelevanter Tatbestände dient. Die engen Beziehungen zwischen Daten und Funktionen werden dabei nicht ignoriert. Beim Entwurf des Anwendungssystems kann diese Trennung beibehalten werden (datenorientierter Entwurf), was sich bei betrieblichen Systemen als zweckmäßig erwiesen hat, oder die Trennung kann für

---

162 Eine Metamodellierung der Implementierungsebene ist im Rahmen der Unternehmensmodellierung aber trotzdem sinnvoll. Ressourcen, Werkzeuge und Transformationsregeln zur dv-technischen Ebene können mit Hilfe dieser Modelle dargestellt werden. (vgl. Scheer 1991, S. 18).

einen objektorientierten Entwurf mit einer Kapselung von Daten und Funktionen in einer Sicht aufgehoben werden.[163]

Bei der Modellierung des Anwendungssystems auf der fachlichen Ebene wird im Gegensatz zu den vorher betrachteten Modellierungsansätzen auf eine enge Orientierung an transformationsorientierten Modellierungsmethoden wie z. B. SA oder SADT verzichtet. Diese datenflußorientierten Beschreibungen können nicht in einen dv-technischen Entwurf nach dem Abstraktionsprinzip (Prinzip der Datenkapselung) transformiert werden.[164] Ein Großteil der Informationen dieser Modelle ist deshalb im dv-technischen Entwurf nicht wiederverwendbar. Als Instrument zur Problembeschreibung kommt datenflußorientierten Modellen bei der Beschreibung des Objektsystems dagegen eine feste Rolle in der Systementwicklung zu.

Zur Beschreibung von Aufbauorganisation und Kompetenzen wird keine isolierte Sicht eingeführt. Diese Elemente werden innerhalb der Funktionssicht dargestellt. Auf die explizite Darstellung einer Ressourcensicht kann verzichtet werden, da hier unter dem dv-technischen Aspekt nur die Softwarekomponente eines Anwendungssystems betrachtet werden soll. Die für ein Anwendungssystem notwendigen Hardwareressourcen müssen zur Gestaltung des Softwaresystems nicht modelliert werden.

2.3.4.2 Sichten auf dv-technischer Modellebene

Während auf der fachlichen Modellierungsebene die vom Anwendungssystem zu unterstützenden Aufgaben und die zu verarbeitenden Informationen im Mittelpunkt stehen, muß auf der dv-technischen Ebene das Softwaresystem beschrieben werden. Dazu ist es zweckmäßig, das System durch seine Komponenten und deren Zusammenwirken zu beschreiben. Die Bildung einer dv-technischen Systemarchitektur ist aus Gründen der

◻ Wiederverwendung und Portabilität[165],

◻ Wartbarkeit[166] und

◻ Verteilbarkeit[167]

von Anwendungssystemen notwendig.

---

[163] Vgl. Scheer, 1991, S. 123.

[164] Vgl. Spitta, 1989, S. 94 sowie Pagel/Six, 1994, S. 196.

[165] Vgl. Petzold, 1994, S. 164 f.

[166] Der Austausch einzelner Komponenten aufgrund technologischer Weiterentwicklungen ist (bei Einhaltung der bestehenden Schnittstellen) ohne Eingriff in die anderen Komponenten möglich (vgl. Schott/Graave/Schley, 1994, S. 36).

[167] Architekturmodelle bilden die Grundlage zur Verteilung von Anwendungssystemen in Client-Server Architekturen (vgl. Petzold/Schmitt, 1993, S. 81).

Aus den Merkmalen der hier betrachteten Systeme läßt sich eine einheitliche technische Anwendungsarchitektur ableiten. Diese gliedert ein betriebliches Anwendungssystem in die drei Komponenten Datenbank, Verarbeitung und Benutzerschnittstelle.[168]

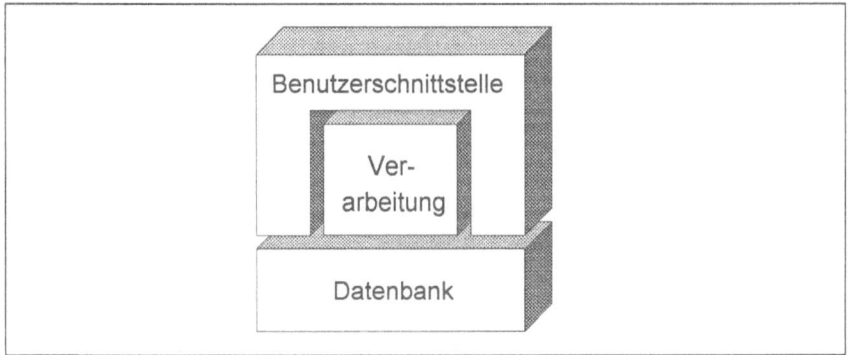

Abbildung 14: 3-Komponentenmodell für betriebliche Anwendungssysteme

Die Datenbankkomponente beinhaltet die Datenstrukturen, die einer Anwendung zugrunde liegen. Dazu gehören auch die Integritätsbedingungen, denen die Daten unterliegen.

Die Benutzerschnittstelle umfaßt zum einen den optisch wahrnehmbaren Bildschirminhalt (Präsentationskomponente). Dazu zählen das Layout von Bildschirmmasken und -listen, der Aufbau von Menus sowie die Anordnung von Fenstern. Zum anderen bestimmt die Dialogsteuerungskomponente die zeitliche Abfolge dieser statischen Elemente in Form von Dialogschritten.

Die Verarbeitungskomponente beinhaltet die algorithmischen Verarbeitungsfunktionen des Anwendungssystems. Verarbeitungsfunktionen in betrieblichen Anwendungssystemen sind weitgehend Operationen, die Daten nach fachlichen Regeln manipulieren.

Da das Ziel der dv-technischen Modelle die vollständige Beschreibung eines Anwendungssystems und die Umsetzung der Modelle in eine Implementierung ist, erscheint

---

[168] Vgl. Petzold/Schmitt/Weber, 1990. Eine ähnliche Architektur verwendet SCHMITT bei der Diskussion der Verteilung eines Anwendungssystems in einer Client-Server Architektur. Im Gegensatz zu der hier gewählten Architektur wird dort als dritte Komponente nur der statische Teil der Benutzerschnittstelle, die Präsentationskomponente, verwendet. Der dynamische Teil der Benutzerschnittstelle wird dagegen den Verarbeitungsfunktionen zugeordnet (vgl. Schmitt, 1993, S. 47 f.).

es zweckmäßig, sich bei der Auswahl der Modelle an dieser Architektur zu orientieren. Deshalb werden die Sichten auf dv-technischer Ebene aus den Komponenten des Architekturmodells abgeleitet. Es werden

❏ Datenbank,

❏ Verarbeitungsfunktionen und

❏ Benutzerschnittstelle

unterschieden.

2.3.5 Zusammenfassung zur Modellarchitektur

Zur Beschreibung betrieblicher Anwendungssysteme ergibt sich damit die folgende Modellarchitektur:

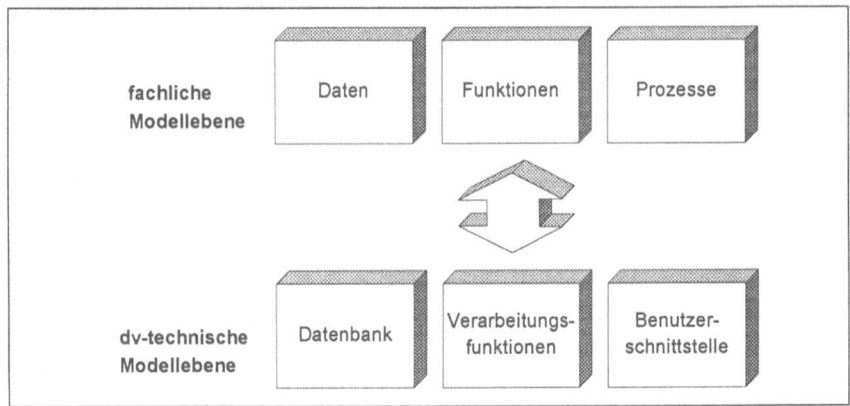

Abbildung 15: Modellarchitektur zur Beschreibung von Anwendungssystemen

Auf fachlicher Beschreibungsebene wird ein Anwendungssystem aus Daten-, Funktions- und Prozeßsicht dargestellt. Im Gegensatz zu anderen Ansätzen der Unternehmens- und Anwendungsmodellierung werden die Sichten der fachlichen Ebene nicht auf die dv-technische Ebene übertragen, sondern auf dv-technischer Ebene wird ein Anwendungssystem durch die Modelle seiner dv-technischen Komponenten, der Datenbank, Verarbeitungsfunktionen und Benutzerschnittstelle beschrieben. Zwischen beiden Modellebenen besteht ein enger Zusammenhang, da die Inhalte der fachlichen Modelle Entsprechungen in Modellen auf dv-technischer Ebene besitzen. Darstellung der einzelnen Modelle und deren Zusammenhänge wird Aufgabe des dritten Kapitels sein.

2.4 Entwicklung von Anwendungssystemen

Unter dem dynamischen Aspekt der Modellierung eines Anwendungssystems wird in dieser Arbeit die Entwicklung der Modelle eines Anwendungssystems betrachtet. Im folgenden sollen die Grundlagen für die Entwicklung des modellbasierten Vorgehensmodells im vierten Kapitel gelegt werden. Dazu werden die zentralen Begriffe definiert und die bestehenden Ansätze zur Entwicklung von Anwendungssystemen mit ihren Merkmalen dargestellt.

Seit Ende der sechziger Jahre wird unter dem Begriff „Software-Engineering" eine *ingenieurmäßige*, d. h. eine geplante und gesteuerte, konstruktive Vorgehensweise bei der Entwicklung von Anwendungssystemen gefordert.[169] Ursache war die als „Software-Krise"[170] bezeichnete Situation, die dadurch gekennzeichnet war, daß mit den bekannten Methoden die an die Softwareentwicklung gestellten Anforderungen nicht mehr bewältigt werden konnten.[171]

Ergebnisse dieser Neuorientierung waren Vorgehensmodelle, die den Softwareentwicklungsprozeß als Ganzes strukturierten und zu diesem Zweck in Teilprozesse zerlegten. Für die einzelnen Teilprozesse wurden systematische Vorgehensweisen und später auch zunehmend Werkzeuge vorgeschlagen und entwickelt.[172] Vorgehensmodelle, Methoden und Werkzeuge sind seitdem die zentralen Elemente bei der Diskussion möglicher Vorgehensweisen zur Entwicklung von Anwendungssystemen.

2.4.1 Begriffliche Grundlagen

Mit der ingenieurmäßigen Betrachtung der Softwareentwicklung wurde in Analogie zum Produktlebenszyklus für industriell gefertigte Produkte der Begriff „**Softwarelebenszyklus**" (Software Life Cycle) eingeführt.[173] Dieser reicht vom Beginn der Entwicklung über den Betrieb bis zur Außerbetriebnahme der Anwendungssysteme.[174]

---

[169] Siehe hierzu u.a. Pomberger/Blaschek, 1993, S. 2 f.

[170] Durch Einführung immer leistungsfähigerer Computer zu immer geringeren Kosten war es Mitte der sechziger Jahre erstmals möglich, auch sehr komplexe Anwendungen zu realisieren. Diese großen Software-Systeme konnten aber mit den existierenden Techniken nicht mehr adäquat entwickelt werden. Die Kosten und Dauer der Entwicklungsprojekte stiegen unkontrolliert, immer mehr Projekte scheiterten ergebnislos. Die Produkte selbst waren unzuverlässig, kaum wartbar und erfüllten zudem nicht die an sie gestellten Anforderungen (vgl. Sommerville, 1987, S. 2). Siehe hierzu auch Pagel/Six, 1994, S. 19 ff.

[171] Vgl Chroust, 1992, S. 16 f.

[172] Vgl. Schulz, 1988, S. 17-19.

[173] Vgl. Yourdon, 1988, S. 43 ff.

[174] Vgl. Griese, 1992, Sp. 972.

Unter einem **Lebenszyklus-Modell** (Life Cycle Model) wird ein Rahmenplan verstanden, der den gesamten Lebenszyklus in mehrere Abschnitte gliedert, die als **Phasen**[175] bezeichnet werden.[176] Dieser Rahmenplan trifft Aussagen über die Ziele, Ergebnisse und Abfolge der einzelnen Phasen. Als Synonyme sind die Bezeichnungen Software-Prozeßmodell[177] oder auch allgemein Entwicklungsansatz[178] zu finden. Häufig wird unter *dem* Lebenszyklus-Modell das klassische Phasenmodell nach BOEHM[179] verstanden.[180]

Ein Vorgehensmodell macht im Gegensatz zu einem Lebenszyklus-Modell konkrete Aussagen über die Ausgestaltung der einzelnen Phasen, d. h. über die zu verwendenden Methoden und Verfahren.

Methoden werden von BALZERT als „planmäßig angewandte, begründete Vorgehensweisen zur Erreichung von festgelegten Zielen" definiert.[181] Die Zielerreichung erfordert eine Folge von kreativen Zwischenschritten. Diese Folge von Schritten muß vermittelbar, d. h. lehr- und lernbar sein. Die Vorgehensweisen werden durch Regeln bestimmt. Anwendung und Erfolg einer Methode sollen verifizierbar und meßbar sein.[182]

Im Gegensatz zu Methoden werden unter **Verfahren** konkrete Lösungswege bestimmter Probleme oder Problemklassen verstanden. Sie sind auf eine bestimmte Anwendung bezogen und können auf einer oder mehreren Methoden basieren. Diese Trennung zwischen Verfahren und Methoden wird in der Literatur nicht einheitlich vollzogen, zumal deren Abgrenzung schwierig ist. Deshalb erfolgt häufig auch die synonyme Verwendung beider Begriffe.[183] Wird in dieser Arbeit „die methodische Unterstützung

---

[175] Merkmal der Phasen ist, daß sie zeitlich und funktionell voneinander abgrenzbar sind (vgl. Bischofberger/Pomberger, 1992, S. 8 und Pomberger, 1990, S. 218). Zur Diskussion des Begriffs „Phase" siehe Kapitel 2.4.2.1.

[176] Vgl. Schönthaler/Németh, 1992, S. 14, Budde et al. 1992, S. 24 sowie Pomberger/Blaschek, 1993, S. 17 f.

[177] Vgl. Siemens, 1991, S. 739.

[178] Vgl. Lehner et al., 1991, S. 412.

[179] Siehe hierzu Kapitel 2.4.2.1.

[180] So Pomberger/Remmele, 1987, S. 29, Doberkat/Fox, 1989, S. 186 und SCHÖNTHALER, der dieses als Life-Cycle-Methode bezeichnet (vgl. Schönthaler, 1989, S. 1).

[181] Balzert, 1982, S. 22.

[182] Vgl. Spitta, 1989, S. 17.

[183] Vgl. Balzert, 1982, S. 23. Der Begriff Methode schließt dann konkrete Lösungsverfahren mit ein (vgl. Schulz, 1988, S. 15 f. und Schönthaler/Németh, 1992, S. 15). SCHULZ definiert Verfahren allerdings als Oberbegriff von Prinzipien, Methoden und Werkzeugen (vgl. Schulz, 1988, S. 15).

bei der Entwicklung von Anwendungssystemen" untersucht, sind damit nicht nur anwendungsneutrale Methoden, sondern auch konkrete Verfahren gemeint.

Ein **Vorgehensmodell** läßt sich nun auf der Basis der obigen Begriffe definieren als eine geordnete Folge von Verfahren und ergänzender Aktivitäten, die die Planung, Realisierung und den Einsatz eines Anwendungssystems regelt.[184]

Häufig ist die hier vorgestellte Differenzierung zwischen Lebenszyklus-Modell und Vorgehensmodell in der Literatur weniger scharf. Als Vorgehensmodelle werden zum einen konzeptuelle Rahmenpläne ohne Angabe konkreter Verfahren bezeichnet[185], zum anderen auch detaillierte Verfahrensvorschriften zur Durchführung eines Entwicklungsprojekts. Letztere werden dann auch Projektmodell genannt.[186] Im weiteren wird hier aber diese begriffliche Trennung beibehalten, da sie sich bei der Einordnung von Prototyping in den Softwareentwicklungsprozeß als hilfreich erweist.[187]

Zur instrumentellen Unterstützung des Entwicklungsprozesses werden Werkzeuge und Hilfsmittel benötigt. Unter **Werkzeugen** werden hier Softwaresysteme verstanden, die die Anwendung der Verfahren und die Durchführung der Aktivitäten, die ein Vorgehensmodell vorsieht, unterstützen oder automatisieren.[188] Werden mehrere Werkzeuge zu einem Gesamtsystem integriert, das dann die zentralen Aufgaben des Entwicklungsprozesses abdeckt, so bezeichnet man dies als Softwareentwicklungsumgebung (SEU).[189]

2.4.2 Lebenszyklus-Modelle

2.4.2.1 Klassische Lebenszyklus-Modelle

Ausgelöst durch die oben beschriebene „Softwarekrise" wurden Anfang der siebziger Jahre von ROYCE und BOEHM[190] die ersten Lebenszyklus-Modelle entwickelt, die auch als klassische Phasenmodelle[191] bezeichnet werden.

---

184 Ähnlich bei Spitta, 1989, S. 18.

185 So bei Pomberger, 1990, S. 218. KELTER läßt den Detaillierungsgrad in seiner Definition offen: „In einem *Vorgehensmodell* (software life cycle) wird mehr oder weniger exakt festgelegt, welche Dokumente zu produzieren, welche Methoden und Verfahren dabei anzuwenden und welche Tätigkeiten in welcher Abfolge durchzuführen sind" (Kelter, 1991, S. 216).

186 Vgl. Denert/Hesse, 1980, S. 215 und Denert, 1991, S. 32.

187 Vgl. Kapitel 4.1.2.4.

188 Vgl. Hesse et al., 1984, S. 204.

189 Vgl. Kelter, 1991, S. 215. Synonym werden u. a. die Begriffe Softwareproduktionsumgebung (SPU) und CASE-Umgebung verwendet (vgl. Balzert, 1993, S. 19).

190 Siehe hierzu Royce, 1970 und Boehm, 1976.

Die Bezeichnung dieser klassischen Modelle als Phasenmodelle ist als Abgrenzung gegenüber anderen Lebenszyklus-Modellen irreführend. Betrachtet man die obige Definition von Lebenszyklus-Modellen, so muß man feststellen, daß Phasen per Definition Bestandteil jedes Lebenszyklus-Modells sind.[192] So definiert SPITTA auch als Phasenmodell allgemein die „Zerlegung des Entwicklungsprozesses in zeitliche und sachliche Abschnitte, um ihn kontrollierbar zu machen"[193]. Spricht man bei den klassischen Lebenszyklus-Modellen von *den* Phasenmodellen, so wird damit eine bestimmte Phaseneinteilung und -reihenfolge verbunden. Auch jedes andere Lebenszyklus-Modell besteht aus Phasen, denn sie sind unverzichtbares Element der funktionalen Projektorganisation.[194]

Charakteristisch für die klassischen Lebenszyklus-Modelle sind zwei Elemente. Zum einen wird der Entwicklungsprozeß eines Anwendungssystems in ganz bestimmte Phasen aufgeteilt, die nacheinander durchlaufen werden, zum anderen werden Betrieb bzw. Wartung des Systems durch eine einzige Phase dargestellt.[195]

Die Phasen des Entwicklungsprozesses orientieren sich an den nach dem Prinzip der abnehmenden Abstraktion aufeinanderfolgenden Schritten der Systementwicklung: fachlicher Entwurf, dv-technischer Entwurf und Implementierung. Kennzeichnend ist, daß für jede Phase *ein* zentrales Dokument das System auf der jeweiligen Abstraktionsebene *vollständig* beschreibt und dieses Voraussetzung und Anknüpfungspunkt für die nachfolgende Phase ist.

Allen phasenorientierten Modellen liegt heute die grobe Aufteilung des Lebenszyklus in die Phasen Analyse, Entwurf, Implementierung, Test, Installation und Wartung zugrunde.[196]

Die **Analyse** läßt sich in Problemanalyse und Spezifikation unterteilen. In der Problemanalyse soll der Aufgabenbereich abgegrenzt und dokumentiert werden. Die Er-

---

[191] So u.a. bei Spitta, 1989, S. 26 f., Pomberger/Blaschek, 1993, S. 18 ff. und Pagel/Six, 1994, S. 65 f.

[192] Häufig werden bei anderen Lebenszyklus-Modellen für Phasen abweichende Bezeichnungen, wie z. B. „Projektstadien", gewählt (vgl. Kilberth/Gryczan/Züllighoven, 1994, S. 111).

[193] Spitta, 1989, S. 2.

[194] Vgl. Grün, 1992, Sp. 2111.

[195] Obwohl der Begriff Softwarelebenszyklus in Analogie zum Produktlebenszyklus steht, erfolgt in diesen Modellen eine strukturierte Gliederung nur bezüglich der Entwicklungsphase. Eine systematische Betrachtung des Einsatzes, der Wartung und der Weiterentwicklung ähnlich zu der Einführungs- und Reifungsphase beim Produktlebenszyklus findet kaum statt. Zu begründen ist dies damit, daß zunächst vorrangig das Problem der Produktentwicklung bewältigt werden mußte. Zunehmend erfolgt allerdings eine Lebenszyklusbetrachtung im Rahmen des Anwendungssystem-Managements (vgl. Heinrich/Burgholzer, 1988, S. 149 ff.).

[196] Vgl. Kimm et al., 1979, S. 19 und Pomberger, 1990, S. 219-221.

gebnisse sind die Beschreibung des Istzustands, der Projektauftrag und ein grober Projektplan. Die folgende Spezifikation[197] hat einen Vertrag[198] zwischen Auftraggeber und Software-Hersteller zum Ergebnis, der festlegt, was das geplante Softwaresystem leisten soll und welche Prämissen für die Realisierung gelten. Aufgaben sind die Erstellung der Spezifikation, die Festlegung des genauen Projektplans, die Prüfung auf Vollständigkeit und Konsistenz der Anforderungen sowie die Prüfung der technischen, ökonomischen und personellen Durchführbarkeit des Projekts.

Der **Entwurf** läßt sich in System- und Komponentenentwurf gliedern. Die Systemkomponenten, die Datenstrukturen und die Algorithmen werden in dieser Phase entwickelt und in einer Entwurfsspezifikation festgehalten.

In der Phase **Implementierung und Komponententest** erfolgt die Umsetzung der Systemspezifikation in eine Programmiersprache und das Überprüfen der Korrektheit der dabei entstandenen Komponenten.

Beim **Systemtest** wird das Gesamtsystem unter realen Bedingungen getestet, um das fehlerfreie Zusammenwirken der einzelnen Komponenten zu erproben.

Mit dem Beginn der Phase **Betrieb und Wartung** geht das entwickelte System in den Einsatz. BALZERT[199] unterscheidet Wartung und Pflege. Während mit Wartung die Behebung bestehender Fehler verstanden wird, ist mit Pflege die Anpassung an geänderte Anforderungen gemeint. Eine genauere Abgrenzung der verschiedenen Tätigkeiten in der Wartungsphase liefern LIENTZ/SWANSON, die zwischen

◻ perfektionierender,

◻ adaptierender und

◻ korrigierender Wartung

---

[197] Der Begriff Spezifikation findet in der Literatur mehrdeutige Verwendung. Zum einen wird darunter die Produktspezifikation (auch als Systemspezifikation oder Anforderungsdefinition bezeichnet) des zu entwicklenden Systems verstanden, in der festgelegt ist, "WAS" das System leisten soll (vgl. Freeman/Wasserman, 1984, S. 6-9, Ross/Schoman, 1977, S. 6-8, Spitta, 1989, S. 55, Pomberger, 1990, S. 220 sowie Denert, 1991, S. 38). Zum anderen findet der Begriff aber auch als Entwurfsspezifikation Verwendung, die auf Basis des problemorientierten Lösungskonzeptes der Produktspezifikation entwickelt wird und die datenverarbeitungstechnische Lösung darstellt, demnach die Frage nach dem "WIE" beantwortet (vgl. Kimm et al., 1979, S. 18-22, Balzert, 1982, S. 186 f., PAGEL/SIX bezeichnen diese als Softwarespezifikation, vgl. Pagel/Six, 1994, S. 38). Wird der Begriff in dieser Arbeit ohne zusätzliche Ergänzung verwendet, so ist er im Sinne einer Produktspezifikation zu verstehen.

[198] Dieser wird i. d. R. als Pflichtenheft bezeichnet.

[199] Vgl. Balzert, 1982, S.16.

unterscheiden.[200] Perfektionierende Wartung beinhaltet die Anpassung an geänderte Anforderungen, entspricht demnach der Pflege nach BALZERT. Diese wird auch als Weiterentwicklung bezeichnet.[201] Adaptierende Wartung betrifft Änderungen, die aufgrund von geänderten Systemumgebungen, wie z. B. dem Wechsel eines Basissystems[202] erforderlich werden. Durch diese beiden Arten der Wartung werden Anpassungen an fachliche und an dv-technische Änderungen voneinander abgegrenzt. Bei korrigierender Wartung handelt es sich dagegen um Fehlerbehebung.

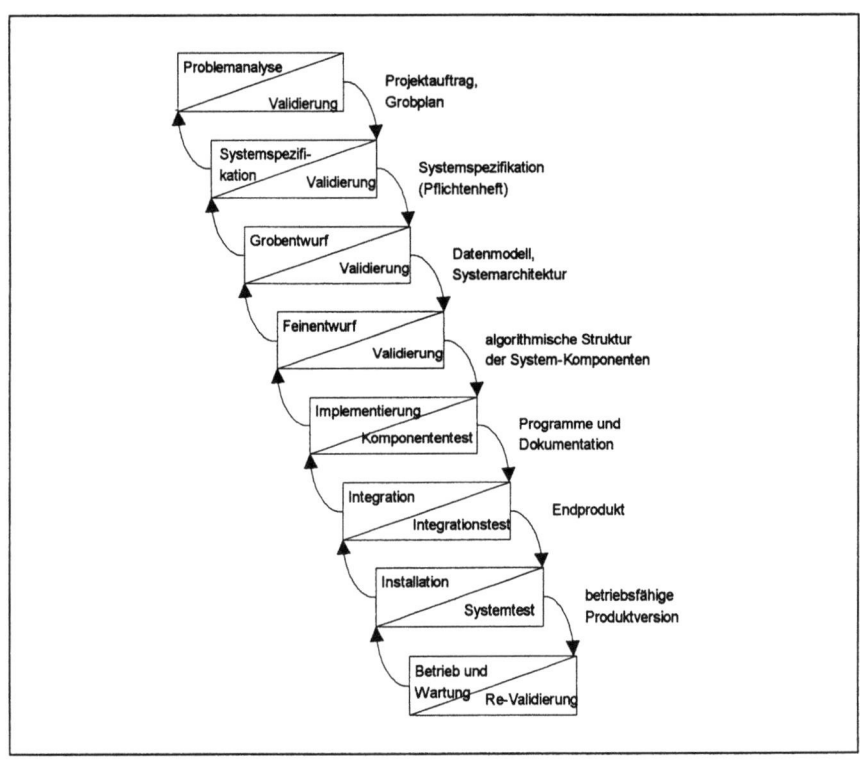

Abbildung 16: Das Wasserfallmodell nach BOEHM
(Quelle: Pomberger/Blaschek, 1993, S.23)

---

[200] Vgl. Lientz/Swanson, 1980, S. 68.

[201] Vgl. Denert, 1991, S. 44. MARTIN/McCLURE bezeichnen diese als 'Enhancement Maintenance' (vgl. Martin/McClure, 1983, S. 21).

[202] Datenbanksystem oder Betriebssystem, häufig sind Anpassungen auch bei Release-Wechsel dieser Systeme notwendig.

Das Lebenszyklus-Modell von ROYCE[203] sah das sukzessive Durchlaufen der oben genannten Phasen vor, BOEHM[204] führte später die Möglichkeit von Rücksprüngen zur jeweils vorgelagerten Phase ein (vgl. Abbildung 16).

Auch wenn man sich der Problematik dieser idealisierten Unterteilung des Entwicklungsprozesses bewußt war, wurde in dieser strengen Phasengliederung die einzige Möglichkeit gesehen, die Entwicklung großer Software-Systeme plan- und beherrschbar zu machen.[205]

Viele Abwandlungen und Weiterentwicklungen des Grundmodells von ROYCE und BOEHM führen neue Phasen, Rückschritte oder Iterationen ein, halten aber grundsätzlich an der oben dargestellten Phaseneinteilung fest.

2.4.2.2 Defizite der klassischen Lebenszyklus-Modelle

Der Einsatz klassischer Lebenszyklus-Modelle bei der Entwicklung betrieblicher Anwendungssysteme zeigt in vielen Fällen nicht den gewünschten Erfolg. Die Defizite des klassischen Vorgehensmodells werden in der Literatur ausführlich dargestellt.[206] Zusammenfassend lassen sich die Kritikpunkte in drei Thesen gliedern:

◻ Die strikte Trennung der Phasen ist nicht realisierbar.

◻ Die Kommunikation zwischen Anwendern und Entwicklern ist ungenügend.

◻ Es fehlt die methodische Unterstützung der Wartungsphase.

Trennung der Phasen

Die Forderung nach der strikten Trennung der einzelnen Phasen der Softwareentwicklung ist nicht erfüllbar. Die vollständige fachliche Spezifikation des zukünftigen Systems vor Beginn des dv-technischen Entwurfs und der Implementierung führt zumindest bei großen Softwaresystemen zu Problemen.[207] Eine Überprüfung der Spezifikation auf Vollständigkeit und fachliche Korrektheit ist für den Anwender anhand eines Pflichtenhefts schwierig und aufwendig. Die schriftliche Spezifikation ist

---

[203] Vgl. Royce, 1970, S. 3.

[204] Vgl. Boehm, 1976, S. 1227.

[205] So stellt ROYCE dar, daß in der Praxis in bestimmten Phasen Rückschritte über mehr als eine Phase hinweg auftreten, die eine Revision aller bisher erarbeiteten Ergebnisse erforderlich machen. Eine Lösung dieses Problems findet ROYCE aber durch die Einführung einer neuen Phase in das Wasserfallmodell (vgl. Royce, 1970, S. 3-5).

[206] Siehe hierzu u. a. Doberkat/Fox, 1989, S. 192 f., Oertly, 1991, S. 24-28, Budde et al., 1992, S. 28-31 sowie Pomberger/Blaschek, 1993, S. 22 f.

[207] Vgl. Floyd/Reisin/Schmidt, 1989, S. 52 f., Pomberger/Pree/Stritzinger, 1992, S. 49, Budde et al., 1992, S. 28 f.

nicht anschaulich genug, um zu entscheiden, ob das System die Anforderungen erfüllen wird. Falsche oder fehlende Anforderungen werden erst nach der Fertigstellung des Systems erkannt. Zu diesem Zeitpunkt sind Modifikationen mit hohen Kosten verbunden.[208]

Zudem kann generell bezweifelt werden, daß eine vollständige Spezifikation großer Systeme vor dem Entwurf und der Implementierung möglich ist. Vielmehr vollzieht sich im Entwicklungsprozeß ein Erkenntnisgewinn, der eine Revision vorangegangener Spezifikationen notwendig macht.

Die Praxis zeigt, daß häufig von dem strikten Phasenkonzept abgewichen wird, um Entwicklungsprojekte erfolgreich abzuschließen.[209]

Kommunikation zwischen Anwendern und Entwicklern

Der Anwender wird während der Analysephase in den Entwicklungsprozeß mit einbezogen. Dies geschieht üblicherweise in Form von Anwenderbefragungen, in denen dem Anwender eher die passive Rolle eines Antwortenden und weniger die eines aktiv Gestaltenden zugedacht ist. Die Kommunikation zwischen Anwender und Entwickler wird in der Sprache und mit den Modellen des Entwicklers geführt.

Der Anwender wird nach Abschluß dieser Phase nicht mehr an den Entwicklungstätigkeiten beteiligt. Mit der Abnahme des Pflichtenhefts endet dessen Einflußnahme, eine Validierung[210] des Pflichtenhefts ist erst nach der Fertigstellung am lauffähigen Produkt möglich. Da Anwender u. U. die Tragweite ihrer Entscheidungen in der Analysephase nicht oder nur teilweise überschauen können, werden sie mit den Konsequenzen erst nach Fertigstellung des Systems konfrontiert.

Methodische Unterstützung der Wartungsphase

Die Entwicklung endet nicht mit der Fertigstellung des Systems. Auch nach der Fertigstellung ergeben sich aufgrund von Veränderung des organisatorischen Systems Anpassungsanforderungen. Allein schon der Einsatz eines neuen Systems kann ungeplante Änderungen in der Organisation und im Verhalten der Anwender bewirken. Die

---

[208] Daß die Kosten zur Behebung von Fehlern mit dem Fortgang der Entwicklung überproportional ansteigen, wurde bereits Mitte der siebziger Jahre erkannt (vgl. Boehm, 1976, S. 1228). Als Konsequenz wurde die bessere Unterstützung der frühen Phasen gefordert, dies führt aber bezüglich der genannten Probleme nicht zu dem gewünschten Erfolg.

[209] Vgl. Hallmann, 1990, S. 22.

[210] Validierung meint die Überprüfung, ob das entwickelte System dem entspricht, was aus Sicht des Anwenders durch die Spezifikation beschrieben wird (vgl. Spitta, 1989, S. 21).

Einführung eines System impliziert dann in Form einer Rückkopplung neue Anforderungen.[211]

Untersuchungen weisen für die perfektionierende Wartung einen Anteil von mehr als 50% an den Gesamtkosten aus.[212] Gerade die Wartungsphase wird in den klassischen Vorgehensmodellen aber nur unzureichend berücksichtigt. In den Vorgehensmodellen wird der Qualitätsforderung nach Wartbarkeit des Softwareprodukts eine zentrale Stellung zugebilligt, die Frage nach der methodischen Unterstützung in dieser Phase bleibt aber unbeantwortet.

Als eine Folge der fehlenden methodischen Unterstützung in der Wartungsphase wird ein fortschreitender Strukturverfall des Produkts genannt.[213] Das Softwaresystem wird durch wiederholte Modifikationen zunehmend fehleranfällig. Bei Änderungen werden i. d. R. die Benutzerdokumentation, häufig aber nicht die Entwicklungsdokumentation auf dem aktuellen Stand gehalten.

2.4.2.3 Evolutionärer Ansatz

Der evolutionäre Entwicklungsansatz wird seit Anfang der achtziger Jahre als Alternative zum klassischen Lebenszyklus-Modell diskutiert. Er wird auch als prozeßorientierter Ansatz bezeichnet.[214] Anknüpfungspunkt dieses Ansatzes ist die im vorangegangenen Kapitel beschriebene Erfahrung, daß nicht alle wesentlichen Anforderungen an ein Anwendungssystem im voraus ermittelt werden können und daß die Systeme während ihrer Nutzungsdauer stetigen Änderungen unterliegen. Beim evolutionären Ansatz werden die Anforderungen des Anwenders als fließend und ständig in Entwicklung befindlich angesehen. Die Systementwicklung wird in einer *Folge von Zyklen* durchgeführt, jeder Zyklus hat die Herstellung, die Einführung und den Einsatz einer Systemversion zum Gegenstand.[215] Der Ansatz wird deshalb auch als Entwickeln in Versionen ("Versioning"[216]) bezeichnet.

---

[211] Vgl. Spitta, 1989, S. 28 sowie Floyd/Reisin/Schmidt, 1989, S. 53.

[212] Eine Übersicht über verschiedene empirische Untersuchungen findet sich bei Pomberger/Blaschek, 1993, S. 173.

[213] Jede Änderung hinterläßt im Programm Spuren. So zögern Entwickler z. B. Prozeduren zu löschen, die nicht mehr benötigt werden, da sie nicht die gesamte Reichweite des Programms überschauen, und auch Änderungen der Parameter von Prozeduren werden aus diesem Grund häufig nicht in allen Aufrufstellen nachvollzogen (Vgl. Hallmann, 1990, S. 21).

[214] Vgl. Floyd, 1981 sowie Spitta, 1989, S. 3

[215] Vgl. Reisin/Schmidt, 1989, S. 99. Dabei muß es sich - gerade bei den ersten Versionen - keineswegs um ein voll einsatzfähiges Produkt handeln (vgl. Floyd/Keil, 1984, S. 37).

[216] Vgl. Floyd, 1984, S. 10.

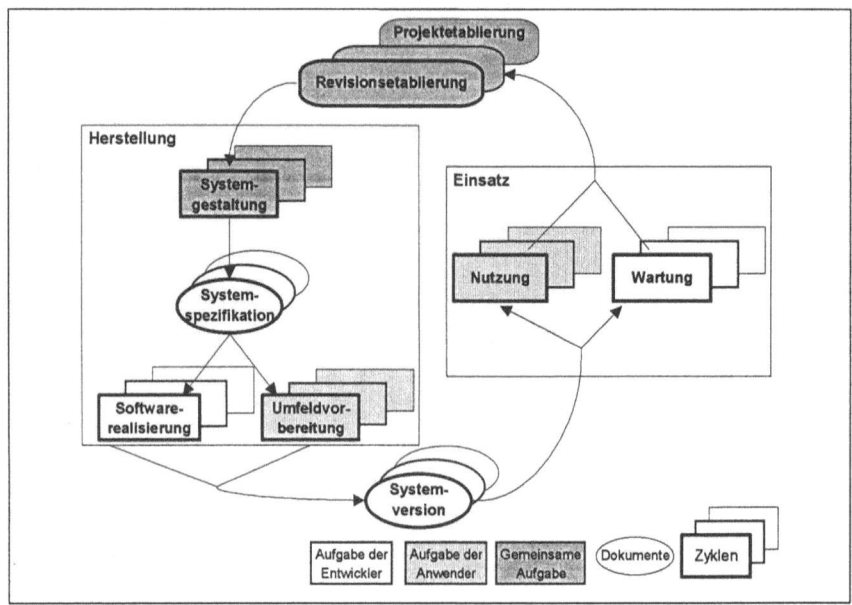

Abbildung 17: Evolutionäre Entwicklung
(Quelle: Nach Floyd, 1994, S. 38)

Die Wartungsphase ist vollständig in den Lebenszyklus integriert. Anpassung an geänderte oder neue Anforderungen, d. h. die perfektionierende Wartung, erfolgt durch den Wiedereintritt in einen neuen Zyklus, nur korrigierende und adaptive Wartung wird ohne Durchlaufen eines neuen Zyklus ausgeführt. FLOYD unterscheidet zwei Formen der evolutionären Entwicklungsstrategie, inkrementelle Systementwicklung und evolutionäre Systementwicklung.[217]

Inkrementelle Systementwicklung

Unter inkrementeller Systementwicklung wird der schrittweise Ausbau einer Lösung verstanden, im Englischen wird dies prägnant mit dem Ausdruck "slowly growing systems" umschrieben. Die Entwicklung orientiert sich weiterhin am klassischen Phasenmodell. Basis für die schrittweise Implementierung ist ein gesamtheitlicher Entwurf des Softwaresystems, d. h., nur die Implementierung und Einführung des Systems erfolgt in kleinen Schritten. Das System ist vor der Implementierung des ersten Inkrements bereits vollständig spezifiziert. Ziel der inkrementellen Entwicklung ist es, dem Anwender erst die wichtigsten Funktionen, den Systemkern, anzubieten und die weni-

---

[217] Vgl. Floyd, 1984, S. 11.

ger wichtigen Funktionen nach und nach hinzuzufügen. Damit können die Anwender schrittweise an das neue System gewöhnt werden, anstatt sie unmittelbar mit dem gesamten System zu konfrontieren.

Evolutionäre Systementwicklung

Bei diesem Ansatz werden die Phasen der Systementwicklung in aufeinanderfolgenden Zyklen ausgeführt. Die Erstellung jeder Systemversion kann in den Phasen des klassischen Vorgehensmodells erfolgen.[218] Anstatt den Versuch zu unternehmen, eine vollständige und dauerhafte Anforderungsdefinition zu erstellen, wird das System derart gestaltet, daß es den sich ändernden Anforderungen angepaßt werden kann. Die Funktionalität des Systems entwickelt sich sukzessiv in Versionen. Dabei muß bei Entwicklern und Anwendern die Bereitschaft gegeben sein, sich immer wieder mit der Änderung der gerade aktuellen Systemversion zu beschäftigen.

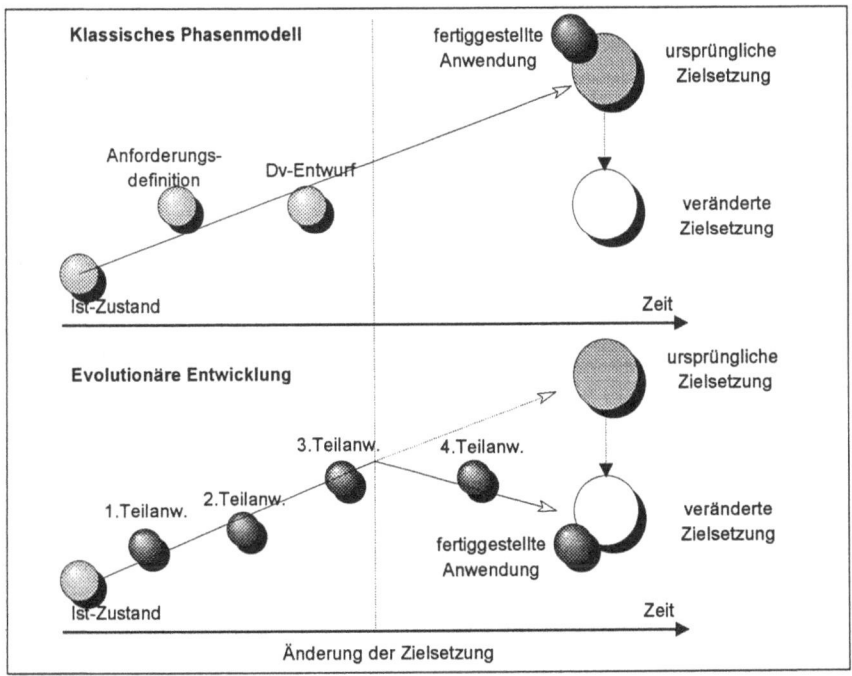

Abbildung 18: Reaktionsmöglichkeit auf geänderte Zielsetzung
(Quelle: Oertly, 1991, S. 36)

---

[218] Diese werden i. d. R. in verkürzter Form durchlaufen (vgl. Oertly, 1991, S. 34).

In diesem Kontext ist die inkrementelle Entwicklung nicht dem prozeßorientierten Ansatz zuzuordnen, da alle Anforderungen an das System vorab feststehen und nur Implementierung und Einführung schrittweise erfolgt. Merkmal der evolutionären Entwicklung ist, daß die Anforderungen an das System in sich wiederholenden Entwicklungszyklen erarbeitet werden. Damit wird der Planungshorizont zwischen zwei Systemversionen stark verkürzt, so daß gegenüber dem klassischen Phasenmodell auch eine verbesserte Reaktionsmöglichkeit auf sich ändernde Ziele möglich ist (vgl. Abbildung 18).

Während das klassische Vorgehensmodell durch eine produktorientierte Sichtweise geprägt ist, dominiert bei der evolutionären Entwicklung eine prozeßorientierte Sicht. Die Unterstützung von Lern-, Kommunikations- und Arbeitsprozessen bei Entwicklern und Anwendern steht hier im Mittelpunkt. Die wesentlichen Unterschiede beider Ansätze sind in Tabelle 5 dargestellt.[219]

	Klassische Phasenmodelle	Evolutionärer Ansatz
Die grundlegende Vorgehensweise ist ...	linear.	zyklisch.
Der Gegenstand des Herstellungsprozesses ist ...	ein Produkt.	eine Folge von Versionen.
Die Kommunikation erfolgt ...	über Dokumente oder das fertige Produkt.	wie zuvor, aber ergänzt durch auswertbare Vorversionen.
Eine Revision ist ...	der Ausnahmefall.	als Normalfall fest eingeplant.
Berücksichtigung der Arbeit der ...	Entwickler.	Anwender und Entwickler.

Tabelle 5: Gegenüberstellung des klassischen und evolutionären Lebenszyklus-Modells

Das im vierten Kapitel entwickelte Vorgehensmodell für betriebliche Anwendungssysteme orientiert sich am evolutionären Ansatz.

---

[219] In Anlehnung an Floyd, 1986, S. 113-114.

3 Metamodelle für betriebliche Anwendungssysteme

In diesem Kapitel werden auf Basis der entwickelten Modellarchitektur die Metamodelle zur Beschreibung betrieblicher Anwendungssysteme inhaltlich präzisiert. Die einzelnen Metamodelle der fachlichen Sichten und der dv-technischen Komponenten werden hier sukzessive entwickelt.

3.1 Darstellung und Vorgehensweise

3.1.1 Auswahl des Meta-Metamodells

Die Auswahl eines Meta-Metamodells ist zur Darstellung der Metamodelle für die Anwendungssysteme notwendig. Wie bereits dargelegt wurde, ist ein einheitliches Meta-Metamodell erforderlich, um eine integrierte und rechnergestützte Verwaltung der Modelle eines Anwendungssystems in einem Repository technisch realisieren zu können.[220] Die bestehenden Standards für Repositories, die IRDS-Standards des ANSI und der ISO, definieren neben den Inhalten des Repository, der Benutzerschnittstelle und den Schnittstellen für den Informationsaustausch auch jeweils ein Meta-Metamodell für das Repository.[221]

Das Meta-Metamodell des IRDS-Standards des ANSI basiert auf einem Entity-Relationship-Ansatz[222], im Unterschied dazu wählt der Standard der ISO einen objektorientierten Ansatz.[223] Der überwiegende Anteil aller implementierten Repositories ist zur Zeit E-R-basiert.[224] Dies ist in erster Linie durch die zur Zeit übliche Speicherung der Metadaten in relationalen Datenbanken begründet.[225] Ein auf konzeptioneller Ebene modelliertes Gesamtschema eines Repository (die Integration aller Metamodelle) in Form eines E-R-Modells läßt sich nach festen Regeln in ein relationales Modell überführen.[226]

---

[220] Vgl. Kapitel 2.2.2.2.

[221] Auf das Repository als Werkzeug zur Verwaltung von Metadaten und die existierenden Repository-Standards wird in Kapitel 5.2 eingegangen.

[222] Unter dem Begriff Entity-Relationship-Ansatz (E-R-Ansatz) sollen alle Modellierungsansätze zusammengefaßt werden, die auf dem Vorschlag von CHEN (vgl. Chen, 1976, S. 9 ff.) zur einheitlichen Beschreibung von Daten, dem Entity-Relationship-Modell (E-R-Modell), basieren.

[223] Vgl. Habermann/Leymann, 1993, S. 27.

[224] Vgl. Eicker, 1991, S. 175.

[225] Vgl. McClure, 1993, S. 177.

[226] Vgl. Kapitel 3.4.1.

Die Wahl eines objektorientierten Modellierungsansatzes im Standard der ISO trägt den erweiterten Leistungsanforderungen an ein Repository Rechnung. Funktionen zur Versionsverwaltung und zur Änderungsverwaltung bei Schemaänderungen wurden als zentrale Anforderungen an ein Repository identifiziert.[227] Ihre Realisierung ist mit der bestehenden relationalen Datenbanktechnologie nicht möglich. Die Forschungsansätze und Prototypen der objektorientierten Datenbanken sollen hier Abhilfe leisten. Bei einer objektorientierten Implementierung des Repository ist es zweckmäßig, auch für die konzeptionelle Beschreibung des Repository-Schemas eine objektorientierte Modellierungsmethode zu wählen.[228]

Im Rahmen dieser Arbeit steht aber nicht die Funktionalität, sondern die Struktur eines Repository im Mittelpunkt der Betrachtungen.[229] Der objektorientierte und der Entity-Relationship-Ansatz sind sich in ihrem strukturellen Teil, der statischen Modellierung von Datenobjekten, sehr ähnlich.[230] Aus diesem Grund ist die Entscheidung für eine der beiden Modellierungsmethoden primär unter dem Gesichtspunkt der An-schaulichkeit zu treffen. Deshalb wird hier der weiter verbreitete Entity-Relationship-Ansatz verwendet. Da der E-R-Ansatz nur zur Darstellung der Metamodelle auf der konzeptionellen Ebene dient, läßt diese Entscheidung für eine spätere Implementierung sowohl relationale als auch objektorientierte Datenbanken zu.

Das Grundmodell des Entity-Relationship-Ansatzes von CHEN wurde seit seiner Ent-stehung im Jahre 1976 mehrfach erweitert und modifiziert, so daß heute eine große Anzahl verschiedener Modellierungsmethoden und Darstellungstechniken unter dieser Bezeichnung existiert.[231] Allen ist gemeinsam, daß Objekte der realen Welt durch Objekttypen, Beziehungstypen und Attribute dargestellt werden.

Der Entity-Relationship-Ansatz findet in dieser Arbeit zwei Verwendungen. Zum einen wird er jetzt als Meta-Metamodell zur Darstellung der Metamodelle ausgewählt. Daneben wird er später auch als Modellierungsmethode der fachlichen Datensicht verwendet.[232] In beiden Fällen werden E-R-Modelle mit ähnlichen Modellierungs-

---

[227] Vgl. McClure, 1993, S. 179-180.

[228] Heutige Implementierungen objektorientierter Repositories basieren allerdings immer noch auf relationalen Datenbanken, es erfolgt eine Transformation der objektorientierten Modelle in relationale Strukturen (vgl. McClure, 1993, S. 177). Damit wird zwar die strukturelle Komponente einer objektorientierten Datenbank simuliert, die verhaltensorientierte Komponente fehlt aber weiterhin. Dieses Vorgehen ermöglicht allerdings einen Übergang zu objektorientierten Datenbanksystemen, sobald diese verfügbar sind.

[229] Auf funktionale Anforderungen an ein Repository wird erst in Kapitel 5.2.4 eingegangen.

[230] Vgl. Schäfer, 1993, S. 49 f.

[231] Auf die verschiedenen Varianten des E-R-Modells wird bei der Darstellung der fachlichen Daten-sicht in Kapitel 3.2.1.1 eingegangen.

[232] Vgl. Kapitel 3.2.1.

konstrukten gewählt, wobei die Konstrukte des Meta-Metamodells eine Teilmenge der später zur fachlichen Datenmodellierung verwendeten Konstrukte darstellen.[233]

Für das Meta-Metamodell wird hier in Anlehnung an ZEHNDER[234] ein erweitertes Entity-Relationship-Modell verwendet, das sich durch die folgenden Eigenschaften vom Grundmodell von CHEN unterscheidet:[235]

◻ Es werden nur binäre Beziehungstypen verwendet, höherwertige Beziehungstypen müssen durch die Einführung eines neuen Objekttyps in binäre überführt werden.

◻ Zu Beziehungstypen werden keine Attribute modelliert. Tragen Beziehungen Attribute, so werden diese entweder in einem neuen Objekttyp[236] modelliert oder einem der beiden an dem Beziehungstyp beteiligten Objekttypen zugeordnet.

◻ Für die Beschreibung der Beziehungskardinalitäten[237] wird eine (1, c, m)-Notation[238] verwendet (vgl. Tabelle 6).

◻ Es wird ein Konstrukt zur Modellierung von Generalisierungs-/Spezialisierungs-hierarchien eingeführt.[239] Für jede Generalisierungs-/Spezialisierungshierarchie wird spezifiziert, ob sie disjunkt oder überlappend bzw. vollständig oder unvollständig ist.[240]

---

233 Würden alle Konstrukte, die später zur fachlichen Datenmodellierung verwendet werden, auch im Meta-Metamodell eingesetzt, dann würde die Komplexität der graphischen Metamodelle erhöht und dadurch die Übersichtlichkeit und Lesbarkeit der Modelle verringert werden. Deshalb wird die Gesamtzahl der verschiedenen Konstrukte im Meta-Metamodell gegenüber dem Metamodell der Datensicht eingeschränkt.

234 Vgl. Zehnder, 1989, S. 41 ff. In Abweichung zu ZEHNDER wurden hier für die Beziehungs-kardinalitäten und die Generalisierungs-/Spezialisierungshierarchien andere Symbole gewählt und die Darstellung der identifikatorischen Abhängigkeiten mit aufgenommen.

235 Zur detaillierteren Beschreibung der einzelnen Modellierungskonstrukte wird auf das Metamodell der Datensicht in Kapitel 3.2.1 verwiesen.

236 In Analogie zur Auflösung von Beziehungen im relationalen Datenmodell durch Beziehungsrela-tionen (vgl. Kapitel 3.4.1) kann auch im Entity-Relationship Modell eine Beziehung über einen zusätzlichen Objekttyp modelliert werden.

237 Diese werden auch als Komplexität der Beziehung bezeichnet (vgl. Schlageter/Stucky, 1983, S. 50).

238 Die (1,c,m)-Notation erweitert die von CHEN gewählten Beziehungskardinalitäten 1 und N, um die Konditionalität von Beziehungen darstellen zu können (vgl. Zehnder, 1989, S. 44 f). Ein c (=conditional) drückt aus, daß ein Objekt an der Beziehung beteiligt sein kann, aber nicht sein muß.

239 In Anlehnung an Dogac/Chen, 1983, S. 360.

240 Eine Generalisierungs-/Spezialisierungshierarchie ist disjunkt, wenn kein Objekt in mehr als einem spezialisierten Objekttyp vorkommt, andernfalls ist sie überlappend. Sie ist vollständig, wenn jedes Objekt des übergeordneten Objekttyps in mindestens einem untergeordneten Objekttyp enthalten ist. (siehe auch Kapitel 3.2.1.2.1).

Symbol	Bedeutung
c	kein oder ein Objekt ist an der Beziehung beteiligt
1	genau ein Objekt ist an der Beziehung beteiligt
cm	kein, ein, oder mehrere Objekte sind an der Beziehung beteiligt
m	mindestens ein Objekt ist an der Beziehung beteiligt

Tabelle 6: Symbole für die Beziehungskardinalitäten in der (1,c,m)-Notation

Abbildung 19 stellt die Konstruktionselemente des Meta-Metamodells und deren Notation dar. Auf die Darstellung der Attribute von Objekttypen wird in der graphischen Darstellung aus Gründen der Übersichtlichkeit verzichtet. Die zentralen Attribute eines Objekttyps werden in der textuellen Beschreibung erläutert, ohne eine vollständige Darstellung aller Attribute eines Objekttyps anzustreben. Beziehungstypen werden durch eine Kante ohne Raute dargestellt. Für die Darstellung der (1,c,m)-Notation wird eine Krähenfußnotation verwendet. Für identifikatorische Abhängigkeiten und die verschiedenen Arten der Generalisierungs-/Spezialisierungshierarchie wird eine spezielle Notation eingeführt.

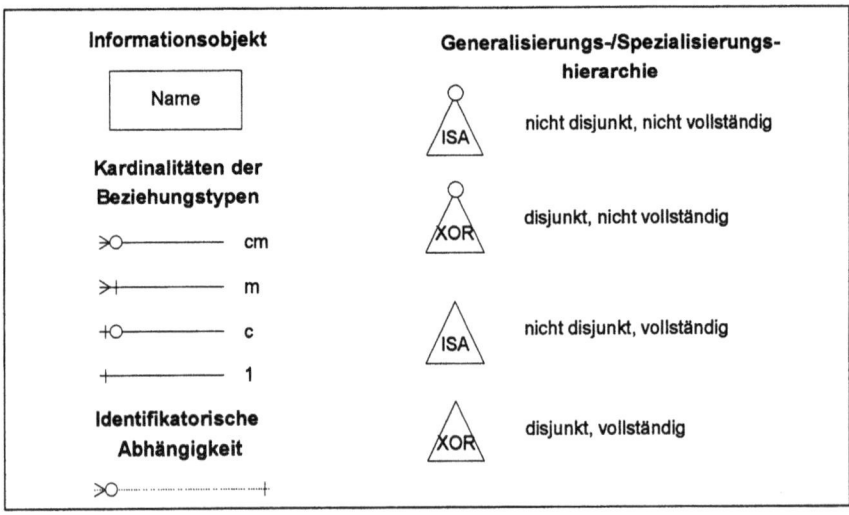

Abbildung 19: Das Meta-Metamodell

Um begriffliche Klarheit bei der Beschreibung der Metamodelle zu gewährleisten, soll das mit dem Konstrukt des Objekttyps dargestellte Meta-Datenobjekt als *Informa-*

tionsobjekt bezeichnet werden.[241] Bezeichnungen der Informationsobjekte und -beziehungen werden in der texuellen Beschreibung *kursiv* dargestellt.

3.1.2 Vorgehen beim Entwurf der Metamodelle

Bevor die Metamodelle zur Beschreibung betrieblicher Anwendungssysteme erarbeitet werden, soll zum besseren Verständnis das weitere Vorgehen skizziert werden. Den in Kapitel 2.3.3 dargestellten Abstraktionsebenen folgend, wird zunächst die fachliche und dann die dv-technische Modellebene dargestellt. Dieses top-down Vorgehen ist nur als Methodik für den Entwurf der Metamodelle anzusehen. Die Reihenfolge, in der die Metamodelle beschrieben werden, ist nicht unmittelbar dem Vorgehen bei der Entwicklung der Modelle eines Anwendungssystems gleichzusetzen. Das Vorgehensmodell, das die Reihenfolge der Modellentwicklung festlegt, ist erst Gegenstand des vierten Kapitels.

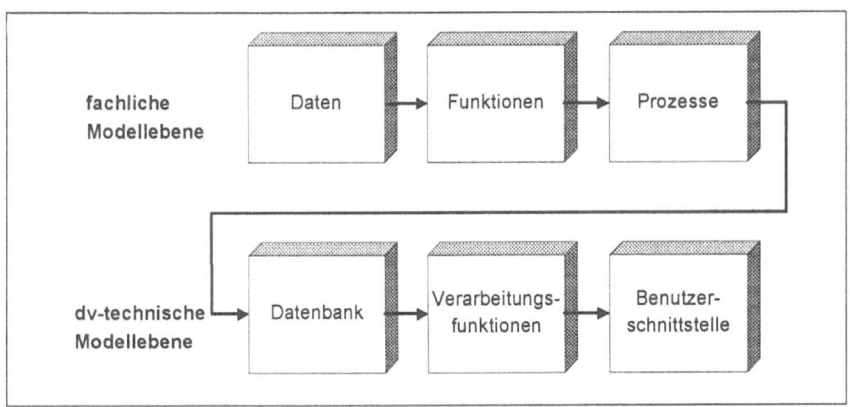

Abbildung 20: Vorgehen beim Entwurf der Metamodelle

Für jede Sicht auf fachlicher bzw. Komponente auf dv-technischer Ebene wird ein Metamodell entwickelt. Dazu wird für jede Sicht der zu modellierende Ausschnitt zunächst beschrieben und dann in mehreren Teilmodellen dargestellt, die jeweils zu einem Metamodell integriert werden. Trotzdem werden diese sechs Metamodelle nicht

---

241 Dies ist notwendig, um das Entity-Relationship-Modell als Meta-Metamodell von dem Entity-Relationship Modell, das als Metamodell zur fachlichen Beschreibung von Daten verwendet wird, begrifflich abzugrenzen. Andernfalls hätten Extension und Intension in diesem Fall dieselbe Bezeichnung: Das Metamodell des Entity-Relationship-Modells zur fachlichen Beschreibung von Daten enthält das Informationsobjekt *Objekttyp*, nicht den Objekttyp *Objekttyp*.

isoliert betrachtet. Die Reihenfolge innerhalb der zwei Modellierungsebenen wurde so gewählt, daß die einzelnen Metamodelle i. d. R. beschrieben werden können, ohne auf andere, noch nicht dargestellte Metamodelle vorgreifen zu müssen. Bestehen zwischen zwei Metamodellen Beziehungen, so werden diese immer erst mit der Darstellung des zweiten Modells beschrieben. Werden Informationsobjekte aus bereits dargestellten Metamodellen zur Modellierung von Beziehungen in ein Modell mit aufgenommen, so werden diese grau dargestellt.

Es sei angemerkt, daß die in den Metamodellen dargestellten oder beschriebenen Integritätsbedingungen immer nur für ein vollständig entworfenes Beschreibungsmodell Gültigkeit besitzen. Im Softwareentwicklungsprozeß werden die Beschreibungsmodelle später sukzessive erstellt und erfüllen deshalb nicht zu jedem Zeitpunkt diese Integritätsbedingungen. So kann z. B. im Entwurfsstadium für eine Tabelle der Datenbank noch kein Primärschlüssel festgelegt worden sein.

Die Integration zwischen fachlicher und dv-technischer Modellierungsebene wird dann in einem abschließenden Kapitel dargestellt.

3.2 Metamodelle auf fachlicher Ebene

3.2.1 Daten

3.2.1.1 Auswahl der Modellierungsmethoden

Das konzeptionelle Datenmodell beschreibt alle Datenobjekte, die für die Ausführung der vom Anwendungssystem abzudeckenden Aufgaben benötigt werden. Die Beschreibung soll in einer von der späteren Implementierung unabhängigen Form erfolgen.

Wie bereits bei der Auswahl des Meta-Metamodells dargestellt wurde, ist der Entity-Relationship-Ansatz von CHEN eine allgemein anerkannte Methode zur semantischen Datenmodellierung. Nahezu alle Modelle zur Beschreibung der Daten auf der fachlichen Ebene folgen diesem Ansatz. Aus diesem Grund wird der Ansatz auch hier zur Modellierung gewählt.[242]

Trotz des gemeinsamen Ursprungs und gleichlautender Bezeichnung sind in der Literatur eine Vielzahl von E-R-Varianten zu finden, die sich in ihren Modellierungsregeln, -konstrukten und Darstellungselementen stark unterscheiden. Die verschiedenen Varianten des Entity-Relationship-Modells lassen sich nach den folgenden Kriterien klassifizieren:[243]

a) Freiheiten bei der Modellierung von Beziehungstypen:

   ◻ Zulässigkeit von Beziehungstypen mit einem Grad[244] größer zwei

   ◻ Zulässigkeit von N:M-Beziehungstypen

   ◻ Zulässigkeit von Attributen an Beziehungstypen

   ◻ Modellierung der Beziehungskardinalitäten[245]

b) Konstrukte zur Erweiterung des Grundmodells:

   ◻ Generalisierungs-/Spezialisierungshierarchien

---

[242] Die Verwendung des E-R-Ansatzes als Meta-Metamodell und als Metamodell der Datensicht führt dazu, daß Intension und Extension der Beschreibung identisch sind. Ein E-R-Modell wird mit Hilfe eines E-R-Modells beschrieben.

[243] In Anlehnung an Chen, 1983, S. 20-22 und Scheer, 1991, S. 102.

[244] Der Grad eines Beziehungstyps bezeichnet die Anzahl der an dem Beziehungstyp beteiligten Objekttypen (vgl. Schlageter/Stucky, 1983, S. 49).

[245] Mögliche Formen sind die 1,N-Notation von CHEN, die (1,c,m)-Notation (vgl. Kapitel 3.1.1) sowie die Min/Max-Notation (s. u.).

❑ Uminterpretation von Beziehungstypen

❑ Bildung komplexer Objekte aus Objekt- und Beziehungstypen

❑ Exklusivität von Beziehungstypen[246]

❑ Darstellung identifikatorischer Abhängigkeiten[247]

Daneben variieren bei den verschiedenen Ansätzen auch die graphischen Darstellungsformen. Bei den hier durchgeführten Überlegungen zur Wahl geeigneter Modellierungskonstrukte der fachlichen Datensicht spielt die graphische Präsentation eines E-R-Modells keine Rolle. Sie ist über Transformationsregeln aus dem Metamodell ableitbar und wird deshalb hier nicht betrachtet.

Die verschiedenen E-R-Varianten lassen sich nach den Freiheiten bei der Modellierung von Beziehungen in drei Gruppen gliedern. Zum einen Ansätze, die dem klassischen Modell von CHEN folgen und die Modellierung der Beziehung nicht einschränken. Hier ist in erster Linie das E-R-Modell nach SCHEER[248] zu nennen. Daneben existieren Ansätze, die die Beziehungsmodellierung auf binäre, nicht-attributierte Beziehungen einschränken. Grund dieser Restriktionen ist die einfachere Überführung der Modelle in ein relationales Datenbankschema. Stellvertretend für diese Gruppe wird hier das erweiterte Relationenmodell von ZEHNDER[249] beschrieben.[250] Als dritte Gruppe sind das Strukturierte Entity-Relationship-Modell (SERM) von SINZ[251] und das Relationen-Relationship-Modell (RRM) von WIBORNY[252] zu nennen. Beide schließen N:M-Beziehungstypen aus und ordnen die Objekttypen in einer Topologie nach starken und schwachen Objekttypen an. Beide Modelle enthalten bereits viele Elemente eines relationalen Modells.

Tabelle 7 ordnet die genannten E-R-Ansätze in das obige Klassifikationsschema ein und stellt die hier für die fachliche Datenmodellierung gewählte Variante dar:

---

[246] Existieren von einem Objekttyp zwei oder mehr Beziehungstypen zu anderen Objekttypen, so wird mit dem Konstrukt der Exlusivität dargestellt, daß ein Objekt zu einem Zeitpunkt immer nur eine dieser Beziehungen eingehen kann (Vgl. Barker, 1989, S. 7-8 ff.)

[247] Vgl. Kapitel 3.1.1.

[248] Vgl. Scheer, 1991, S. 97-105. Das hier dargestellte Modell wählt SCHEER zur Modellierung der fachlichen Datensicht im Architekturmodell ARIS. Es weicht von seinem E-R-Modell früherer Arbeiten in Beziehungskardinalitäten und Erweiterungen ab (vgl. Scheer, 1988a, S. 20-28).

[249] Vgl. Zehnder, 1989, S. 41 ff.

[250] Ähnlich auch die Ansätze von ORACLE (vgl. Barker, 1989, S. 3-1 ff.), LEHNER et al. (vgl. Lehner et al., 1991, S. 438-441) sowie Gutzwiller, 1994a, S. 128 ff.

[251] Vgl. Sinz, 1993, S. 81-90.

[252] Vgl. Wiborny, 1991, S. 82 ff.

Ansatz / Merkmal	Chen	Scheer	Zehnder	Sinz	Wiborny	gewählte Variante
Beziehungsgrad größer 2	✓	✓	✗	✗	✗	✗
N:M-Beziehungstypen	✓	✓	✓	✗	✗	✓
Attribute an Beziehungstypen	✓	✓	✗	✗	✗	✗
Kardinalitäten	1,N[253]	Min/Max	1,c,m	1,c,m[254]	1,c,m	Min/Max
Gen./Spez.-Hierarchie	✗	✓	✓	✓	✓	✓
Uminterpretation	✗	✓	✗	✗	✗	✗
Exklusive Beziehungstypen	✗	✗	✗	✗	✗	✓
Komplexe Objekte	✗	✓	✗	✗	✗	✗
Identifikatorische Abhängigkeit	✓	✓	✗	✓	✓	✓

✓ = ja, ✗ = nein

Tabelle 7: Klassifikation verschiedener Entity-Relationship-Ansätze

Für die Modellierung der Datensicht wird ein Entity-Relationship-Modell gewählt, das die Gestaltungsfreiheit des ursprünglichen Ansatzes von CHEN einschränkt. Beziehungstypen werden nur vom Grad 2 zugelassen und ohne Attribute modelliert. Diese Einschränkungen sind in der Zielsetzung einer späteren Umsetzung der Modelle in ein relationales Datenbankmodell begründet. Der Verzicht auf die Verwendung von N:M-Beziehungen wie bei SINZ und WIBORNY erscheint dagegen zu restriktiv. Als Erweiterungen werden Generalisierungs- und Spezialisierungshierarchien, identifikatorische Abhängigkeiten sowie die Modellierung sich ausschließender Beziehungstypen in das Modell mit aufgenommen.

---

[253] CHEN hat 1977 in Erweiterung seines Grundmodells die Unterscheidung zwischen identifikatorischer und existenzieller Abhängigkeit eingeführt (vgl. Chen/Knöll, 1991, S. 42-46). Durch die existenzielle Abhängigkeit läßt sich zumindest auf der 1-Seite einer 1:N-Beziehung wie bei der (1,c,m)-Notation die Unterscheidung zwischen einer „kann" und einer „muß"-Beziehung machen.

[254] SINZ und WIBORNY verwenden zwar eine Min/Max-Notation, unterscheiden aber nur die 4 Beziehungsarten der 1,c,m-Notation (vgl. Sinz, 1993, S. 82 und Wiborny, 1991, S. 85).

3.2.1.2 Metamodell der Datensicht

3.2.1.2.1 Objekt- und Beziehungstypen

Gleichartige Objekte (Entitäten) und Beziehungen des relevanten Realitätsausschnitts werden im Entity-Relationship-Modell zu Objekttypen (Entitätstypen) und Beziehungstypen verallgemeinert. Die Informationsobjekte *Objekttyp* und *Beziehungstyp* in Abbildung 21 stellen diese beiden Konstrukte dar. An einem Beziehungstyp sind immer zwei Objekttypen beteiligt, dies wird im Metamodell durch die Beziehungen *Beziehung von* und *Beziehung nach* ausgedrückt. Sind die beiden Objekttypen identisch, so handelt es sich um einen rekursiven Beziehungstyp.

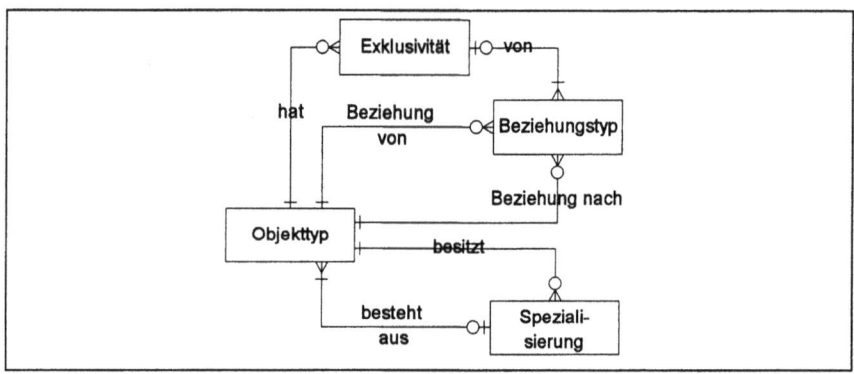

Abbildung 21: Teilmodell Objekt- und Beziehungstypen

Jeder Beziehungstyp wird durch verschiedene Merkmale beschrieben. Für beide Seiten der Beziehung wird die Beziehungskardinalität in der Min/Max-Notation erfaßt. In dieser wird in einem Tupel (min,max) jeweils die minimale und die maximale Anzahl der Objekte eines Objekttyps angegeben, die einem Objekt des zweiten Objekttyps über den Beziehungstyp zugeordnet werden können.[255] Die Min/Max-Notation wird hier gewählt, weil sie gegenüber der 1:N- und der 1,c,m-Notation den größten Aussagegehalt hat und sich die Kardinalitäten der anderen Notationen daraus ableiten lassen.[256]

---

[255] Vgl. Schlageter/Stucky, 1983, S. 50. In Abweichung zu SCHLAGETER/STUCKY wird die Notation hier objekt- und nicht beziehungszählend verwendet. In einer beziehungszählenden Notation wird für jeden Objekttyp angegeben, in wieviel Beziehungen ein Objekt vorkommen kann. In binären Beziehungen sind die Kardinalitäten der objekt- und beziehungszählenden Notation vertauscht.

[256] Vgl. Rauh/Stickel, 1992, S. 349 f.

Ferner ist für jeden der beiden am Beziehungstyp beteiligten Objekttypen zu definieren, wie sich das Löschen eines Objekts auf bestehende Beziehungen auswirkt. Mögliche Verhaltensregeln sind:[257]

◻ Alle mit dem Objekt über den Beziehungstyp verbundenen Objekte werden ebenfalls gelöscht (delete each occurrence).

◻ Ein Objekt darf nicht gelöscht werden, so lange es noch an diesem Beziehungstyp beteiligt ist (disallow deletion).

◻ Das Objekt wird zusammen mit den bestehenden Beziehungen gelöscht. Die an diesen Beziehungen beteiligten Objekte des anderen Objekttyps bleiben davon unberührt (disassociate each occurrence).

Als besondere Beziehungstypen werden die existenziellen und die identifikatorischen Abhängigkeiten behandelt. Beide können nur in einem 1:1- oder 1:N-Beziehungstyp auftreten.[258] Die Modellierung der existenziellen Abhängigkeit, die allgemein die Abhängigkeit eines schwachen von einem starken Objekttyp ausdrückt, wird bereits über die Beziehungskardinalitäten in der Min/Max-Notation abgedeckt.[259] Die identifikatorische Abhängigkeit, bei der die Primärschlüsselattribute des starken Objekttyps auf den schwachen vererbt werden[260], wird über ein Attribut des Informationsobjekts Beziehungstyp dargestellt.[261]

Die Modellierung existenzieller bzw. identifikatorischer Abhängigkeiten ist neben der Erhöhung der Semantik des Modells aus zwei weiteren Gründen zweckmäßig. Wird der Beziehungstyp in einem relationalen Datenbankmodell umgesetzt, dann müssen diese Abhängigkeiten bei der Definition von Integritätsbedingungen berücksichtigt werden.[262] Ferner sind die starken Objekttypen bei einer Modellverdichtung potentielle Kandidaten für Führungsobjekte, während schwache Objekttypen bei einer Verdichtung i. d. R. wegfallen.[263]

---

257 In Anlehung an Barker, 1989, S. 7-15.

258 Vgl. Chen, 1976, S. 18.

259 Durch Angabe von (1,1) als Beziehungskardinalität des starken Objekttyps wird ausgedrückt, daß jeder schwache Objekttyp genau einem starken zugeordnet sein muß.

260 Bei einer 1:1-Beziehung sind die Primärschlüssel des starken und schwachen Objekttyps identisch, bei einer 1:N-Beziehung wird der Primärschlüssel des starken Objekttyps in dem schwachen Objekttyp um ein oder mehrere Attribute ergänzt.

261 Bei der Modellierung der identifikatorischen Abhängigkeit sind die an dem Beziehungstyp beteiligten Objekttypen in einer bestimmten Ordnung anzugeben. Der Beziehungstyp ist immer von dem starken zum schwachen Objekttyp gerichtet. Die Kardinalität des starken Objekttyps ist mit (1,1) vorbestimmt.

262 Siehe Kapitel 3.4.1.

263 Zur Modellverdichtung siehe Kapitel 3.2.1.2.4.

Mit dem Informationsobjekt *Exklusivität* wird die Eigenschaft der Exklusivität einer Menge von Beziehungstypen bezüglich eines Objekttyps dargestellt. Sie sagt aus, daß ein Objekt des Objekttyps zu einem Zeitpunkt immer nur eine der Beziehungen eingehen kann. Dieses Modellierungskonstrukt wurde von BARKER eingeführt.[264]

Als weiteres Modellierungskonstrukt wird im Datenmodell die Generalisierungs-/Spezialisierungshierarchie verwendet. Diese wird durch das Informationsobjekt *Spezialisierung* dargestellt. Eine Spezialisierung[265] besitzt einen Objekttyp als Oberbegriff (Supertyp), ein oder mehrere Objekttypen (Subtypen) sind diesem untergeordnet. Eine Generalisierungs-/Spezialisierungshierarchie kann mehrstufig sein, d. h. ein Objekttyp, der in einer Spezialisierung untergeordneter Objekttyp ist, kann in einer zweiten Spezialisierung den Oberbegriff darstellen. Im Gegensatz zu objektorientierten Generalisierungs-/Spezialisierungshierarchien kann in dem hier gewählten Modell ein Objekttyp höchstens einem anderen Objekttyp untergeordnet sein.[266]

Eigenschaften einer Generalisierungs-/Spezialisierungshierarchie sind Disjunktheit und Vollständigkeit.[267] Eine Spezialisierung ist disjunkt, wenn ein übergeordnetes Objekt in höchstens einem untergeordneten Objekttyp enthalten ist. Vollständigkeit liegt vor, wenn jedes übergeordnete Objekt in mindestens einem Subtyp spezialisiert wird.[268]

Objekttypen lassen sich in Grundobjekttypen und Vorgangsobjekttypen klassifizieren.[269] Diese Klassifikation entspricht der üblichen Unterscheidung zwischen Stamm- und Bewegungsdaten. Grundobjekttypen beschreiben Sachverhalte, die über einen

---

[264] Vgl. Kapitel 3.2.1.1.

[265] Diese Bezeichnung wurde aus Gründen der Vereinfachung gewählt. Gemeint ist damit das Konstrukt der Generalisierungs-/Spezialisierungshierarchie. Als Spezialisierung werden häufig auch die spezialisierten Objekttypen bezeichnet. Diese werden hier untergeordnete Objekttypen oder Subtypen genannt.

[266] Netzstrukturen in der Hierarchie sind somit ausgeschlossen (vgl. Coad/Yourdon, 1994, S. 112). Das hier dargestellte Metamodell schießt einen Zyklus in der Hierarchie nicht aus, d. h., ein übergeordneter Objekttyp könnte der eigenen Spezialisierung untergeordnet werden. Zyklen sind unzulässig, auch wenn diese Bedingung mit den Konstrukten des Meta-Metamodells nicht dargestellt werden kann.

[267] Vgl. Sinz, 1988, S. 201, Zehnder, 1989, S. 69 f. und Kung, 1990, S. 119.

[268] Vollständige und disjunkte Spezialisierungen werden auch als Generalisierungshierarchien bezeichnet, während in den anderen Fällen von Subtypenhierarchien gesprochen wird (vgl. Sinz, 1988, S. 201 f.). Möglich wäre noch eine zusätzliche Unterscheidung zwischen permanent und temporär disjunkten Spezialisierungen. Temporär disjunkt ist eine Spezialisierung, wenn ein Objekt im Laufe der Zeit zu verschiedenen Subtypen gehören kann, zu einem bestimmten Zeitpunkt jedoch immer nur zu einem Subtypen. Bei einer permanent disjunkten Spezialisierung ist die Zugehörigkeit dagegen unveränderlich (vgl. Ploenzke, 1989, S. 31 f.). Im ersten Fall werden mit Hilfe der Spezialisierung mögliche Zustände eines Objekttyps modelliert. Auf diese Problematik wird im Rahmen der Modellierung von Zuständen eines Objekttyps in Kapitel 3.2.3.2.1 noch eingegangen.

[269] In Anlehnung an Spitta, 1989, S. 112 f.

längeren Zeitraum konstant sind.[270] Vorgangsobjekttypen bilden dagegen Ereignisse oder Vorgänge ab, die für einen kürzeren Zeitraum relevant sind.[271]

Grund- und Vorgangsobjekttypen unterscheiden sich in ihren Strukturen und in der Art und Weise ihrer Bearbeitung.[272] So werden für die Grundobjekttypen i. d. R. ähnliche Funktionen benötigt (z. B. Einfügen, Ändern, Suchen, Drucken), in Vorgangsobjekttypen findet eine zeitpunktbezogene Verknüpfung verschiedener Grundobjekttypen statt. Durch die unterschiedlichen Bearbeitungsformen bestehen unterschiedliche Anforderungen an die funktionale Spezifikation und die Gestaltung der Benutzeroberfläche.[273] Aus diesem Grund wird diese Klassifikation durch ein Attribut des Informationsobjekts *Objekttyp* im Metamodell modelliert.

Zur Abschätzung des zukünftigen Datenvolumens ist es zweckmäßig, zu den Objekt- und Beziehungstypen bereits im Datenmodell das zu erwartende Mengengerüst festzuhalten. Zu diesen Daten zählen für jeden Objekttyp die minimale, durchschnittliche und maximale Anzahl der vorkommenden Einzelobjekte sowie das zu erwartende Wachstum in Prozent. Für jeden Beziehungstyp, an dem ein Objekttyp beteiligt ist, ist zum einen der prozentuale Anteil der Objekte, die eine Beziehung eingehen, von Interesse.[274] Zum anderen ist die Angabe, wieviele Beziehungen die einzelnen Objekte durchschnittlich eingehen, zu erheben.[275] Das zu erwartende Datenvolumen pro Objekt- und Beziehungstyp hat Einfluß auf verschiedene Entwurfsentscheidungen:

◻ Entscheidungen des Datenbankentwurfs[276]

◻ Wahl der Algorithmen zur Verarbeitung der Daten der Objekttypen[277]

◻ Darstellung der Objekttypen auf der Benutzeroberfläche[278]

---

[270] Vgl. Meyer, 1991, S. 760.

[271] Dies schließt nicht aus, daß Vorgangsobjekttypen aus Gründen der Revisionsfähigkeit oder Archivierungspflicht längerfristig im System verweilen.

[272] Vgl. Spitta, 1989, S. 113 sowie Wedekind, 1976, S. 180.

[273] Vgl. Kapitel 4.2.1.1.

[274] Diese Angabe ist durch die Kardinalität des Beziehungstyps u. U. vorgegeben: Ist der Beziehungstyp nicht optional, d. h., ist die minimale Kardinalität größer als Null, so muß jedes Objekt eine Beziehung eingehen. Der Anteil ist dann 100 Prozent.

[275] Minimal- und Maximalwert sind durch die Beziehungskardinalität bestimmt. Über den Durchschnittswert läßt sich auf die Gesamtzahl der vorkommenden Beziehungen schließen.

[276] Siehe Kapitel 3.4.1.

[277] Große Datenvolumina können bei Verarbeitungsfunktionen zu einer langen Verarbeitungsdauer führen. Um solche Funktionen im Dialogbetrieb zu realisieren, sind dann effiziente Algorithmen erforderlich.

[278] So ist die Wahl der Darstellungsform von Objekttypen auf der Benutzeroberfläche u. a. vom Mengengerüst abhängig. Existieren zu einem Objekttyp nur wenige Objekte und ist kein starkes Wachs-

3.2.1.2.2 Attribute und Wertebereiche

Attribute stellen die Eigenschaften der Objekttypen dar. Sie werden durch das Informationsobjekt *Attribut* modelliert (vgl. Abbildung 22). Wie bereits dargelegt wurde, können Attribute in dem hier gewählten Modell nur den Objekt- und nicht den Beziehungstypen zugeordnet werden. Mehrere Attribute eines Objekttyps können zu einer Attributgruppe zusammengefaßt werden. Somit können zusammengehörige Attribute eines Objekttyps einem Begriff untergeordnet werden.[279]

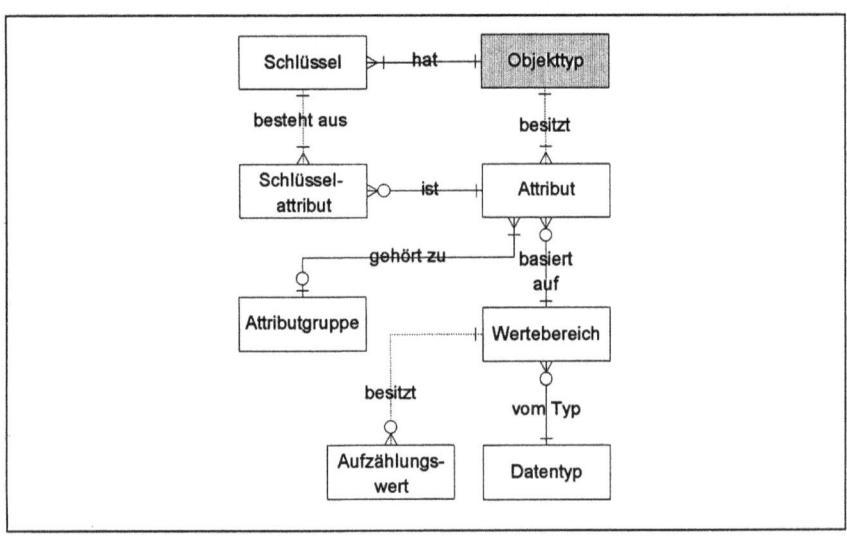

Abbildung 22: Teilmodell Attribute und Wertebereiche

Zu jedem Objekttyp kann es eine Menge von Attributen oder Attributkombinationen geben, die die Schlüsseleigenschaft besitzen, d. h. die Objekte des Objekttyps eindeutig identifizieren. Dies wird im Metamodell durch die Informationsobjekte *Schlüssel*

---

tum zu erwarten, dann ist eine Darstellung einzelner Objekte des Objekttyps in Form von Sinnbildern (Icons) möglich. Gibt es in einer Objektmenge dagegen viele Objekte, dann scheidet diese Darstellungsform aus. Die einzelnen Objekte sind nicht mehr durch unterschiedliche Sinnbilder darstellbar (vgl. Kapitel 4.2.1.2.2).

[279] So bilden z. B. die Attribute Straße, Plz und Ort die Adresse des Objekttyps Kunde. Eine spätere Verwendung dieser Information ist u. a. bei der Gestaltung von Bildschirmmasken durch entsprechende Gruppierung der Eingabefelder möglich.

und *Schlüsselattribut* dargestellt. Ein Objekttyp muß mindestens einen Schlüssel besitzen, denn ein Schlüsselkandiat ist als Primärschlüssel des Objekttyps festzulegen.[280]
Zur Darstellung des Wertebereichs eines Attributs dienen die Informationsobjekte *Wertebereich, Aufzählungswert* und *Datentyp*. Ein Wertebereich stellt eine Abstraktion von einem konkreten Datentyp (z. B. numerisch, alphanumerisch oder logisch)[281] dar und kann für verschiedene Attribute verwendet werden. Ziel dieser Abstraktion ist es zu gewährleisten, daß Attribute mit gleichem Wertebereich auch dem gleichen Datentyp zugeordnet und mit denselben Integritätsbedingungen versehen sind. So können neben der Länge des Attributes im Wertebereich auch Gültigkeitsbereiche in Form von Intervallangaben festgelegt werden. Ist ein Wertebereich auf einige wenige konkrete Werte beschränkt, so werden diese durch das Informationsobjekt *Aufzählungswert* dargestellt. Mögliche Aufzählungswerte des Wertebereichs Familienstand sind z. B. die Werte „ledig", „verheiratet", „geschieden" und „verwitwet".

3.2.1.2.3 Integritätsbedingungen

Um wechselseitige Abhängigkeiten zwischen den im E-R-Modell abgebildeten Objekten des Gegenstandsbereichs darzustellen, werden Integritätsbedingungen formuliert. Sie stellen logische Bedingungen dar, die die modellierten Objekte erfüllen müssen.[282] Durch die Wahl der Modellierungskonstrukte werden eine Vielzahl von Integritätsbedingungen bereits implizit formuliert. Dazu zählen u. a. die oben beschriebenen Beziehungskardinalitäten, Schlüsseleigenschaften und Wertebereichseinschränkungen. Explizite Integritätsbedingungen ergänzen diese impliziten Integritätsbedingungen um Regeln, die nicht durch Modellierungskonstrukte ausgedrückt werden können.[283]

Eine explizite Integritätsbedingung wird dem Objekttyp, dem Attribut oder dem Wertebereich zugeordnet, für den die Bedingung formuliert wird (vgl. Abbildung 23).

Bei den Integritätsbedingungen kann zwischen Zusicherungen und Ableitungen unterschieden werden.[284] Die Zusicherung ist eine zusätzliche logische Bedingung, die die modellierten Daten erfüllen sollen. Eine Ableitung definiert den Wert eines Attributs in Abhängigkeit von anderen Daten. (Beispiel: Das Attribut Rechnungssumme des

---

[280] Der Primärschlüssel wird durch ein Attribut des Informationsobjekts *Schlüssel* identifiziert.

[281] Die Auswahl der Datentypen im fachlichen Datenmodell erfolgt bei der Modellierung der dv-technischen Ebene in Kapitel 3.3.1.2.1.

[282] Vgl. Schlageter/Stucky, 1983, S. 288.

[283] Vgl. Münzenberger, 1989, S. 59. ZEHNDER spricht von modellinhärenten und modellexternen Konsistenzbedingungen (vgl. Zehnder, 1989, S. 72).

[284] Vgl. Ploenzke, 1989, S. 40 f.

Objekttyps Rechnung ergibt sich aus der Summe der Beträge aller zugehörigen Rechnungspositionen.)

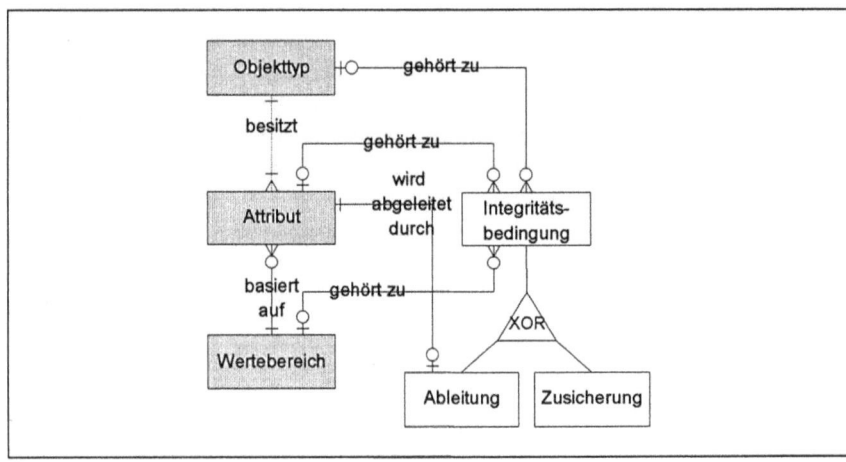

Abbildung 23: Teilmodell Integritätsbedingungen

Da sich die Werte von abgeleiteten Attributen aus anderen Daten ergeben, sind diese redundant. Dies führt zu einem scheinbaren Widerspruch, da Redundanz im Datenmodell als unerwünscht gilt.[285] Die Modelle auf fachlicher Ebene dienen jedoch der Definition und Ordnung der fachlichen Begriffe. Deshalb sind alle relevanten Datenelemente im Datenmodell zu erfassen und zu beschreiben. Attribute, die sich aus anderen ergeben, werden im Modell mit aufgenommen, wenn sie in der fachlichen Begriffswelt verwendet werden. Die Ableitungsregel ist im Datenmodell mit aufzunehmen, um in einer späteren Implementierung den Wert des Attributs korrekt darstellen zu können. Dies ist im Metamodell durch die Beziehung *wird abgeleitet durch* zwischen den Informationsobjekten *Attribut* und *Ableitung* berücksichtigt (vgl. Abbildung 23). Mit der Aufnahme eines abgeleiteten Attributs im fachlichen Datenmodell ist noch keine Aussage getroffen, ob dieses Attribut später in der Datenbank auch gespeichert wird.[286]

Integritätsbedingungen, die Zusicherungen darstellen, lassen sich nach Reichweite, Art und Fehlermaßnahmen klassifizieren.

---

[285] Vgl. Münzenberger, 1989, S. 59.

[286] In diesem Fall muß die Redundanz durch das Datenbanksystem kontrolliert werden (vgl. Kapitel 3.3.1.2.4).

Mit der Reichweite[287] einer Integritätsbedingung wird ausgedrückt, wieviele Attribute und Objekte von einer Integritätsbedingung betroffen sind. Nach aufsteigender Reichweite lassen sich Integritätsbedingungen unterscheiden, die

◻ ein Attribut (einfache Wertebereichsbedingung),

◻ mehrere Attribute eines Objekts (abhängige Wertebereichsbedingung),

◻ Attribute mehrerer Objekte eines Objekttyps (Wertmengenbedingung) und die

◻ Objekte verschiedener Objekttypen (komplexe Objektmengenbedingungen)

betreffen.[288]

Einfache Wertebereichsbedingungen werden dem betroffenen Wertebereich oder dem betroffenen Attribut, abhängige Wertebereichs- und Wertmengenbedingungen dem entsprechenden Objekttyp zugeordnet (vgl. Abbildung 23). Komplexe Objektmengenbedingungen werden keinem dieser Informationsobjekte zugeordnet.[289]

Bezüglich der Art werden statische und dynamische Integritätsbedingungen unterschieden.[290] Statische Integritätsbedingungen kontrollieren den Zustand der Daten zu einem bestimmten Zeitpunkt. Dynamische Integritätsbedingungen formulieren dagegen weiter einschränkende Regeln über zulässige Wertänderungen. Sie stehen immer in Verbindung mit Operationen, die Wertänderungen auslösen. So sind z. B. die Werte „ledig" und „geschieden" gültige Wertebereiche des Attributs Familienstand (statische Integritätsbedingung), eine Änderung von „ledig" aber nur in „verheiratet" und nicht in „geschieden" zulässig (dynamische Integritätsbedingung). Da statische und dynamische Integritätsbedingungen später andere Implementierungen erfordern[291], ist es zweckmäßig, diese bereits im fachlichen Datenmodell zu unterscheiden.

Letztlich können Integritätsbedingungen nach den Maßnahmen, die bei einer Verletzung der Bedingung zu ergreifen sind, in starke und schwache gegliedert werden.[292] Starke Bedingungen müssen immer eingehalten werden, sie formulieren unumstößliche Konsistenzbedingungen. Durch schwache Integritätsbedingungen werden potentielle Fehler erkannt. Ist die logische Bedingung nicht erfüllt, kann es sich dabei um einen gültigen Sonderfall handeln. Im Gegensatz zu den starken Integritätsbedingungen ist

---

[287] Auch als Komplexität bezeichnet (vgl. Schlageter/Stucky, 1983, S. 291). Das Merkmal der Reichweite kann auch für Ableitungen definiert werden.

[288] Vgl. Ploenzke, 1989, S. 41 ff. sowie Schlageter/Stucky, 1983, S. 290 f.

[289] Ihre Zuordnung zu dem Informationsobjekt *Projekt* wird im nächsten Kapitel dargestellt.

[290] Vgl. Lipeck, 1989, S. 1 ff. Diese werden auch als Zustands- und Übergangsbedingungen bezeichnet (vgl. Schlageter/Stucky, 1983, S. 291).

[291] Vgl. Kapitel 3.3.1.2.3 und 3.3.1.2.4.

[292] Vgl. Oren, 1985, S. 289.

bei einer schwachen die Operation, die zu der Verletzung der Bedingung führt, nicht sofort abzuweisen, sondern im Dialogbetrieb ist der Benutzer zunächst durch eine Meldung auf eine mögliche Integritätsverletzung hinzuweisen. Die Entscheidung über die Zulässigkeit der Operation liegt dann beim Benutzer.

Alle expliziten Integritätsbedingungen des Datenmodells werden auf fachlicher Ebene in textueller Form formuliert.

3.2.1.2.4 Modellgliederung und Modellverdichtung

Die für ein Anwendungssystem relevanten Objekttypen werden durch das Informationsobjekt *Projekt* zusammengefaßt. Ziel ist es, bei einer Integration von Modellen verschiedener Anwendungen die Zugehörigkeit zu einem Projekt nicht zu verlieren. Da ein Objekttyp in verschiedenen Projekten verwendet werden kann, ist zwischen Projekt und Objekttyp eine N:M-Beziehung modelliert worden (vgl. Abbildung 24).

Komplexe Integritätsbedingungen (Objektmengenbedingungen, s. o.), die mehr als einen Objekttyp betreffen, werden dem Informationsobjekt *Projekt* zugeordnet. Somit ist auch nach einer Modellintegration die Herkunft der Integritätsbedingung feststellbar.

Zur besseren Überschaubarkeit des Datenmodells dienen Cluster. Ein Objekttyp kann verschiedenen Clustern zugeordnet werden. Cluster stellen logische Einheiten dar, mit denen Objekttypen nach frei wählbaren Kriterien zusammengefaßt werden können. Der Begriff des Clusters findet sich auch im Zusammenhang mit der Datenmodellverdichtung (s. u.). Im Gegensatz zu der hier gewählten Verwendung werden Cluster dort zum Zusammenfassen verschiedener Objekttypen zu einem Oberbegriff verwendet. Cluster stellen in diesem Zusammenhang disjunkte Mengen von Objekttypen dar.

Ein Datenmodell beschreibt die Datenobjekte der betrieblichen Realität auf einer detaillierten Ebene. Zum besseren Verständnis des Modells ist es deshalb zweckmäßig, das Modell auf höheren Abstraktionsebenen zu verallgemeinern. Dieser Abstraktionsprozeß wird als Datenmodellverdichtung bezeichnet.[293] Zudem ist eine Integration bestehender Teildatenmodelle in ein Unternehmensdatenmodell ohne Verdichtungsmechanismen i. d. R. nicht durchführbar.[294] Aus diesen Gründen werden Elemente zur Modellverdichtung in das Metamodell mit aufgenommen.

---

[293] Siehe dazu u. a. Mistelbauer, 1993, S.129 ff., Wiborny, 1991, S. 289 ff. und Teorey et al., 1989, S. 975 ff.

[294] Vgl. Mistelbauer, 1991, S. 290.

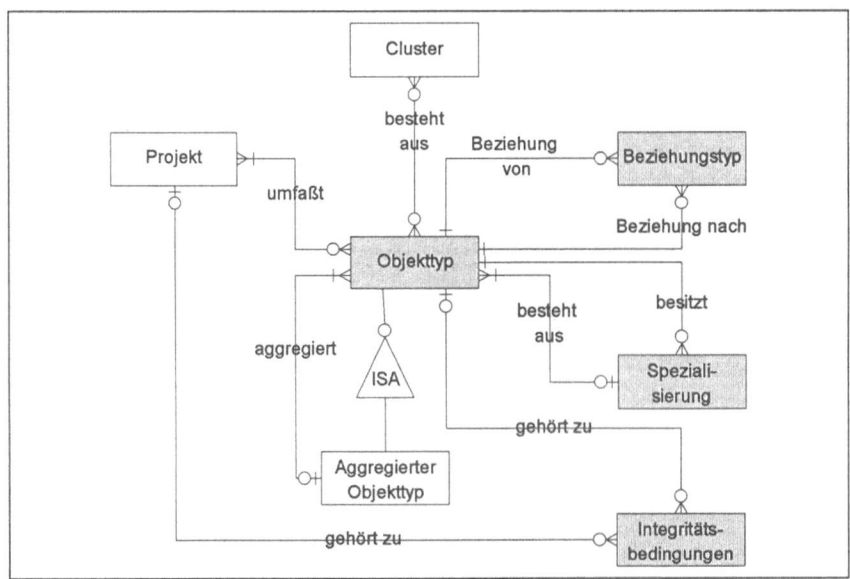

Abbildung 24: Teilmodell Modellgliederung und Modellverdichtung

Zur Verdichtung werden Objekttypen zu disjunkten Gruppen[295] zusammengefaßt, die auf höherer Abstraktionsebene durch einen aggregierten Begriff[296] dargestellt werden. Dieser wird im Metamodell durch das Informationsobjekt *Aggregierter Objekttyp* modelliert (vgl. Abbildung 24). Die Aggregation kann mehrstufig erfolgen, ein aggregierter Objekttyp kann seinerseits wieder in einen Begriff auf der nächst höheren Aggregationsstufe eingehen. Die Beziehungen auf jeder Aggregationsstufe ergeben sich aus den originären Beziehungen. Beziehungen zwischen den Objekttypen einer aggregierten Gruppe entfallen, Beziehungen der Objekttypen zu anderen Objekttypen werden auf den aggregierten Objekttyp übertragen.[297] Aggregierte Beziehungen sind durch Regeln ableitbar und müssen deshalb nicht explizit modelliert werden.[298]

---

[295] Diese werden von einigen Autoren auch als Cluster bezeichnet (vgl. Mistelbauer, 1991, S. 294), sind aber nicht mit den hier im Metamodell dargestellten Clustern zu verwechseln (s. o.).

[296] Vielfach wird auch ein Objekttyp aus der Gruppe als Führungsobjekttyp ausgewählt, um die Gruppe auf der nächst höheren Aggregationsstufe darzustellen (vgl. Mistelbauer, 1991, S. 295.) Dies steht nicht im Widerspruch zu der hier gewählten Modellierung. Da eine freie Begriffswahl für den aggregierten Objekttyp besteht, kann dieser auch mit dem Namen eines ausgewählten Objekttyps der Gruppe bezeichnet werden.

[297] Vgl. Mistelbauer, 1993, S. 166-167.

[298] In Abhängigkeit vom verwendeten Verdichtungsverfahren werden verschiedene Regeln zur Ableitung von Beziehungen benutzt. Bei den einzelnen Verfahren ergeben sich dadurch Unterschiede in

3.2.1.2.5 Integriertes Metamodell der Datensicht

Abbildung 25 stellt das integrierte Metamodell der Datensicht auf fachlicher Ebene dar:

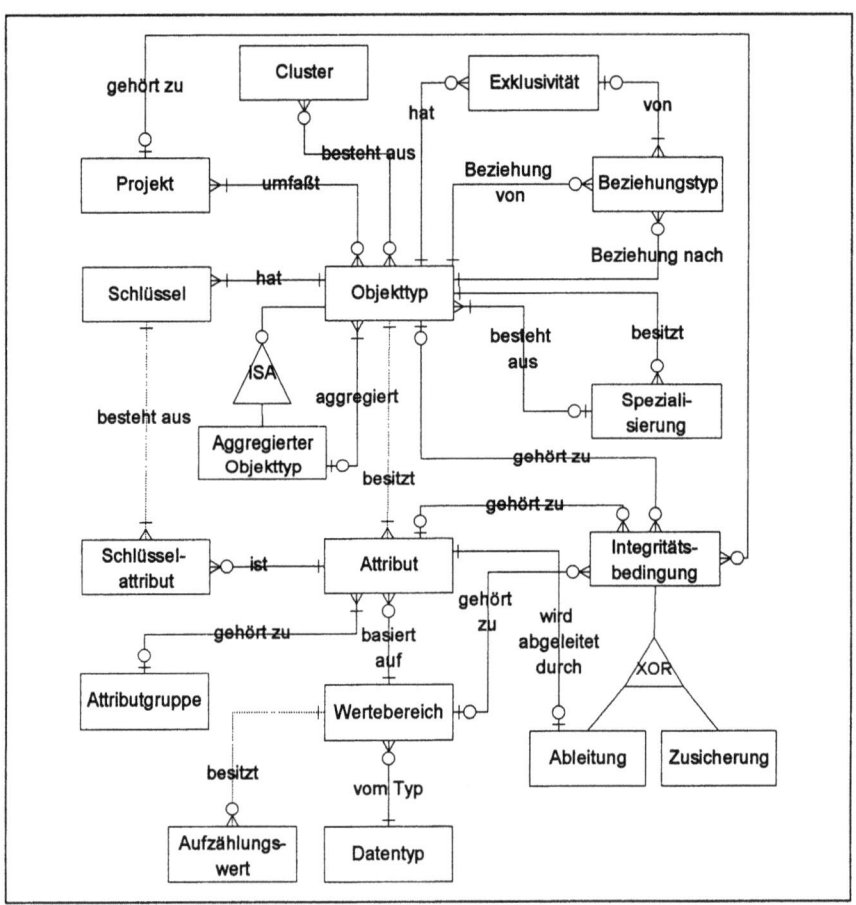

Abbildung 25: Metamodell der Datensicht auf fachlicher Ebene

---

der Anzahl und den Kardinalitäten der resultierenden Beziehungen zwischen den aggregierten Objekttypen.

3.2.2 Funktionen

3.2.2.1 Auswahl der Modellierungsmethoden

Die Funktionssicht dient zur Darstellung des Aufgabenbereichs, der vom Anwendungssystem abzudecken ist. Die meisten Ansätze zur statischen Funktionsmodellierung basieren auf den Konzepten der klassischen Organisationslehre.[299] Diese stellen die Analyse von Aufgaben bis auf die Ebene von Elementaraufgaben (Einzelaufgabe) und deren Synthese zu Aufgabeneinheiten (Stellen) in den Mittelpunkt. Unter einer Aufgabe wird dabei eine Zielsetzung für zweckbezogene menschliche Handlungen (ein aufgegebenes Soll) verstanden.[300] Begrifflich erfolgt die Abgrenzung zwischen Funktion und Aufgabe durch die Zuordnung zu den Organisationsschritten Analyse und Synthese: Aufgaben bzw. Elementaraufgaben sind analytisch, sie stellen allgemein die Ziele menschlicher Aktionsmöglichkeiten dar. Funktionen entstehen dagegen synthetisch. Sie sind auf menschliche Arbeitskräfte bezogene (subjektbezogene) Aufgaben. Funktionen sind Ergebnis der Stellenbildung.[301]

Im Rahmen der Anwendungsentwicklung wird der Begriff Funktion häufig als Aufgabe interpretiert, die mit Hilfe eines DV-Systems gelöst wird.[302] Bei der Beschreibung des dv-technischen Entwurfs werden unter dem Begriff Funktion auch Aufgabenteile verstanden: So definieren ORTNER/SÖLLNER eine Elementarfunktion als elementare Operation innerhalb einer Elementaraufgabe.[303]

Die in der klassischen Organisationslehre durchgeführte Trennung zwischen Aufgabe und Funktion ist für die Zielsetzung dieser Arbeit nicht hilfreich. Unter einer Funktion soll hier eine Aufgabe verstanden werden, die von oder mit einem Anwendungssystem ausgeführt wird. Zur Abgrenzung des Funktionsbegriffs auf fachlicher und dv-technischer Ebene wurden hier die Bezeichnungen Anwendungs- und Verarbeitungsfunktion gewählt. Eine Anwendungsfunktion bezeichnet die unter organisatorischen Gesichtspunkten gebildete Aufgabeneinheit zur Erfüllung eines Sachziels, die Verarbeitungsfunktion die dv-technischen Transformationsregeln, die zur Realisierung einer Anwendungsfunktion verwendet werden. Eine Verarbeitungsfunktion beschreibt somit im Gegensatz zur Anwendungsfunktion kleinere Einheiten bis auf die Ebene von elementaren Operationen.

---

[299] Vgl. Kosiol, 1962, S. 32 f. sowie Nordsieck, 1955, S. 23 ff.

[300] Vgl. Kosiol, 1962, S. 43.

[301] Vgl. Kosiol, 1962, S. 46 sowie Bühner, 1989, S. 21.

[302] Vgl. Klein, 1990, S. 9.

[303] Vgl. Ortner/Söllner, 1989, S. 88.

Wird innerhalb der fachlichen Modellierungsebene aus Gründen der Vereinfachung nur von Funktionen gesprochen, so sind damit die Anwendungsfunktionen gemeint. Sie werden auch als Geschäftsfunktion[304], Business Function[305] oder Enterprise Funktion[306] bezeichnet.

Für die Modellierung der Funktionssicht eines Anwendungssystems soll in Analogie zur Aufgaben- und Arbeitsanalyse der klassischen Organisationslehre vorgegangen werden. Die Betrachtung der Funktionen, die von oder mit dem DV-System erfüllt werden, erfolgt bis auf die Ebene von Elementarfunktionen. Die Elementarfunktionen werden beschrieben, ohne die einzelnen Arbeitsgänge bereits festzulegen oder mögliche Lösungswege vorzugeben. Die Beschreibung dient vielmehr dazu, die Einbettung der Elementarfunktionen in den Zusammenhang des übergeordneten Aufgabenkontexts darzustellen.

Auf der Ebene der Elementarfunktion befindet sich der Übergang zwischen Aufgaben- und Arbeitsanalyse. Die Arbeitsanalyse legt die Arbeitsschritte in ihrer zeitlichen und räumlichen Anordnung fest, die zur Lösung der Elementarfunktion notwendig sind. Dies umfaßt die einzelnen Arbeitsschritte (Interaktionen) und automatisierten Lösungsverfahren (Verarbeitungsfunktionen, Algorithmen). Ihre Beschreibung ist Aufgabe der dv-technischen Ebene.[307]

Werden im Rahmen der Funktionssicht häufig alle Aufgaben des Untersuchungsbereichs unabhängig von einer späteren Realisierung durch ein DV-System modelliert[308], so wird hier aus den bereits dargelegten Gründen[309] die Modellierung auf die dv-gestützten Funktionen beschränkt.

3.2.2.2 Metamodell der Funktionssicht

3.2.2.2.1 Funktionale Dekomposition

Analog zur Aufgabendekomposition in der Organisationsanalyse ist es üblich, die Funktionen im fachlichen Entwurf eines Anwendungssystems in einer Baumstruktur zu modellieren.[310] Im Gegensatz dazu modelliert SCHEER die Funktionen zunächst in

---

[304] Vgl. Gutzwiller, 1994b, S. 104 sowie Färberböck/Gutzwiller/Heym, 1991, S. 45 f.

[305] Vgl. Barker, 1990, S. G1-1 sowie Thoma, 1993, S. 230.

[306] Vgl. Zimmermann et al., 1993, S. 69.

[307] Vgl. Kapitel 3.3.2.

[308] So bei Klein, 1990, S. 9, Scheer, 1991, S. 75 und Färberböck/Gutzwiller/Heym, 1991, S. 45 f.

[309] Vgl. Kapitel 2.3.1.

[310] Vgl. Spitta, 1989, S. 107 f., Kargl, 1989, S. 164 ff. sowie ESPRIT-AMICE, 1993, S. 136 ff.

einer Hierarchie, in der eine Funktion in mehrere übergeordnete Funktionen eingehen kann. In einem hierarchischen Funktionsnetz werden so zunächst allgemeine Funktionen unabhängig von ihrer Einbettung in eine übergeordnete Funktion dargestellt. In einem zweiten Schritt werden die Funktionen in ihrer speziellen Rolle für eine bestimmte übergeordnete Funktion definiert. Erst dann entsteht ein Funktionsbaum.[311] Hier soll auf die Modellierung einer allgemeinen Funktionhierarchie verzichtet werden, weil eine Baumstruktur zur Darstellung der Funktionen eines Anwendungssystem ausreicht und die Aussagekraft einer allgemeinen Funktionshierarchie als gering eingeschätzt wird.

Im Funktionsbaum lassen sich in Abhängigkeit vom Detaillierungsgrad

□ Funktionen,

□ Teilfunktionen und

□ Elementarfunktionen

unterscheiden.[312]

Funktionen befinden sich auf oberster Ebene eines Funktionsbaums und besitzen keine übergeordneten Funktionen. SCHEER bezeichnet sie auch als Vorgang.[313] Teilfunktionen stellen im Funktionsbaum die inneren Knoten, Elementarfunktionen die Blätter dar.

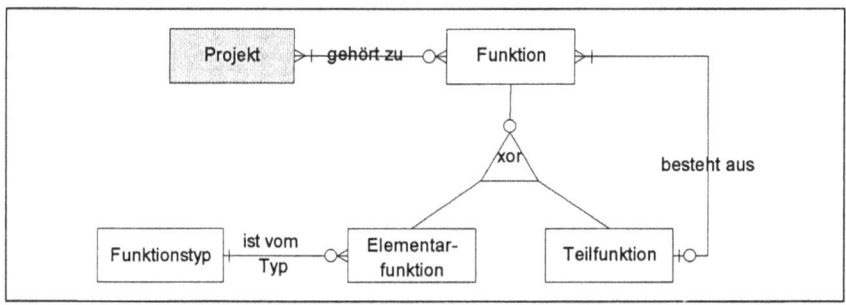

Abbildung 26: Teilmodell funktionale Dekomposition

---

[311] Vgl. Scheer, 1991, S. 66. Als Beispiel nennt SCHEER die allgemeine Funktion „Verfügbarkeitsprüfung", die in die Funktion „Freigabe Fertigungsauftrag" und in die Funktion „Freigabe Arbeitsgang" eingeht.

[312] Vgl. Scheer, 1991, S. 65.

[313] Vgl. Scheer, 1991, S. 62.

Abbildung 26 zeigt das Metamodell für die funktionale Dekomposition. Das Informationsobjekt *Funktion* kann eine *Teil-* oder eine *Elementarfunktion* sein.[314] Eine Teilfunktion besteht aus mindestens einer untergeordneten Funktion, diese ist entweder wieder eine Teilfunktion oder eine Elementarfunktion. Funktionen auf oberster Ebene eines Funktionsbaums werden dem Informationsobjekt *Projekt* zugeordnet, um bei einer Modellintegration verschiedener Anwendungen ihre Zuordnung zum Anwendungssystem nicht zu verlieren.[315]

Grundsätzlich stellt sich bei der funktionalen Dekomposition die Frage, bis zu welchem Detaillierungsgrad die Zerlegung fortgeführt werden soll.[316] In der Literatur werden verschiedene Abbruchkriterien genannt, bei denen die weitere Zerlegung einer Funktion nicht mehr zweckmäßig ist:[317]

◻ Eine Elementarfunktion ist eine logische Transaktion, d. h., wurde die Funktion begonnen, dann muß sie entweder zu Ende geführt werden, oder der Zustand vor Beginn der Funktion muß wieder hergestellt werden.

◻ Eine Elementarfunktion ist nicht mehr sinnvoll auf verschiedene Aufgabenträger teilbar.

◻ Die Ablaufstruktur zur Bearbeitung der Elementarfunktion läßt keine Handlungsalternative zu.[318]

Die beiden ersten Kriterien drücken aus, daß Elementarfunktionen aus fachlicher Sicht atomar sind. Dies bezieht sich zum einen auf den Aufgabenträger, die Funktion ist von einem Aufgabenträger auszuführen, zum anderen auf die Ausführung, die Funktion muß vollständig oder darf gar nicht ausgeführt werden. Logische Transaktionen sind nicht mit Transaktionen auf dv-technischer Ebene gleichzusetzen. Diese definieren eine Folge von Datenbankoperationen als logische Einheit. Im Gegensatz dazu besteht eine Elementarfunktion aus einer Folge von Arbeitsschritten (Interaktionen mit dem Rechner). Eine Datenbanktransaktion kann Bestandteil einer Elementarfunktion sein, eine Elementarfunktion besteht u. U. aus mehreren Datenbanktransaktionen.[319]

---

[314] Nur die Funktionen auf oberster Ebene eines Funktionsbaums werden nicht spezialisiert.

[315] In Analogie zu der Zuordnung von *Objekttyp* und *Projekt* in Kapitel 3.2.1.2.4.

[316] Diese Frage spielt nicht nur für das Vorgehen bei der Entwicklung des fachlichen Funktionsmodells eine Rolle, sondern bereits hier, weil die Auswahl der Modellierungskonstrukte für die Elementarfunktionen von ihrer Beantwortung abhängig ist.

[317] In Anlehnung an Scheer, 1991, S. 65.

[318] Vgl. Scheer, 1991, S. 65.

[319] Als Beispiel sei hier die Elementarfunktion „Auftrag erfassen" genannt. Die Funktion wird i. d. R. durch mehrere Arbeitsschritte realisiert: Auswahl des Kunden, Erfassen des Auftragskopfs und wiederholtes Erfassen von Auftragspositionen. Aus fachlicher Sicht ist es nicht sinnvoll, den Auftragskopf ohne Positionen zu erfassen, datenbanktechnisch wird man diese Funktion aber nicht als

Daß Elementarfunktionen immer festgelegte Ablaufstrukturen ohne Bearbeitungsalternativen besitzen, erscheint als Kriterium zu restriktiv. Eine Elementarfunktion kann durchaus einen Handlungsspielraum in den auszuführenden Arbeitsschritten besitzen.[320]

Das Informationsobjekt *Funktionstyp* dient zur Klassifikation der Elementarfunktionen eines Anwendungssystems. Diese ist aufgrund der unterschiedlichen Anforderungen an die Spezifikation und den Entwurf der Funktionen zweckmäßig.[321] Im folgenden werden Vorschläge für mögliche Extensionen dieses Informationsobjekts gemacht.

SPITTA unterscheidet zwischen

◻ Objektfunktionen,

◻ Selektionsfunktionen und

◻ Berechnungsfunktionen.[322]

Objektfunktionen verwalten Objekttypen, sie führen zu Änderungen der Daten des Anwendungssystems. Selektionsfunktionen führen Auswertungen aus. Daten werden nach bestimmten Kriterien extrahiert. Selektionsfunktionen können Ausgangspunkt für andere Elementarfunktionen sein.[323] Zu Berechnungsfunktionen zählt SPITTA „nichttriviale Berechnungen" wie z. B. die Auftragsterminierung, Kapazitätsplanung oder Tourenabwicklung.[324]

Eine ähnliche Klassifikation findet sich bei DERIGS/GRABENBAUER.[325] Sie unterscheiden zwischen Datenverwaltungsfunktionen, Vorgangsfunktionen und Auswertungsfunktionen. Die Datenverwaltungsfunktionen entsprechen im wesentlichen den Objektfunktionen, unter den Auswertungsfunktionen werden die Selektions- und Berechnungsfunktionen zusammengefaßt. Als Vorgangsfunktionen werden dagegen komplette Geschäftsvorgänge bezeichnet, die sich aus einer Folge von Datenverwal-

---

Transaktion realisieren, da zwischen den einzelnen Arbeitsschritten Unterbrechungen möglich sind. Während man auf dv-technischer Ebene aus Gründen des Parallelbetriebs bestrebt ist, die Transaktionsdauer zu minimieren, spielt die Dauer einer Funktion als Kriterium der fachlichen Aufgabengliederung nur eine untergeordnete Rolle.

[320] Vgl. Ziegler, 1988, S. 233.

[321] Vgl. Spitta, 1989, S. 164.

[322] Vgl. Spitta, 1989, S. 164.

[323] Die Selektionsfunktion „Liste offene Debitorenrechnungen" kann z. B. Ausgangspunkt für die Objektfunktion „Mahnung erstellen" sein.

[324] Vgl. Spitta, 1989, S. 167.

[325] Vgl. Derigs/Grabenbauer, 1993, S. 92-94.

tungsfunktionen zusammensetzen.[326] Vorgangsfunktionen sind für die hier gewählte Klassifiktion nicht geeignet, da sie keine Elementarfunktionen sondern übergeordnete Teilfunktionen darstellen.

3.2.2.2.2 Zielstruktur

Ausgangsbasis für die Funktionsmodellierung ist ein betriebswirtschaftliches Grobkonzept, in dem die mit dem Anwendungssystem verfolgten Ziele formuliert werden. Die im Anwendungssystem realisierten Funktionen dienen der Unterstützung dieser Ziele. Die Struktur der Ziele und die Zuordnung zu Funktionen soll in diesem Teil des Metamodells dargestellt werden.

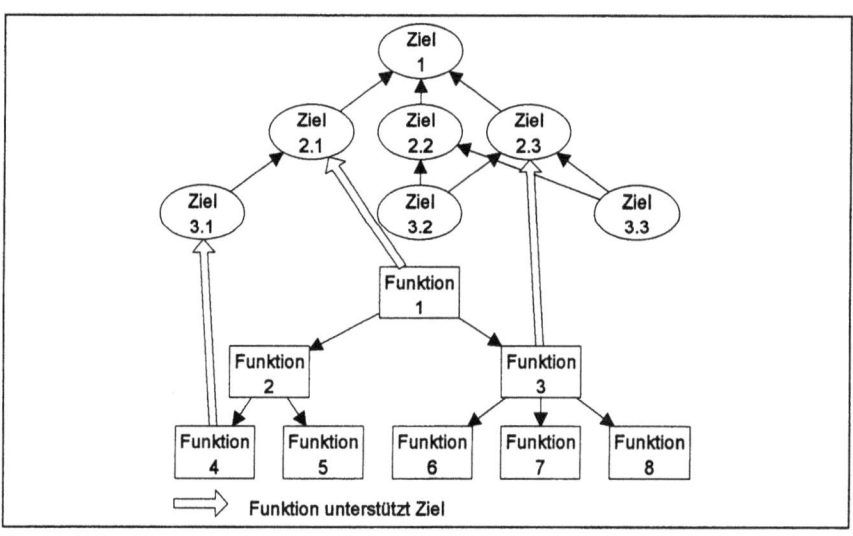

Abbildung 27: Zusammenhang zwischen Funktionsbaum und Zielhierarchie (Quelle: In Anlehnung an Scheer, 1991, S. 63)

Ziele bilden eine hierarchische Netzstruktur, d. h., ein Unterziel kann mehrere Oberziele unterstützen und ein Oberziel kann durch mehrere Unterziele unterstützt werden

---

[326] Als Beispiel wird die Vorgangsfunktion Bestellung genannt, die sich aus den Datenverwaltungsfunktionen „Lieferkonditionen suchen", „Bestellauftrag anlegen", „Bestellauftrag ändern" und „Bestellauftrag drucken" zusammensetzt.

(vgl. Abbildung 27).[327] Dies wird im Metamodell durch das Informationsobjekt *Ziel* und der rekursiven Beziehung *Zielstruktur* dargestellt (vgl. Abbildung 28).[328]

Zwischen Zielen und Funktionen besteht eine N:M-Beziehung. Jedes Ziel kann durch mehrere Funktionen unterstützt werden, und eine Funktion unterstützt ein oder auch mehrere Ziele.[329] Diese Beziehung wird in dem Metamodell über das Informationsobjekt *Zielunterstützung* modelliert, um über ein Attribut jeder Zuordnung von Funktion und Ziel eine Kennzahl für den Grad der Zielerreichung geben zu können. Werden die Ziele nach Prioritäten geordnet, dann können die Kennzahlen verwendet werden, um für die spätere Realisierung der Funktionen eine Prioritätsreihenfolge festzulegen. Dies ist dann von Bedeutung, wenn aufgrund von Terminrestriktionen nicht alle gewünschten Funktionen implementiert werden können.[330]

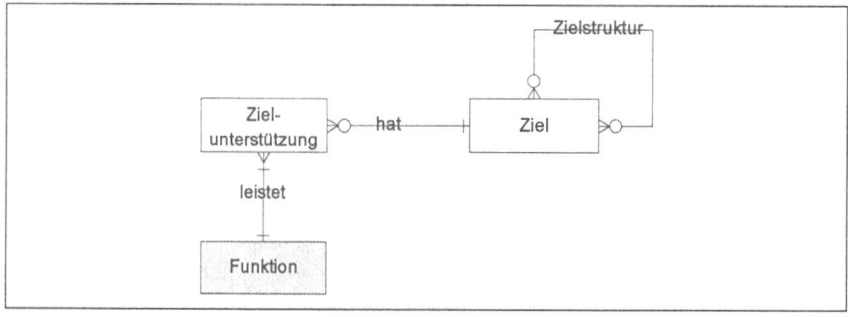

Abbildung 28: Teilmodell Zielstruktur

Beziehungen zwischen Zielen und Funktionen können auf beliebigen Ebenen der Zielhierarchie bzw. des Funktionsbaums bestehen (vgl. Abbildung 27). Die Vererbungsmechanismen unterscheiden sich in beiden Strukturen. In der Zielstruktur wird die Unterstützungseigenschaft nach oben, in der Funktionsstruktur nach unten vererbt:

---

[327] Vgl. Scheer, 1991, S. 63.

[328] Mit der rekursiven N:M-Beziehung *Zielstruktur* könnten beliebige Graphen dargestellt werden. Die Zielstruktur ist jedoch eine Hierarchie. Deshalb wird jedes Ziel einer Hierarchiestufe zugeordnet. Von der Beziehung wird gefordert, daß Ziele nur durch Ziele niedrigerer Hierarchiestufen unterstützt werden dürfen.

[329] Jede Funktion unterstützt zumindest ein Ziel, da sie sonst sinnlos wäre (vgl. Scheer, 1991, S. 67).

[330] Vgl. Kapitel 4.2.3.

▢ Unterstützt eine Funktion ein bestimmtes Ziel, so unterstützen auch alle der Funktion untergeordneten Teil- und Elementarfunktionen dieses Ziel.

▢ Wird ein Ziel durch eine bestimmte Funktion unterstützt, so werden auch alle dem Ziel übergeordneten Ziele durch diese Funktion unterstützt.

3.2.2.2.3 Aufbauorganisation und Kompetenz

Wie bereits in Kapitel 2.3.4.1 dargelegt wurde, erfolgt die Modellierung der Aufbauorganisation auf fachlicher Ebene nicht in einer eigenen Sicht, sondern innerhalb der Funktionssicht. Aufgabe der Modellierung ist die Darstellung der Aufbauorganisation des betroffenen Bereichs, um eine Zuordnung von Akteuren zu Funktionen durchführen zu können. Die Akteure stellen die Benutzer des Anwendungssystems dar. Durch die Modellierung können mögliche Benutzer identifiziert und ihnen später die notwendigen Ressourcen für die von ihnen auszuführenden Funktionen bereitgestellt werden.

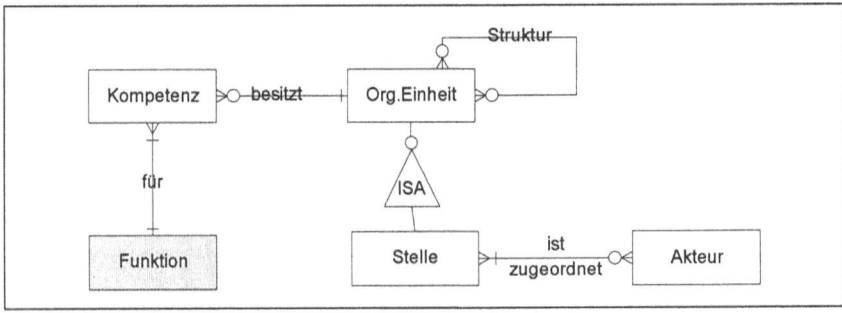

Abbildung 29: Teilmodell Aufbauorganisation und Kompetenz

Die Zuordnung zwischen Akteuren und Funktionen geschieht nicht direkt, sondern über organisatorische Einheiten. Die kleinste organisatorische Einheit ist die Stelle. Stellen werden zu Organisationseinheiten zusammengefaßt, die wiederum in einer Struktur (Hierarchie, Matrix) gegliedert sein können.[331] Darüber hinaus können Stellen auch zu Rollen gruppiert werden.[332] Die Rollenbildung erfolgt unabhängig von der Zugehörigkeit der Stellen zu einer Organisationseinheit. Das Informationsobjekt

---

[331] Vgl. Kosiol, 1962, S. 89 ff. sowie Gabler 1984, S. 583.

[332] Rollen werden in Anlehnung an RUPIETTA als Mengen von Stellen mit gleichen Kompetenzen aufgefaßt. Der Begriff versteht sich deshalb hier als Definition organisatorischer Funktionen. (vgl. Rupietta, 1992, S. 29).

Org.Einheit wird hier aus Gründen der Vereinfachung zur Modellierung von Organisationseinheiten, Rollen und Stellen verwendet.[333]

Um Akteure mit Kompetenzen auszustatten, werden Funktionen und organisatorische Einheiten mit dem Informationsobjekt *Kompetenz* in Beziehung gebracht. Die Zuordnung einer Kompetenz kann zu einer Elementar- oder Teilfunktion erfolgen. Im letzteren Fall wird durch die Zuordnung auch die Kompetenz für alle untergeordneten Funktionen erworben. Eine Kompetenz, die einer übergeordneten Organisationseinheit zugeordnet ist, muß an untergeordnete Einheiten und Stellen weitergegeben werden. Dabei lassen sich vier Arten der Kompetenzweitergabe unterscheiden:[334]

Die Kompetenz wird

□ nur an die Leitungsstelle der Organisationseinheit weitergegeben[335],

□ an alle Stellen der Organisationseinheit weitergegeben,

□ an alle untergeordneten Organisationseinheiten weitergeben,

□ nicht an untergeordnete Organisationseinheiten weitergegeben.

Kompetenzen, die Rollen zugeordnet sind, werden immer an alle der Rolle zugeordneten Stellen weitergegeben.

Die Akteure werden den Stellen als Stelleninhaber oder als Vetreter zugeordnet.[336] Sie erhalten somit die Kompetenzen der entsprechenden Stellen. Die Weiterleitung von Kompetenzen und die Modellierung von Stellen erleichtert später die Arbeit eines Administrators bei der Vergabe von Zugriffsrechten, da nicht jedem Akteur explizit Rechte für Funktionen zugeordnet werden müssen.[337]

3.2.2.2.4 Spezifikation von Elementarfunktionen

Zentrales Element der Funktionssicht ist die Beschreibung der Anwendungsfunktionen. Die Beschreibung konzentriert sich auf die Elementarfunktionen, den Blättern des Funktionsbaums. Die Beschreibung einer Elementarfunktion erfolgt i. d. R. textuell

---

[333] Im Metamodell gelten deshalb die folgenden Integritätsbedingungen: Organisatorische Einheiten, die Stellen sind, dürfen keiner anderen organisatorischen Einheit übergeordnet werden, und organisatorische Einheiten, die Rollen sind, dürfen nur Stellen untergeordnet werden und sind selbst keinen anderen organisatorischen Einheiten untergeordnet.

[334] Vgl. Rupietta, 1992, S. 29.

[335] Die Leitungseigenschaft wird in der rekursiven Beziehung *Struktur* zwischen einer Organisationseinheit und einer Stelle über ein Attribut modelliert.

[336] Die N:M-Beziehung zwischen Akteur und Stelle ergibt sich, da sowohl Stelleninhaber als auch Vertreter über diese Beziehung modelliert werden. Jede Stelle besitzt zwar nur einen Akteur als Stelleninhaber, hat aber u. U. mehrere Akteure als Vertreter.

[337] Zur Vergabe von Zugriffsrechten vgl. Kapitel 3.4.2.

und beinhaltet die Regeln und Vorschriften, die zur korrekten Ausführung der Funktion erforderlich sind. Zur detaillierten Beschreibung können ergänzend Entscheidungstabellen oder Struktogramme eingesetzt werden.[338] Die Spezifikation einer Funktion wird durch das Informationsobjekt *Spezifikation* dargestellt (vgl Abbildung 30).

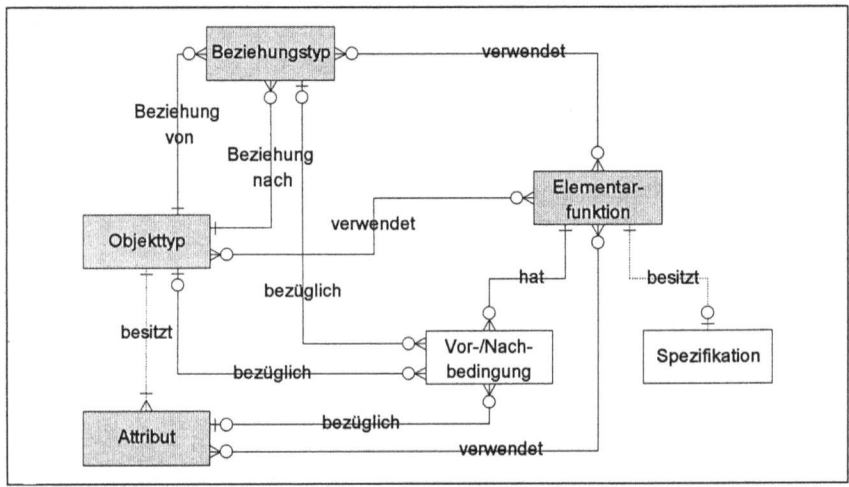

Abbildung 30: Teilmodell Elementarfunktionen

Wesentlicher Bestandteil der Beschreibung einer Funktion ist die Spezifikation der Datenobjekte, die von einer Funktion als Eingabedaten benötigt und transformiert werden. Zu diesem Zweck werden im Metamodell Verwendungsbeziehungen zwischen den Elementarfunktionen und Objekt- bzw. Beziehungstypen und Attributen eingeführt. Als mögliche Verwendungsarten für die verschiedenen Datenobjekte lassen sich unterscheiden:

Objekttypen : Lesen, Einfügen, Ändern und Löschen

Beziehungstypen : Verwenden, Herstellen, Lösen

Attribute : Lesen, Ändern

Weiterhin ist es zweckmäßig, bezüglich einzelner Datenobjekte Vor- und Nachbedingungen zu spezifizieren, die vor- bzw. nach der Funktion erfüllt sein müssen. Diese werden im Metamodell durch das Informationsobjekt *Vor-/Nachbedingung* dargestellt.

---

[338] Siehe dazu u.a. Schönthaler/Németh, 1992, S. 43-53 und 200-223.

Eine Bedingung bezieht sich entweder auf einen Objekttyp, einen Beziehungstyp oder ein Attribut.[339]

Die Beschreibung der Elementarfunktion umfaßt darüber hinaus weitere Eigenschaften, die als Attribute des Informationsobjekts *Elementarfunktion* modelliert werden. Grundlegend ist die Angabe, ob die Funktion mit oder ohne Benutzerdialog ausgeführt wird. Ebenso zählt zu der fachlichen Beschreibung einer Funktion auch eine Leistungsangabe bezüglich Menge und Zeit. Die Mengenangabe bezieht sich auf die Häufigkeit der Funktionsausführung in einer definierten Periode. Über die Angabe einer mittleren Ausführungsdauer wird eine zeitliche Restriktion definiert, die bei der Implementierung zu berücksichtigen ist.[340] Anforderungen an Sicherheit, mögliche Fehlerfälle und Fehlerbehandlungen werden ebenfalls zu jeder Funktion festgehalten.[341]

Wie bereits dargestellt wurde, ist der Umfang der Beschreibung vom Funktionstyp abhängig. Die oben aufgezählten Beschreibungskomponenten sind vorrangig für Objektfunktionen und Berechnungsfunktionen relevant. Bei Berechnungsfunktionen liegt dabei der Schwerpunkt auf der Darstellung des Lösungsalgorithmus. Für Selektionsfunktionen ist eine textuelle Beschreibung ausreichend, die Spezifikation von Vor- und Nachbedingungen sowie Verwendungsbeziehungen entfällt dort.[342]

---

[339] Modelliert werden hier nur Vor- und Nachbedingungen, die nicht durch die Zustandsmodellierung eines Objekttyps in der Prozeßsicht abgebildet werden (vgl. Kapitel 3.2.3.2.1).

[340] Vgl. Ploenzke, 1989, S. 34 und Beck/Ziegler, 1991, S. 84.

[341] Vgl. Steinbauer, 1990, S. 63.

[342] Vgl. Spitta, 1989, S. 166.

3.2.2.2.5 Integriertes Metamodell der Funktionssicht

Abbildung 31 stellt das integrierte Metamodell der fachlichen Funktionssicht dar:

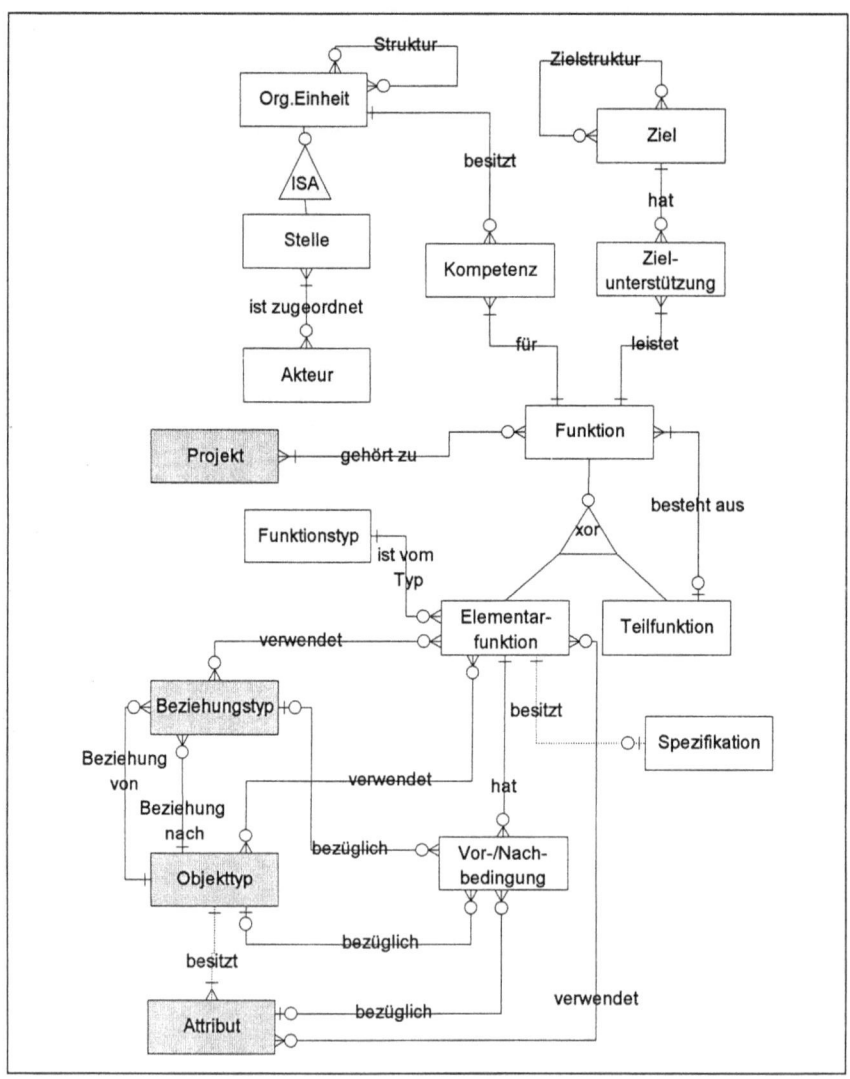

Abbildung 31: Metamodell der Funktionssicht auf fachlicher Ebene

3.2.3 Prozesse

3.2.3.1 Auswahl der Modellierungsmethoden

Unter Prozessen wird innerhalb dieser Arbeit die dynamische Funktionsstruktur verstanden. Zielsetzung der Prozeßmodellierung ist deshalb, die *Ablauffolge von Funktionen* zu definieren. Dies bezieht sich in erster Linie auf die Abfolge der Elementarfunktionen. Die auf unterster Ebene modellierten Präzedenzstrukturen bestimmen die Ausführungsreihenfolge im späteren DV-System. Die Darstellung der Ablaufstrukturen auf höheren Abstraktionsebenen dient dagegen zur Prüfung des statischen und dynamischen Funktionsentwurfs auf Widersprüche und Unvollständigkeiten. Sie finden auf dv-technischer Ebene keine Wiederverwendung. Aus diesem Grund werden hier Präzedenzstrukturen nur auf der Ebene von Elementarfunktionen modelliert.

Die Präzedenzstrukturen von Elementarfunktionen werden zur Darstellung *möglicher* Abfolgen verwendet. Bei den hier betrachteten Systemen liegt die Steuerungskontrolle in erster Linie bei dem Benutzer, der die Ausführung von Funktionen über die Benutzerschnittstelle veranlaßt. Die Präzedenzstrukturen sollen beschreiben, welche Funktionen zu einem bestimmten Zeitpunkt möglich sind. Sie stellen im Gegensatz zur Prozeßbeschreibung in Vorgangssystemen[343] oder Echtzeitsystemen[344] keine Steuerungsinformationen dar. Die Vorgänger-/Nachfolgerbeziehung sagt aus, daß die erste Funktion vor der zweiten ausgeführt werden muß, bedeutet aber nicht, daß die erste die zweite automatisch auslöst. Aus diesem Grund kann auf die Modellierung von Bedingungen und Konjunktionen in den Reihenfolgebeziehungen verzichtet werden. Die Modellierung erfolgt durch einen gerichteten Graphen. Zustandsübergangsdiagramme (State-Transition-Diagrams), die zur Darstellung von Steuerungsinformationen eingesetzt werden[345], finden deshalb hier keine Verwendung.

Um Zwangsabläufe innerhalb der Prozeßsicht zu beschreiben, werden Ereignisse modelliert. Sie werden verwendet, wenn ein Ereignis, d. h. eine Elementarfunktion oder eine Operation auf einem Datenobjekt, die Ausführung einer weiteren Funktion bedingt.

---

[343] Vgl. Österle, 1995, S. 85 ff.

[344] Siehe hierzu Ward/Mellor, 1991 sowie Hatley/Pirbhai, 1993.

[345] Siehe hierzu u. a. Harel, 1987, S. 231 ff. und Shlaer/Mellor, 1992, S. 34 ff.

3.2.3.2 Metamodell der Prozeßsicht

3.2.3.2.1 Präzedenzstrukturen

Die Modellierung von Präzedenzstrukturen erfolgt auf zwei verschiedene Arten. Zum einen können die Elementarfunktionen über das Informationsobjekt *Reihenfolge* in eine Reihenfolgebeziehung gebracht werden. Eine Elementarfunktion kann mehrere Vorgänger und mehrere Nachfolger besitzen.[346] Bearbeiten alle Funktionen einer Präzedenzstruktur dasselbe Datenobjekt, ist es dagegen zweckmäßig, die Reihenfolge der Funktionen über den Zustand des Objekts zu modellieren. Im Metamodell wird deshalb das Informationsobjekt *Zustand* eingeführt. Ein Objekttyp kann mehrere Zustände besitzen (vgl. Abbildung 32). Eine Elementarfunktion kann ein Objekt eines Objekttyps von einem Ausgangszustand in einen Folgezustand überführen. Eigenschaft einer Funktion soll dabei sein, daß sie ein Objekt unabhängig vom Ausgangszustand immer in denselben Zustand überführt. Funktionen werden hier ergebnisorientiert gebildet.

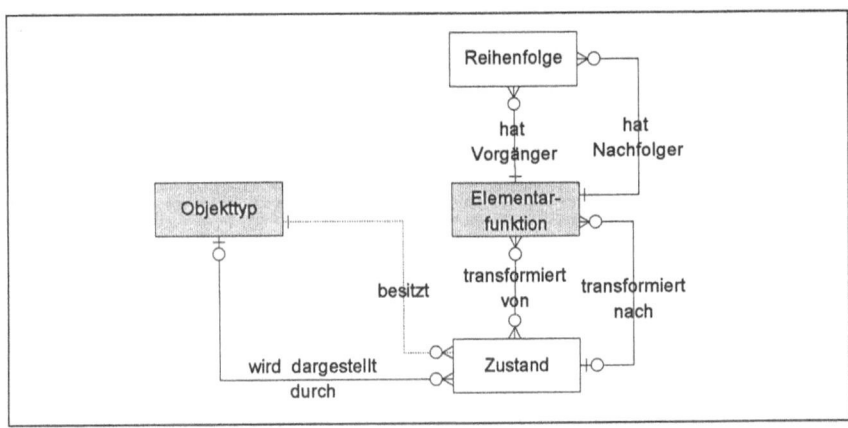

Abbildung 32: Teilmodell Präzedenzstruktur

Die Modellierung von Präzedenzstrukturen durch Zustände eines Objekttyps wird im folgenden an einem Beispiel dargestellt:

Abbildung 33 stellt die Zustände des Objekttyps Charterauftrag eines Luftfahrtunternehmens dar.[347] Jeder Auftrag wird vor seiner Annahme auf Durchführbarkeit, d. h.

---

[346] Vgl. Färberböck/Gutzwiller/Heym, 1991, S. 45.

[347] Ein Charterauftrag meint hier die Anmietung eines Flugzeugs mit Besatzung zur Durchführung einer Flugreise.

Verfügbarkeit von Flugzeug und Besatzung geprüft. Nach der Annahme des Auftrags erfolgt die Zuteilung der Besatzung. Nach Ausführung des Auftrags werden die Flugdaten erfaßt und die Rechnung erstellt.

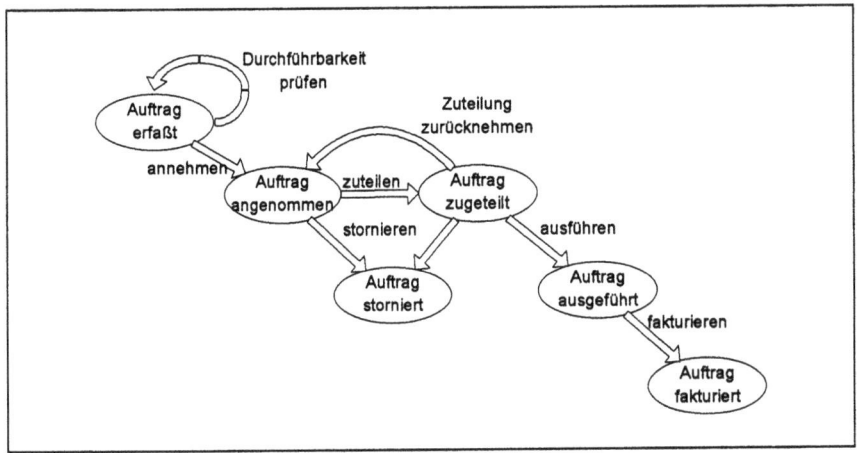

Abbildung 33: Beispiel einer Zustandsmodellierung

Die möglichen Zustände eines Objekts werden durch die Ovale symbolisiert. Die Kanten stellen dar, welche Elementarfunktionen in Abhängigkeit vom Zustand ausgeführt werden dürfen und in welchen Zustand sie das Objekt überführen. Innerhalb der Präzedenzstrukturen sind auch Zyklen möglich, d. h., eine Funktion kann ein Objekt in einen Zustand überführen, in dem es sich bereits zu einem früheren Zeitpunkt befunden hat (in diesem Beispiel die Funktion „Zuteilung zurücknehmen").

Die Zustandsmodellierung bietet sich für Vorgangsobjekttypen an, da diese in ihrem Lebenszyklus i. d. R. verschiedene Zustände annehmen. Dagegen besitzen Grundobjekttypen in ihrem Lebenszyklus nur selten viele unterschiedliche Zustände.[348]

Die Modellierung der Zustände eines Objekttyps ist Aufgabe der Prozeßmodellierung. Wie bereits bei der Beschreibung des fachlichen Datenmodells dargestellt wurde, können die Zustände eines Objekttyps auch im Datenmodell durch Spezialisierungen modelliert werden. Die Darstellung der Zustände eines Objekttyps durch unterschied-

---

[348] Dieses trifft zumindest auf Grundobjekttypen im betrieblichen Anwendungsbereich zu. Für Aufgaben der Prozeßsteuerung ist die Modellierung von zustandsabhängigen Funktionen für Grundobjekttypen dagegen von großer Bedeutung (z. B. bei der Steuerung einer Ampel). Die Darstellung der Zustände erfolgt dort in Form von State-Transition-Diagrammen (vgl. Shlaer/Mellor, 1992, S. 34 ff.).

liche Subtypen einer Spezialisierung ist dann zweckmäßig, wenn der Objekttyp in den Zuständen jeweils unterschiedliche Attribute und Beziehungen zu anderen Objekttypen besitzt. Um den Zusammenhang zwischen einer Spezialisierung und einem Zustand herstellen zu können, wird im Metamodell zwischen den Informationsobjekten *Zustand* und *Objekttyp* die Beziehung *wird dargestellt durch* eingeführt (vgl. Abbildung 32).[349] Diese Beziehung ist eine 1:N-Beziehung, da es möglich ist, daß mehrere, i. d. R. aufeinanderfolgende Zustände eines Objekttyps durch denselben Subtypen einer Spezialisierung modelliert werden.[350]

3.2.3.2.2 Ereignisse

Während die oben beschriebenen Präzedenzstrukturen die möglichen Abfolgen von Elementarfunktionen festlegen, werden über Ereignisse Regeln zur automatischen Ausführung[351] von Elementarfunktionen dargestellt. Sie werden durch das Informationsobjekt *Ereignis* modelliert (vgl. Abbildung 34). Ein Ereignis löst mindestens eine Elementarfunktion aus, da seine Darstellung sonst bedeutungslos wäre. Ereignisse können verschiedene Ursachen besitzen.[352] Ein Ereignis kann

◻ das Resultat einer Elementarfunktion sein,[353]

◻ durch eine Operation auf einem Datenobjekt eintreten oder

◻ ein immer wiederkehrender oder ein fester Termin sein.

Ist ein Ereignis Ergebnis einer Elementarfunktion, dann löst diese Funktion andere Funktionen durch die Erzeugung des Ereignisses aus. Eine Funktion kann mehrere Ereignisse erzeugen, umgekehrt kann ein Ereignis Resultat verschiedener Elementarfunktionen sein. Die Beziehung *erzeugt* ist deshalb eine N:M-Beziehung.

Außerdem kann ein Ereignis auch durch eine Operation auf einem Datenobjekt hervorgerufen werden. Dies wird durch das Informationsobjekt *Operation* dargestellt. Eine

---

[349] Objekttypen, die über diese Beziehung einem Zustand zugeordnet sind, müssen ein Subtyp der Spezialisierung des Objekttyps sein, dem dieser Zustand über die Beziehung *besitzt* zugeordnet ist. Es kann sich dabei auch um eine mehrstufige Spezialisierung handeln.

[350] So bietet es sich im obigen Beispiel des Charterauftrags an, die Zustände „erfaßt" und „angenommen" in einer Spezialisierung des Objekttyps Auftrags abzubilden, da der Objekttyp in beiden Zuständen annähernd die gleichen Attribute besitzt. Im Zustand „zugeteilt" besitzt der Objekttyp dagegen zusätzliche Beziehungen zu einem zugeteilten Flugzeug und zu der eingeteilten Besatzung.

[351] Ist eine ausgelöste Elementarfunktion interaktiv, so wird die Funktion nur angestoßen, die Ausführung der Funktion obliegt dem Benutzer.

[352] Die Modellierung von Ereignissen dient hier nicht zur Darstellung externer Auslöser, wie z. B. der einer Kundenanfrage, die eine Angebotserstellung auslöst.

[353] Vgl. Scheer, 1991, S. 114.

Operation bezieht sich auf einen Objekttyp, einen Beziehungstyp oder ein Attribut. In Abhängigkeit vom Datenobjekt können verschiedene Operationen ein Ereignis erzeugen. Sie entsprechen den in Kapitel 3.2.2.2.4 dargestellten Verwendungsarten von Datenobjekten.

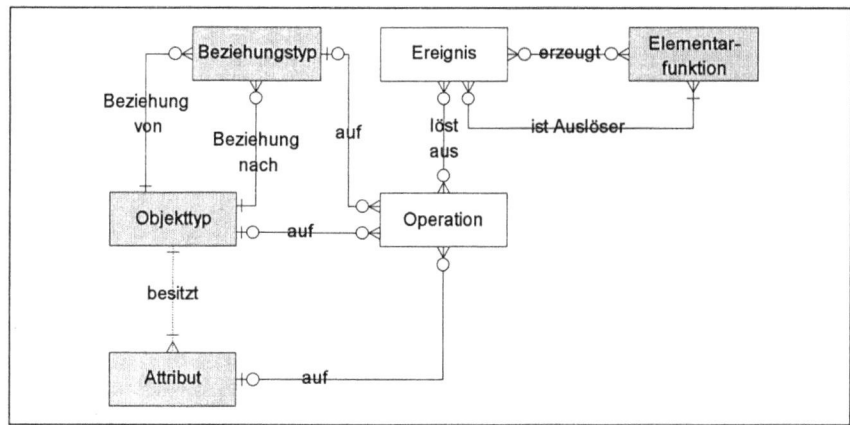

Abbildung 34: Teilmodell Ereignissteuerung

Letztlich kann ein Ereignis auch ein immer periodisch eintretender oder ein fester Termin sein. Durch solche Ereignisse werden Funktionen ausgelöst, die in regelmäßigen Abständen oder zu festgelegten Terminen ablaufen sollen.[354]

---

[354] Vgl. Ploenzke, 1989, S. 30.

3.2.3.2.3 Integriertes Metamodell der Prozeßsicht

Abbildung 35 stellt das integrierte Metamodell der Prozeßsicht auf fachlicher Ebene dar:

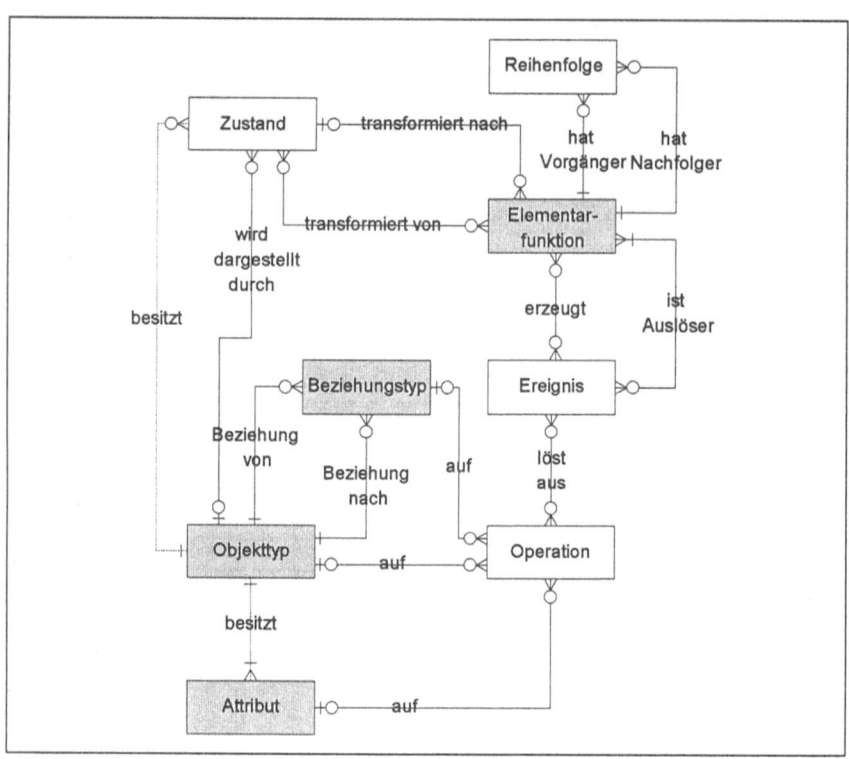

Abbildung 35: Metamodell der Prozeßsicht auf fachlicher Ebene

3.3 Metamodelle auf dv-technischer Ebene

3.3.1 Datenbank

Das ANSI/SPARC 3-Ebenenmodell ist ein anerkanntes Architekturmodell für Datenbanksysteme.[355] Das Modell gliedert ein Datenbanksystem in drei Ebenen. Auf jeder Ebene erfolgt die Beschreibung der Daten in Schemata, die zwischen den einzelnen Ebenen über Transformationsregeln abgebildet werden.

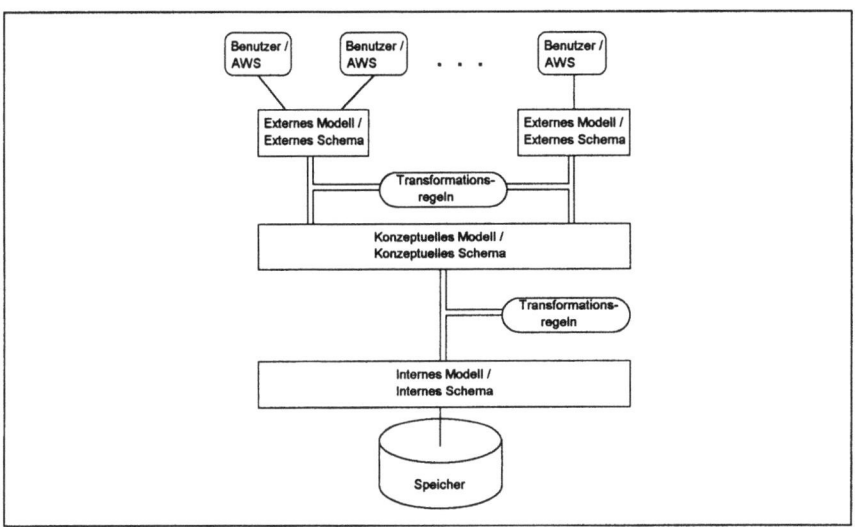

Abbildung 36: ANSI/SPARC-Architekturmodell für Datenbanksysteme
(Quelle: In Anlehnung an Schlageter/Stucky, 1983, S. 27)

Die externen Modelle stellen die Sichten einzelner Benutzer oder Anwendungssysteme dar. Auf konzeptioneller Ebene wird die logische Gesamtsicht der Daten beschrieben. Das konzeptionelle Schema ist somit die Integration der verschiedenen externen Schemata. Im internen Schema wird die physische Realisierung des konzeptuellen Schemas in Form von Speicherungs- und Speicherzuordnungsstrukturen beschrieben.

Die Ebenen des ANSI/SPARC-Modells lassen sich in die hier gewählte Modellarchitektur für Anwendungssysteme einordnen:

---

[355] Vgl. ANSI/X3/SPARC, 1975. Eine detaillierte Beschreibung dieses Architekturmodells findet sich u. a. bei Schlageter/Stucky, 1983, S. 26-43 und Lockemann/Dittrich, 1987, S. 141-146.

□ Die interne Ebene des ANSI/SPARC-Modells entspricht der Datensicht auf der Implementierungsebene.

□ Die konzeptionelle Ebene findet in der Datensicht auf dv-technischer Ebene ihre Entsprechung.

□ Die externe Ebene des ANSI/SPARC-Modells läßt sich auf dv-technischer Ebene der Benutzerschnittstelle und den Verarbeitungsfunktionen zuordnen. Die Elemente der Benutzerschnittstelle stellen Datenobjekte in unterschiedlichen Sichten dar, Verarbeitungsfunktionen verwenden jeweils Teilsichten des logischen Gesamtschemas.

Aufgrund dieser Entsprechungen ist es zweckmäßig, die Modellierungskonzepte für die einzelnen Ebenen des ANSI/SPARC-Modells auch bei der Modellierung der entsprechenden Sichten des Anwendungssystems zu verwenden.

3.3.1.1 Auswahl der Modellierungsmethoden

3.3.1.1.1 Begründung der Wahl relationaler Datenbanken

Im Rahmen dieser Arbeit werden Anwendungssysteme betrachtet, die auf relationalen Datenbanken basieren.[356] Die Datenbankkomponente wird deshalb auf konzeptueller Ebene im relationalen Modell modelliert.

Da seit Beginn der neunziger Jahre zunehmend objektorientierte Datenbanksysteme als Alternative zu relationalen Systemen diskutiert werden[357], soll die Entscheidung zugunsten relationaler Systeme hier zunächst begründet werden:

□ Objektorientierte Systeme sind noch in einem geringen Umfang verfügbar, viele dieser Systeme befinden sich z. T. noch im Forschungs- oder Prototypenstadium.[358] Ihr Einsatz im kommerziellen Anwendungsbereich ist noch gering.

□ Es besteht mit SQL[359] eine von dem überwiegenden Teil aller Datenbankhersteller anerkannte Norm für die Datendefinitions- und Abfragesprache relationaler Daten-

---

[356] Vgl. Kapitel 2.1.2.2.

[357] Siehe hierzu u. a. Cattell, 1991, Sinz/Amberg, 1992, Kemper/Moerkotte, 1993, und Böhm, 1994.

[358] In einer Marktübersicht aus dem Jahr 1993 waren von 66 Datenbanksystemen nur 8 objektorientiert (vgl. Computerwoche, 1993).

[359] Structured Query Language. Eine Diskussion dieser Sprache und der dazu existierenden Standards erfolgt im nächsten Kapitel.

banken.[360] Im Bereich der objektorientierten Datenbanken ist noch keine Vereinheitlichung dieser Art abzusehen.[361]

❑ Im betrieblichen Anwendungsbereich kommt dem Aspekt der Speicherung komplexer Objekte geringe Bedeutung zu: Relationale Strukturen sind zur Modellierung der Objekte der realen Welt im Regelfall ausreichend. Auch die Versionsverwaltung und lange Transaktionen, die Merkmale objektorientierter Datenbanksysteme sind, sind in diesem Anwendungsbereich nicht von großer Bedeutung. Bei der Speicherung von Designobjekten im CAD-Bereich oder auch bei der Verwaltung von Entwicklungsdaten in einem Repositiory kommen die Vorteile objektorientierter Datenbanken dagegen zum Tragen.[362] Hier ist zur Zeit das Einsatzfeld dieser Systeme zu sehen.

Hinzu kommt, daß zunehmend objektorientierte Konzepte in relationale Systeme übernommen werden. In Form von „Stored Procedures" können Funktionen zentral im Datenbanksystem definiert und abgelegt werden, durch abstrakte Datentypen (ADT) erfolgt die Abkehr von streng relationalen Datenstrukturen. Datenfelder (Attribute) können eine innere Struktur besitzen, die nach außen über einen abstrakten Datentyp gekapselt werden.[363] Diese und weitere objektorientierte Konzepte sollen im geplanten Standard SQL 3 berücksichtigt werden.[364]

Aufgrund der oben geführten Argumentation ist nicht zu erwarten, daß im betrieblichen Anwendungsbereich ein radikaler Wechsel zu voll objektorientierten Datenbanksystemen[365] zu erwarten ist.[366] Deshalb wird eine relationale Datenbank auf Basis des

---

[360] Die fünf größten Datenbankhersteller Gupta, Informix, Ingres, Sybase und Oracle beziehen sich bei ihrer Abfragesprache auf SQL-Normen der ISO. Während Informix Konformität zur aktuellen Norm garantiert, beziehen sich die übrigen Hersteller allerdings auf eine ältere Norm (vgl. Backer, 1994, S. 12).

[361] Vgl. Sinz/Amberg, 1992, S. 440.

[362] Zur Diskussion möglicher Datenbankmodelle für Repositories siehe Kapitel 5.2.2.

[363] Im Gegensatz zum objektorientierten Ansatz dürfen aber aus einer Kapsel heraus keine Beziehungen zu anderen Datenobjekten bestehen, Beziehungen werden weiterhin nur über Primär- und Fremdschlüsselbeziehungen realisiert.

[364] Siehe hierzu Kapitel 3.3.2.2.5.

[365] Unter einem voll objektorientierten Datenbanksystem wird ein System verstanden, das alle Eigenschaften des objektorientierten Paradigmas (Kapselung, Vererbung, Polymorphismus und Nachrichtenorientierung) besitzt. Davon abgegrenzt werden verhaltensmäßig objektorientierte und strukturell objektorientierte Datenbanksysteme. Während letztere komplexe Objekte und Generalisierungs-/Spezialisierungshierarchien unterstützen, werden in verhaltensmäßig objektorientierten Systemen nur die Kapselung von Daten und Funktionen zu Objekten realisiert (vgl. Lockemann, 1991, 179 f.).

[366] Vgl. Lockemann, 1993, S. 81.

SQL-Standards für die Datenbankkomponente eines Anwendungssystems vorgesehen, wobei auch die geplanten objektorientierten Erweiterungen einbezogen werden.

3.3.1.1.2 SQL als Standard für relationale Datenbanken

In der Terminologie des relationalen Modells, das die Grundlage für relationale Datenbanken bildet, werden die Begriffe Relation, Tupel, Attribut und Wertebereich verwendet.[367] Durch die Darstellung der Relationen in Form von zweidimensionalen Tabellen hat sich im SQL-Standard ein davon abweichender Sprachgebrauch etabliert. Eine Gegenüberstellung der korrespondierenden Begriffe ist in Tabelle 8 dargestellt.

Begriff des relationalen Modells	Datenbankterminologie
Relation (relation)	Tabelle (table[368])
Tupel (tuple)	Zeile, Datensatz (row, record)
Attribut (attribute)	Spalte (column)
Wertebereich, Domäne (domain)	Datentyp (Data type)

Tabelle 8: Begriffe des relationalen Modells und ihre Entsprechungen in der Datenbankterminologie

Die Entstehung der SQL-Standards

Ihren Ursprung hat SQL in der Implementierung der Abfragesprache SEQUEL (Structured English Query Language)[369] für die erste relationale Datenbank von IBM, dem System/R. 1982 begann das ANSI, ausgehend von SEQUEL, eine normierte Abfragesprache für relationale Datenbanken zu entwickeln. Diese Bestrebungen führten 1986 zur ersten Veröffentlichung eines Standards für SQL, der ein Jahr später von der ISO übernommen wurde.[370] Dieser Standard, der auch als SQL/86 bezeichnet wird, beruht weitgehend auf dem IBM-Dialekt.

---

[367] Zur Definition des relationalen Modells siehe Codd, 1970, S. 379-382 sowie Date/Darwin, 1992, S. 215-284.

[368] CODD unterscheidet zwischen R-table (Relational table) und table. Nur R-table besitzen die Eigenschaften von Relationen im Sinne des relationalen Modells (vgl. Codd, 1990, S. 17-20). Diese Unterscheidung wird hier nicht übernommen.

[369] Die Entwicklung dieser Sprache erfolgte zwischen 1974 und 1975 (vgl. Melton/Simon, 1993, S. 9).

[370] ANSI X3.135-1986 (vgl. ANSI-SQL86, 1986), von der ISO in der Norm ISO/IEC 9075:1987 übernommen (vgl. ISO-9075, 1987).

Im Jahr 1989 folgte eine Revision, in der verschiedene Elemente zur Unterstützung der Datenbankintegrität in den Standard aufgenommen wurden.[371] Nachträglich wurde vom ANSI eine Spezifikation für Embedded SQL veröffentlicht, die aber kein Bestandteil von SQL/89 ist.[372]

Parallel zur Entwicklung von SQL/89 begannen schon 1987 erste Arbeiten für eine wesentlich erweiterte Version des Standards, die den Arbeitstitel „SQL 2" trug und Ende 1992 als Standard veröffentlicht wurde.[373]

SQL/92 definiert drei Level für SQL. Der **Entry Level** entspricht nahezu dem SQL/89 Standard, im **Intermediate Level** befinden sich schon eine Vielzahl von Erweiterungen, aber erst **Full Level** SQL beinhaltet den vollständigen Standard (vgl. Abbildung 37). Diese drei „Conformance Level" sollen den Datenbankherstellern ermöglichen, sich schrittweise der kompletten Full Level SQL-Syntax zu nähern. Bei jedem Schritt erfüllen sie einen definierten Befehlssatz, bleiben somit zu anderen Herstellern, die auch diesen Befehlssatz unterstützen, kompatibel.[374] Wird im folgenden nur noch vom SQL-Standard gesprochen, so ist damit die Full Level-Syntax von SQL/92 gemeint.

Zur Zeit wird unter dem Arbeitstitel „SQL 3" an einer Weiterentwicklung des Standards gearbeitet. Der neue Standard soll 1995 oder 1996 veröffentlicht werden. Elemente dieses Standards werden, soweit sie bereits veröffentlicht sind, bei der Modellierung der Datenbankkomponente berücksichtigt.

Unabhängig von den Standardisierungen des ANSI wurde von X/Open und der SQL Access Group (SAG) 1991 ein Standard für eine Aufrufschnittstelle (Call Level Interface, CLI) geschaffen. Diese Spezifikation wurde bei der ISO als Erweiterung von SQL vorgeschlagen und wird weitestgehend als SQL/CLI-Norm in SQL 3 übernommen.[375]

---

[371] Diese Ergänzungen werden als "Integrity Enhancement Feature" (IEF) bezeichnet und finden in den Normen ANSI X3.135-1989 (vgl. ANSI-SQL89, 1989) bzw. ISO/IEC 9075:1989 (vgl. ISO-9075, 1989) ihren Niederschlag. Der 89er Standard differenziert zwischen SQL Level 1 und Level 2, wobei der Level 1 dem Standard von 1986 entspricht und erst Level 2 die Erweiterungen aus 1989 beinhaltet. Im folgenden wird dieser erweiterte Standard kurz als SQL/89 bezeichnet.

[372] ANSI X3.168-1989 (vgl. ANSI-Embedded SQL, 1989).

[373] Verabschiedet als ANSI X3.135-1992 (vgl. ANSI-SQL92, 1992) bzw. ISO/IEC 9075:1992 (vgl. ISO-9075, 1992). Der Standard wird in der Literatur uneinheitlich als SQL2 oder als SQL/92 bezeichnet, beide Bezeichnungen sind jedoch nicht offiziell. Hier wird in Analogie zu den älteren Standards die Bezeichnung SQL/92 gewählt.

[374] Die Einstufung der verschiedenen Befehle in die einzelnen Conformance Level wurde unter anderem nach dem Gesichtspunkt vorgenommen, wie schwer deren Implementierung ist (vgl. Melton/Simon, 1993, S. 13).

[375] Vgl. ISO-ANSI, 1994b. Auf die verschiedenen Formen der Einbettung von SQL in Programmiersprachen wird in Kapitel 3.3.2.1.2 näher eingegangen.

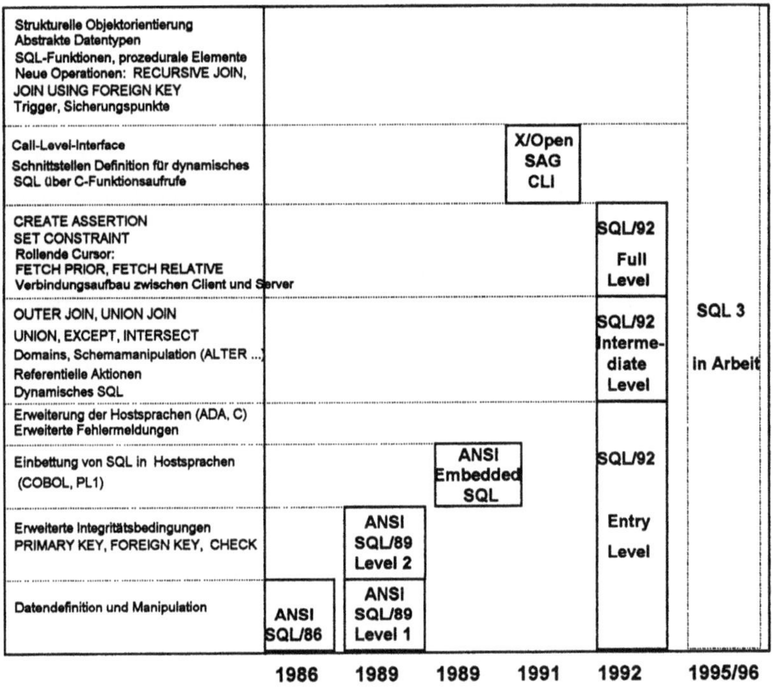

Strukturelle Objektorientierung
Abstrakte Datentypen
SQL-Funktionen, prozedurale Elemente
Neue Operationen: RECURSIVE JOIN,
JOIN USING FOREIGN KEY
Trigger, Sicherungspunkte

Call-Level-Interface
Schnittstellen Definition für dynamisches
SQL über C-Funktionsaufrufe

X/Open
SAG
CLI

CREATE ASSERTION
SET CONSTRAINT
Rollende Cursor:
FETCH PRIOR, FETCH RELATIVE
Verbindungsaufbau zwischen Client und Server

SQL/92
Full
Level

OUTER JOIN, UNION JOIN
UNION, EXCEPT, INTERSECT
Domains, Schemamanipulation (ALTER ..)
Referentielle Aktionen
Dynamisches SQL

SQL/92
Interme-
diate
Level

SQL 3
in Arbeit

Erweiterung der Hostsprachen (ADA, C)
Erweiterte Fehlermeldungen

Einbettung von SQL in Hostsprachen
(COBOL, PL1)

ANSI
Embedded
SQL

SQL/92

Erweiterte Integritätsbedingungen
PRIMARY KEY, FOREIGN KEY, CHECK

ANSI
SQL/89
Level 2

Entry
Level

Datendefinition und Manipulation

ANSI
SQL/86

ANSI
SQL/89
Level 1

1986   1989   1989   1991   1992   1995/96

Abbildung 37: Übersicht über die SQL-Standards
(Quelle: Albers, 1994a, S. 295)

Elemente des SQL-Standards

Die Sprachelemente des SQL-Standards lassen sich wie folgt gliedern:

□ Datendefinition und Integritätsbedingungen

□ Datenmanipulation, Cursoroperationen

□ Verbindungsaufbau und Transaktionen

□ Datensicherheit

□ Einbettung in Programmiersprachen der 3. Generation

Zur Beschreibung der konzeptuellen Ebene einer Datenbank sind die Elemente der Datendefinition und der Integritätsbedingungen notwendig. Sie werden beim Entwurf des Metamodells der Datenbankkomponente näher betrachtet.

Als Elemente der Datensicherheit sind die Befehle zur Vergabe von Zugriffsrechten auf Spalten und Tabellen zu nennen.[376] Eine Modellierung der Rechte einzelner Benutzer oder Benutzergruppen wird hier nicht vorgenommen. Die Rechte eines Benutzers lassen sich aus seinen Berechtigungen für bestimmte Anwendungsfunktionen ableiten. Jede Funktion verwendet eine bestimmte Datensicht und führt bestimmte Manipulationsoperationen auf den Datenobjekten aus. Die Zugriffsrechte eines Benutzers ergeben sich aus den ihm zugeordneten Funktionen.[377]

Die Konzepte zur Einbettung von SQL in eine Programmiersprache und die Regeln zum Verbindungsaufbau werden zusammen mit den Elementen zur Datenmanipulation und den Cursoroperationen bei der Modellierung der Verarbeitungsfunktionen auf dv-technischer Ebene in Kapitel 3.3.2 betrachtet.

3.3.1.2 Metamodell der Datenbankkomponente

Das Metamodell wird mit dem Ziel entwickelt, die Datenbankkomponente später in einer relationalen Datenbank nach dem SQL-Standard implementieren zu können. Aus diesem Grund orientiert sich das Metamodell an den Beschreibungskonstrukten, die der Standard vorsieht.[378]

3.3.1.2.1 Datendefinition

Abbildung 38 stellt das Teilmodell für den Bereich Datendefinition dar. Die grau gekennzeichneten Informationsobjekte und deren Beziehungen werden im anschließenden Kapitel über Datensichten erläutert.

---

[376] Für Spalten bzw. Tabellen können Rechte für das Einfügen, Ändern und Löschen vergeben werden. Eine Möglichkeit zur Einschränkung von Zugriffsrechten auf bestimmte Datensätze einer Tabelle besteht durch die Definition von Datensichten (vgl. Kapitel 3.3.1.2.2). In diesen können Datensätze der ursprünglichen Basistabelle über Selektionen verborgen werden. Der Benutzer erhält in diesem Fall keine Zugriffsrechte auf die Basistabelle, sondern nur für die Datensicht.

[377] Zur Modellierung der Kompetenzen für Anwendungsfunktionen vgl. Kapitel 3.2.2.2.3. Auf die Realisierung der Zugriffskontrolle wird in Kapitel 3.4.2 eingegangen.

[378] Das Metamodell abstrahiert von einer Datenbankbeschreibung nach dem SQL-Standard, andernfalls käme es dem Systemkatalog einer SQL-Datenbank gleich. Im Systemkatalog (engl.: Information Schema) werden die Datendefinitionen einer Datenbank wiederum selbst in Tabellen beschrieben. Der Systemkatalog stellt damit das Metamodell einer SQL-Datenbank dar. (Die im deutschen übliche Bezeichnung „Systemkatalog" ist in der Terminologie des SQL-Standards irreführend, da es sich hierbei um ein Schema und um einen Katalog handelt.) Der SQL-Standard definiert auch das Metamodell einer SQL-Datenbank. Er spezifiziert allerdings nur die Tabellen und nicht die einzelnen Attribute des Metamodells (vgl. Date/Darwin, 1993, S. 329-332 sowie Melton/Simon, 1993, S. 371-385).

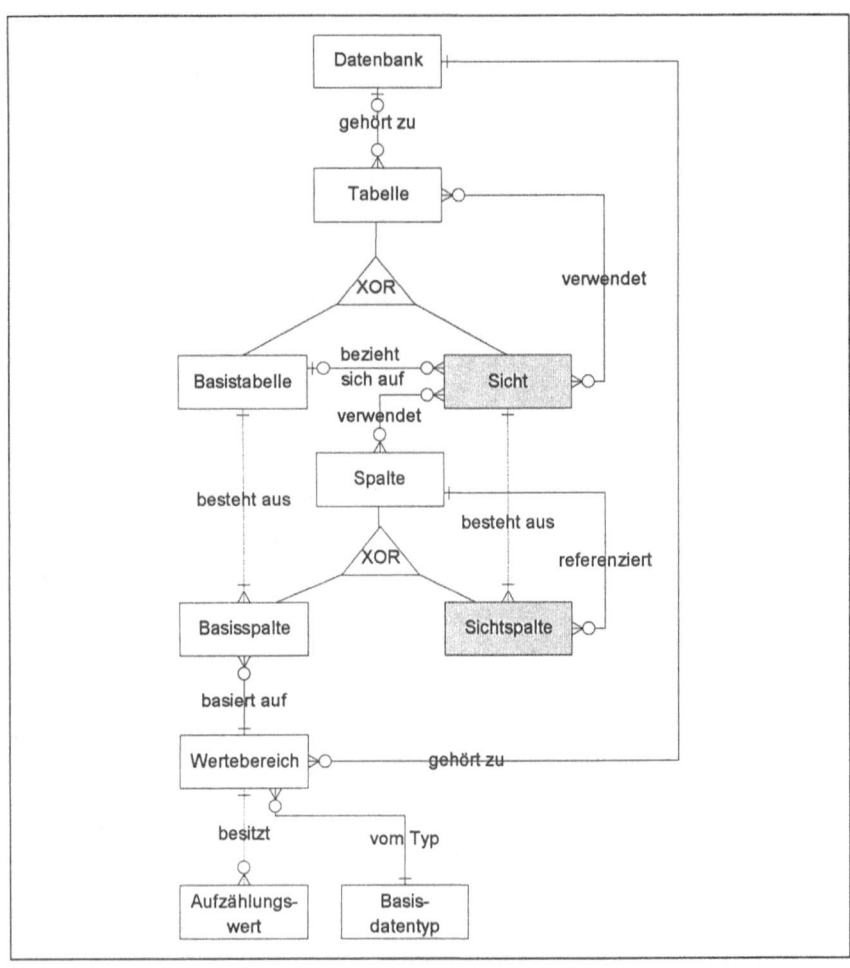

Abbildung 38: Teilmodell Datendefinition

Das Informationsobjekt *Tabelle* steht im Mittelpunkt der Datendefinition des relationalen Modells. Im SQL-Standard wird zur Gruppierung von Tabellen innerhalb einer Datenbank ein zweistufiges Konzept verwendet. Jede Tabelle ist einem Schema untergeordnet, jedes Schema wiederum einem Katalog.[379] Abfrageoperationen, wie z. B. die

---

[379] Diese zweistufige Strukturierung ist historisch gewachsen. Schemata wurden in SQL eingeführt, um Namenskonflikte bei der Erstellung von Tabellen durch verschiedene Benutzer zu vermeiden.

Join-Operation zwischen mehreren Tabellen, können sowohl Schemata als auch Kataloge übergreifen. Da dieses zweistufige Konzept aus implementierungstechnischen Gründen entstanden ist, wird es nicht in das Metamodell übernommen. Statt dessen wird das Informationsobjekt *Datenbank* eingeführt, um Tabellen in disjunkte Teilmengen zu gruppieren.[380]

Jede Datenbank besteht aus einer Menge von Tabellen und Wertebereichen. Tabellen sind entweder Basistabellen, d. h. physisch gespeicherte Tabellen der Datenbank oder abgeleitete Datensichten (Views).[381]

Bei den Tabellen wird zwischen persistenten und temporären Tabellen unterschieden.[382] Temporäre Tabellen stellen eine Strukturdefinition dar, die jeder Benutzer(prozeß) individuell zur Speicherung von Daten verwenden kann. Diese Daten sind für andere Benutzer nicht sichtbar. Die Daten einer temporären Tabelle bleiben nur für die Dauer einer Session[383] erhalten. Temporäre Tabellen eignen sich zum Speichern von Zwischenergebnissen. Der SQL-Standard unterstützt temporäre Tabellen bisher nur für Basistabellen. Da die Ausweitung des Konzepts auf Datensichten in SQL 3 vorgesehen ist, wird es in diesem Metamodell bereits berücksichtigt.[384]

Das Informationsobjekt *Basistabelle* als Spezialisierung einer Tabelle beschreibt die Basistabellen der Datenbank. Eine Basistabelle besteht aus einer oder mehreren Spalten, die über das Informationsobjekt *Basisspalte* beschrieben werden. Das Informa-

---

Der Schemaname war in früheren SQL-Implementierungen mit der Benutzeridentifikation identisch.

[380] Bei der späteren Implementierung in einer relationalen Datenbanksystem ist es dann möglich, eine Datenbank auf genau ein Schema eines bestimmten Katalogs abzubilden.

[381] Die Beschreibung von Datensichten erfolgt im nächsten Kapitel.

[382] Diese Spezialisierung erfolgt im Metamodell attributiv, ist deshalb nicht der graphischen Darstellung zu entnehmen. Der SQL-Standard unterscheidet drei Typen von temporären Tabellen. DATE/DARWIN bezeichnen diese als „declared local", „created local", „created global". Lokal deklarierte Tabellen werden innerhalb eines Moduls deklariert und können nur dort verwendet werden. Die Defintion dieser Tabellen gehört zwar nicht zum Systemkatalog der Datenbank, wird aber trotzdem in den hier modellierten Strukturen beschrieben. Lokal deklarierte temporäre Tabellen sind keiner Datenbank, sondern einem Modul zugeordnet (vgl. Kapitel 3.3.2.2.2). Die anderen temporären Tabellen gehören zu einer Datenbank, die von beliebigen Modulen verwendet werden können. Die Unterscheidung zwischen lokal und global dient zur Festlegung der Reichweite. Bei lokalen Tabellen erhält jedes Modul eine eigene Kopie, bei globalen nur jede SQL-Session. Bei letzteren können folglich Module untereinander Daten austauschen (vgl. Date/Darwin, 1993, S. 265-269).

[383] Unter einer SQL-Session wird eine mit dem CONNECT-Befehl hergestellte Verbindung zu der Datenbank verstanden, die so lange bestehen bleibt, bis sie mit dem Befehl DISCONNECT wieder gelöst wird. Von einem Anwendungsprogramm können mehrere Sessions zu derselben Datenbank aufgebaut werden (vgl. Date/Darwin, 1993, S. 47-49).

[384] Die Eigenschaft wird durch ein Attribut des Informationsobjekts Tabelle dargestellt.

tionsobjekt *Spalte* ist die Generalisierung für die Spalten der Basistabellen und der Datensichten.

Es ist zweckmäßig, Basisspalten mit originärem und abgeleitetem Inhalt zu unterscheiden. Deshalb werden die folgenden Spaltentypen eingeführt:

Elementar : Spalte mit nicht ableitbarem Inhalt.

Physisch abgeleitet : Spalte, deren Wert aus der Datenbank abgeleitet werden kann, die trotzdem aber redundant gespeichert wird.[385]

Logisch abgeleitet : Spalte mit ableitbarem Inhalt, der nicht in der Datenbank materialisiert wird.[386]

Logisch abgeleitete Spalten gehören nicht zur Datenbankdefinition i. e. S., da sie später im Datenbanksystem nicht durch eine Spaltendefinition realisiert werden. Weil die Ableitungsregeln aber anwendungsübergreifend gültig sind, werden sie trotzdem in der konzeptuellen Gesamtsicht modelliert.

Jeder Spalte einer Basistabelle wird ein Wertebereich zugeordnet, über den der Basisdatentyp der Spalte festgelegt wird.[387] Dies entspricht der Modellierung von Attributen, Wertebereichen und Datentypen in der fachlichen Datensicht. In Ergänzung dazu werden bei den Aufzählungswerten codierte und uncodierte Aufzählungstypen unterschieden. Aufzählungstypen sind dadurch gekennzeichnet, daß sie nur eine begrenzte Menge zulässiger Werte besitzen und diese in Anzahl und Inhalt zeitlich konstant sind.[388] Beim codierten Aufzählungstyp wird der Wert einer Spalte durch eine Ordnungsnummer dargestellt (z. B. Anrede {1=Herr, 2=Frau, 3=Firma}), beim uncodierten dagegen direkt durch die Ausprägung (z. B. Familienstand {„ledig", „verheiratet", „geschieden", „verwitwet"}).[389]

---

[385] Die Regel, nach denen die Spalte abgeleitet wird, wird über Trigger modelliert (vgl. Kapitel 3.3.1.2.4).

[386] Spalten dieses Typs werden im Datenbanksystem nicht erzeugt. Werden sie in anderen Komponenten der Anwendung referenziert, so muß ihr Wert unmittelbar aus einer Ableitungsregel, die zu der Spalte gespeichert wird, erzeugt werden.

[387] Der SQL-Standard sieht die Verwendung der Domänen lediglich optional vor, eine Spalte kann dort direkt einem Datentypen zugeordnet werden. Die hier gewählte Lösung hat den Vorteil, daß man bei der Datendefinition zur konsequenten Verwendung von Domänen gezwungen wird und eine Umgehung dieses Konzeptes nicht möglich ist.

[388] Andernfalls wäre es zweckmäßig, die Werte des Aufzählungstyps als eigenständige Tabelle im Datenbankschema zu modellieren.

[389] Aufzählungstypen sind im SQL-Standard nicht vorgesehen, SQL 3 wird uncodierte Aufzählungstypen als Datentypen unterstützen (vgl. Date/Darwin, 1993, S. 393).

Das Informationsobjekt *Basisdatentyp* modelliert die möglichen Datentypen, die den Wertebereichen und damit auch den Spalten der Basistabellen zugewiesen werden können. Im SQL-Standard sind die in Tabelle 9 dargestellten Datentypen vorgesehen:

Datentyp	Beschreibung
CHARACTER (n)	Zeichenkette fester Länge n, Abkürzungen CHAR(n) und CHAR für CHAR(1).
CHARACTER VARYING (n)	Zeichenkette variabler Länge, maximal n, abgekürzt VARCHAR.
BIT (n)	Bitfolge fester Länge n.
BIT VARYING (n)	Bitfolge variabler Länge, maximal n.
NUMERIC (p,q)	Dezimalzahl mit genau p Vorkomma- und q Nachkommastellen, NUMERIC(p) wenn ohne Nachkommastellen.
DECIMAL (p,q)	Dezimalzahl mit mindestens p-Vorkomma- und q Nachkommastellen, DECIMAL (p) wenn ohne Nachkommastellen.
INTEGER	Ganze Zahl mit Vorzeichen, abgekürzt INT, die Größe ist der jeweiligen Implementierung überlassen.
SMALLINT	Ganze Zahl mit Vorzeichen. Die Größe ist ebenfalls der Implementierung überlassen, darf aber die von INT nicht überschreiten.
FLOAT (p)	Fließkommazahl mit p Nachkommastellen, alternative Bezeichnung ist REAL.
DATE	Datum
TIME	Uhrzeit
TIMESTAMP	Zeitstempel, z. B: '1994-04-08 16:52:00.000000'.
BOOLEAN[390]	Logischer Wert (0 für falsch, 1 für wahr)[391]

Tabelle 9: Datentypen unter SQL/92
(Quelle: Albers, 1994b, S. 305)

---

[390] Der Datentyp BOOLEAN wird im SQL/92-Standard noch nicht berücksichtigt. Da dieser Datentyp aber bereits in vielen Datenbanksystemen implementiert ist, wird er hier vorgesehen. Der SQL 3-Standard wird diesen Datentyp unterstützen (vgl. Date/Darwin, 1993, S. 393).

[391] Eine Spalte vom Datentyp BOOLEAN kann im Gegensatz zu der üblichen Verwendung dieses Datentyps in der Programmierung nicht nur zwei, sondern drei Werte annehmen. Der Nullwert repräsentiert den unbekannten Wert. Der Datentyp BOOLEAN unterstützt damit die dreiwertige Logik des relationalen Modells Version 1 (RM/V1). Das relationale Modell Version 2 (RM/V2) von CODD unterscheidet sogar vier logische Werte. Beim unbekannten Wert wird zwischen einem z. Zt. unbekannten, aber prinzipiell zuweisbaren Wert (missing-but-applicable) und dem Leerwert bei einem für ein Tupel generell nicht verwendbaren Attribut (missing-and-inapplicable) unterschieden (vgl. Codd, 1990, S. 180-183).

3.3.1.2.2 Datensichten

Datensichten stellen Tabellen dar, die aus Basistabellen abgeleitet werden. Sie werden über ein SQL-Statement (i. d. R. das SELECT-Satement) gebildet. Eine Datensicht kann in Verarbeitungsfunktionen zu Abfragen und u. U. auch bei Manipulationsoperationen wie eine Tabelle verwendet werden. Über Datensichten werden häufig benutzte Benutzersichten der Datenbank definiert. Diese Benutzersichten können dann von Verarbeitungsfunktionen und von Elementen der Benutzerschnittstelle verwendet werden. Trotzdem sind einzelne Datensichten nicht einem bestimmten externen Modell zuordenbar. Die hier dargestellten Datensichten werden zentral im Systemkatalog der Datenbank abgelegt und können von beliebigen Benutzern und Anwendungen verwendet werden. Sie liefern somit nur eine redundante Darstellung der Daten aus bestehenden Basistabellen und sind im konzeptuellen Schema der Datenbank zu modellieren. Über Datensichten können zudem die Zugriffsrechte von Benutzern oder Gruppen modelliert werden.[392]

Datensichten werden durch die Operationen Selektion, Projektion oder Join aus einer oder mehreren Tabellen erzeugt. Nur wenn eine Datensicht aktualisierbar[393] ist, muß sie die Eigenschaften einer Relation im Sinne des relationalen Modells besitzen. Das Informationsobjekt *Sicht* beinhaltet die notwendigen Angaben zur Definition einer Datensicht, die einzelnen Spalten der Datensicht mit ihren Namen sind im Informationsobjekt *Sichtspalte* modelliert (vgl. Abbildung 38).

Bei der Modellierung von Datensichten stellt sich die grundsätzliche Frage, an welchen Stellen die Struktur und Elemente von SQL-Befehlen durch Objekte im Informationsmodell strukturiert dargestellt werden und wann eine sprachliche Beschreibung in Form eines SQL-Befehls unnormalisiert als Zeichenkette in einem Attribut eines Informationsobjekts abgelegt wird.

Unter operationalen Gesichtspunkten sind beide Methoden ausreichend, um später einer Anwendung einen ausführbaren Befehl bereitzustellen. Die Struktur und die Elemente eines Befehls gehen aber bei der Speicherung als Freitext verloren. Insbesondere Verwendungsnachweise können dann nur noch durch das Durchsuchen der Freitextdefinition der SQL-Befehle erstellt werden.

Würde man allerdings eine Datensicht im Metamodell vollständig durch Informationsobjekte modellieren, so ergäbe sich eine sehr komplexe Struktur. Eine Datensicht besteht aus

---

[392] Vgl. Witt/Schwarzer, 1988, S. 331.

[393] Engl.: Updatable. Zu den Bedingungen unter SQL/92 siehe Date/Darwin, 1993, S. 174. Eine ausführliche Darstellung, wann Views aktualisierbar sind, findet sich bei Codd, 1990, S. 293-324.

□ einer Anzahl von Spalten, die sich aus Spalten der zugrundeliegenden Basistabellen und Datensichten ableiten lassen,

□ einer Anzahl von Tabellen (Basistabellen und Datensichten), die zur Bildung der Datensicht durch verschiedene Join-Operationen oder Mengenoperationen (Vereinigung, Schnittmenge oder Differenz) miteinander verknüpft werden und

□ Selektionsbedingungen, die die Datensätze einer Sicht weiter einschränken.

Selektionsbedingungen, die Subqueries enthalten, weisen nochmals eine ähnliche Struktur wie Datensichten auf. Die vollständige Zerlegung einer sprachlich formulierten Datensichtdefinition würde damit zu einer komplexen und kaum überschaubaren Modellierung führen. Aus diesem Grund wird ein Kompromiß zwischen dem semantischen Informationsgehalt des Metamodells und dem Verwaltungsaufwand bei der Verwendung der Metamodelle in einem Repository gewählt.

Der SQL-Befehl, der die Datensicht definiert, wird vollständig als Attribut des Informationsobjekts *Sicht* in einer Zeichenkette abgelegt.[394] Dazu redundant werden Verwendungsbeziehungen explizit im Modell dargestellt. Wenn die Datensicht aktualisierbar ist, existiert genau eine Basistabelle, auf die sich die Datensicht bezieht. Auch die anderen an der Viewdefinition beteiligten Tabellen sowie die referenzierten Spalten werden modelliert. Ferner sind im Metamodell die Verwendungsbeziehungen für alle in den Selektions- oder Joinbedingungen verwendeten Tabellen und Spalten dargestellt (vgl. Abbildung 38).[395]

3.3.1.2.3 Konstrukte zur Integritätssicherung

Als semantische Integritätsbedingungen werden Einschränkungen von Wertebereichen bezeichnet, die sich aus den Eigenschaften des modellierten Realitätsausschnitts begründen.[396] Davon abgegrenzt werden häufig die relationalen Integritätsbedingungen **Entity Integrität** und **Referentielle Integrität** (RI), die durch das relationale Modell aufgestellt werden und sich nicht unmittelbar aus Eigenschaften der realen Welt ergeben.[397]

---

[394] Hierbei handelt es sich um die nach dem Statement „CREATE VIEW *viewname* AS" folgende Definition.

[395] Ein Werkzeug, das Eingaben in diese Metastrukturen unterstützt, muß in der Lage sein, durch Parsen des SQL-Statements diese Beziehungen abzuleiten.

[396] Vgl. Schlageter/Stucky, 1983, S. 166.

[397] Vgl. Date, 1990, S. 276. Indirekt modellieren Fremdschlüsselbeziehungen aber Beziehungen der realen Welt. Deshalb stellt die Definition von Fremdschlüsseln und insbesondere der referentiellen Aktion (s. u.) auch fachliche Inhalte dar. So z. B. bei der Definition der Handlungsalternative

Die Entity Integrität sagt aus, daß jedes Tupel einer Relation eindeutig über ein Attribut oder minimale Attributkombination, den Primärschlüssel, bestimmbar sein muß. Die Referentielle Integrität bezieht sich auf die Modellierung von 1:N-Beziehungen über Fremdschlüssel. Sie fordert, daß jeder Fremdschlüssel einen vorhandenen Primärschlüssel referenzieren muß.

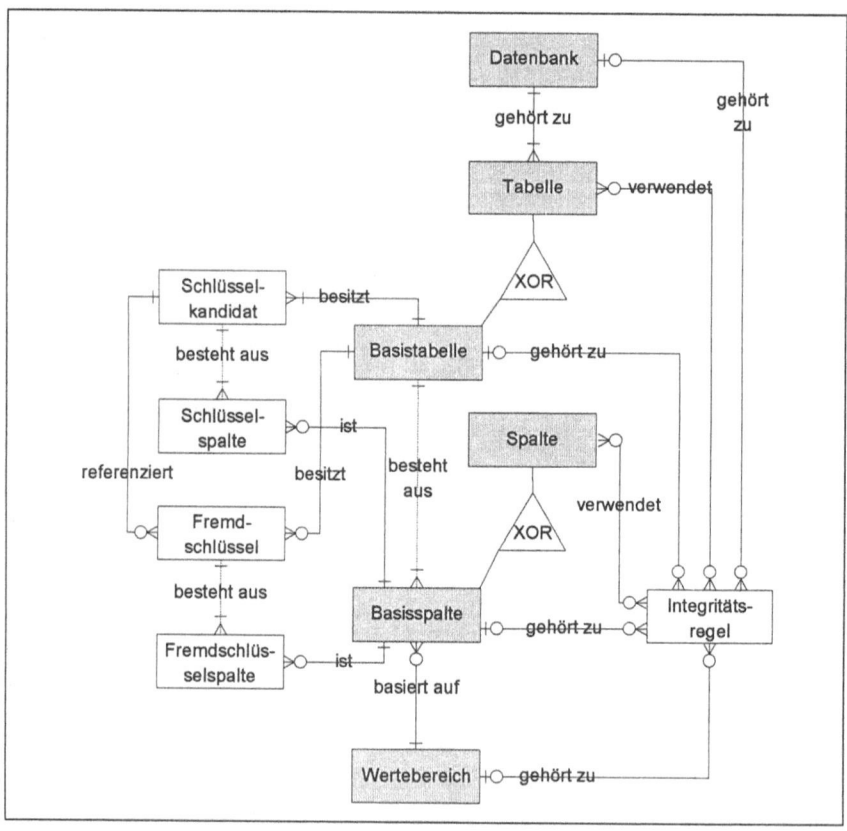

Abbildung 39: Teilmodell Integritätsbedingungen

Die Modellierung der relationalen Integritätsbedingungen erfolgt im Metamodell durch Schlüsselkandidaten und Fremdschlüssel (vgl. Abbildung 39). Schlüsselkandidaten

---

„action on delete": Darf eine Abteilung gelöscht werden, wenn ihr noch Mitarbeiter zugeordnet sind?

sind Spalten oder minimale Spaltenkombinationen, die jeden Datensatz einer Tabelle eindeutig identifizieren. Schlüsselkandidaten sind somit potentielle Primärschlüssel, ein Schlüsselkandidat wird als Primärschlüssel ausgewählt.[398]

Das Informationsobjekt *Schlüsselspalte* stellt die Spalten der Schlüsselkandidaten dar. Ein Schlüsselkandidat kann aus einer (einfacher Schlüssel) oder auch mehreren Spalten (zusammengesetzter Schlüssel) bestehen.

Mit den Informationsobjekten *Fremdschlüssel* und *Fremdschlüsselspalte* werden Fremdschlüssel modelliert. Der Fremdschlüssel ist einer Tabelle zugeordnet (referenzierende Tabelle, Fremdschlüsseltabelle) und referenziert eine zweite Tabelle (referenzierte Tabelle, Primärschlüsseltabelle). Während das relationale Modell die Referenz auf den Primärschlüssel der referenzierten Tabelle fordert, erlaubt der SQL-Standard, daß ein Fremdschlüssel auch auf einen Schlüsselkandidaten dieser Tabelle verweisen darf.

Der Fremdschlüssel besteht aus einer oder mehreren Spalten, die bezüglich des Typs mit den Spalten des Primärschlüssels der referenzierten Tabelle korrespondieren müssen. Da in dem Metamodell der Datentyp einer Spalte zwingend über Wertebereiche abgebildet werden muß, ist es zweckmäßig, für die Fremdschlüsselspalten korrespondierende Wertebereiche zu fordern.

Zur Wahrung der referentiellen Integrität wird der deklarative Mechanismus des SQL-Standards übernommen. Mit referentiellen Aktionen wird in der Fremdschlüsseldefinition festgelegt, wie in referenzierenden Tabellen auf Änderung (action on update) oder Löschen (action on delete) eines referenzierten Primärschlüssels reagiert werden soll:[399]

CASCADES   Wird der Primärschlüssel geändert bzw. gelöscht, so werden alle referenzierenden Datensätze ebenfalls geändert bzw. gelöscht.

NO ACTION   Der Primärschlüssel wird ohne weitere Prüfung geändert bzw. gelöscht. Allerdings wird die Operation rückgängig gemacht, wenn da-

---

[398] Die Primärschlüsseleigenschaft wird im Metamodell attributiv dargestellt. Im Gegensatz zum relationalen Modell nach CODD schreibt der SQL-Standard die Definition eines Primärschlüssels nicht zwingend vor. Dies erscheint aber für Tabellen, die fachliche Inhalte darstellen, keinesfalls sinnvoll. Nur bei temporären Tabellen und persistenten Tabellen mit rein dv-technischem Inhalt sind Fälle vorstellbar, in denen auf die Definition eines Primärschlüssels verzichtet werden kann. Tabellen ohne Primärschlüssel sind im Sinne des relationalen Modells keine Relationen.

[399] Da die Einhaltung der referentiellen Integrität ohne Programmierung erfolgt, wird diese Art der Integritätssicherung als deklarative RI bezeichnet. Bei einigen Datenbanksystemen müssen die referentiellen Aktionen über Trigger programmiert werden. Dadurch lassen sich zwar auch individuelle Handlungsalternativen realisieren, allerdings werden im Regelfall die oben dargestellten Aktionen benötigt, die dann für jeden Fremdschlüssel einzeln programmiert werden müssen (vgl. Albers, 1994a, S. 296-297).

durch die referentielle Integrität verletzt wird. Deshalb kann die Änderung oder Löschung nur ausgeführt werden, wenn kein Datensatz auf diesen Primärschlüssel referenziert.

SET NULL Wird der Primärschlüssel geändert bzw. gelöscht, so werden alle Fremdschlüsselspalten in den referenzierenden Datensätzen mit dem Nullwert belegt. Diese Aktion ist nur möglich, wenn diese Spalten den Nullwert annehmen dürfen.

SET DEFAULT Diese Aktion verhält sich ähnlich wie die Aktion SET NULL, hier werden alle Fremdschlüsselspalten mit ihrem Vorgabewert belegt, ist keiner definiert, mit dem Nullwert.

RESTRICT[400] verbietet das Ändern bzw. Löschen, wenn noch Datensätze auf den Primärschlüssel referenzieren. Diese Aktion ist der Aktion NO ACTION sehr ähnlich. Der Unterschied ist, daß die Operation sofort verworfen wird, wenn noch eine Referenz vorhanden ist und nicht erst nachträglich rückgängig gemacht wird. Scheinbar liegt darin kein Unterschied, unter bestimmten Umständen (z. B. beim kaskadierenden Löschen) können beide Aktionen aber zu anderen Ergebnissen führen.[401]

Daneben wird über ein Attribut des Informationsobjekts *Fremdschlüssel* modelliert, ob der Fremdschlüssel den Nullwert annehmen darf. In diesem Fall ist die Beziehung zur Primärschlüsseltabelle optional.[402] Im Fall eines zusammengesetzten Fremdschlüssels stellt sich die Frage, wann ein Fremdschlüssel als nicht referenzierend gilt. Im SQL-Standard ist dies der Fall, wenn bereits ein Fremdschlüsselattribut den Nullwert annimmt. Unabhängig von den Werten der anderen Attribute ist in diesem Fall die referentielle Integrität des Fremdschlüssels erfüllt. Über die zusätzliche Definition MATCH FULL kann gefordert werden, daß der Fremdschlüssel entweder vollständig referenziert oder alle Attribute den Nullwert besitzen. MATCH PARTIAL erlaubt, daß einzelne Attribute den Nullwert annehmen, wenn die übrigen Attribute auf vorhandene

---

[400] Diese Handlungsalternative ist erst in SQL 3 vorgesehen.

[401] Eine Darstellung dieser Fälle ist bei Date/Darwin, 1993, S. 399-401 zu finden.

[402] Diese Option ist im SQL-Standard nicht vorgesehen. Es ist aber zweckmäßig, sie in die Datendefinition mit aufzunehmen, da sie sich unmittelbar aus der Beziehungskardinalität des zugrunde liegenden Datenmodells ableiten läßt (vgl. Kapitel 3.4.1).

Werte referenzieren. Bei der Modellierung von zusammengesetzten Fremdschlüsseln sollen hier nur die beiden letzten Möglichkeiten zugelassen werden.[403]

Die Integritätsregel, daß mindestens ein Datensatz der Fremdschlüsseltabelle jeden Datensatz der Primärschlüsseltabelle referenzieren muß, kann für Fremdschlüssel durch die Eigenschaft PENDANT modelliert werden. Wird in der Fremdschlüsseltabelle der letzte Datensatz zu einem Primärschlüssel gelöscht, dann verschwindet auch der referenzierte Datensatz in der Primärschlüsseltabelle.[404]

Neben den zwei relationalen Integritätsbedingungen unterscheidet CODD zur Abbildung der semantischen Integrität drei weitere Typen von Integritätsbedingungen:[405]

◻ Domänen-Integrität

◻ Spalten-Integrität

◻ Benutzerdefinierte Integrität

Im SQL-Standard werden diese Integritätsbedingungen über Integritätsregeln (Constraints) und generelle Zusicherungen (General Constraints, Assertions) dargestellt. Eine Integritätsregel ist entweder einem Wertebereich, einer Basisspalte oder einer Basistabelle zugeordnet (vgl. Abbildung 39). Generelle Zusicherungen werden nicht an eine Tabelle oder Spalte geknüpft, sondern sind direkt einem Schema untergeordnet. In dem hier entwickelten Metamodell werden generelle Zusicherungen wie Integritätsregeln modelliert und einer Datenbank zugeordnet. Alle Integritätsregeln werden durch einen SQL-Ausdruck dargestellt, der bei der Auswertung nicht den booleschen Wert „falsch"[406] ergeben darf.

Eine Integritätsregel für einen Wertebereich schränkt mögliche Ausprägungen über die Festlegung des Datentyps hinaus weiter ein. Als Spezialfall für eine Integritätsregel wurde der Aufzählungstyp im Metamodell bereits explizit modelliert. Weitergehende Integritätsregeln werden über das Informationsobjekt *Integritätsregel* dargestellt (vgl. Abbildung 39).

---

[403] Zu den Problemen von zusammengesetzten Fremdschlüsseln und partiellen Referenzen siehe u. a. Date/Darwin, 1992, S. 475-482. Die Wirkung der referentiellen Aktionen bei partiellen Fremdschlüsselreferenzen ist bei Date/Darwin, 1993, S. 241-243 dargestellt.

[404] Diese Option ist erst in SQL 3 vorgesehen. Im Gegensatz zu den referentiellen Aktionen besteht hier genau die umgekehrte Kausalität für das auslösende Ereignis: Bei den referentiellen Aktionen löst eine Operation auf der referenzierten Tabelle eine Aktion in der referenzierenden Tabelle aus, bei Pendant ist eine Operation auf der referenzierenden Tabelle Auslöser für die Löschoperation auf der referenzierten Tabelle.

[405] Vgl. Codd, 1990, S. 246.

[406] Wie bereits dargestellt, ist zu beachten, daß im SQL-Standard eine dreiwertige Logik mit den Werten „wahr", „falsch" und „unbekannt" verwendet wird. Um eine Integritätsregel zu erfüllen, muß der Ausdruck nicht unbedingt „wahr" sein.

Für Spalten kennt der SQL-Standard neben der allgemeinen Spaltenbedingung über einen SQL-Ausdruck die Bedingungen NOT NULL und UNIQUE. Im Metamodell wird NOT NULL als Attribut des Informationsobjekts *Basisspalte* und die Spaltenbedingung UNIQUE über einen Schlüsselkandidaten modelliert.[407] Spaltenbedingungen dürfen sich nur auf die Spalte beziehen, der sie zugeordnet sind.[408] Dagegen können in Tabellenbedingungen und in generellen Zusicherungen beliebige Tabellen und Spalten referenziert werden. Tabelle 10 zeigt Beispiele für Integritätsregeln und generelle Zusicherungen in SQL.

Typ	Beschreibung	Bedingung als SQL-Befehl
Spalten-bedingung	Der Wert muß kleiner 0 oder zwischen 1 und 6 sein	VALUE BETWEEN 1 AND 6 OR VALUE < 0
Tabellen-bedingung	Der Durchschnittswert des Attributs Urlaubsanspruch aller Mitarbeiter muß kleiner als 30 sein	(SELECT AVG(*Mitarbeiter.Urlaubsanspruch*) FROM *Mitarbeiter*) < 30
Generelle Zusicherung	Die Anzahl der Mitarbeiter ist pro Abteilung auf die festgesetzte Zahl Abteilung.MaxMitarbeiter beschränkt	NOT EXISTS (SELECT * FROM *Abteilung* WHERE (SELECT COUNT(*) FROM *Mitarbeiter* WHERE *Mitarbeiter.AbtNr* =*Abteilung.AbtNr*) > *Abteilung.MaxMitarbeiter*)

Tabelle 10: Beispiele für Integritätsregeln in SQL

Bei der Modellierung von Integritätsregeln stellt sich wie bei der Modellierung der Datensichten die Frage, bis zu welchem Grad die Struktur der Integritätsbedingungen im Metamodell dargestellt werden soll.[409] Auch hier wird der Weg gewählt, die Integritätsregel über einen in einer Zeichenkette gespeicherten SQL-Befehl zu formulieren und die Verwendungsbeziehungen dazu redundant zu modellieren.

Die Beziehungen des Informationsobjekts *Integritätsregel* sind in Abbildung 39 dargestellt. Eine Integritätsregel gehört entweder zu einem Wertebereich, einer Basisspalte, einer Basistabelle oder einer Datenbank. Verwendungsbeziehungen zu Spalten und Tabellen bestehen nur für Integritätsregeln, die einer Basistabelle oder einer Datenbank

---

[407] Dies erscheint zweckmäßig, da sonst im Informationsobjekt *Schlüsselkandidat* die Schlüsselkandidaten nicht vollständig abgebildet werden.

[408] Die betreffende Spalte wird deshalb bei Wertebereich- und Spaltenbedingungen im SQL-Ausdruck nicht über ihren Namen, sondern über das Schlüsselwort VALUE referenziert (vgl. Tabelle 10).

[409] Vgl. Kapitel 3.3.1.2.2.

zugeordnet sind, Integritätsregeln von Basisspalten und Wertebereichen verwenden keine anderen Tabellen oder Spalten.[410]

Bezüglich des Zeitpunkts der Überprüfung lassen sich verzögerte und unverzögerte Integritätsbedingungen unterscheiden.[411] Eine unverzögerte Integritätsbedingung wird unmittelbar nach jeder Operation, eine verzögerte erst am Ende einer Transaktion überprüft. Die verzögerte Integritätsprüfung ist bei komplexen Integritätsbedingungen notwendig, die erst nach der Ausführung mehrerer Operationen erfüllt sind.

Der Zeitpunkt der Prüfung von Integritätsbedingungen kann in SQL über einen Befehl[412] während einer Session verändert werden. Die Festlegung des Zeitpunkts der Prüfung in der Datendefinition stellt somit nur den anfänglichen Status der Integritätsbedingung dar. Allerdings ist es möglich, für eine unverzögerte Integritätsbedingung in der Datendefinition festzulegen, daß sie nicht verzögert ausgeführt werden darf.

Ein Zeitpunkt der Prüfung kann auch für die relationalen Integritätsbedingungen definiert werden. Entsprechende Informationen können als Attribute der Informationsobjekte *Fremdschlüssel* und *Schlüsselkandidat* modelliert werden.[413]

3.3.1.2.4 Trigger

Ein Trigger ist ein Mechanismus, mit dem beim Eintreten definierter Ereignisse automatisch Folgeaktionen ausgeführt werden können.[414] Während bei den im vorangegangenen Kapitel dargestellten Integritätsregeln nach Manipulationsoperationen lediglich die Gültigkeit der Bedingung überprüft und ggf. die Operationen zurückgewiesen werden, können mit Hilfe der im SQL 3-Standard vorgesehenen Triggerprozeduren vor und nach Manipulationsoperationen weitere Datenbankoperationen angestoßen werden. Durch die Definition geeigneter Trigger können Integritätsverletzungen schon vor ihrem Eintreten verhindert werden.

Über Trigger können Aktionen automatisch vor oder nach bestimmten Ereignissen ausgeführt werden. Mögliche Ereignisse können das Einfügen und Löschen von Datensätzen der Tabellen oder das Ändern bestimmter Spalten sein. Ein Trigger bezieht sich folglich immer auf genau eine Basistabelle und u. U. auf mehrere Spalten dieser Basis-

---

[410] Diese Bedingung kann mit der zur Verfügung stehenden graphischen Notation nicht im Metamodell dargestellt werden.

[411] Vgl. Reuter, 1987, S. 381 f.

[412] Mit dem SQL-Statement SET CONSTRAINT kann der Status jeder einzelnen Integritätsbedingung geändert werden.

[413] Schlüsselkandidaten, auf die durch einen Fremdschlüssel eine Referenz definiert ist, sind nicht verzögerbar (vgl. Date/Darwin, 1993, S. 203).

[414] Vgl. Reuter, 1987, S. 386.

tabelle. Dies wird im Metamodell durch die Beziehung *bezieht sich auf* zwischen *Trigger* und *Basistabelle* sowie der Beziehung *bei Änderung* zwischen *Trigger* und *Basisspalte* modelliert (vgl. Abbildung 40).

Ferner wird im Trigger definiert, ob die Aktion vor, nach oder anstatt des definierten Ereignisses ausgeführt werden soll.[415] Da es auch möglich ist, daß das auslösende Ereignis eine Operation ist, die eine Menge von Datensätzen der Basistabelle bearbeitet, muß festgelegt werden, wie oft die Aktion in solch einem Fall ausgeführt werden soll. Es gibt drei Möglichkeiten:[416]

◻ Die Aktion wird einmal für die Operation (ONCE),

◻ für jeden von der Operation bearbeiteten Datensatz der Basistabelle einmal (FOR EACH ROW)

◻ oder nur für bearbeitete Datensätze, die eine definierte Bedingung erfüllen, (ON CONDITION)

ausgelöst.

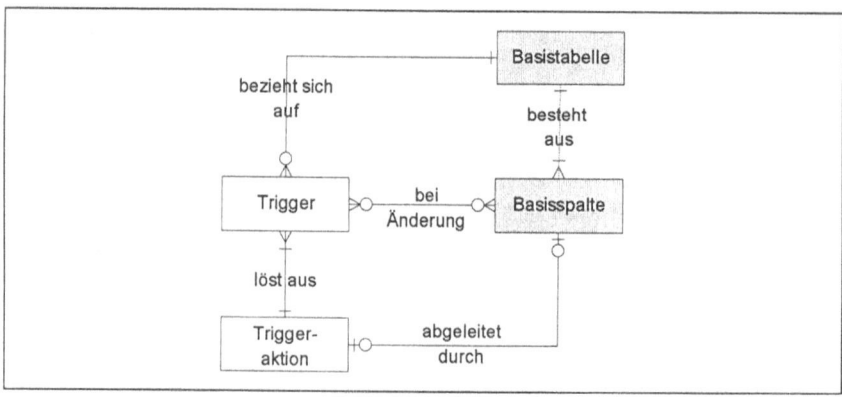

Abbildung 40: Teilmodell Trigger

Abbildung 40 stellt das Teilmodell für Trigger dar. Jeder Trigger ist einer Basistabelle zugeordnet. Handelt es sich bei dem auslösenden Ereignis um die Änderungsoperation,

---

[415] Dies ist in SQL 3 durch die Optionen BEFORE, AFTER und INSTEAD realisiert. Die letzte Option ist bisher nur von dem ANSI und nicht von der ISO im SQL 3-Standard vorgesehen (vgl. ISO-ANSI, 1994a, S. 533).

[416] Vgl. Date/Darwin, 1993, S. 401-402 sowie ISO-ANSI, 1994a, S. 532-549.

kann der Trigger in Abhängigkeit von der Änderung bestimmter Spalten ausgelöst werden.

Die Aktionen, die über Trigger ausgelöst werden, werden im Informationsobjekt *Triggeraktion* festgehalten. Jedem Trigger ist genau eine Aktion zugeordnet, die beim Eintreten des mit dem Trigger beschriebenen Ereignisses ausgeführt wird. Andererseits ist es aber durchaus möglich, daß eine bestimmte Aktion bei verschiedenen Ereignissen ausgelöst werden muß. Deshalb ist die Beziehung im Metamodell als 1:N-Beziehung modelliert worden. Die auszuführende Aktion wird im Informationsobjekt *Triggeraktion* im Form eines SQL-Statements als Zeichenkette festgehalten.

Mit Triggern können die Inhalte der im Kapitel 3.3.1.2.1 dargestellten physisch abgeleiteten Spalten von Basistabellen kontrolliert werden. Der Wert einer abgeleiteten Spalte ergibt sich aus einer Berechnungsvorschrift, die in einer Triggeraktion festgehalten wird. Jeder abgeleiteten Basisspalte ist deshalb genau eine Triggeraktion zugeordnet. Immer wenn Inhalte der Datenbank geändert werden, die den Wert der abgeleiteten Spalte beeinflussen, muß die Triggeraktion ausgeführt werden. Folglich kann es zu einer Aktion verschiedene auslösende Ereignisse geben.[417]

Neben der Kontrolle von abgeleiteten Spalten eignen sich Trigger zu weiteren Zwecken:

☐ Einhaltung von Zustands- und Übergangsbedingungen zwischen verschiedenen Spalten.

☐ Formulierung von alternativen Aktionen für die im Kapitel 3.3.1.2.3 dargestellten referentiellen Aktionen.[418]

☐ Realisierung einer ereignisgesteuerten Auslösung von Funktionen.[419]

---

[417] Das folgende Beispiel soll dies veranschaulichen: Der Wert einer abgeleiteten Spalte Rechnungssumme in der Tabelle Rechnung ergibt sich aus der Summe der Werte der Rechnungspositionen dieser Rechnung. Die Berechnung muß immer dann ausgeführt werden, wenn eine Rechnungsposition zu der Rechnung eingefügt (INSERT), gelöscht (DELETE) oder der Wert der Rechnungsposition geändert (UPDATE) wird. In diesem Fall gibt es drei Ereignisse, zu denen die Triggeraktion ausgelöst werden muß.

[418] In diesem Fall wird für die referentielle Aktion im Fremdschlüssel die Handlungsalternative „no action" definiert. Bei der Änderung bzw. Löschung des Primärschlüssels der referenzierten Tabelle wird ein Trigger ausgelöst, der die Einhaltung der referentiellen Integrität auf eine frei definierbare Art und Weise realisiert.

[419] Siehe Kapitel 3.4.3.

3.3.1.2.5 Integriertes Metamodell der Datenbankkomponente

Abbildung 41 stellt das integrierte Metamodell der Datensicht auf dv-technischer Ebene dar.

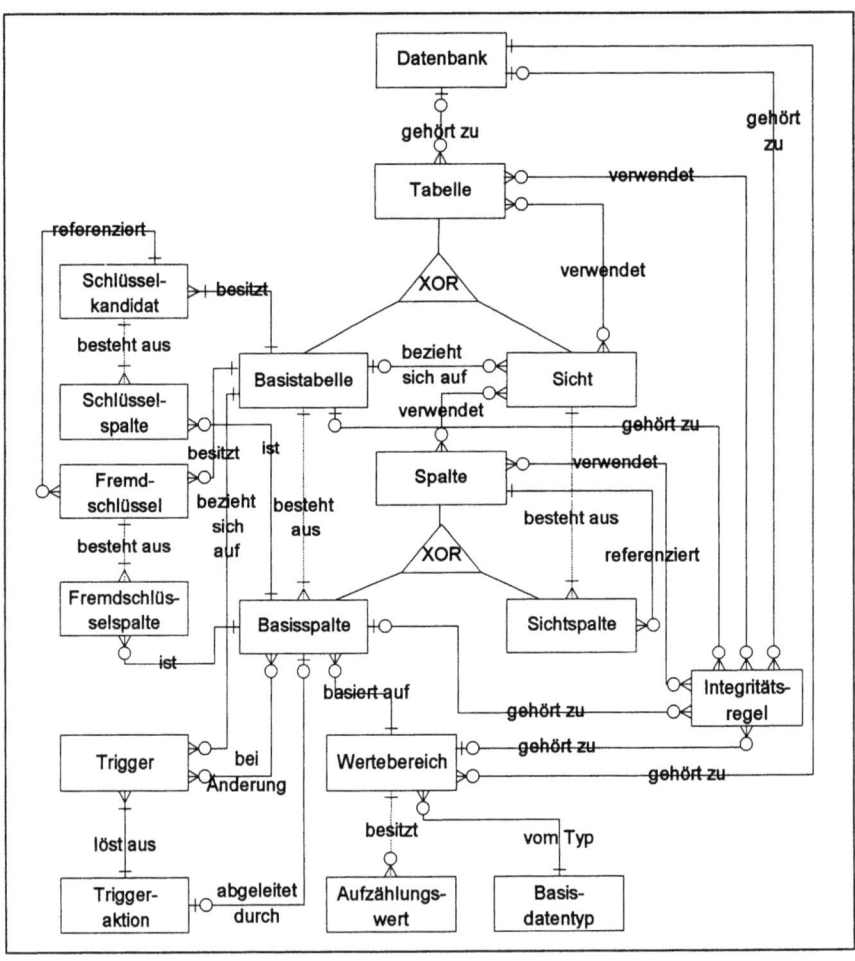

Abbildung 41: Metamodell der Datenbankkomponente auf dv-technischer Ebene

3.3.2 Verarbeitungsfunktionen

In der Komponente der Verarbeitungsfunktionen wird die Anwendungslogik eines Anwendungssystems zusammengefaßt.[420] In dem hier gewählten Architekturmodell für betriebliche Anwendungssysteme ist die Anwendungslogik von der Benutzerschnittstelle getrennt.[421] Somit werden die Softwarekomponenten, die die Benutzerschnittstelle realisieren, nicht zu den Verarbeitungsfunktionen gezählt.

Bei den Verarbeitungsfunktionen lassen sich Funktionen mit fachlichem und rein dv-technischem Inhalt unterscheiden. Durch fachliche Funktionen werden Daten nach fachlichen Regeln ausgewertet oder manipuliert. Zur Realisierung dieser Verarbeitungsfunktionen werden Funktionen zur Lösung rein dv-technischer Aufgaben zu Hilfe genommen. Das folgende Beispiel soll dies verdeutlichen:

Die Verarbeitungsfunktion „Rechnung drucken" wertet die zu einer Rechnung gehörenden Daten nach definierten Regeln aus, führt u. U. Änderungen an Datenelementen durch und gibt die Rechnung in einem vorgeschriebenen Format auf einem Drucker aus. Zur Realisierung der Druckausgabe sind Funktionen zur Auswahl, Ansteuerung und Datenübergabe an einen Drucker notwendig. Diese zuletzt genannten Funktionen sind aus fachlicher Sicht ohne Bedeutung.

Die Algorithmen der Funktionen mit fachlichem Inhalt müssen zur Realisierung eines Anwendungssystems entworfen werden. Dv-technische Funktionen beziehen sich nicht auf die fachliche Problemstellung. Hier bietet sich die Wiederverwendung bestehender Lösungen an.

Aufgabe des Metamodells ist es, die Verarbeitungsfunktionen eines Anwendungssystems in ihrer Struktur und ihrem Zusammenwirken zu beschreiben. Die Verarbeitungsfunktionen werden in prozeduralen Algorithmen so detailliert formuliert, daß eine automatische Umsetzung in eine Programmiersprache der dritten Generation möglich ist.[422] Die Beschreibung abstrahiert aber von einer konkreten Programmiersprache.

---

[420] Diese wird auch als „Funktionaler Kern" (Schönthaler/Németh, 1992, S. 184) oder als „line-of-business (LOB) functions" (Rofrano, 1992, S. 573) bezeichnet.

[421] Vgl. Kapitel 2.3.4.2.

[422] Hierunter fallen imperative Programmiersprachen wie z. B. Pascal, Cobol, Fortran und C, deren Konzept an der Architektur des von-Neumann-Rechners orientiert ist. (vgl. Ludewig, 1993, S. 291). Zur Klassifikation von Programmiersprachen siehe u. a. Zilahi-Szabó, 1988, S. 329 ff.

3.3.2.1 Auswahl der Modellierungsmethoden

3.3.2.1.1 Modellierung der Verarbeitungsfunktionen

Grundlage für den Entwurf der Verarbeitungsfunktionen ist das **Prinzip der Modularisierung**. Das Modul stellt die Grundkomponente des Entwurfs in prozeduralen Programmiersprachen dar. Jedes Modul realisiert eine klar abgegrenzte Teilaufgabe und kann sich zur Erfüllung dieser Teilaufgabe der Dienste anderer Module bedienen.[423]

Die Zerlegung des Gesamtsystems in Module dient der Komplexitätsreduktion und soll die Qualitätsanforderungen nach Zuverlässigkeit, Wartbarkeit und Wiederverwendung des Gesamtsystems bzw. einzelner Komponenten unterstützen.[424] Die Modulbildung erfolgt nach dem Geheimnisprinzip (Information hiding).[425] Von der konkreten Realisierung einer Teilaufgabe wird abstrahiert, das Modul stellt nach außen nur eine Schnittstelle zur Verfügung. Um die gewünschten Qualitätsziele durch die Modularisierung zu erreichen, ist es notwendig, meßbare Kriterien zur Bewertung einer Modulbildung zu liefern. Diese beziehen sich zum einen auf die Größe einzelner Module und die Kohäsion innerhalb der Module, zum anderen auf die Kopplung zwischen Modulen.[426]

Als Entwurfsmethoden für Module können grundsätzlich funktions- und datenorientierte Vorgehensweisen unterschieden werden. Bei einer funktionsorientierten Modularisierung erfolgt die Zerlegung ausgehend von einer datenflußorientierten fachlichen Modellierung.[427] Dies hat zur Folge, daß Datenstrukturen über Schnittstellen zwischen den Modulen ausgetauscht werden. Modulschnittstellen sind somit nicht unabhängig von Datenstrukturen und verletzen das Geheimnisprinzip. Bei einem daten(struktur)orientierten Entwurf wird das Prinzip der Datenabstraktion angewandt. In einem ersten Schritt werden die Datenstrukturen in Modulen gekapselt. Der Zugriff auf Datenelemente erfolgt über die funktionale Schnittstelle des Moduls. Module, die

---

[423] Vgl. Balzert, 1982, S. 44 ff.

[424] Vgl. Pagel/Six, 1994, S. 156.

[425] Vgl. Parnas, 1972, S. 1056.

[426] Als Maß für die Größe eines Moduls wird häufig eine maximale Anzahl von Programmzeilen oder Statements genannt. Ein Modul soll von einer Person entwickelt werden können (vgl. Pomberger/Blaschke, 1993, S. 52 f.). Die in einem Modul realisierten Teilaufgaben sollten einen starken logischen Zusammenhang (Kohäsion) besitzen. Die Komplexität der Beziehungen zwischen Modulen (Kopplung) soll dagegen möglichst gering sein. Beide Maße konkurrieren miteinander, mit abnehmender Modulgröße steigt die Kohäsion, aber zugleich auch die Kopplung. Als Maß für die Qualität eines Entwurfs kann deshalb die „Differenz" von Kohäsion und Kopplung gewählt werden (vgl. Pagel/Six, 1994, S. 175-176).

[427] Vgl. Kapitel 2.3.4.1.

Verarbeitungslogik realisieren, verwenden für den Datenzugriff diese Datenmodule. So wird das Geheimnisprinzip befolgt, und eine Änderung der Datenstruktur wirkt sich nur auf ein Modul aus.[428] Diese Entwurfsmethode hat sich für den hier zu betrachtenden Aufgabenbereich als zweckmäßig erwiesen.

Module können Daten lediglich über einen geregelten Kommunikationsmechanismus austauschen. Dieser besteht aus übergebenen Parametern beim Aufruf einer Funktion eines Moduls, die die externen Bezüge eines Moduls klar erkennbar machen sollen. In der Regel müssen die modularisierten Teilprobleme zu ihrer Realisierung noch weiter verfeinert werden, um nachvollziehbar eine Aufgabe lösen zu können. Ziel dieser Verfeinerung ist aber nicht, einzelne Abstraktionsschichten vor anderen zu verbergen, sondern das Modul zu strukturieren. Die Einhaltung des Geheimnisprinzips zwischen den Verfeinerungsebenen ist deshalb nicht erforderlich.[429] Die Verfeinerung innerhalb eines Moduls soll - im Unterschied zur Zerlegung in Module - Zugriff auf alle Daten des Moduls ermöglichen. Das heißt, es wird die globale Bekanntheit der Daten innerhalb eines Moduls gefordert.[430]

Im weiteren werden die Elemente und Beziehungen innerhalb von einzelnen Modulen als Intramodulstruktur und die zwischen verschiedenen Modulen als Intermodulstruktur bezeichnet.

3.3.2.1.2 Schnittstelle zur Datenbankkomponente

Von zentraler Bedeutung ist in den Verarbeitungsfunktionen der Zugriff auf die Daten der relationalen Datenbank. Für die Schnittstelle zwischen Verarbeitungsfunktionen und Datenbank ist zum einen ein Kommunikationsmechanismus zwischen beiden Komponenten notwendig, zum anderen muß ein externes Modell des Datenbankschemas für den Zugriff der Verarbeitungsfunktionen festgelegt werden.

Externes Modell und Zugriffsoperationen

Das logische Gesamtschema der Datenbank stellt auch das externe Modell für die einzelnen Module und Funktionen dar, d. h., die im externen Schema definierten Tabellen und Datensichten werden unmittelbar in den Verarbeitungsfunktionen verwendet. Teilsichten im Sinne des ANSI/SPARC 3-Ebenenmodells lassen sich für Funktionen und Module aus den in ihnen verwendeten mengenorientierten Abfrage- und Manipulationsoperationen ableiten. Zu den mengenorientierten Operationen, die

---

[428] Vgl. Balzert, 1982, S. 227.

[429] Vgl. Balzert, 1982, S. 388.

[430] Vgl. Kurbel, 1985, S. 14.

im SQL-Standard für den Zugriff auf Tabellen vorgesehen sind, zählen Selektion, Projektion, Verbund sowie Vereinigung, Schnittmenge und Differenz.

Die Selektion stellt eine Auswahl von Zeilen, die Projektion eine Auswahl von Spalten einer Tabelle dar. Beide Operationen werden in SQL über das SELECT-Statement realisiert. Die Verbundoperation dient zur Verknüpfung zweier Tabellen.[431] Mit den Mengenoperationen Vereinigung, Schnittmenge und Differenz (UNION, INTERSECT und EXCEPT) können zueinander kompatible[432] Tabellen verknüpft werden. Die genannten Operationen können nicht nur auf Basistabellen und Datensichten, sondern auch geschachtelt auf Ergebnistabellen dieser Operationen angewandt werden.

Zur Datenmanipulation dienen die elementaren Operationen Einfügen, Ändern und Löschen (INSERT, UPDATE und DELETE). Sie bieten die Möglichkeit, eine Menge von Datensätzen einer Tabelle oder einer aktualisierbaren Datensicht zu bearbeiten.

Die Zugriffsoperationen von SQL können in einer prozeduralen Programmiersprache nicht unmittelbar eingesetzt werden. Die Verarbeitung der Ergebnistabellen von Mengenoperationen ist zunächst nicht möglich, da diese nicht direkt in Datenstrukturen der prozeduralen Sprache übertragen werden können. Abhilfe leistet hier das **Cursorkonzept** von SQL.

Mit der Definition eines Cursors wird einer Mengenoperation[433] ein Cursorname zugeordnet. Wird dieser Cursor im Programm geöffnet, so wird die deklarierte Mengenoperation ausgeführt, und es besteht die Möglichkeit, satzorientiert die Ergebnismenge zu bearbeiten. Der jeweils aktuelle Datensatz der Ergebnismenge kann in Variablen der Programmiersprache eingelesen werden. Ausgehend vom aktuellen Datensatz des Cursors sind Navigationsfunktionen möglich, mit denen der Cursor in der Ergebnismenge absolut oder relativ positioniert werden kann.[434] Mit Hilfe eines Cursors ist die Bearbeitung der Ergebnismenge einer Mengenoperation in einer Wiederholungsschleife möglich.

---

[431] Im SQL/92 ist dazu der JOIN-Operator in den Standard aufgenommen worden. Vorher wurde der Verbund im SELECT-Statement durch die Angabe mehrerer Tabellen in der FROM-Klausel und einer Verknüpfungsbedingung in der WHERE-Klausel realisiert. Es werden verschiedene Join-Typen unterschieden (siehe hierzu Albers, 1994a, S. 298-299).

[432] Für die Mengenoperationen müssen beide Tabellen vom gleichen Grad (Anzahl der Spalten einer Tabelle) sein. Korrespondieren zwei Tabellen nicht vollständig miteinander, so ist auch die Verknüpfung über eine Projektion der Tabellen möglich (vgl. Date/Darwin, 1993, S. 134-138).

[433] I. d. R. ein SELECT-Statement.

[434] Als Navigationsoperationen sind das Positionieren auf den nächsten, vorhergehenden, ersten und letzten Satz sowie der relative und absolute Sprung zu einer angegebenen Satznummer der Ergebnismenge möglich.

Einbindung der Datenbanksprache

Die Befehle der Datenbanksprache SQL können nicht unmittelbar in einer prozeduralen Programmiersprache verwendet werden. Im SQL-Standard werden zwei Formen der Einbindung von SQL in prozedurale Programmiersprachen vorgeschlagen:

❑ Eingebettetes SQL (Embedded SQL)

❑ SQL-Modulsprache (Module Language)

Darüber hinaus beinhaltet SQL 3 die Definition einer

❑ prozeduralen Aufrufschnittstelle (Call Level Interface, CLI).[435]

Eingebettetes SQL ermöglicht die direkte Kodierung von SQL-Deklarationen und SQL-Statements im Quelltext einer Programmiersprache.[436] Ein Vorübersetzer (Precompiler) setzt die SQL-Statements in Funktionsaufrufe um.

In der **SQL-Modulsprache** werden alle Datenbankoperationen in externen Modulen zusammengefaßt. Ein SQL-Modul besteht aus einem Deklarationsteil und einer Menge von Prozeduren, in denen die SQL-Statements angegeben werden. Jede Prozedur kann nur ein einziges SQL-Statement enthalten, Kontrollstrukturen (Sequenz, Auswahl und Wiederholung)[437] sind nicht möglich.[438] Die Prozeduren eines SQL-Moduls können von den Anwendungsprogrammen aufgerufen werden. Die Modulsprache ist dem eingebetteten SQL sehr ähnlich, denn SQL-Module sind auch das Ergebnis des Vorübersetzer-Laufs im eingebetteten SQL.

Eine konzeptionelle Erweiterung von eingebettetem SQL und der SQL-Modulsprache stellt **dynamisches SQL** dar. Die SQL-Statements werden dort erst zur Laufzeit erzeugt und ausgeführt. Im Gegensatz zu statischem SQL müssen die Argumente der Datenbankoperationen zum Übersetzungszeitpunkt des Programms noch nicht feststehen. Aus Sicht der Performance stellt dynamisches SQL eine Verschlechterung dar, da die Syntax der SQL-Statements erst zur Laufzeit geprüft wird. Allerdings ermöglicht dynamisches SQL eine wesentlich flexiblere Programmierung von Anwendungssystemen, so daß dieser Nachteil mehr als aufgewogen wird.

Bei der **prozeduralen Aufrufschnittstelle** werden SQL-Befehle in Funktionsaufrufe als Parameter in Form von Zeichenketten übergeben. Die SQL-Statements werden zur

---

[435] Vgl. Kapitel 3.3.1.1.2.

[436] Diese wird als Wirtssprache (host language) bezeichnet. Der SQL/92 Standard sieht als Wirtssprachen ADA, C, COBOL, FORTRAN, MUMPS, PASCAL und PL/I vor.

[437] Vgl. Kapitel 3.3.2.2.3.

[438] Als Erweiterung des SQL/92 Standards sind in SQL 3 Kontrollstrukturen für SQL-Module vorgesehen. Auf die Möglichkeiten, die sich daraus ergeben, wird in Kapitel 3.3.2.2.5 eingegangen.

Laufzeit vom DBMS interpretiert. Diese spezielle Form des dynamischen SQL wird als SQL/CLI (Call Level Interface) in den SQL 3-Standard aufgenommen (vgl. Abbildung 37, S. 100).

Eine bereits implementierte Aufrufschnittstelle ist **ODBC** (Open Database Connectivity) unter Microsoft Windows[439], die im wesentlichen auf einem Standard von X/Open und der SQL Access Group (SAG)[440], der Call Level Interface (CLI) Specification basiert.[441] Ein alternativer Vorschlag für eine Aufrufschnittstelle wurde mit **IDAPI** (Integrated Database Application Programming Interface) von einem Firmenkonsortium um IBM gemacht.[442]

Die Aufrufschnittstelle ist eine Bibliothek von Funktionen, die von einem Anwendungsprogramm aufgerufen werden können. Sie beinhaltet Funktionen, um Verbindungen zu einer Datenbank aufzubauen, SQL-Statements auszuführen und Ergebnisse einer Datenbankanfrage zur Verfügung zu stellen.

Bewertung der verschiedenen Arten der Einbindung

Eingebettetes SQL ist von den hier dargestellten Formen der Einbindung von SQL in die Anwendungsprogramme zur Zeit die wichtigste. Als Wirtssprachen werden i. d. R. C oder Cobol gewählt, um größtmögliche Portabilität der Programme auf verschiedene Betriebssysteme zu gewährleisten.

Zwar wird als Vorteil der Modulsprache größere Unabhängigkeit von der Wirtssprache und Wiederverwendbarkeit der Module genannt[443], doch darf zumindest letzteres bezweifelt werden. Da die Prozeduren der Module keine Kontrollstrukturen besitzen, sondern nur einzelne Statements abbilden, sind die SQL-Module zu eng an die zugehörigen Module der Wirtssprache gekoppelt. Auch wird eine Schnittstelle über Modulsprache nur von sehr wenigen Datenbanksystemen unterstützt.

Der Vorteil der Aufrufschnittstelle gegenüber eingebettetem SQL besteht darin, daß alle SQL-Befehle über C-Funktionsaufrufe realisiert werden. Dadurch ist der Daten-

---

[439] Vgl. ODBC, 1992 und ODBC, 1993.

[440] Nach eigenen Angaben repräsentieren die Mitglieder der SAG rund 70 Prozent des Marktes für relationale Datenbanksysteme. Zu den Mitgliedern zählen u.a. Microsoft, DEC, Apple, Sun, Ashton-Tate, Lotus, Oracle, Informix, Sybase und die Software AG (Angaben zum Zeitpunkt der Verabschiedung des Standards, vgl. Gfaller, 1992, S. 7).

[441] Vgl. X/OPEN-SQL, 1991. Diese Spezifikation wurde bei der ISO als Erweiterung von SQL vorgeschlagen und wird wohl weitestgehend als SQL/CLI-Norm übernommen werden. Siehe hierzu auch die Übersicht über die SQL-Standards in Kapitel 3.3.1.1.2.

[442] Vgl. IDAPI, 1993, S. 10. Zu dem Konsortium gehören u. a. IBM, Novell, Borland und Wordperfect.

[443] Vgl. Eisele, 1995, S. 26.

bankzugriff aus jeder Programmiersprache, die C-Funktionsaufrufe unterstützt, möglich und nicht von der Existenz eines Vorübersetzers abhängig.[444] Als Defizit der Aufrufschnittstelle wird häufig eine späte Fehlererkennung und eine schlechtere Performance genannt, die u. a. mit den dynamischen SQL-Statements begründet wird.[445]

Die Beschreibung der Schnittstelle zur Datenbankkomponente soll bei der Modellierung der Verarbeitungsfunktionen so erfolgen, daß die Schnittstelle nach allen drei oben genannten Konzepten implementiert werden kann.

3.3.2.2 Metamodell der Verarbeitungsfunktionen

3.3.2.2.1 Intermodulstruktur

Im Zentrum der Intermodulstruktur steht das Modul. Ein Modul besteht aus einer Menge von Funktionen, von denen einige exportiert[446] werden. Nur exportierte Funktionen können von Funktionen anderer Module verwendet werden.

Module lassen sich nach ihren Aufgaben in verschiedene Modultypen klassifizieren:[447]

□ **Steuermodule** nehmen Koordinationsaufgaben wahr. Da in dem hier gewählten Modell des Anwendungssystems die Steuerung über die Benutzerschnittstelle erfolgt, beschränken sich die Steuermodule auf Initialisierungs- und Abschlußfunktionen beim Starten oder beim Beenden des Anwendungssystems.

□ Die **Anwendungsmodule** beinhalten die Algorithmen zur Problemlösung. Sie stehen bei betrieblichen Anwendungssystemen im Mittelpunkt der Betrachtung, da sie die fachlichen Regeln des Anwendungsbereichs abbilden.

□ **Hilfsmodule** stellen den Anwendungsmodulen häufig benötigte Operationen zur Verfügung. Beispiele hierfür sind Module, die abstrakte Datentypen realisieren oder Module zur Fehlerbehandlung. Während es sich bei den Anwendungsmodulen um Algorithmen zur Lösung fachlicher Aufgaben handelt, lösen Hilfsmodule dv-technische Problemstellungen.

□ In **Bibliotheksmodulen** werden anwendungsunabhängige Operationen und Funktionen zusammengefaßt. Dazu zählen u. a. Module zur Kommunikation mit dem Be-

---

[444] Vgl. Albers, 1994a, S. 302.

[445] Vgl. Neumann, 1992, S. 187.

[446] Als Export werden alle Funktionen, Datentypen und Konstanten eines Moduls bezeichnet, die von anderen Modulen benutzbar sind (vgl. Pagel/Six, 1994, S. 156).

[447] Nach Pomberger/Blaschek, 1993, S. 57.

triebssystem und auch die Schnittstellen zur Datenbankkomponente und zur Benutzerschnittstelle des Anwendungssystems.

In den Verwendungsbeziehungen der Module bilden Anwendungs-, Hilfs- und Bibliotheksmodule in der genannten Reihenfolge eine Hierarchie. Der Grad der Wiederverwendung von Modulen steigt in dieser Hierarchie von oben nach unten. Während Anwendungsmodule für eine bestimmte fachliche Aufgabe entworfen werden, sind Hilfsmodule häufig auf andere Anwendungen übertragbar. Bibliotheksmodule sind per se zur Wiederverwendung bestimmt.

Abbildung 42 stellt das Metamodell für die Intermodulstruktur der Verarbeitungsfunktionen dar. Die Funktionen der Module werden durch das Informationsobjekt *Funktion* dargestellt. Es wird zwischen benutzerdefinierten und intrinsischen Funktionen unterschieden. Benutzerdefinierte Funktionen können Funktionen anderer Module importieren.[448] Als intrinsisch werden Funktionen bezeichnet, bei denen die Kenntnis der Binnenstruktur unbekannt bzw. ohne Bedeutung ist.[449] Intrinsische Funktionen werden von Hilfs- oder Bibliotheksmodulen exportiert.

Prozedurale Programmiersprachen unterscheiden i. d. R. zwischen Funktionen i. e. S. und Prozeduren. Funktionen können Bestandteil eines Ausdrucks[450] sein, in dem sie durch den Wert, den sie als Ergebnis zurückgeben, ersetzt werden. Im Gegensatz dazu besitzen Prozeduren keinen Rückgabewert und werden durch einen Befehl aufgerufen.[451] Im vorliegenden Metamodell erfolgt keine explizite Unterscheidung zwischen Funktionen und Prozeduren. Prozeduren werden mit dem Informationsobjekt *Funktion* modelliert, ihnen ist im Gegensatz zu Funktionen i. e. S. kein Datentyp als Rückgabewert zugeordnet.[452]

Die Schnittstelle einer Funktion wird durch ihre formalen Parameter und den Rückgabewert definiert. Parameter und Rückgabewert sind einem Datentyp zugeordnet.[453]

---

[448] Zur Intermodulstruktur zählen nur Aufrufe von Funktionen, die von anderen Modulen exportiert werden. Aufrufe von Funktionen des eigenen Moduls zählen nicht dazu. Die hier dargestellte Beziehung stellt nur eine Verwendungsbeziehung dar. Der konkrete Aufruf in einer Funktion wird in der Intramodulstruktur modelliert (vgl. Kapitel 3.3.2.2.3). Die hier dargestellte Beziehung ist dazu redundant und entfällt deshalb bei der Integration beider Teilmodelle (vgl. Abbildung 49).

[449] Wird z. B. das Hilfsmodul „Fehlerbehandlung" eines anderen Anwendungssystems wiederverwendet, ist die Intramodulstruktur zwar bekannt, bei der Wiederverwendung im zu entwickelnden Anwendungssystem aber nur die funktionale Schnittstelle des Moduls von Interesse.

[450] Vgl. Kapitel 3.3.2.2.4.

[451] Vgl. Kurbel, 1985, S. 13.

[452] Funktionen ohne Rückgabewert werden im folgenden wie Prozeduren behandelt: ihre Verwendung in Ausdrücken ist nicht möglich, der Aufruf erfolgt durch einen expliziten Befehl.

[453] Die Beschreibung dieser Informationsobjekte folgt im nächsten Kapitel.

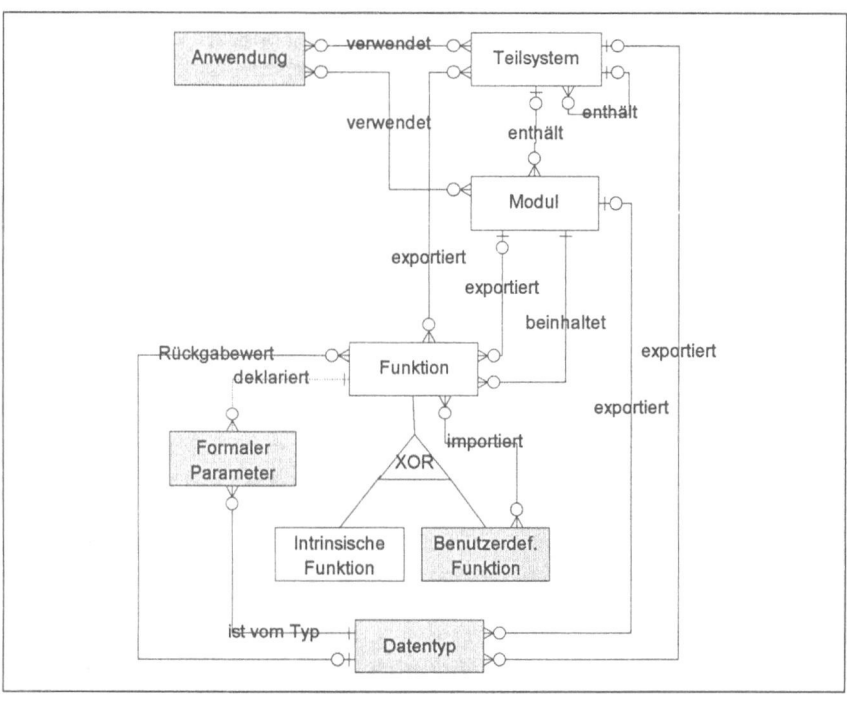

Abbildung 42: Teilmodell Intermodulstruktur

Zur Aggregation von Modulen dient das Teilsystem.[454] Logisch zusammengehörige Module können so zu größeren Einheiten zusammengefaßt werden. Auch eine hierarchische Strukturierung von Teilsystemen soll möglich sein, um Teilsysteme als Bestandteile größerer Teilsysteme aufnehmen zu können. Ziel der Bildung von Teilsystemen ist es, eigenständige Einheiten zu definieren, die anderen Anwendungen zur Verfügung gestellt werden können.

Funktionen und Datentypen, die von einem Teilsystem exportiert werden, müssen selbst Exporte von Modulen oder Teilsystemen sein, die in diesem Teilsystem enthalten sind. I. d. R. werden nicht alle Exporte der enthaltenen Module und Teilsysteme auch wieder vom übergeordneten Teilsystem exportiert.

Module und Teilsysteme können von mehreren Anwendungen verwendet werden. Das Informationsobjekt *Anwendung* wird bei der Beschreibung der Benutzerschnittstelle in Kapitel 3.3.3.2.1 beschrieben.

---

[454] Vgl. Pagel/Six, 1994, 205-210.

3.3.2.2.2 Datentypen, Variablen und Konstanten

Unter der Datenbeschreibung einer Programmiersprache werden die Eigenschaften verstanden, die für die Daten definiert werden können und auf die bei der Bearbeitung Bezug genommen werden kann.[455] Ausgangspunkt der Datenbeschreibung ist der Datentyp. Unter einem *Datentyp* soll im folgenden die Wertemenge eines Datenobjekts - also einer Variablen, eines Ausdruckes, einer Konstanten oder einer Funktion i. e. S. - zusammen mit den auf dieser Wertemenge erlaubten Operationen[456] verstanden werden.

Neben einer korrekten maschineninternen Repräsentation der Daten bei der Programmübersetzung werden Datentypen verwendet, um Programme verständlicher und zuverlässiger zu entwickeln.[457] Eine Operation kann besser verstanden werden, wenn die zu bearbeitenden Objekte der Art nach bekannt sind. Der Compiler kann weiterhin durch automatische Prüfungen die Fehlererkennung verbessern.[458]

Als Standardtypen, die in vielen Programmiersprachen vordefiniert sind, gelten ganze Zahlen (integer), rationale Zahlen (real), Dezimalzahlen (numeric), Zeichenketten (char) und logische Werte (boolean).[459] Für datenbankbasierte Anwendungssysteme ist es zweckmäßig, in den Verarbeitungsfunktionen die gleichen Datentypen wie in der Datenbank zu verwenden. Die elementaren Datentypen werden deshalb im Metamodell durch das Informationsobjekt *Basisdatentyp* modelliert, das bereits im Kapitel 3.3.1.2.1 zur Darstellung der Datentypen von Wertebereichen der Datenbank eingeführt worden ist.

Durch rekursiv anwendbare Typkonstruktoren können aus den Basisdatentypen zusammengesetzte Datentypen aufgebaut werden. Als solche Typkonstruktoren gelten:[460]

Listenkonstruktor (LIST OF, ARRAY) In einer homogenen Struktur werden Komponenten des gleichen Grundtyps zusammengefaßt. Zur Identifizierung einzelner Arraykomponenten wird eine Indexangabe verwendet, die aus einer Konstanten, einer Variablen oder einem Ausdruck vom Typ *integer* besteht. In einigen Programmiersprachen kann ein Array selbst als Grundtyp eines anderen Arrays verwendet werden, so daß ein mehrdimensionales Array entsteht.

---

[455] Vgl. Kurbel, 1985, S. 19.

[456] Vgl. Balzert, 1982, S. 191 sowie Kurbel, 1985, S. 19.

[457] Vgl. Kurbel, 1985, S. 19 f.

[458] Vgl. Horowitz, 1984, S. 118 f.

[459] Vgl. Kurbel, 1985, S. 20 f.

[460] Vgl. Kurbel, 1985, S. 22-23 sowie Heuer, 1992, S. 279.

Tupelkonstruktor (TUPEL OF, RECORD) Sind die Komponenten einer Datenstruktur unterschiedlichen Typs, so werden sie unter Berücksichtigung hierarchischer Strukturen zwischen den Komponenten zu Records zusammengefaßt.

Mengenkonstruktor (SET OF) Aus Elementen eines zugrunde liegenden Typs wird eine Menge gebildet. In der Menge können im Gegensatz zu der Liste keine Elemente mehrfach vorkommen, und die Elemente besitzen auch keine Ordnung.

Zentrales Element zur Verwaltung komplexer Datentypen in Programmiersprachen sind **Verweise** (Zeiger, Pointer, Handle). Sie referenzieren Variablen und sind grundlegendes Instrument zur Definition dynamischer Datenstrukturen. Der Speicherplatz für die über einen Verweis referenzierte Variable wird dynamisch zur Laufzeit allokiert.

Merkmal einer datenbankbasierten Anwendung ist, daß die persistenten Datenobjekte des Anwendungsbereichs vollständig in der Datenbank gespeichert werden. Im relationalen Datenmodell werden von den oben dargestellten Typenkonstruktoren nur der Tupel- und Mengenkonstruktor in eingeschränkter Form verwendet.[461] Deshalb sind alle Datenobjekte des Anwendungsbereichs in relationalen Strukturen zu modellieren. Da jedes Attribut einer Relation genau einem Basisdatentyp zugeordnet ist, wären die Basisdatentypen zur Bearbeitung der Datenobjekte des Anwendungsbereichs in den Verarbeitungsfunktionen prinzipiell ausreichend.[462]

Gegen die Beschränkung auf Basisdatentypen sprechen jedoch folgende Argumente:

□ Zur Bearbeitung der Datenobjekte des Anwendungsbereichs werden häufig Hilfsstrukturen verwendet, für die zusammengesetzte Strukturen zweckmäßig sind.[463]

---

[461] Die Schemadefinition einer Tabelle im relationalen Modell läßt sich in einer Programmiersprache durch den Datentyp

TUPEL OF (Attribut 1: Typ 1, Attribut 2: Typ2 ,..., Attribut n: Typ n)

und die Relation durch den Typ

SET OF(TUPEL OF (Attribut 1: Typ 1, Attribut 2: Typ 2 ,..., Attribut n: Typ n))

darstellen. Als Datentypen der Attribute sind dabei nur elementare Basisdatentypen und keine zusammengesetzten Strukturen zulässig (vgl. Heuer, 1992, S. 277-278). Damit ist das relationale Modell bezüglich der Typkonstruktoren gegenüber Programmiersprachen erheblich eingeschränkt.

[462] Die mengenorientierten Abfrage- und Änderungsoperationen realisieren den Zugriff auf Relationen, nur Attribute, die immer einem Basisdatentyp zugeordnet sind, müssen in Variablen übertragen werden.

[463] Als Beispiel sei die Speicherung einer Rechnung genannt: In einer Datenbank erfolgt die Speicherung üblicherweise durch eine Tabelle Rechnung für die Daten des Rechnungskopfs und eine Tabelle Rechnungsposition für die einzelnen Artikelpositionen der Rechnung. Trotz dieser Modellierung handelt es sich bei den Rechnungspositionen nicht um eine Menge, sondern um eine

▢ Neben den Objekten des Anwendungsbereichs werden in Verarbeitungsfunktionen Datenobjekte zur Realisierung von dv-technischen Aufgaben benötigt, bei denen eine Einschränkung auf die Basisdatentypen nicht ausreichend ist.

Eignen sich als Hilfsstrukturen Tabellen, so können diese in Datenbankanwendungen durch temporäre Tabellen realisiert werden. In diesem Fall werden zur Bearbeitung die Zugriffsmethoden der Datenbank verwendet. In Kapitel 3.3.1.2.1 wurden bereits temporäre Tabellen vom Typ „global erzeugt" und „lokal erzeugt" beschrieben. Diese Tabellen sind Bestandteil der Datenbank, und die durch die Tabelle definierte Struktur kann von beliebigen Modulen verwendet werden. Tabellen vom Typ „lokal deklariert" sind dagegen keiner Datenbank, sondern einem bestimmten Modul zugeordnet und nur von diesem verwendbar.[464]

Im Metamodell wird die Verwendung von lokal deklarierten Tabellen in Modulen durch eine Beziehung zwischen den Informationsobjekten *Modul* und *Tabelle* dargestellt. Eine Beziehung kann nur zu Tabellen vom Typ „lokal deklariert" bestehen, diese haben keine Beziehung zum Informationsobjekt Datenbank (vgl. Abbildung 38, S. 102).

Abbildung 47 stellt das Metamodell für Datentypen und Variablen dar. Während Spalten der Datenbank über Wertebereiche immer Basisdatentypen zugeordnet werden, können die Variablen der Module auch benutzerdefinierten Datentypen zugeordnet werden.[465]

Ein benutzerdefinierter Datentyp kann eine Liste, eine Menge, ein Tupel oder ein Verweis sein. Eine Liste, eine Menge und ein Verweis sind jeweils genau einem Datentyp zugeordnet. Ein Tupel besteht dagegen aus einem oder mehreren Tupelelementen, die wiederum einem Datentyp zugeordnet sein müssen.

Eine Variable ist genau einem Datentyp zugeordnet. Die Variable kann entweder in einem Modul oder in einer benutzerdefinierten Funktion deklariert werden. Eine wichtige Eigenschaft jeder Variablen ist deren Sichtbarkeit.[466] Es lassen sich globale, lokale und statische Variablen unterscheiden.[467] Globale Variablen sind modulweit sichtbar. Lokale Variablen sind dagegen nur in der Funktion, in der sie deklariert werden,

---

Liste. Eine Verarbeitungsfunktion zur Erfassung einer neuen Rechnung wird die Positionen aus diesem Grund zweckmäßigerweise in einer Liste (Array) zwischenspeichern.

[464] Wie bereits in Kapitel 3.3.1.2.1 dargestellt, sind Tabellen vom Typ „lokal deklariert", kein Bestandteil des Systemkatalogs der Datenbank, sondern Bestandteil einer Moduldefinition.

[465] Diese Restriktion entfällt in SQL 3 (vgl. Kapitel 3.3.2.1.2).

[466] Unter der Sichtbarkeit einer Variablen versteht man die Möglichkeit, auf die Variable außerhalb ihres direkten Definitionsbereichs (Funktion oder Modul) zuzugreifen und sie zu manipulieren.

[467] Diese Eigenschaft des Informationsobjekts *Variable* wird im Metamodell attributiv modelliert.

sichtbar. Statische Variablen besitzen ein Gedächtnis, d. h., die der Variablen zugewiesenen Werte bleiben auch über die Ausführungszeit einer Funktion hinaus erhalten. Statische Variablen werden von Modulen deklariert und sind modulglobal verwendbar.

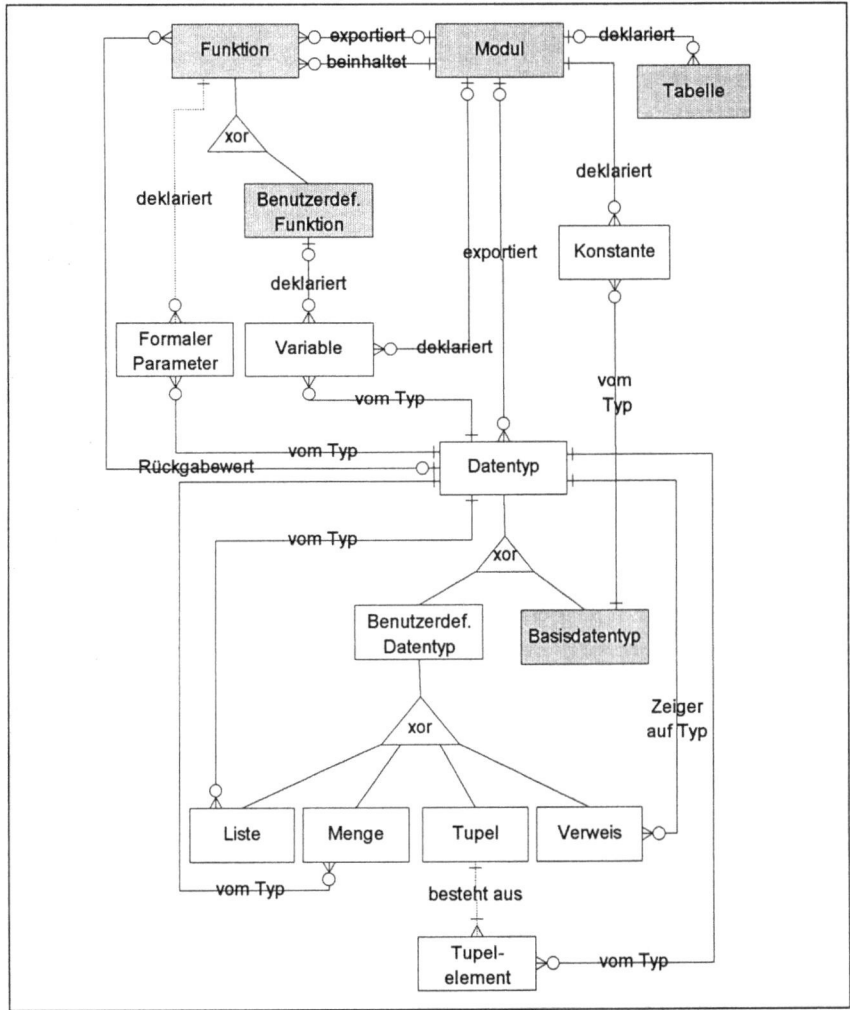

Abbildung 43: Teilmodell Datentypen und Variablen

Eine besondere Form von Variablen sind die formalen Parameter der Funktionen. Ein formaler Parameter deklariert eine lokale Variable, die als Schnittstelle der Funktion verwendet wird. In Abhängigkeit von der Verarbeitung der Parameter werden die Typen

◻ INPUT

◻ OUTPUT und

◻ INPUT/OUTPUT[468]

unterschieden. Formalen Parametern vom Typ INPUT und INPUT/OUTPUT wird beim Aufruf der Wert des aktuellen Parameters zugewiesen. Parameter vom Typ OUTPUT können dagegen innerhalb der Funktion einen Initialisierungswert zugewiesen bekommen.

Die Verwendung von Konstanten soll vermeiden, daß nicht selbst erklärende numerische und textuelle Literale bei der Programmierung verwendet werden. Konstanten besitzen keine zusammengesetzten Strukturen, sondern sind unveränderliche elementare Datenobjekte. Jeder Konstanten ist ein bestimmter Basisdatentyp zugeordnet, um bei ihrer Verwendung eine Verträglichkeitsprüfung der Datentypen vornehmen zu können.

3.3.2.2.3 Intramodulstruktur

Die exportierten Operationen eines Moduls müssen in prozeduralen Algorithmen formuliert werden. Diese Algorithmen werden durch einfache Anweisungen und durch Kontrollstrukturen bzw. Steueranweisungen gebildet, die die Ausführung von Anweisungen steuern. Dabei sollen die Steueranweisungen nach dem Prinzip der linearen Kontrollstrukturen[469] die Problemstruktur des Algorithmus in leicht verständlicher Form widerspiegeln.

Die strukturierte Programmierung erlaubt, Strukturblöcke nur mit jeweils einem Eingang und einem Ausgang zu verwenden. Die Verwendung eines Sprungbefehls

---

[468] In Programmiersprachen werden für Parameter die Übergabe des Datenwertes (call by value), Übergabe des Namens (call by name) und die Übergabe der Speicheradresse (call by reference) unterschieden (vgl. Horowitz, 1984, S. 202-207). „Call by Value" entspricht dem Parametertyp INPUT, „Call by reference" dem Parametertyp INPUT/OUTPUT. Der Parametertyp OUTPUT kann in einer Programmiersprache realisiert werden, indem der Parameter per Referenz übergeben wird. Wird dieser Parameter zu Beginn der Funktion mit dem Nullwert initialisiert, ist gewährleistet, daß ein möglicher Eingabewert sofort überschrieben wird und die Wirkung der Funktion nicht beeinflußt.

[469] Vgl. Balzert, 1982, S. 371-372.

(GOTO) ist nicht zugelassen. Als Steuerungskonstrukte der strukturierten Programmierung gelten

□ die Sequenz,

□ die Auswahl und

□ die Wiederholung.[470]

Zur graphischen Darstellung dieser Steuerungskonstrukte werden im folgenden Struktogramme in der Notation nach NASSI und SHNEIDERMAN[471] verwendet (vgl. Abbildung 44).[472]

In einer **Sequenz** werden mehrere, hintereinander ausführbare Anweisungen formuliert.

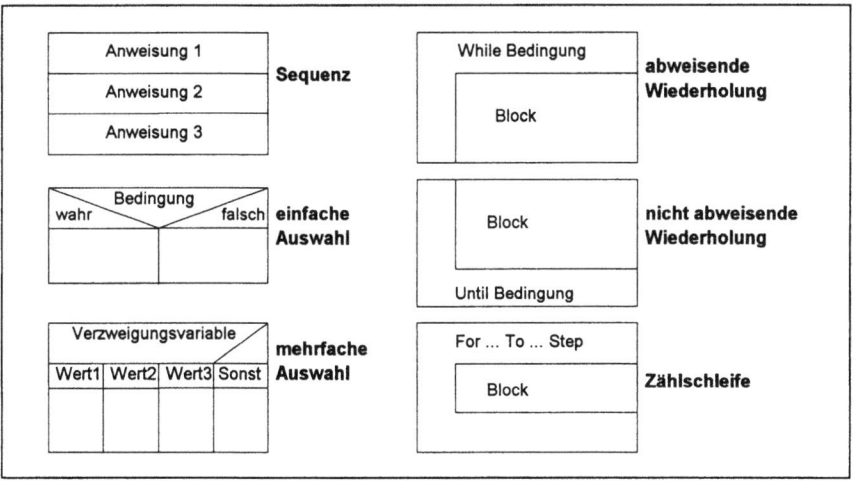

Abbildung 44: Steuerungskonstrukte der strukturierten Programmierung

In einer **Auswahl** wird eine Bedingung bzw. ein logischer Ausdruck ausgewertet. Je nach ermitteltem Ergebnis wird ein bestimmter Strukturblock ausgeführt. Die Anzahl der möglichen Alternativen kann variieren.

---

[470] Vgl. Kurbel, 1985, S. 15-18 und Balzert, 1982, S. 372.

[471] Vgl. Nassi/Shneiderman, 1973, S. 16-25.

[472] Struktogramme wurden in der DIN 66 261 genormt (DIN 66 261, 1985). Gegenüber Programmablaufplänen (PAP) besitzen Struktogramme den Vorteil, daß dort die Darstellung von Sprungbefehlen nicht möglich ist (vgl. Schulz, 1988, S. 24 und Denert, 1991, S. 352).

Bei einer einseitigen Alternative wird ein untergeordneter Strukturblock nur dann ausgeführt, wenn die entsprechende Bedingung erfüllt ist. Eine zweiseitige Alternative verzweigt je nach Ergebnis der Bedingungsüberprüfung entweder in den ersten oder den zweiten untergeordneten Strukturblock. Eine Mehrfachauswahl bzw. Fallunterscheidung stellt eine Verallgemeinerung dieser Auswahlstrukturen dar. Die Bedingung, nach der ein Strukturblock ausgewählt werden soll, wird in einen Bedingungsausdruck und in eine Vielzahl von Falldiskriminatoren zerlegt. Durch den Vergleich des Bedingungsausdrucks mit den Falldiskriminatoren kann der Fall bestimmt werden, für den Ausdruck und Diskriminator gleich sind. Der Ablauf wird mit dem Strukturblock, der diesem Falldiskriminator untergeordnet ist, fortgesetzt. Kann keiner der möglichen Fälle ausgewählt werden, so wird der Strukturblock des Ausnahmefalls ausgeführt.[473]

Das Konstrukt der **Wiederholung** dient zur Formulierung von Programmschleifen. In Abhängigkeit von der Stelle, an der die Bedingung zur Fortsetzung der Schleife überprüft wird, lassen sich abweisende und nicht abweisende Wiederholung unterscheiden (vgl. Abbildung 44). Eine Sonderform der abweisenden Wiederholung stellt die Zählschleife dar. Ihr Ablauf wird durch eine Kontrollvariable gesteuert. Der Kontrollvariablen wird in der Schleifenanweisung ein Anfangswert für den ersten Durchlauf der Schleife zugewiesen. Dieser wird bei jedem weiteren Durchlauf so lange um eine Schrittweite erhöht, bis ein bestimmter Endwert überschritten und die Zählschleife abgebrochen wird.[474]

Die Abbildung der Binnenstruktur von Funktionen erfolgt im Metamodell durch die Modellierung von Blöcken und Blockstrukturen. Jede benutzerdefinierte Funktion besitzt genau einen Block, durch den sie realisiert wird. Dieser Block ist eines der möglichen Blockkonstrukte. Die Blockkonstrukte Sequenz, Auswahl und Wiederholung beinhalten ihrerseits wieder untergeordnete Blöcke, so daß eine Baumstruktur entsteht. Eine Funktion wird somit durch einen Baum von Blöcken dargestellt. Die Wurzel des Baums ist der Ausgangsblock der Funktion und dieser direkt zugeordnet.[475] Abbildung 45 zeigt zur Veranschaulichung eine Funktion in Form eines Nassi-Shneiderman-Diagramms und die daraus resultierende Blockstruktur.

---

[473] Vgl. Kurbel, 1985, S. 16-17.

[474] Vgl. Kurbel, 1985, S. 18.

[475] Könnte ein Block mehreren Blöcken untergeordnet sein, würden die Blöcke keine Baumstruktur, sondern einen gerichteten Graphen darstellen. In diesem Fall könnte ein Block von mehreren Funktionen verwendet werden. Die Wiederverwendung derselben Blöcke in verschiedenen Funktionen ist aber nicht zweckmäßig, da aus Gründen der Übersichtlichkeit die Funktion die kleinste Komponente der Wiederverwendung darstellen soll. Besitzt ein Block die Eigenschaft, daß er von mehreren Funktionen verwendet werden kann, so wird dieser Block als eigenständige Funktion definiert, die dann von den anderen Funktionen aufgerufen werden kann.

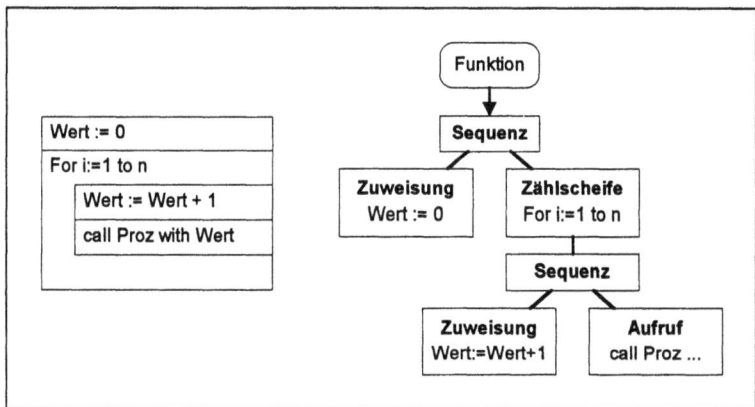

Abbildung 45: Darstellung einer Funktion in der Blockstruktur

Jeder Block läßt sich einer benutzerdefinierten Funktion zuordnen. Entweder ist der Block einer Funktion als Ausgangsblock direkt zugeordnet, oder der Block ist genau einem anderen Block untergeordnet, der wiederum direkt oder indirekt einer Funktion zugeordnet ist. Nachfolgend werden die Informationsobjekte, mit denen die verschiedenen Blockkonstrukte modelliert werden, dargestellt:

Sequenz

Das mit dem Informationsobjekt *Sequenz* dargestellte Blockkonstrukt ist lediglich ein Hilfskonstrukt, um eine Abfolge von mehreren Blöcken darzustellen. Der Block selbst trägt keine weiteren Informationen, sondern referenziert nur zwei oder mehr untergeordnete Blöcke. Über eine Ordnungsnummer wird für die Elemente der Sequenz eine Reihenfolge definiert. Die untergeordneten Blöcke einer Sequenz werden mit dem Informationsobjekt *Sequenzelement* dargestellt. Jedes Sequenzelement wird durch genau einen Block realisiert. Ein Block, der Element einer Sequenz ist, darf selbst keine Sequenz sein, da diese bereits in der Sequenz des übergeordneten Blocks dargestellt werden könnte.

Auswahl

Die verschiedenen Formen des Auswahlkonstrukts werden über die Informationsobjekte *Einfachauswahl* und *Mehrfachauswahl* dargestellt. Die *Einfachauswahl* besitzt bei einer einseitigen Alternative einen, bei einer zweiseitigen Alternative zwei untergeordnete Blöcke.[476] Die Bedingung der Einfachauswahl wird durch einen Ausdruck dargestellt.[477]

Das Informationsobjekt *Mehrfachauswahl* realisiert die Auswahl einer beliebigen Anzahl von Alternativen. Einige Programmiersprachen unterstützen die Formulierung der Mehrfachauswahl in einer allgemeinen Form.[478] Die Bedingung für die Fallunterscheidung bezieht sich dort nicht auf einen einzigen Ausdruck, der mit den Falldiskriminatoren der einzelnen Auswahlzweige auf Gleichheit überprüft wird, sondern jeder Auswahlzweig kann eine beliebige Bedingung enthalten, die zum Eintritt in den Auswahlzweig erfüllt sein muß. Zusätzlich zu der eingeschränkten Mehrfachauswahl soll auch diese Form im Metamodell abgebildet werden.[479] Wird diese Form der Mehrfachauswahl von einer Implementierungssprache nicht unterstützt, so läßt sie sich immer in eine geschachtelte Einfachauswahl transformieren.[480]

Zu einer Mehrfachauswahl gehört eine Anzahl von *Auswahlzweigen.* Handelt es sich bei der Mehrfachauswahl um eine Auswahl über einen Falldiskriminator, so besteht für den Auswahlzweig eine Beziehung zu einem Ausdruck, der den Wert des Diskriminators für diesen Auswahlzweig darstellt. Ist die Mehrfachauswahl dagegen in der allgemeinen Form, besteht eine Beziehung zu einer Bedingung, die die Ausführungsbedingung des Auswahlzweiges darstellt.

---

[476] Die erste Alternative wird durch die Beziehung zwischen *Einfachauswahl* und *Block*, die zweite Alternative durch die optionale Beziehung zwischen *Auswahl* und *Block* modelliert (vgl. Abbildung 46).

[477] Zur Modellierung von Ausdrücken vgl. 3.3.2.2.4. Aus Gründen der Übersichtlichkeit wurde im Metamodell auf die graphische Darstellung von Beziehungen zu den Informationsobjekten *Ausdruck* und *Bedingung* verzichtet. Auf diese Beziehungen wird nur in der textuellen Beschreibung hingewiesen.

[478] So z. B. Clipper mit dem CASE-Befehl und PL/I durch die allgemeine Select-Anweisung (vgl. Kurbel, 1985, S. 98).

[479] Die allgemeine Form besitzt zwei Vorteile: Zum einen ist man zur Unterscheidung der einzelnen Fälle nicht auf den Wert eines einzigen Audrucks beschränkt, zum anderen können neben der Gleichheitsoperation auch andere Operatoren verwendet werden (insbesondere die Operationen kleiner / größer). Allerdings besteht damit auch die Gefahr, redundante oder voneinander unabhängige Bedingungen für einzelne Auswahlzweige zu formulieren. Die Ausführung eines Zweiges ist dann abhängig von der Reihenfolge. Nur der erste Auswahlzweig, der die Bedingung erfüllt, wird ausgeführt, unabhängig davon, ob auch noch nachfolgende Zweige ihre Bedingung erfüllen würden.

[480] Diese Form der Mehrfachauswahl ist eine vereinfachte Darstellung von mehrfach geschachtelten Einfachauswahlen (IF Bedingung 1 THEN Alternative 1 ELSE IF Bedingung 2 THEN Alternative 2 ELSE IF Bedingung 3 THEN Alternative 3 ...).

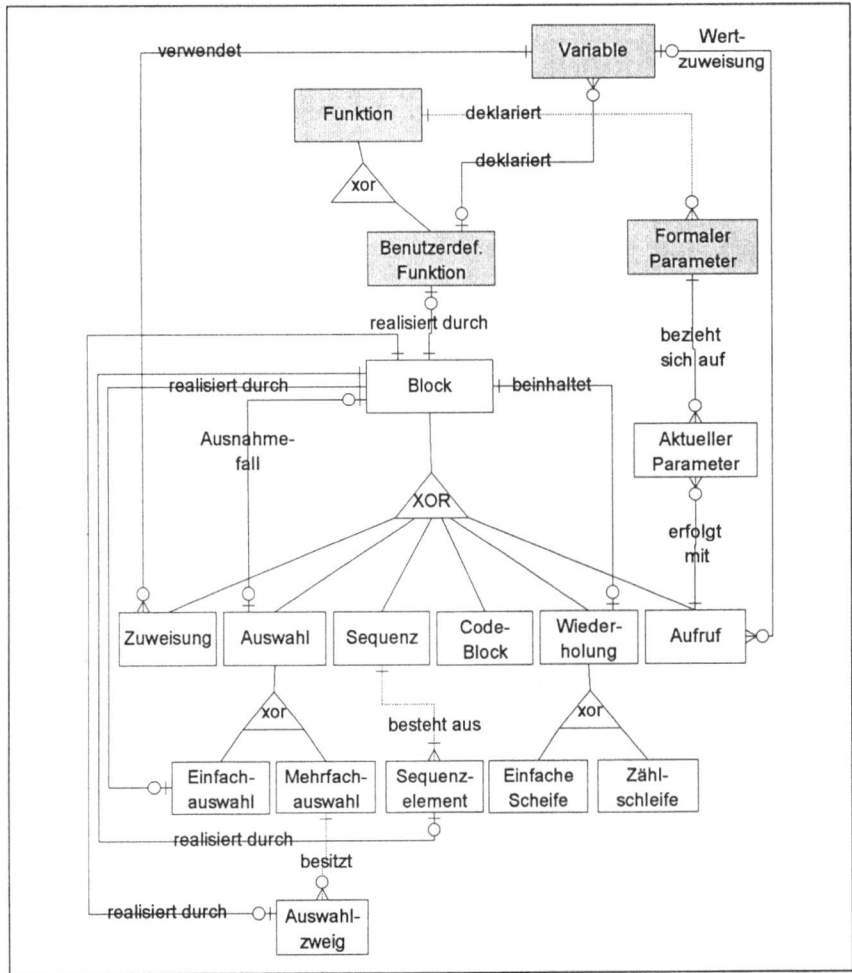

Abbildung 46: Teilmodell Intramodulstruktur

Sowohl für Einfach- als auch für Mehrfachauswahl wird der optionale Ausnahmefall (der Block für die Falsch- bzw. Sonst-Verzweigung, vgl. Abbildung 44) über eine Beziehung *Ausnahmefall* zwischen den Informationsobjekten *Auswahl* und *Block* modelliert (vgl. Abbildung 46).

Wiederholung

Das Blockkonstrukt der Wiederholung kann in drei verschiedenen Ausprägungen auftreten, als abweisende Wiederholung, als nicht abweisende Wiederholung und als Zählschleife (vgl. Abbildung 44). Zur Vereinfachung werden die beiden ersten Typen in dem Informationsobjekt *Einfache Schleife* abgebildet, ein Attribut klassifiziert die Wiederholung als abweisend oder nicht abweisend. Die Bedingung der Wiederholung wird über einen Ausdruck formuliert.

Im Gegensatz zu den einfachen Schleifen wird der Ablauf der *Zählschleife* durch eine Kontrollvariable gesteuert. Startwert, Endwert und Inkrement der Schleife werden über Ausdrücke modelliert.

Alle Formen der Wiederholung besitzen genau einen untergeordneten Block, der bis zum Abbruch der Schleife wiederholt ausgeführt wird.

Wertzuweisung

Die Wertzuweisung stellt die elementare Anweisung eines Algorithmus dar. In einer Wertzuweisung wird einer Variablen der Wert eines Ausdruckes in der Form

<Variable> := <Ausdruck>

zugewiesen. Die Wertzuweisung wird durch das Informationsobjekt *Zuweisung* modelliert.

Funktionsaufruf

Mit dem Informationsobjekt *Aufruf* wird in der Intramodulstruktur der Aufruf einer Funktion dargestellt. Der Aufruf einer Funktion desselben Moduls realisiert das in Kapitel 3.3.2.1.1 dargestellte Konstrukt der Verfeinerung, beim Aufruf einer Funktion eines anderen Moduls handelt es sich um das Zerlegungskonstrukt.

Im Metamodell der Intermodulstruktur (vgl. Abbildung 42) wurde der Funktionsaufruf zunächst nur durch eine rekursive Beziehung zwischen dem Informationsobjekt *Funktion* und seinem Subtyp, der *benutzerdefinierten Funktion*, dargestellt. Die Beziehung wurde an dieser Stelle eingeführt, um die Verwendungsbeziehungen zwischen Funktionen darzustellen. Da sich die Verwendungsbeziehungen aber aus den konkreten Aufrufen einer Funktion ergeben, ist sie redundant und entfällt bei der Integration beider Teilmodelle (vgl. Abbildung 49).

Mit dem Informationsobjekt *Funktionsaufruf* soll nicht nur die Beschreibung der Aufrufe von Funktionen ohne Rückgabewert, sondern auch die Darstellung von Funktionsaufrufen mit Rückgabewert in Form einer einfachen Wertzuweisung möglich sein.[481]

---

[481] Z. B. ein Aufruf in der Form: ReturnCode := BuchaufKonto(KtoNr, Soll, Haben).

Andernfalls müßten diese Funktionsaufrufe durch Wertzuweisungen modelliert werden. Handelt es sich bei der aufgerufenen Funktion um eine Verfeinerung und stellt der Rückgabewert eine Statusinformation[482] dar, dann ist die Modellierung als Funktionsaufruf zweckmäßiger, weil die Verfeinerung so unmittelbar aus dem Blockkonstrukt erkennbar ist. Aus diesem Grund wird vom Informationsobjekt *Funktionsaufruf* zu *Variable* eine optionale Beziehung eingeführt. Der Datentyp der Variablen und des Rückgabewerts der Funktion müssen identisch sein.

Zu einem Funktionsaufruf gehört die Liste der aktuellen Parameter, mit denen der Funktionsaufruf ausgeführt wird. Diese werden durch das Informationsobjekt *Aktuelle Parameter* modelliert. Jedem aktuellen Parameter ist ein Ausdruck zugeordnet, der für den Funktionsaufruf verwendet wird.[483] Jeder aktuelle Paramter ist genau einem formalen Parameter der gerufenen Funktion zugeordnet.

Code-Block

Als zusätzliches Konstrukt zur Beschreibung eines Algorithmus wird das Informationsobjekt *Code-Block* verwendet. Im Gegensatz zu den bisher dargestellten Elementen der Intramodulstrukur beinhaltet der Code-Block Quellcode in der gewählten Implementierungssprache. Damit ist es möglich, Teile der Verarbeitungslogik durch spezielle Konstrukte der Implementierungssprache darzustellen. Der Anspruch auf Unabhängigkeit von einer Implementierungssprache wird an dieser Stelle aufgegeben. Ziel dieses Konstrukts ist die Möglichkeit, in begründeten Ausnahmefällen Konstrukte einer speziellen Sprache zu wählen.[484] Durch die explizite Modellierung dieser Stellen kann beim Wechsel der Programmiersprache eine Anpassung dieser Quellcodeteile erfolgen. Es ist aber unbedingt zu vermeiden, innerhalb von Code-Blöcken Funktionsaufrufe zu realisieren, da dadurch Zerlegungs- und Verfeinerungskonstrukte verborgen werden und im Beschreibungsmodell nicht mehr transparent sind.

---

[482] Z. B. die erfolgreiche Ausführung der Funktion bzw. den aufgetretenen Fehler durch Rückgabe eines Fehlercodes.

[483] Aktuelle Parameter, die sich auf einen formalen Parameter vom Typ OUTPUT oder INPUT/OUTPUT beziehen, müssen Variablen sein.

[484] Sogenannter „Inline-Code". Gründe können u.a. Vereinfachung oder Performancesteigerung durch spezielle Befehle einer Programmiersprache sein.

3.3.2.2.4 Ausdrücke und Bedingungen

Ausdrücke und Bedingungen sind Bestandteile der meisten Blockkonstrukte. Bei der zielsprachenunabhängigen Spezifikation von Verarbeitungsfunktionen kommt ihnen deshalb eine große Bedeutung zu.

Wie bei der Modellierung von Datensichten auf dv-technischer Ebene[485] stellt sich auch an dieser Stelle die Frage, ob Bedingungen und Ausdrücke vollständig durch Informationsobjekte im Metamodell modelliert werden sollen oder ob eine unnormalisierte Darstellung in Form einer Zeichenkette ausreichend ist. Wesentlicher Informationsgehalt in den Bedingungen und Ausdrücken sind die Verwendungsbeziehungen von Datenobjekten und Funktionen. Insofern erscheint auch hier die Lösung zweckmäßig, die Ausdrücke und Bedingungen unnormalisiert als Zeichenkette abzulegen und die Verwendungsbeziehungen dazu redundant zu speichern. Allerdings existiert im Gegensatz zu der Beschreibung von Datensichten in SQL für die Spezifikation von Ausdrücken in Verarbeitungsfunktionen keine standardisierte Sprache. Dies hat zur Folge, daß bei der Wahl der Syntax für Bedingungen und Ausdrücke u. U. bestimmte Programmiersprachen ausgeschlossen würden, bzw. beim Wechsel der Implementierungssprache die Ausdrücke in die neue Sprache umgesetzt werden müßten. Aus diesem Grund sollen die Bedingungen und Ausdrücke in diesem Metamodell durch normalisierte Strukturen abgebildet werden (vgl. Abbildung 47).

Ein Ausdruck ist entweder ein einfacher oder ein komplexer (zusammengesetzter) Ausdruck. Ein einfacher Ausdruck kann eine Variable, Konstante oder der Aufruf einer Funktion i. e. S. sein. Ein komplexer Ausdruck besteht aus zwei Ausdrücken (linke und rechte Seite), die durch einen Operator verbunden werden.[486]

Eine Bedingung ist entweder ein logischer Ausdruck, ein Vergleich oder eine zusammengesetzte Bedingung. Letztere besitzt eine linke und eine rechte Bedingung, die über einen logischen Operator verknüpft werden. Ein Vergleich besteht aus einem Vergleichsoperator und zwei Ausdrücken.

---

[485]   Vgl. Kapitel 3.3.1.2.2.

[486]   Die linke Seite ist dabei optional, da sie für unäre Operatoren nicht benötigt wird.

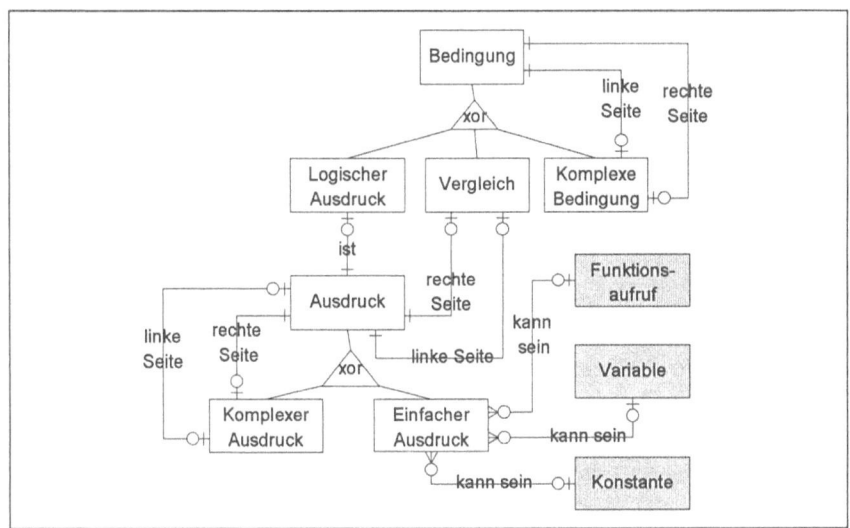

Abbildung 47: Teilmodell Ausdrücke und Bedingungen

Das obige Metamodell für Ausdrücke und Bedingungen ist zu unübersichtlich, um komplexere Ausdrücke noch anschaulich darstellen zu können. Für den Entwurf einer Verarbeitungsfunktion wird deshalb ein geeignetes Werkzeug benötigt, um Ausdrücke und Bedingungen auch ohne Kenntnis dieser Metastrukturen erfassen und ändern zu können.[487]

3.3.2.2.5 Schnittstelle zur Datenbankkomponente

Aufgabe der Anwendungsmodule ist die Abfrage und Manipulation der Tabellen der relationalen Datenbank. Innerhalb der Verarbeitungsfunktionen muß deshalb eine Schnittstelle zur Datenbank beschrieben werden. Die SQL-Befehle zum Verbindungsaufbau, zur Transaktionssteuerung sowie zur Datenabfrage und Manipulation werden in den Verarbeitungsfunktionen durch den Aufruf spezieller Datenbankfunktionen dargestellt.[488]

---

[487] Siehe hierzu Kapitel 5.3.2.2.

[488] Zur Beschreibung der Datenbankschnittstelle wird jeder SQL-Befehl eindeutig auf eine Funktion abgebildet. Damit unterscheiden sich die hier gewählten Funktionen von denen der SQL-Aufrufschnittstelle, lassen sich aber zur Implementierung auf diese abbilden.

Im Metamodell werden diese Funktionsaufrufe innerhalb der Intramodulstruktur einer Funktion durch das Informationsobjekt *Datenbankaufruf* dargestellt, das als Spezialisierung des Blockkonstrukts *Aufruf*[489] eingeführt wird.

Die SQL-Statements werden den Datenbank-Funktionen über Parameter in Form von Zeichenketten übergeben. Um die Bezüge zu den Datenobjekten nicht zu verlieren, werden diese im Metamodell explizit beschrieben. So ist sichergestellt, daß nicht nur die Ablauflogik der Datenbankbefehle, sondern auch alle Verwendungsbeziehungen im Metamodell abgebildet werden.[490]

Ein SQL-Statement, das über einen Datenbank-Funktionsaufruf realisiert wird, kann Tabellen und Spalten der Datenbank verwenden. Deshalb werden im Metamodell entsprechende Verwendungsbeziehungen eingeführt (vgl. Abbildung 48). Bezieht sich die Datenbankoperation auf einen Cursor, so wird dies durch die Beziehung zwischen *Cursor* und *Datenbankaufruf* dargestellt.

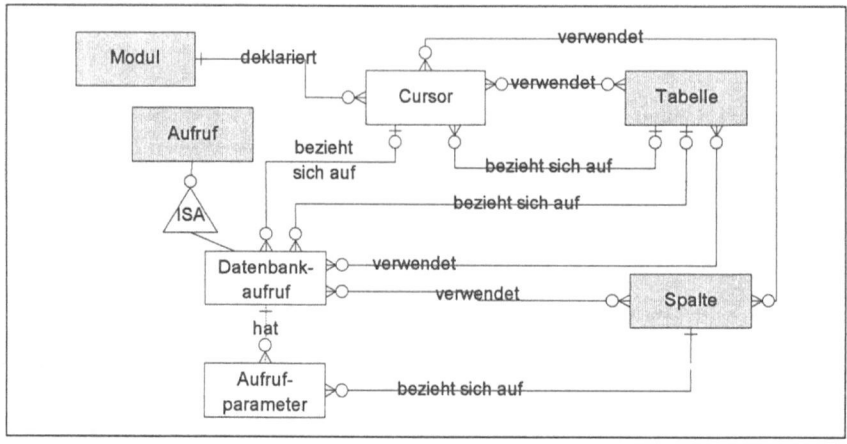

Abbildung 48: Teilmodell Datenbankschnittstelle

[489] Vgl. Abbildung 46.

[490] Das Modellierungskonzept entspricht dem bei der Abbildung von Datensichten und Integritätsbedingungen in der Datenbankkomponente (vgl. Kapitel 3.3.1.2.2 und 3.3.1.2.3). Das SQL-Statement wird nicht vollständig in den Strukturen des Meta-Metamodells beschrieben, sondern nur die
darin enthaltenen Verwendungsbeziehungen. Bei der Verwendung von dynamischem SQL ist dies
allerdings nicht möglich, wenn das SQL-Statement erst zur Laufzeit dynamisch aus Variablen zu-
sammengesetzt wird.

- 141 -

Für die Manipulationsoperationen Einfügen, Ändern und Löschen werden die von der Operation betroffenen Tabellen und Spalten zusätzlich modelliert. Damit kann nachvollzogen werden, welche Datenobjekte durch eine Funktion manipuliert werden.

Die Beziehung *bezieht sich auf* zwischen den Informationsobjekten *Datenbankaufruf* und *Tabelle* stellt dar, auf welche Tabelle[491] sich die Datenbankoperation bezieht. Mit Hilfe des Informationsobjekts *Aufrufparameter* werden für die Operationen Einfügen und Ändern die betroffenen Spalten und der ihnen zugewiesene Wert modelliert.

SQL-Deklarationen werden hier im Gegensatz zur SQL-Aufrufschnittstelle nicht über einen Funktionsaufruf dargestellt, sondern als Deklaration eines Moduls modelliert. Zu den Deklarationen, die in SQL innerhalb eines Moduls vorgenommen werden können, zählen die Definitionen von modullokalen temporären Tabellen und von Cursor. Die Definition modullokaler, temporärer Tabellen wurde bereits in Kapitel 3.3.2.2.2 beschrieben (vgl. Abbildung 43). Die Deklaration eines Cursors wird im Metamodell durch eine Beziehung zwischen *Modul* und *Cursor* dargestellt (vgl. Abbildung 48). Für jeden Cursor werden die Verwendungsbeziehungen zu Tabellen und Spalten verwaltet. Das SQL-Statement, mit dem der Cursor definiert wird, ist als Attribut des Informationsobjekts *Cursor* modelliert.

Die hier beschriebene Schnittstelle zur Datenbank läßt die Realisierung aller drei in Kapitel 3.3.2.1.2 beschriebenen Konzepte zur Datenbankanbindung zu. Ein Programmgenerator kann die Beschreibung auf die Befehle bzw. Funktionsaufrufe der verschiedenen Schnittstellenkonzepte abbilden und auch die für die SQL-Modulsprache notwendigen Module erzeugen.[492]

Ausblick auf Konzepte des geplanten SQL 3-Standards

Im geplanten SQL 3-Standard sind auch Erweiterungen vorgesehen, die die Verwendung von SQL in Verarbeitungsfunktionen betreffen. An dieser Stelle wird deshalb kurz dargestellt, inwieweit das hier gewählte Metamodell von diesen Erweiterungen betroffen ist.

In SQL 3 sollen prozedurale Bestandteile mit aufgenommen werden. Dies kommt der Forderung nach, Prozeduren als sogenannte „Stored Procedures" zentral in der Datenbank zu verwalten. Ferner ist die Möglichkeit vorgesehen, Spalten der Tabellen als abstrakte Datentypen zu definieren und diese mit benutzerdefinierten Zugriffsfunktionen zu bearbeiten. Neben der Möglichkeit, benutzerdefinierte Funktionen in SQL zu

---

[491] Diese Tabelle muß eine Basistabelle oder eine aktualisierbare Datensicht sein.

[492] Vgl. Kapitel 5.3.2.5.

formulieren, soll es auch möglich sein, externe Funktionen zu importieren, sofern sie in einer der unterstützten Wirtssprachen implementiert sind.[493]

Mit diesen Erweiterungen wird der Charakter von SQL grundlegend verändert.[494] Aus der Abfragesprache entsteht eine prozedurale Datenbankprogrammiersprache. Damit sind die Teile der Verarbeitungslogik, die Zugriffe auf die Datenbank realisieren, vollständig in SQL implementierbar. Dies betrifft die in Kapitel 3.3.2.2.1 als Anwendungsmodule bezeichneten Teile eines Anwendungssystems.

Im Metamodell der Verarbeitungsfunktionen müssen für eine Umsetzung dieser Konzepte von SQL 3 die betroffenen Module als SQL-Module gekennzeichnet werden. Aus der Modulbeschreibung ist dann mit dem entsprechenden Werkzeug nicht mehr der Quellcode einer prozeduralen Programmiersprache, sondern SQL zu generieren.[495] Die Verarbeitungslogik der Anwendungsmodule wäre in diesem Fall im Datenbanksystem gespeichert.

Um abstrakte Datentypen als Wertebereiche für Spalten zu realisieren, muß das Metamodell der Datenbankkomponente dahingehend geändert werden, daß Wertebereiche nicht mehr nur einem Basisdatentyp, sondern auch einem benutzerdefinierten Datentyp zugeordnet werden können.

3.3.2.2.6 Integriertes Metamodell der Verarbeitungsfunktionen

Abbildung 49 zeigt das integrierte Metamodell der Verarbeitungsfunktionen auf dv-technischer Ebene. Aus Gründen der Übersichtlichkeit wurde das Teilmodell für Bedingungen und Ausdrücke (vgl. Abbildung 47) hier nicht mit aufgenommen.

---

[493] Vgl. Pistor, 1993, S. 90.

[494] Vgl. Jenz, 1993, S. 45.

[495] Zur Beschreibung der Werkzeuge siehe Kapitel 5.3.2.5.

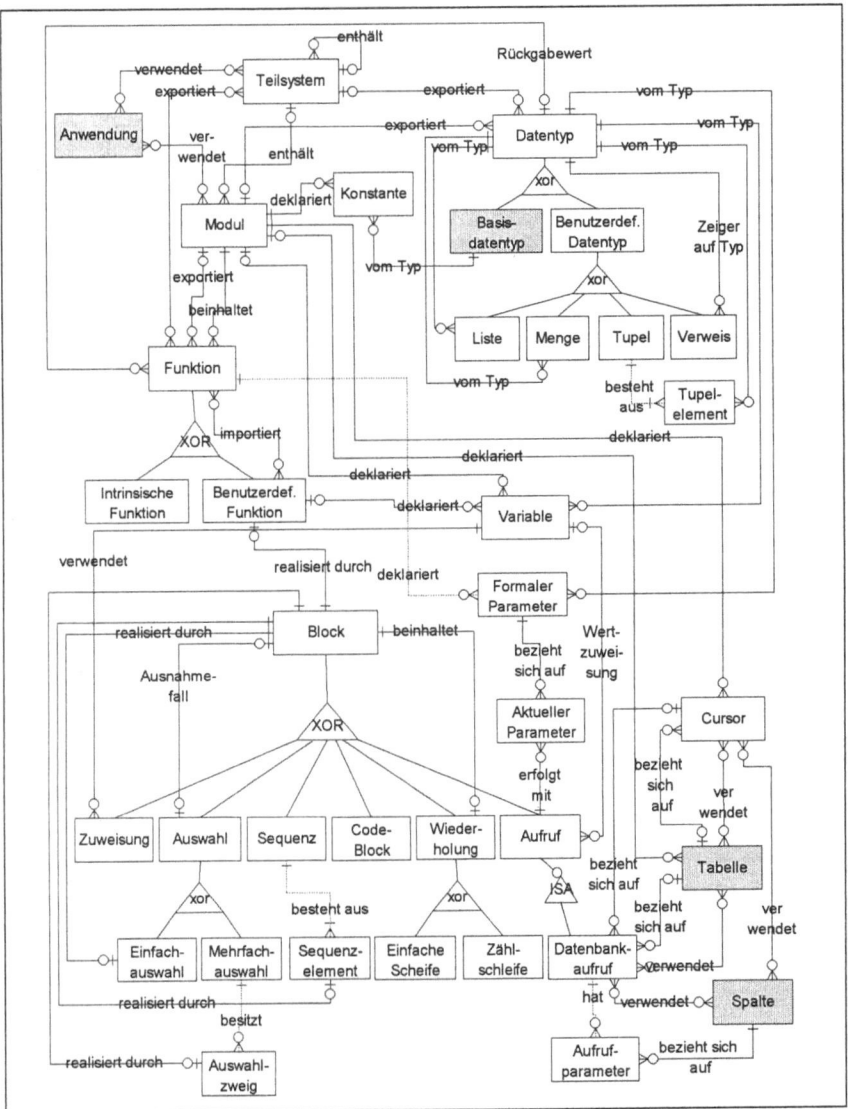

Abbildung 49: Metamodell der Verarbeitungsfunktionen auf dv-technischer Ebene

3.3.3 Benutzerschnittstelle

3.3.3.1 Auswahl der Modellierungsmethoden

3.3.3.1.1 Auswahl und Merkmale graphischer Benutzerschnittstellen

Die Benutzerschnittstellen betrieblicher Anwendungssysteme haben in den letzten Jahren einen grundlegenden Wandel erfahren. Durch den Einsatz graphikfähiger Bildschirme und leistungsstarker Arbeitsplatzrechner[496] können Anwendungssysteme heute mit einer graphisch interaktiven Benutzerschnittstelle (Graphical User Interface, **GUI**) realisiert werden.[497] Bei der Modellierung der Benutzerschnittstelle eines Anwendungsystems werden deshalb die Gestaltungsmöglichkeiten der graphischen Schnittstellen berücksichtigt. Zu deren Merkmalen zählen:

▫ Der physische Bildschirm wird in logische Bildschirme (Fenster, Window) aufgeteilt, die unabhängig voneinander bearbeitet werden können.[498] In den Fenstern können verschiedene Anwendungen oder unterschiedliche Aufgaben einer Anwendung parallel ausgeführt werden.

▫ Veränderte Interaktionstechniken werden durch den Einsatz eines Zeigegeräts (Maus) und der Visualisierung von Objekten durch Sinnbilder und Symbole (Icons) möglich. Die Technik der direkten Manipulation[499] ermöglicht es, durch einfache physikalische Operationen, wie z. B. dem Ziehen und Fallenlassen (drag-and-drop), Verarbeitungsfunktionen auszulösen.[500]

▫ Für den Informationsbestand einer Anwendung wird ein externes Darstellungsformat auf dem Bildschirm gewählt, das dem Benutzer[501] die Wiedererkennung erleichtert.[502] Die Effekte der Operationen auf den dargestellten Objekten werden unmittelbar[503] visualisiert und geben damit sofort einen Überblick über ihren aktuel-

---

[496] Anwendungssysteme verwenden heute zum Teil mehr als 80% der Rechnerleistung für das Darstellen und die Funktionalität der Benutzerschnittstelle (vgl. Bullinger/Fähnrich/Thines, 1994, S. 5).

[497] Vgl. Kreibohm, 1993, S. 207.

[498] Vgl. Schmitt, 1993, S. 52.

[499] Siehe dazu Ziegler/Ilg, 1991.

[500] Vgl. Kühme, 1991, S. 77.

[501] Zur begrifflichen Abgrenzung von Benutzer und Anwender siehe Kapitel 4.1.1.

[502] Vgl. Riekert, 1993, S. 13.

[503] Als zulässige Antwortzeiten auf Benutzeraktionen wird hier eine Dauer zwischen 0,1 und 0,3 Sekunden genannt (vgl. Batz/Krömker/Subel, 1991, S. 154).

len Zustand. Dieses Entwurfsprinzip wird als WYSIWYG (what you see is what you get) bezeichnet.[504]

□ Die Steuerungskontrolle der Anwendung liegt beim Benutzer. Während traditionelle, textbasierte Anwendungssysteme zu einem Zeitpunkt in Abhängigkeit von einem internen Zustand immer nur einige wenige Eingaben zulassen (interne Kontrolle), reagiert das graphische System i. d. R. auf eine große Zahl möglicher Benutzerinteraktionen (externe Kontrolle).[505]

3.3.3.1.2 Architekturmodell für Benutzerschnittstellen

Um einzelne Gestaltungsaspekte der Benutzerschnittstelle interaktiver Anwendungssysteme zu isolieren und unabhängig voneinander zu beschreiben, werden in der Literatur verschiedene Architekturmodelle vorgeschlagen. Hier sind in erster Linie das IFIP-Modell[506] und das daraus entwickelte Seeheim-Modell[507] zu nennen. Das Seeheim-Modell gliedert die Benutzerschnittstelle in drei Komponenten:

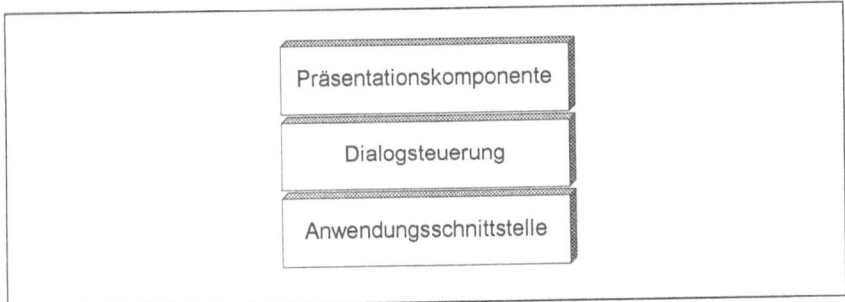

Abbildung 50: Das Seeheim-Modell für Benutzerschnittstellen

Die **Präsentationskomponente** verwaltet und virtualisiert die Ein- und Ausgabegeräte der Benutzerschnittstelle. Ihre Aufgabe ist, die Benutzeroberfläche darzustellen sowie

---

[504] Vgl. Bullinger/Wagner, 1994, S. 8. Dieses Entwurfsprinzip ist Voraussetzung für die direkte Manipulation. Häufig wird unter dem WYSIWYG-Prinzip nur die weitgehende Übereinstimmung von angezeigten und gedruckten Dokumenten verstanden (vgl. Ziegler/Ilg, 1991, S. 48).

[505] Vgl. Röhrich, 1991, S. 18.

[506] Vgl. Dzida, 1983.

[507] Vgl. Green, 1985.

elementare Interaktionstechniken zu realisieren.[508] Diese Komponente der Benutzerschnittstelle wird deshalb auch als *statischer Teil*[509] bezeichnet.

Demgegenüber beschreibt die **Dialogsteuerung** den *dynamischen Teil*[510] der Benutzerschnittstelle. Die Steuerung der Dialoge zwischen dem Benutzer und der Anwendung erfolgt über kontextabhängige Zustände und definierte Zustandsübergänge.[511] In der Architektur des Seeheim-Modells lassen sich verschiedene Formen der Steuerungen unterscheiden:[512]

◻ Ereignisse der Präsentationskomponente können an die Anwendungsschnittstelle weitergeleitet werden.

◻ Ereignisse können ohne Benachrichtigung der Anwendungsschnittstelle unmittelbar Veränderungen der Präsentationskomponente herbeiführen.

◻ Dialoge können von dem Anwendungsprogramm[513] über die Anwendungsschnittstelle gesteuert werden.

Die **Anwendungsschnittstelle** stellt das Bindeglied zwischen den Verarbeitungsfunktionen des Anwendungssystems und der Benutzerschnittstelle dar. Die Eingaben des Benutzers werden über diese Schnittstelle an das Anwendungsprogramm weitergereicht.

Wichtigstes Ziel bei den Architekturüberlegungen des Seeheim-Modells war die Trennung von Anwendungslogik und Benutzerschnittstelle.[514] Das Seeheim-Modell wurde allerdings zu einem Zeitpunkt entwickelt, zu dem direkt manipulative Benutzerschnittstellen noch ohne große Bedeutung waren. Es ist zweifelhaft, daß eine unmittelbare Rückmeldung von Systemzuständen, die für direkt manipulative Benutzerschnittstellen erforderlich ist, bei einer strikten Trennung zwischen Anwendungslogik und Benutzerschnittstelle realisiert werden kann.[515] Vielmehr ist es notwendig, Teile der Logik einer Anwendung auch in der Dialogsteuerungskomponente abzubilden.

---

508 Vgl. Kühme, 1991, S. 77.

509 Schmitt, 1993, S. 56.

510 Schmitt, 1993, S. 56.

511 Vgl. Simon/Heilmann/Gebauer, 1991, S. 8 f.

512 Vgl. Röhrich, 1991, 17 f.

513 Das „Anwendungsprogramm" in der Terminologie des Seeheim-Modells kann hier mit der Komponente der Verarbeitungsfunktionen gleichgesetzt werden.

514 Vgl. Röhrich, 1991, S. 18.

515 Vgl. Greutmann, 1992, S. 56 sowie Schmitt, 1993, S. 57 f.

RAUTERBERG et al. gliedern die Dialogsteuerung weiter in Dialogoperatoren und Anwendungsoperatoren (vgl. Abbildung 51).[516] Dialogoperatoren dienen nicht unmittelbar der Aufgabenbearbeitung, sondern zur Gestaltung der Ein-/Ausgabe- und der Interaktionsschnittstelle.[517] Anwendungsoperatoren lösen dagegen aufgabenbezogene Funktionen aus.[518]

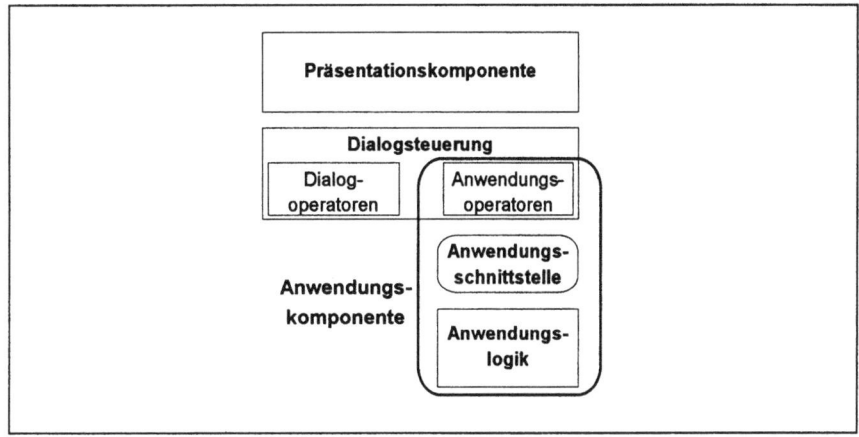

Abbildung 51: Trennung zwischen Anwendungskomponente und Benutzerschnittstelle (Quelle: In Anlehnung an Rauterberg et al., 1994, S. 12)

Eine strikte Trennung zwischen Benutzerschnittstelle und Anwendungskomponente würde bedeuten, daß alle anwendungsspezifischen Operatoren zu einer Kommunikation zwischen Dialogsteuerung und Anwendungslogik führen würden. Werden Benutzerschnittstelle und Anwendungslogik in einem verteilten System realisiert, so kann es bei der Rückmeldung von Systemzuständen und Zustandsänderungen durch die Anwendung zu Verzögerungen kommen. Um die Kommunikation zwischen Anwendungslogik und Benutzerschnittstelle zu reduzieren, ist es deshalb zweckmäßig, anwendungsspezifische Elemente in die Dialogsteuerungskomponente zu verlagern. Hierzu zählen u. a. Reihenfolgebeziehungen zwischen Dialogschritten und die Infor-

---

[516] Vgl. Rauterberg et al., 1994, S. 12 f.

[517] Beispiele hierfür sind das Öffnen, Verschieben, Vergrößern oder Schließen von Fenstern sowie das Positionieren der Eingabemarke auf ein bestimmtes Feld innerhalb einer Eingabemaske durch Maus-Click oder durch Betätigen einer Mnemonic-Taste.

[518] Diese Unterscheidung entspricht der Dreiteilung in dem von BUDDE et al. dargestellten „Model-View-Controller"-Paradigma für Benutzerschnittstellen interaktiver Systeme (vgl. Budde et al., 1992, S. 75 ff.). Der „View" entspricht der Präsentationskomponente, der „Controller" den Dialogoperatoren und das „Model" den Anwendungsoperatoren.

mationen, welche Funktionen in Abhängigkeit vom jeweiligen Zustand des Systems oder des bearbeiteten Objekts ausgelöst werden können. Die Modellierung dieser Elemente wird deshalb in der Komponente der Benutzerschnittstelle eines Anwendungssystems vorgenommen.

3.3.3.1.3 Standards für Benutzerschnittstellen

Die vielfältigen Gestaltungsmöglichkeiten beim Entwurf graphisch interaktiver Benutzerschnittstellen haben die Hersteller bewogen, zur anwendungsübergreifenden Vereinheitlichung für ihre Systeme jeweils eigene Standards (Styleguides) zu entwickeln. Hier sind zu nennen:

□ Common User Access (CUA) von IBM[519]

□ OSF/Motif der Open Software Foundation (OSF)[520]

□ Open Look von SUN und AT&T[521]

□ Windows Interface Design Guide von Microsoft[522]

In diesen Styleguides werden das Aussehen der einzelnen graphischen Elemente der Präsentationskomponente sowie deren Handhabung, d. h. die Dialogoperatoren der Dialogsteuerung (vgl. Abbildung 51), festgelegt.[523]

Das Grundelement der Oberflächen stellt das Fenster dar, das über einen definierten Aufbau und eine intrinsische Funktionalität (z. B. zum Vergrößern, Verkleinern und Verschieben) verfügt. Die Fenster besitzen i. d. R. einen Menübalken mit Untermenüs, über die Funktionen ausgelöst werden können. Aus Gründen der Konformität wird angestrebt, die Elemente der Menübalken zu vereinheitlichen.[524]

---

[519] Der CUA-Standard von IBM wurde 1987 (vgl. CUA, 1987) veröffentlicht und später geändert und erweitert (vgl. CUA, 1989a, 1989b und 1992). Es existieren mehrere Standards für textuelle und graphische Oberflächen. Einen Überblick geben Mainka, 1991 sowie Berry/Reeves, 1992. Im weiteren wird hier nur auf das CUA Workplace Model aus dem Jahre 1991 eingegangen (siehe hierzu auch Berry, 1992).

[520] Vgl. OSF/Motif, 1992, siehe auch Mauri, 1991.

[521] Vgl. OPEN LOOK, 1990, siehe auch Mauri, 1991.

[522] Vgl. Microsoft, 1992.

[523] Einheitliches Aussehen (Look) und Handhabung (Feel) verschiedener Benutzerschnittstellen werden auch als „Look-and-feel" bezeichnet (vgl. Bullinger/Fähnrich/Thines, 1994, S. 6 sowie Mauri, 1991, S. 65).

[524] So werden im CUA-Standard FEVH- (File, Edit, View, Help) und WOSH-Menübalken (Window, Object, Selected, Help) vorgeschlagen (vgl. Berry, 1992, S. 455-457).

Daneben werden in den Standards die verschiedenen Interaktionselemente, sogenannte „Controls" oder „Widgets", wie z. B. Sinnbilder (Icon), Druckknöpfe, Schieberegler, Scroll-Balken, Auswahllisten, Mitteilungsfenster und Eingabefelder festgelegt.

Zu den Elementen der direkten Manipulation werden Pop-up Menüs und drag-and-drop Interaktionen gezählt.[525] Ein Pop-up Menü kann zu einem Objekt aufgerufen werden und stellt dann die in dem aktuellen Kontext möglichen Funktionen für dieses Objekt dar. Durch das Ziehen eines Objekts und dem Fallenlassen auf einem zweiten Objekt (drag-and-drop) können unmittelbar Funktionen ausgelöst werden. Zum einen wird diese Interaktionstechnik in Verbindung mit der Werkzeugmetapher zur Funktionsauslösung verwendet. Ein Objekt wird auf ein Werkzeug fallen gelassen, um es entsprechend zu bearbeiten.[526] Zum anderen kann diese Technik dazu dienen, um Objekte zuzuordnen bzw. miteinander zu verknüpfen.[527]

Trotz ähnlicher Dialogelemente und Dialogtechniken bestehen zwischen den verschiedenen Standards im Detail große Unterschiede. So werden gleiche Interaktionstechniken zum Teil durch unterschiedliche Aktionen ausgeführt. Am augenfälligsten sind die Unterschiede jedoch in der graphischen Präsentation, da jeder Hersteller sein typisches Erscheinungsbild kenntlich machen will.[528] Die Styleguides legen nur die elementaren Dialogelemente fest, lassen jedoch Vorgehensweisen zur Dialoggestaltung und standardisierte Dialogabläufe vermissen. Deshalb reichen sie als Anleitung zum Entwurf graphischer Schnittstellen nicht aus, sondern werden durch zumeist firmeninterne Standardisierungen ergänzt.[529]

Als herstellerübergreifende Normen für Benutzerschnittstellen ist zum einen die DIN-Norm „Bildschirmarbeitsplätze, Grundsätze ergonomischer Dialoggestaltung"[530] und zum anderen die in Arbeit befindliche ISO-Norm 9241 „Ergonomic requirements for office work with visual display terminals (VDTs)"[531] zu nennen. Während die DIN-Norm nur fünf allgemeine Prinzipien zur Dialoggestaltung nennt, ohne konkrete Handlungsanleitungen zu geben[532], umfaßt die ISO-Norm sowohl hard- als auch

---

[525] Vgl. Berry, 1992, S. 449.

[526] Z. B. bewirkt das Fallenlassen eines Dokuments auf den Drucker, daß das Dokument gedruckt wird oder das Fallenlassen auf den Papierkorb das Löschen des Dokuments. Der durch ein Sinnbild dargestellte Drucker bzw. Papierkorb stellt in diesem Fall das Werkzeug dar.

[527] Um einen Kunden einer Rechnung zuzuordnen, kann z. B. das Icon des Kunden auf die Eingabemaske für die Rechnung fallen gelassen werden.

[528] Vgl. Bullinger/Fähnrich/Thines, 1994, S. 6.

[529] Vgl. Fähnrich/Ilg/Görner, 1993, S. 89-90.

[530] Vgl. DIN 66 234, 1988.

[531] Vgl. ISO-9241, 1991.

[532] Vgl. Bullinger/Fähnrich/Thines, 1994, S. 6.

software-ergonomische Anforderungen und geht detailliert auf die Aspekte der Informationspräsentation, die Benutzerführung und verschiedene Dialogtechniken (Menüdialoge, Kommandodialoge, Formulardialoge und direkte Manipulation) ein.[533] In der ISO-Norm sind gegenüber den herstellerspezifischen Styleguides weitergehende Richtlinien zur Dialoggestaltung vorgesehen.

Für das Metamodell der Benutzerschnittstelle wird auf Basis der oben genannten Styleguides und Normen ein Vorschlag für die Benutzerschnittstelle eines betrieblichen Anwendungssystem gemacht. Hierbei werden die elementaren Dialogelemente der Styleguides zu Dialogbausteinen und zusammenhängenden Dialogsequenzen aggregiert. Die Benutzerschnittstelle abstrahiert dabei von den herstellerspezifischen Modellen. Die konkrete Präsentation und Bedienung der Dialogbausteine ist eine Frage der Implementierung. Ob ein Pop-up Menü durch ein zweifaches Drücken der linken oder durch einfaches Drücken der rechten Maustaste aktiviert wird, ist für das dv-technische Beschreibungsmodell irrelevant. Für das Metamodell der Benutzerschnittstelle müssen nur die Dialogelemente und deren Zusammenwirken festgelegt werden.[534]

3.3.3.1.4 Merkmale der Benutzerschnittstellen betrieblicher Anwendungssysteme

Betriebliche Anwendungssysteme unterscheiden sich in ihrer Struktur von typischen Systemen mit einer graphischen Benutzerschnittstelle wie z. B. Textverarbeitungs-, Tabellenkalkulations- und Graphikprogrammen. Diese Systeme sind durch die Bearbeitung eines zentralen Objekttyps (Text, Tabelle, Graphik) gekennzeichnet. Alle Funktionen, die ausgelöst werden, beziehen sich auf das gerade bearbeitete Objekt. Für betriebliche Anwendungssysteme ist dies nicht zutreffend, da nicht nur ein, sondern eine Vielzahl verschiedener Objekttypen (Kunden, Aufträge, Rechnungen, Buchungen) bearbeitet werden. Es gibt dabei nur wenige Funktionen, die für alle Objekttypen angewendet werden können (z. B. Einfügen, Ändern, Löschen, Drucken).[535] Ein großer Teil der Funktionen bezieht sich auf einen bestimmten Objekttyp und ist nicht auf die anderen Objekttypen zu übertragen.

Auch das Prinzip der externen Kontrolle, nach dem der Ablauf einer graphischen Benutzerschnittstelle weitgehend über Benutzerinteraktionen ausgelöst wird, ist für die

---

[533] Vgl. Fähnrich/Ilg/Görner, 1994, S. 34 f.

[534] Es muß folglich nur festgelegt werden, daß es für jedes Objekt ein Pop-Up Menü gibt, aber nicht, wie es aussieht und wie es aktiviert bzw. bedient wird.

[535] Dies bedeutet nicht, daß solche Funktionen für alle Objekttypen die gleiche Verarbeitungslogik besitzen. Die Verarbeitungslogik, die sich hinter der Funktion verbirgt, kann für jeden Objekttyp unterschiedlich sein.

hier betrachteten datenbankbasierten Anwendungssysteme nicht uneingeschränkt zu übernehmen. In den Anwendungssystemen existieren eine Vielzahl von Transaktionen, die nach fest vorgegebenen Regeln in einer definierten Reihenfolge oder mit vordefinierten Alternativen ausgeführt werden müssen. In diesem Fall muß der Dialog nach dem Prinzip der internen Kontrolle vom System gesteuert werden. An anderen Stellen ist dagegen eine Freiheit bei der Wahl der Verarbeitungsschritte und die Möglichkeit nebenläufiger Dialoge hilfreich, um eine Aufgabe zu bearbeiten.[536] Betriebliche Anwendungssysteme sind somit durch eine Dualität beider Kontrollprinzipien gekennzeichnet.

3.3.3.2 Metamodell der Benutzerschnittstelle

3.3.3.2.1 Anwendung und Anwendungsobjekte

Ein Anwendungssystem wird auf der Benutzeroberfläche als zusammengehöriges System dargestellt, indem alle zugehörigen Datenobjekte innerhalb eines Fenster angeordnet werden.[537] Alle Operationen, die sich auf das Anwendungssystem beziehen, werden ebenfalls innerhalb dieses Fensters ausgeführt.

Im Metamodell wird ein Anwendungssystem durch das Informationsobjekt *Anwendung* modelliert (vgl. Abbildung 52). U. U. ist es zweckmäßig, ein Anwendungssystem auf der Benutzeroberfläche durch mehrere Teilsysteme darzustellen. Ein Anwendungssystem wird dann durch die Summe aller im Informationsobjekt *Anwendung* modellierten Teilsysteme realisiert.

Innerhalb des Fensters einer Anwendung werden Anwendungsobjekte durch untergeordnete Fenster dargestellt. Anwendungsobjekte stellen u. a. Datenobjekte des Aufgabenbereichs als Mengenobjekte dar. Mengenobjekte fassen die Menge aller Objekte eines Objekttyps zusammen (z. B. in Form einer Liste).[538] Hierbei wird nicht jedes Datenobjekt auf ein Anwendungsobjekt abgebildet. Anwendungsobjekte können auch Datensichten oder Aggregationen mehrerer Datenobjekte darstellen.[539]

---

[536] So kann es in einer Anwendung z. B. beim Erfassen einer Rechnung notwendig sein, die Stammdaten des Kunden oder eine Übersicht über seine bisherigen Umsätze abzurufen. Diese Aktionen sollten parallel zu der begonnenen Aktion ausführbar sein, ohne die begonnene Aktion abbrechen zu müssen (wie es bei Systemen mit interner Kontrolle über einen Menüwechsel üblich ist).

[537] Der CUA-Standard von 1991 löst sich von diesem anwendungsorientierten Konzept der Benutzerschnittstelle. Die Benutzerschnittstelle stellt nur noch einzelne Anwendungsobjekte dar, die beliebig in Container-Objekten zusammengefaßt werden können (vgl. Berry/Reeves, 1992, S. 418-421).

[538] Vgl. Beck, 1993b, S. 88.

[539] Siehe hierzu auch Kapitel 3.4.1.

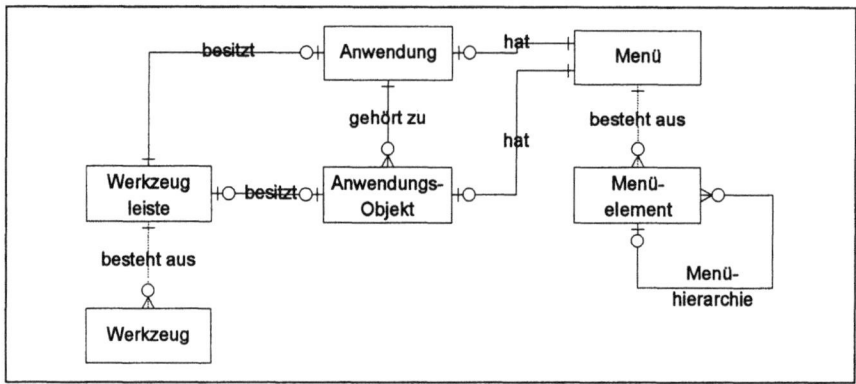

Abbildung 52: Teilmodell Anwendung und Anwendungsobjekte

Eine Anwendung besitzt ein Menü und eine Werkzeugleiste. Ein Menü besteht aus einem oder mehreren Menüelementen, die ihrerseits noch eine Hierarchie aufweisen können. Dies ist der Fall, wenn es sich um ein Kaskaden-Menü handelt.[540] In einer Werkzeugleiste (toolbar) werden mehrere Werkzeuge durch Symbole dargestellt. Menüelemente und Werkzeuge dienen der Auslösung von Anwendungsoperatoren. Diese können entweder die Ausführung einer Verarbeitungsfunktion oder eines Dialogs veranlassen. Daneben können Menüelemente verwendet werden, um System-zustände anzuzeigen und zu wechseln.

Verarbeitungsfunktionen beziehen sich häufig auf ein bestimmtes Anwendungsobjekt. Es ist deshalb nicht zweckmäßig, die Funktionen der einzelnen Anwendungsobjekte über das Menü der Anwendung anzubieten.[541] Nur generische Funktionen, die für alle Objekte verwendet werden können (z. B. Einfügen, Ändern, Löschen, Drucken, Kopie-ren) und sich nicht auf einzelne Anwendungsobjekte beziehen, sollten über das Menü der Anwendung aufgerufen werden. Zur Auswahl der spezifischen Funktionen wird jedem Anwendungsobjekt ein Menü zugeordnet. Diese objektspezifische Funktions-auswahl kann z. B. durch ein Pop-up Menü realisiert werden. Zusätzlich kann jedes Anwendungsobjekt auch eine Werkzeugleiste besitzen. Damit soll die Möglichkeit geschaffen werden, die Werkzeugleiste der Anwendung bei der Bearbeitung eines bestimmten Anwendungsobjekts durch eine individuelle Werkzeugleiste zu ersetzen.

---

[540] Vgl. Ziegler/Ilg, 1991, S. 57.

[541] Wird die Funktionsauslösung über das Menü der Anwendung realisiert, so gibt es zwei Alterna-tiven: Entweder ändern sich die Menüelemente in Abhängigkeit vom gerade bearbeiteten Anwen-dungsobjekt, oder die nicht verwendbaren Elemente werden graphisch gekennzeichnet (z. B. grau dargestellt).

Abbildung 53 stellt eine mögliche Realisierung der Benutzerschnittstelle nach dem obigen Metamodell dar.

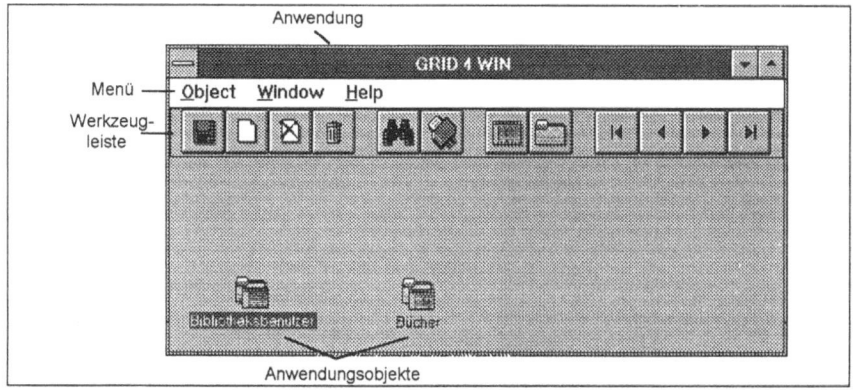

Abbildung 53: Beispiel für die modellierte Benutzerschnittstelle

3.3.3.2.2 Dialogsteuerung

Die Dialogsteuerung soll den zeitlichen Ablauf der Dialoge beschreiben. Wie bereits dargestellt wurde, sind betriebliche Anwendungssysteme durch die Dualität von interner und externer Kontrolle gekennzeichnet.

Zur Beschreibung der Dialoge von Benutzerschnittstellen mit interner Kontrolle haben sich Interaktionsgraphen (Zustandsdiagramme)[542] als geeignet erwiesen. Die zeitliche Abfolge von Interaktionen wird dort in einem gerichteten Graphen modelliert. Die Knoten des Graphen stellen Interaktionspunkte (Wartezustände), die Kanten Interaktionsübergänge dar. Zu einem Zeitpunkt befindet sich die Anwendung in einem Interaktionspunkt. Von diesem kann durch die modellierten Interaktionsübergänge zu einem anderen Interaktionspunkt gewechselt werden. Es ist dabei zweckmäßig, als Interaktionspunkte komplexere Dialogbausteine (Interaktionstypen) zu betrachten.[543]

Typische Interaktionstypen in datenbankbasierten Anwendungen sind Menüs, Masken und Listen. Jeder Interaktionstyp besitzt ein intrinsisches Verhalten. So gibt es in einer Liste Interaktionen zum Bewegen des Lichtbalkens und zur Auswahl eines Objekts. Da diese Interaktionen für alle Dialogbausteine des gleichen Typs identisch sind, werden

---

[542] Vgl. Kieras/Polson, 1983, Wasserman, 1985, Oberquelle, 1987, S. 96 f. sowie Schönthaler/Németh, 1992, S. 196 f.

[543] Vgl. Budde et al., 1992, S. 74 f.

- 154 -

sie im Gegensatz zu den Übergängen zwischen Interaktionspunkten nicht im Interaktionsgraph modelliert. Mögliche Aktionen, die einen Interaktionsübergang auslösen,
sind die Auswahl von Menüelementen und das Betätigen von Funktionstasten.[544]
Abbildung 54 zeigt ein Beispiel eines Interaktionsgraphen.

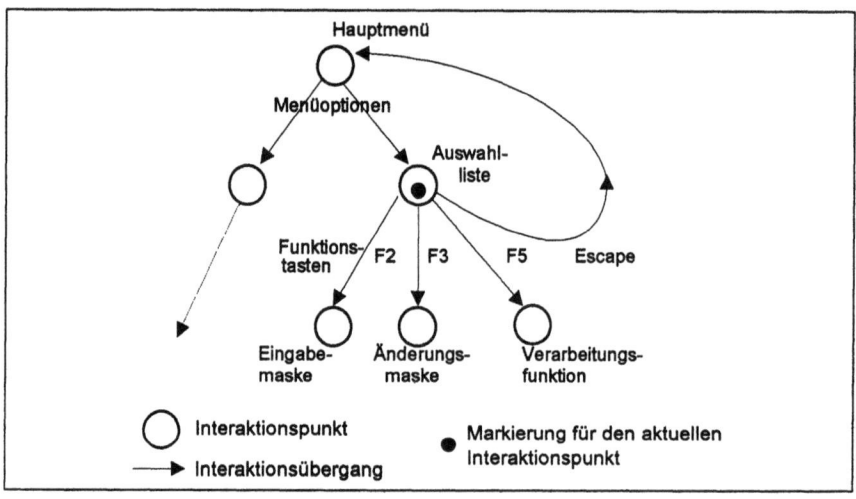

Abbildung 54: Beispiel eines Interaktionsgraphen

Liegt die Steuerungskontrolle für die Benutzerschnittstelle nicht beim System, sondern
beim Benutzer, dann sind die Interaktionsgraphen in der obigen Form zur Beschreibung der Dialogsteuerung nicht geeignet. Mit ihnen ist es nicht möglich, nebenläufige
Dialoge zu beschreiben. Zudem sind bei graphischen Benutzerschnittstellen zu einem
Zeitpunkt eine Vielzahl von Aktionen möglich, die mit Interaktionsgraphen nicht mehr
anschaulich dargestellt werden können.[545] Zur Beschreibung von parallelen Dialogen
wird deshalb der Interaktionsgraph so modifiziert, daß ein Dialognetz entsteht.[546]
Dieses ist eine spezielle Form eines Petri-Netzes.[547] Die Stellen des Petri-Netzes
entsprechen den Interaktionspunkten der Benutzerschnittstelle. Die Transitionen
stellen die Ereignisse dar, die Interaktionsübergänge bewirken können.

---

[544] Die durch diese beide Arten von Interaktionen ausgelösten Abläufe werden als grobe bzw. feine
Dialogabläufe bezeichnet. Feine Dialogabläufe beschreiben nur die Zustandswechsel innerhalb
eines Dialogbausteins (vgl. Beck/Janssen, 1993, S. 215).

[545] Vgl. Shneiderman, 1992, S. 514 f.

[546] In Anlehnung an Janssen, 1993, S. 69-73.

[547] Siehe hierzu Reisig, 1985, S. 5 ff.

Im Gegensatz zum Interaktionsgraphen ist im Dialognetz i. d. R. mehr als nur ein einzelner Interaktionspunkt aktiv. Durch Markierungen im Petri-Netz können beliebig viele Interaktionspunkte als aktiv gekennzeichnet werden.

In Transitionen werden im Gegensatz zu den Kanten des Interaktionsgraphen keine konkreten Benutzeraktionen, sondern nur abstrakte Ereignisse modelliert, die das Schalten der Transitionen auslösen. Ein Ereignis kann durch verschiedene Benutzeraktionen und auch durch Verarbeitungsfunktionen erzeugt werden. Eine typische Benutzeraktion, die ein Ereignis bewirkt, ist das Betätigen eines Interaktionselements (z. B. eines Druckknopfs) innerhalb eines Dialogbausteins. Daneben werden Ereignisse auch durch die Auswahl eines Werkzeugs der Werkzeugleiste oder eines Menüelements ausgelöst. Das Schalten einer Transition stellt nicht mehr nur einen Übergang zu einem anderen Interaktionspunkt dar. Eine Transition kann beliebig viele nachfolgende Interaktionspunkte aktivieren.

Ein- und Ausgänge von Transitionen können als optional gekennzeichnet werden. Optionale Eingänge sind keine Voraussetzung für das Schalten der Transition, sie bewirken nur das Entfernen der Markierung. Ebenso verhindert ein markierter optionaler Ausgang einer Transition nicht das Schalten, er wird durch das Schalten nur markiert, wenn dies noch nicht der Fall war.

Um Eingaben über die Tastatur und Funktionsauslösungen einem der aktiven Interaktionspunkte zuordnen zu können, ist es notwendig, einen der aktiven Punkte als „aktuell" zu kennzeichnen. Beim Schalten einer Transition wird bei mehreren nachfolgenden Stellen immer die erste als aktuelle gekennzeichnet.[548] Das Wechseln des aktuellen Interaktionspunkts ist bei graphischen Benutzerschnittstellen jederzeit durch die Anwahl des entsprechenden Fensters eines aktiven Interaktionspunkts möglich. Diese Transitionen werden im Dialognetz nicht explizit modelliert.[549]

Für das Schalten einer Transition ergeben sich damit folgende Bedingungen:

1. Das der Transition zugeordnete Ereignis muß eintreten.

2. Mit Ausnahme der optionalen müssen alle eingehenden Interaktionspunkte markiert sein, einer davon als „aktueller".

3. Außer den optionalen darf kein ausgehender Interaktionspunkt aktiv sein.

---

[548] Die eingehenden Stellen einer Transition werden zu diesem Zweck attributiv in eine Ordnung gebracht.

[549] Bei Benutzerschnittstellen mit interner Kontrolle sind solche Wechsel nur möglich, wenn diese im Interaktionsgraphen „fest verdrahtet" sind, d. h. bereits beim Entwurf des Anwendungssystems geplant worden sind. Bei Systemen mit externer Kontrolle können alle möglichen Benutzerinteraktionen, die zum Wechsel eines Interaktionspunkts führen, gar nicht mehr im voraus festgelegt werden.

Durch das Schalten werden in allen eingehenden Interaktionspunkten die Markierungen entfernt. Alle ausgehenden Interaktionspunkte werden aktiv, sofern sie dies noch nicht sind. Der erste wird als aktuell markiert.

Abbildung 55 stellt ein stark verkürztes Dialognetz einer Anwendung dar. Die Transition „Start" wird beim Starten der Anwendung geschaltet. Dies bewirkt, daß drei Fenster („Auftragsliste", „Artikelliste", „Rechnungsliste") aktiv werden. Aus dem aktuellen Interaktionspunkt (im Beispiel „Auftragsliste") wird auf alle Ereignisse reagiert, die entweder diesen Interaktionspunkt als Eingangsstelle besitzen oder die keine Eingangsstellen besitzen. Im Beispiel sind dies die Ereignisse „Maske", „Drucken" und „Aufträge".

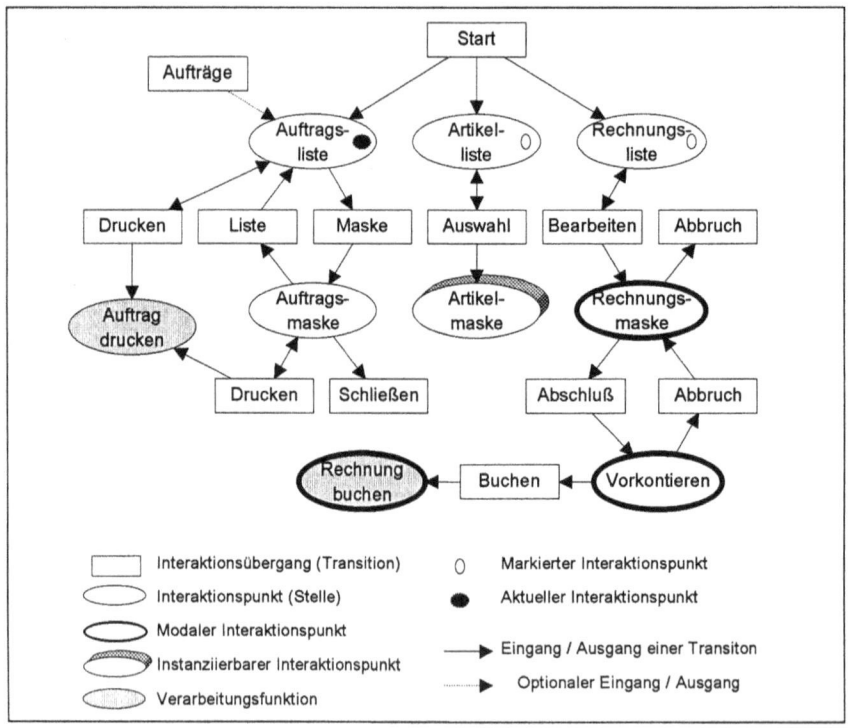

Abbildung 55: Beispiel eines Dialognetzes

Das Ereignis „Maske", z. B. ausgelöst durch das Betätigen eines Druckknopfs, bewirkt, daß der Interaktionspunkt Auftragsliste geschlossen (Markierung wird entfernt) und der Interaktionspunkt Auftragsmaske geöffnet wird (als „aktuell" markiert).

Die Ereignisse „Maske und „Liste" realisieren somit das Umschalten einer Listen- und Maskenansicht der Aufträge.

In jeder Transition kann zusätzlich eine Bedingung modelliert werden, die für das Schalten erfüllt sein muß. Z. B. ist es für das Umschalten in die Maskenansicht erforderlich, daß ein Auftrag in der Liste ausgewählt wurde. Soll eine Transition beim Schalten den eingehenden Interaktionspunkt nicht schließen, dann wird dies im Dialognetz durch einen Doppelpfeil dargestellt.[550] Wird das Ereignis „Drucken" ausgelöst, so wird der nachfolgende Interaktionspunkt „Auftrag drucken" als aktuell markiert, ohne daß der Interaktionspunkt „Auftragsliste" geschlossen wird. Das Ereignis „Aufträge", ausgelöst über das Menü des Anwendungssystems, dient zum Öffnen der Auftragsliste. Da der Ausgang der Transition optional ist, wird diese Transition auch geschaltet, wenn die Auftragsliste bereits aktiv ist.

Besondere Eigenschaften besitzen modale und instanziierbare Interaktionspunkte. Bei einem instanziierbaren Interaktionspunkt wird durch das Markieren eine neue Instanz[551] des Interaktionspunkts erzeugt. Im obigen Beispiel ist dies beim Interaktionspunkt „Artikelmaske" der Fall. Wird in der Artikelliste eine Auswahl getroffen, kann der gewählte Artikel in der Artikelmaske bearbeitet werden. Beim wiederholten Schalten der Transition wird jeweils eine neue Instanz der Artikelmaske erzeugt. Im obigen Beispiel können somit beliebig viele Artikel parallel in getrennten Artikelmasken bearbeitet werden.

Wie bereits dargestellt wurde, gibt es in betrieblichen Anwendungssystemen Transaktionen, die zwangsgesteuerte Dialoge erforderlich machen. Diese werden in ereignisgesteuerten Benutzerschnittstellen durch modale Dialoge realisiert.[552] Bei modalen Dialogen kann der Benutzer Ereignisse nur durch Eingaben im aktuellen Fenster auslösen. Dies soll den Benutzer zur Beendigung des Interaktionspunkts zwingen, bevor andere Aktionen ausgeführt werden. Im Beispiel ist die Rechnungsmaske als modaler Interaktionspunkt entworfen worden. Ist ein modaler Interaktionspunkt aktiv, können nur Interaktionsübergänge durchgeführt werden, die diesen Interaktionspunkt als Eingangsstelle besitzen. Das Wechseln des aktuellen Interaktionspunkts durch die Anwahl eines anderen aktiven Interaktionspunkts ist in einem modalen Interaktionspunkt nicht möglich. Wenn mehrere aufeinanderfolgende Interaktionspunkte modal sind, entsteht

[550] Die eingehende Stelle ist gleichzeitig auch ausgehende Stelle, beide Pfeile werden zur Vereinfachung zusammengefaßt.

[551] Von JANSSEN als Inkarnation bezeichnet (vgl. Janssen, 1993, S. 70).

[552] Vgl. Jansen, 1993, S. 71 f. Es lassen sich anwendungs- und systemmodale Dialoge unterscheiden. In anwendungsmodalen Dialogen ist das Wechseln zu anderen Anwendungen möglich, in systemmodalen nicht.

im Dialognetz eine modale Dialogfolge, die der Beschreibung von Dialogen in Interaktionsgraphen sehr ähnlich ist.

Prozedurale Verarbeitungsfunktionen, die über die Benutzerschnittstelle ausgelöst werden können, werden im Dialognetz auch durch einen Interaktionspunkt dargestellt. Da eine Verarbeitungsfunktion keine Präsentation besitzt, bleibt dieser Interaktionspunkt nur so lange aktiv, bis die Verarbeitungsfunktion beendet wird. Bezüglich ihres Verhaltens gegenüber der Benutzerschnittstelle können synchrone und asynchrone Verarbeitungsfunktionen unterschieden werden. Bei synchronen Verarbeitungsfunktionen verweilt die Anwendung für die Dauer der Ausführung in einem Wartezustand. Asynchrone Verarbeitungsfunktionen werden nach ihrem Aufruf im Hintergrund bearbeitet. Synchrone Verarbeitungsfunktionen entsprechen vom Verhalten modalen Interaktionspunkten, sie werden deshalb als solche gekennzeichnet.

Es ist möglich, daß in Abhängigkeit von einer Entscheidung in einer Verarbeitungsfunktion verschiedene nachfolgende Interaktionspunkte aktiviert werden sollen. Deshalb können auch Verarbeitungsfunktionen Eingangsstellen für weitere Transitionen sein. Das Ereignis einer Transition, die als Eingangsstelle eine Verarbeitungsfunktion hat, kann aber nur durch die Verarbeitungsfunktion selbst ausgelöst werden.

Abbildung 56 stellt das Metamodell für die beschriebene Dialogsteuerung dar. Die Stellen des Petri-Netzes werden durch das Informationsobjekt *Interaktionspunkt* modelliert. Spezialisierungen sind *modale* und *instanziierbare Interaktionspunkte*. Das Informationsobjekt *Interaktionsübergang* modelliert die Transitionen des Petri-Netzes. Jedem Interaktionsübergang ist genau ein Ereignis zugeordnet, das diesen auslöst. Eine zusätzliche Bedingung für die Auslösung kann durch eine benutzerdefinierte Funktion dargestellt werden. Jeder Interaktionsübergang kann als Eingang und auch als Ausgang mehrere Interaktionspunkte besitzen. Optionale Ein- oder Ausgänge werden attributiv gekennzeichnet.

Ereignisse, die Interaktionsübergängen zugeordnet sind, werden durch das Informationsobjekt *Schnittstellenereignis* modelliert.[553] Ausgenommen davon ist das Startereignis einer Anwendung, das durch die Beziehung zwischen *Anwendung* und *Interaktionsübergang* dargestellt wird. Ereignisse, die Werkzeuge und Menüelemente bei ihrer Anwahl erzeugen, werden durch die Beziehung *erzeugt* zum Informationsobjekt *Schnittstellenereignis* beschrieben.[554] Jeder Interaktionspunkt wird genau einem Anwendungsobjekt zugeordnet.

---

[553] Diese Bezeichnung erfolgt zur Abgrenzung von den auf fachlicher Prozeßsicht modellierten Ereignissen. Beide stehen in keinem Zusammenhang.

[554] Für jedes Werkzeug bzw. Menüelement ist durch diese Modellierung feststellbar, ob das ihnen zugeordnete Ereignis in einem bestimmten Zustand das Schalten einer Transition bewirkt. Dies ist genau dann der Fall, wenn es sich um ein zulässiges Ereignis handelt und wenn die dem zugehöri-

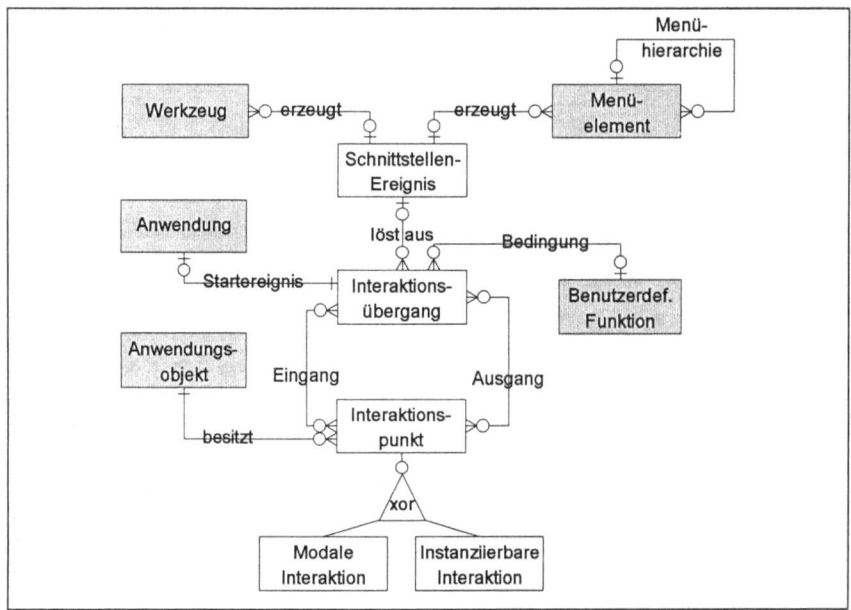

Abbildung 56: Teilmodell Dialogsteuerung

3.3.3.2.3 Dialogbausteine

Die einzelnen Interaktionspunkte einer Anwendung werden durch Dialogbausteine realisiert. Dialogbausteine werden verwendet, damit ähnliche Aufgaben mit gleichen Dialogelementen bearbeitet werden können. Das intrinsche Verhalten eines Dialogbausteins ist vorgegeben und kann nur im Rahmen gegebener Gestaltungsalternativen variiert werden. Zielsetzung ist, daß ein Dialogbaustein einmal entworfen, implementiert und dokumentiert wird und dann beliebig oft wiederverwendet werden kann.[555] Hier werden nur drei zentrale Dialogbausteine für datenbankbasierte Anwendungen beschrieben. Das Metamodell wurde so gestaltet, daß weitere Bausteine aufgenommen werden können.

---

gen Interaktionsübergang zugeordnete Bedingung erfüllt ist. Nur dann ist das Auslösen dieser Interaktionselemente zweckmäßig. Andernfalls kann das Interaktionselement als inaktiv (grau) dargestellt werden.

[555] Ein Entwicklungswerkzeug muß in der Lage sein, einen Dialogbaustein auf Basis der im Metamodell gespeicherten Beschreibung ausführen zu können (vgl. Kapitel 5.3.2.4).

Für datenbankbasierte Anwendungen spielen Elemente zur Darstellung von Daten-objekten eine zentrale Rolle. In Anlehnung an den CUA-Standard lassen sich zwei Sichten unterscheiden.[556]

Die Komplettsicht (contents view) stellt alle oder ausgewählte Objekte eines Objekt-typs dar. Dies kann durch eine Einzeldarstellung jedes Objekts mit Hilfe eines Pikto-gramms (icons view) oder in Form einer Liste (details view) erfolgen. Die Komplett-sicht dient zur Auswahl einer oder auch mehrerer Objekte der Objektmenge. Die Datensicht (settings view) bietet dagegen die einzelnen Attribute und Eigenschaften eines Datenobjekts zur Bearbeitung an.

Neben den Dialogbausteinen zur Darstellung von Datenobjekten werden zur Eingabe von Parametern Dialogboxen benötigt. Die Felder von Dialogboxen beziehen sich nicht auf Spalten der Datenbank, sondern dienen als Eingabewerte für Verarbeitungs-funktionen.

Zur Beschreibung der Komplettsicht wird das Dialogelement Bildschirmliste, für die Datensicht und Dialogboxen werden Bildschirmmasken eingeführt. Eine Liste wird durch die Informationsobjekte *Bildschirmliste* und *Listenelement* beschrieben. Sie stellt eine externe Sicht auf Tabellen der Datenbank dar. Diese externe Sicht bezieht sich auf genau eine Datenbanktabelle, jedes Listenelement auf eine Spalte einer Tabelle (vgl. Abbildung 57). Die Auswahl der Datensicht wird für die Liste über einen SQL-Ausdruck definiert. Analog zu der Definition von Datensichten der Datenbank[557] wird dieser SQL-Ausdruck in einem Attribut des Informationsobjekts *Externe Sicht* als Zeichenkette abgelegt und die Verwendungsbeziehungen dazu redundant modelliert. Im Informationsobjekt *Listenelement* werden Reihenfolge, Formatierung, Ausrichtung und Spaltenüberschriften der Listenelemente beschrieben.

Zur Bearbeitung einzelner Objekte dient die *Bildschirmmaske*. Sie stellt die Attribute der Datenobjekte dar und erlaubt ihre Änderung. Um auch bei einer großen Anzahl von Attributen alle Informationen eines Datenobjekts unterbringen zu können, wird eine Maske in mehrere Seiten aufgeteilt.[558] Jede Maskenseite besteht aus Maskenelementen, die entweder elementare Felder oder Listen sein können. Zu jedem Maskenelement werden als Attribute Größe, Position sowie Beschriftungs- und Beschreibungstexte festgehalten. Über einen Feldtyp wird definiert, ob es sich um ein Anzeigefeld handelt oder ob die Dateneingabe möglich ist.

---

[556] In Anlehnung an die Unterscheidung zwischen Contents View und Setting View im CUA-Standard (vgl. Berry, 1992, S. 443 f.).

[557] Vgl. Kapitel 3.3.1.2.2.

[558] Die Realisierung von mehreren Maskenseiten in einem Fenster ist mit Hilfe von Registerkarten möglich, über die dann die verschiedenen Seiten angewählt werden können.

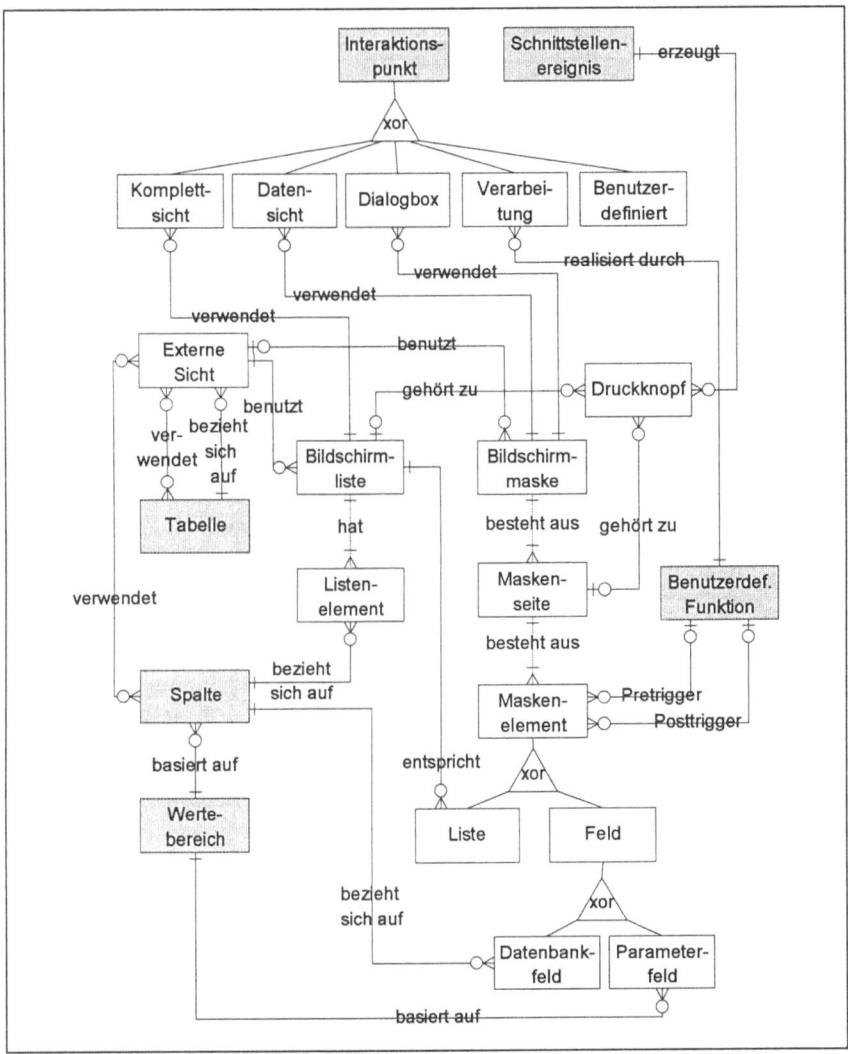

Abbildung 57: Teilmodell Dialogbausteine

Ein Maskenfeld stellt i. d. R. eine Spalte einer Tabelle dar. Daneben können Felder aber auch als Parameter für Verarbeitungsfunktionen dienen, die über die Maske aufgerufen werden können. Jedes Feld basiert auf einem Wertebereich. Bei einem Datenbankfeld ist die Zuordnung zu einem Wertebereich über die Spalte einer Tabelle transitiv, Parameterfelder werden direkt einem Wertebereich zugeordnet (vgl. Abbildung 57).

Bildschirmmasken graphischer Benutzeroberflächen verwenden nicht mehr nur reine Texteingabefelder, sondern bedienen sich einer Vielzahl von graphischen Kontrollelementen, die die Dateneingabe vereinfachen sollen. In Abhängigkeit von dem Datentyp des Wertebereichs eines Maskenfelds bieten sich verschiedene Kontrollelemente zur Anzeige bzw. Bearbeitung an. So sind neben dem Editierfeld zur Text- und Zahleneingabe z. B. für logische Datentypen Ein/Aus-Schalter (check boxes), für Wertebereiche mit bis zu fünf Aufzählungswerten Umschalter (radio buttons) und bei mehr als fünf Werte Auswahllisten (combo box) als Kontrollelement zweckmäßig.[559] Das für ein Feld zu verwendende Kontrollelement wird attributiv definiert.

Zur Steuerung der Eingaben innerhalb einer Formularseite werden für jedes Maskenfeld Pre- und Posttrigger modelliert. Diese verweisen auf Verarbeitungsfunktionen, die beim Erreichen und beim Verlassen eines Eingabefelds ausgeführt werden.

Ein besonderes Maskenfeld stellt das Listenelement dar. Es realisiert innerhalb einer Maske eine Liste, in der Datensätze angezeigt und auch geändert werden können. Dieses Element dient zur Darstellung von 1:N-Beziehungen in Form von Master-/Detail-Beziehungen. Wenn sich ein komplexeres Datenobjekt (z. B. eine Rechnung) aus einem Datensatz einer Master-Tabelle und mehreren Datensätzen einer zweiten Tabelle (Rechnungspositionen) zusammensetzt, dann werden mit den Feldern der Bildschirmmaske die Daten der Master-Tabelle und mit dem Listenelement die zugehörigen Datensätze Detail-Tabelle dargestellt.

Sowohl Bildschirmlisten als auch Masken können zur Auslösung von Interaktionsübergängen Druckknöpfe zugeordnet werden. Über einen Druckknopf wird jeweils genau ein Schnittstellenereignis erzeugt.

Um einem Interaktionspunkt eine Verarbeitungsfunktion zuordnen zu können, wird das Informationsobjekt *Verarbeitung* als Spezialisierung des Interaktionspunkts modelliert. Dieses ist genau einer Verarbeitungsfunktion zugeordnet. Durch das Informationsobjekt *Benutzerdefiniert* wird die Möglichkeit geschaffen, das Metamodell um weitere Dialogbausteine zu ergänzen. Hierzu muß auf Seiten des Metamodells dieses Informationsobjekt spezialisiert werden. Zur Beschreibung des neuen Dialogbausteins müssen dann weitere Informationsobjekte und Beziehungen modelliert werden.[560]

---

[559] Die deutschen Bezeichnungen der Kontrollelemente wurden in Anlehnung an POMBERGER/BLASCHEK gewählt (Pomberger/Blaschek, 1993, S. 74 f.).

[560] Zusätzlich muß das Entwicklungswerkzeug um Komponenten zur Ausführung dieser neuen Bausteine ergänzt werden (vgl. Kapitel 5.3.2.3).

3.3.3.2.4 Schnittstellen zu Datenbank und Verarbeitungsfunktionen

Alle Dialogbausteine, die sich auf Datenbankobjekte beziehen, verwenden wie Verarbeitungsfunktionen für den Datenzugriff die Zugriffsfunktionen der Datenbankschnittstelle. In den Dialogelementen sollten zusätzlich intrinsische Funktionen zur Navigation und zur Datenmanipulation vorgesehen werden, damit diese nicht explizit im Dialognetz modelliert und durch Verarbeitungsfunktionen realisiert werden müssen.

Zur Kommunikation zwischen verschiedenen Dialogbausteinen und zwischen Dialogbausteinen und Verarbeitungsfunktionen müssen die Informationen über die in Dialogbausteinen ausgewählten Objekte zwischen den Komponenten ausgetauscht werden. Eine mögliche Lösung ist, daß eine Systemfunktion der Anwendung für jede Basistabelle und aktualisierbare Sicht die ausgewählten Datensätze verwaltet. Für Verarbeitungsfunktionen müssen Systemfunktionen das Lesen und Schreiben der Parameterfelder von Dialogbausteinen ermöglichen.

Benutzerdefinierte Funktionen, die Trigger von Maskenfeldern oder Bedingungen für Interaktionsübergänge realisieren, sollten in besonders gekennzeichneten Modulen zusammengefaßt werden, da sie Hilfsfunktionen für Dialogbausteine bzw. der Dialogsteuerung darstellen. In Ergänzung zur bisherigen Klassifikation von Modulen[561] wird deshalb der Modultyp „Benutzerschnittstellen-Modul" eingeführt.

3.3.3.2.5 Integriertes Metamodell der Benutzerschnittstelle

Abbildung 58 stellt das integrierte Metamodell der Benutzerschnittstelle dar.

---

[561] Vgl. Kapitel 3.3.2.2.1.

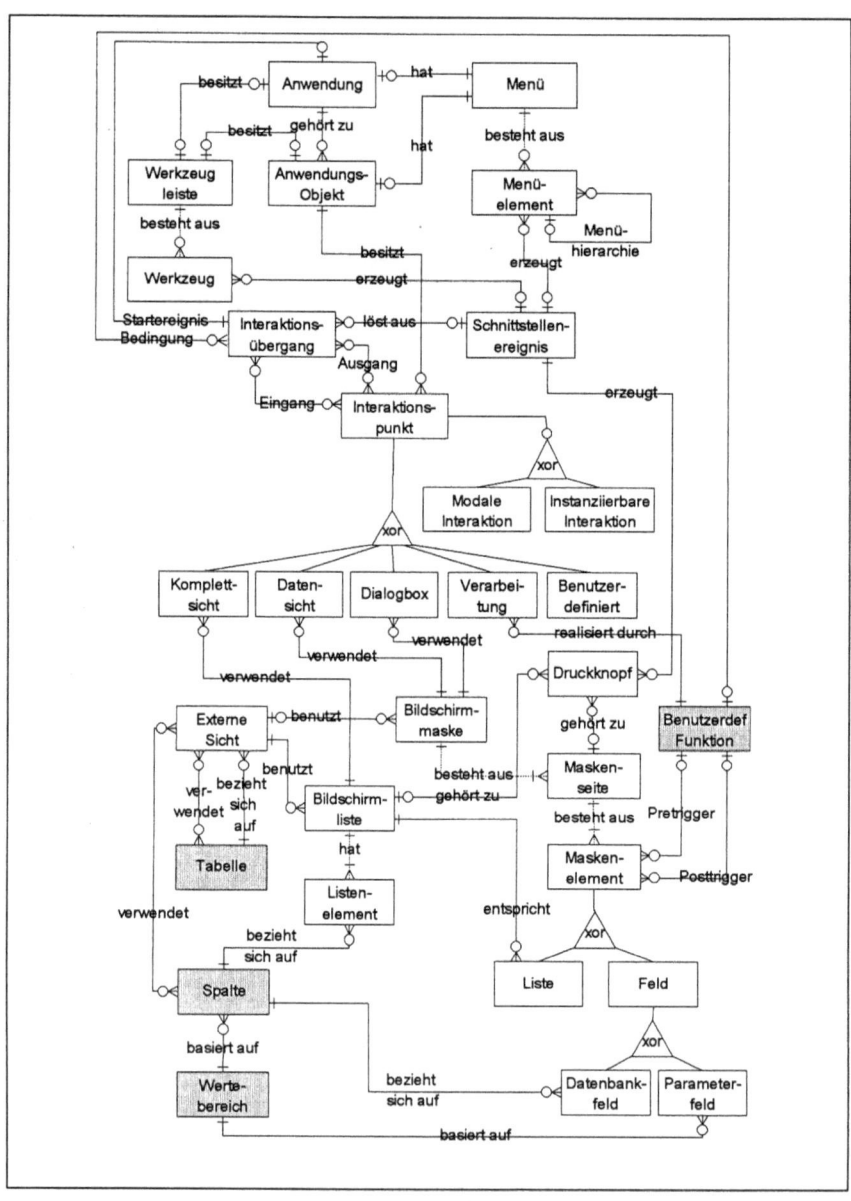

Abbildung 58: Metamodell der Benutzerschnittstelle auf dv-technischer Ebene

3.4 Integration der fachlichen und dv-technischen Ebene

Bisher wurden die Sichten der fachlichen und dv-technischen Ebene der Modellierung isoliert voneinander beschrieben. Zwischen den Informationsobjekten der Sichten beider Modellierungsebenen bestehen jedoch wechselseitige Abhängigkeiten, die bei der Entwicklung der Modelle berücksichtigt werden müssen. Elemente der fachlichen Sichten besitzen auf der dv-technischen Ebene Entsprechungen. Diese werden nachfolgend dargestellt.

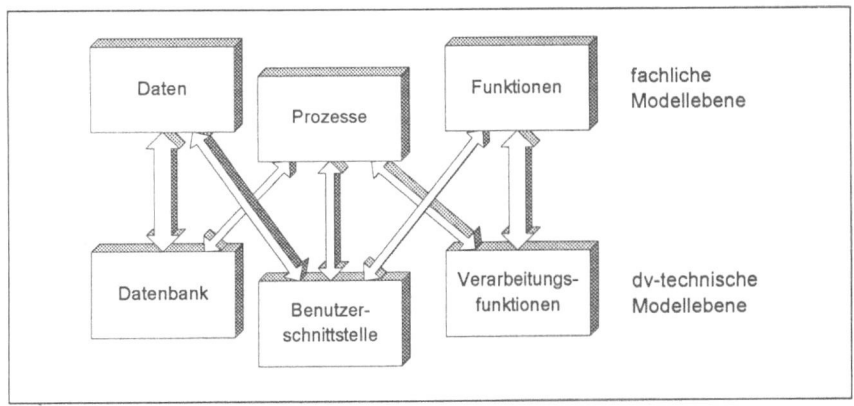

Abbildung 59: Abhängigkeiten zwischen fachlichen und dv-technischen Sichten

Daten und Funktionssicht der fachlichen Ebene spiegeln sich auf dv-technischer Ebene in der Datenbankkomponente bzw. den Verarbeitungsfunktionen wider. Im Gegensatz dazu gibt es auf der dv-technischen Ebene zur Prozeßsicht keine korrespondierende Sicht. Die auf fachlicher Ebene modellierten Prozesse gehen gleichermaßen in alle drei dv-technischen Komponenten mit ein (Abbildung 59). Analog dazu verhält es sich mit der Benutzerschittstelle auf dv-technischer Ebene. Auch für sie findet sich keine unmittelbare Entsprechung auf der fachlichen Ebene, es bestehen Abhängigkeiten zu allen drei fachlichen Sichten.

3.4.1 Beziehungen zwischen Datensicht und dv-technischer Ebene

Auf den engen Zusammenhang zwischen dem fachlichen Datenmodell und dem relationalen Datenbankmodell ist schon hingewiesen worden. Ein fachliches Datenmodell in Form eines Entity-Relationship-Modells läßt sich nach definierten Regeln in ein relationales Datenbankmodell transformieren. Hierzu werden in der Literatur eine

Vielzahl von Verfahren vorgeschlagen.[562] Um nach einmaliger Transformation auch bei späteren Änderungen die Konsistenz beider Modelle prüfen zu können, ist es notwendig, daß die bei der Transformation getroffenen Entwurfsentscheidungen in den Modellen festgehalten werden. Dazu werden im Metamodell Beziehungen zwischen den Informationsobjekten beider Sichten eingeführt (vgl. Abbildung 60, S. 168).

Jeder Objekttyp wird in eine Basistabelle umgesetzt. Eine Basistabelle kann u. U. mehrere Objekttypen darstellen.[563] Die Attribute eines Objekttyps werden als Spalten der entsprechenden Basistabelle realisiert. Die Schlüssel der Objekttypen finden in den Schlüsselkandidaten ihre Entsprechung. Jeder Objekttyp und jedes Attribut auf fachlicher Ebene besitzt eine Entsprechung auf dv-technischer Ebene. Umgekehrt muß aber nicht jede Tabelle und Spalte der Datenbank fachliche Inhalte darstellen. Aus diesem Grund werden für die Tabellen und Spalten der Datenbank attributiv jeweils die zwei Typen „fachlich" und „technisch" unterschieden. Jede Tabelle und Spalte vom Typ „fachlich" muß eine Entsprechung im fachlichen Datenmodell besitzen.[564]

Bei der Umsetzung einer Spezialisierung bieten sich in Abhängigkeit von ihren Eigenschaften (Disjunktheit/Vollständigkeit) verschiedene Entwurfsalternativen an.[565] Ein Subtyp kann entweder durch eine klassifizierende Spalte in der Tabelle des Supertypen oder durch die Modellierung einer eigenständigen Tabelle realisiert werden. Zusätzlich läßt sich für jeden Subtypen eine Datensicht definieren, mit der die Objektmenge des Subtypen dargestellt werden kann.[566]

Zur Abbildung von Beziehungstypen des Datenmodells werden im relationalen Datenbankmodell Fremdschlüssel oder Tabellen verwendet. In Abhängigkeit von Kardinalität und Häufigkeit des Beziehungstyps wird diese Entwurfsentscheidung getroffen. 1:1- und 1:N-Beziehungen können durch einen Fremdschlüssel realisiert werden, bei N:M-Beziehungen ist in jedem Fall die Einführung einer neuen Tabelle (Beziehungsrelation) notwendig. Sind in einer optionalen 1:1 oder 1:N-Beziehung nur sehr wenige Objekte beider Objekttypen an der Beziehung beteiligt, so ist ebenfalls die Modellierung durch eine Tabelle zu empfehlen.[567]

---

[562] Siehe u. a. Shlaer/Mellor, 1988, S. 47 ff., Markowitz/Shoshani, 1992, Raasch, 1993, S. 288 ff.

[563] Z. B., wenn ein spezialisierter Subtyp attributiv in der Tabelle des Supertypen modelliert wird oder wenn zwei in einer 1:1-Beziehung stehenden Objekttypen in einer Tabelle zusammengefaßt werden.

[564] Wird während der Entwicklung das dv-technische Datenmodell ergänzt, so müssen folglich nur die Tabellen und Spalten in das fachliche Modell abgebildet werden, die vom Typ „fachlich" sind.

[565] Vgl. u. a. Shlaer/Mellor, 1988, S. 65-69, Kung, 1990 und Sinz, 1993, S. 88-90.

[566] Siehe hierzu Kung, 1990, S. 119 ff.

[567] Vgl. Shlaer/Mellor, 1988, S. 61.

Bei der Umsetzung eines Beziehungstyps müssen die definierten Verhaltensregeln beim Löschen eines an der Beziehung beteiligten Objekts[568] sowie identifikatorische und existentielle Abhängigkeiten in der Fremdschlüsseldefinition berücksichtigt werden. Wird ein Beziehungstyp durch einen Fremdschlüssel abgebildet, lassen sich die Verhaltensregeln unmittelbar auf die referentiellen Aktionen abbilden. Wird der Beziehungstyp dagegen über eine Beziehungsrelation abgebildet, so ist dies nicht mehr bei jeder Verhaltensregel möglich, da in diesem Fall zwei Fremdschlüsselbeziehungen entstehen. Hier ist die Einführung einer Triggeraktion notwendig.[569]

Spalten, die als Fremdschlüsselspalte oder klassifizierende Spalte einer Spezialisierung in das relationale Modell aufgenommen werden und Tabellen, die N:M-Beziehungen darstellen, lassen sich nicht den bisher verwendeten Typen „fachlich" und „technisch" zuordnen. Deshalb wird für diese Spalten und Tabellen der Typ „relational" einge-führt.

Die in dem fachlichen Modell dargestellte Exklusivität von Beziehungen muß im relationalen Modell durch eine Integritätsregel kontrolliert werden.

Von den Integritätsbedingungen können im dv-technischen Datenmodell nur die starken Integritätsbedingungen berücksichtigt werden. Die Modellierung von schwachen Integritätsbedingungen ist nur durch eine Verwendung entsprechender Plausibilitäts-prüfungen in den Eingabemasken der Benutzerschnittstelle möglich, da die Datenbank-komponente diese Form der Integritätsprüfung nicht vorsieht.

Bei Integritätsbedingungen wurden im fachlichen Datenmodell Ableitungen und Zusicherungen unterschieden. Statische Zusicherungen werden in Integritätsregeln, dynamische durch Trigger realisiert. Zur Umsetzung von Ableitungen müssen zwei Fälle unterschieden werden. Werden die abgeleiteten Attribute als physisch abgeleitete Spalte in der Datenbank implementiert, so wird die Ableitungsregel als Triggeraktion umgesetzt. Bei logisch abgeleiteten Spalten wird die Ableitungsregel als Attribut der Spalte festgehalten.

Wie bereits dargestellt wurde, werden die Informationsobjekte *Wertebereich, Aufzäh-lungswert* und *Datentyp* im fachlichen und dv-technischen Modell gemeinsam ver-

---

[568] Vgl. Kapitel 3.2.1.2.1.

[569] Dies sei zur Veranschaulichung an einem Beispiel dargestellt: Wird eine N:M-Beziehung durch eine Beziehungsrelation dargestellt, so werden in die Beziehungsrelation zwei Fremdschlüssel aufgenommen. Diese referenzieren die Tabellen, die die an der Beziehung beteiligten Objekttypen darstellen. Die Verhaltensregeln „disallow deletion" und „disassociate each occurence" des fachlichen Datenmodells lassen sich auf die referentielle Aktion „action on delete=restrict" bzw. „action on delete=cascades" abbilden. Die Verhaltensregel „delete each occurrence" kann dagegen nur durch die Definition einer referentiellen Aktion realisiert werden. Hierzu ist ein Trigger zu definieren, der beim Löschen eines Datensatzes der einen Tabelle alle dazu in Beziehung stehenden Datensätze der zweiten Tabelle löscht.

wendet. Ein Attribut und die Spalte, die dieses Attribut realisiert, müssen immer auf demselben Wertebereich basieren.

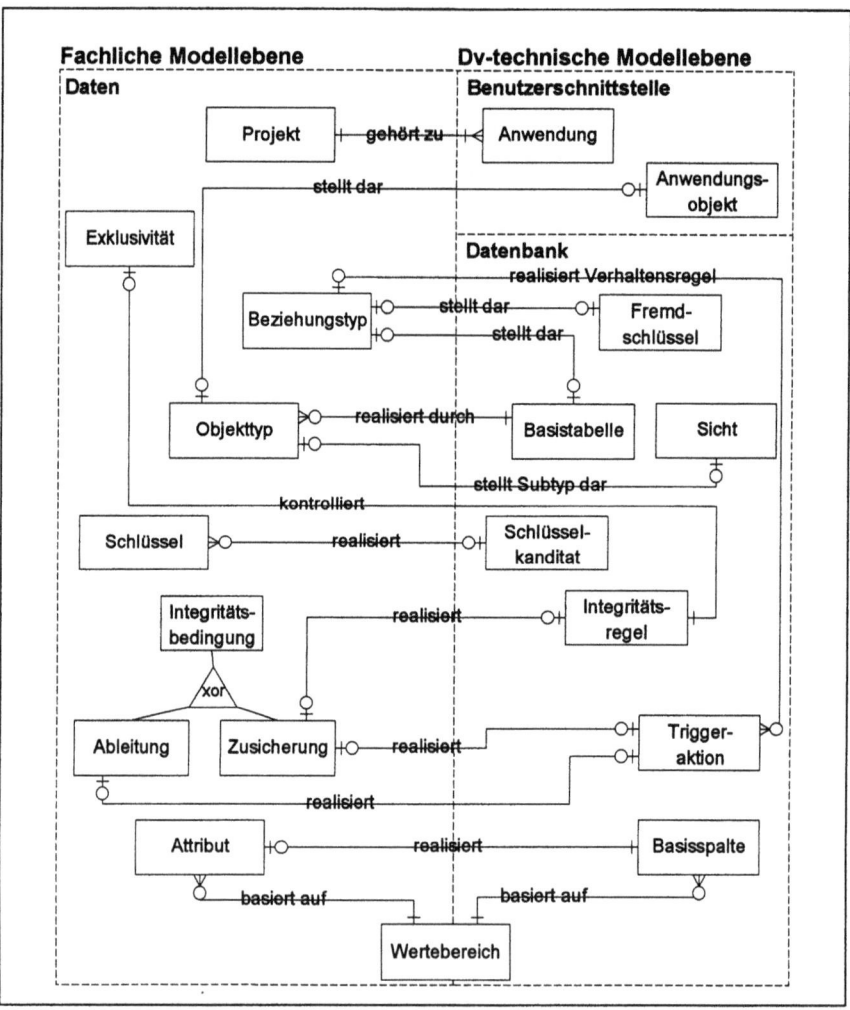

Abbildung 60: Beziehungen zwischen Datensicht und dv-technischer Ebene

Neben den Beziehungen zur Datenbank läßt sich aus dem fachlichen Modell auch eine Beziehung zur Benutzerschnittstelle ableiten. Anwendungsobjekte der Benutzerschnittstelle können u. a. Objekttypen des fachlichen Datenmodells sein. Stellt ein Interaktionspunkt ein Anwendungsobjekt, das einem Objekttyp zugeordnet ist, als Komplett- oder Datensicht dar, dann muß sich die zugeordnete externe Datensicht auf die Tabelle beziehen, die diesen Objekttyp realisiert.

Zu dem Informationsobjekt *Projekt* auf fachlicher Ebene korrespondiert auf dv-tech- nischer Ebene das Informationsobjekt *Anwendung*. Eine Anwendung gehört zu genau einem Projekt, im Rahmen eines Projekts können mehrere Anwendungen realisiert werden.[570]

Abbildung 60 zeigt die beschriebenen Beziehungen zwischen den Informations- objekten der Datensicht und der dv-technischen Modellebene. Aus Gründen der Über- sichtlichkeit werden die Beziehungen innerhalb der einzelnen Sichten nicht mehr dargestellt.

3.4.2 Beziehungen zwischen Funktionssicht und dv-technischer Ebene

Jede Elementarfunktion der fachlichen Ebene, die ohne Benutzerdialog ausgeführt wird, findet ihre Entsprechungen in einer benutzerdefinierten Funktion auf dv-techni- scher Ebene. Diese benutzerdefinierte Funktion wird von einem Anwendungsmodul exportiert. Elementarfunktionen, die mit einem Benutzerdialog ausgeführt werden, müssen mindestens einem Interaktionspunkt der Benutzerschnittstelle zugeordnet werden. Dieser Interaktionspunkt kennzeichnet den Einstiegspunkt des Benutzerdia- logs, der die Elementarfunktion realisiert.

Der dv-technische Entwurf einer Elementarfunktion läßt sich nicht automatisch gegen die fachliche Spezifikation prüfen, da diese nur semiformal oder textuell erfolgt. Nur die Verwendungsbeziehungen der fachlichen Beschreibung und der dv-technischen Realisierung können miteinander verglichen werden. Aus dem fachlichen Funktions- modell ist erkennbar, welche Objekttypen, Beziehungstypen und Attribute durch eine Elementarfunktion gelesen, geändert oder gelöscht werden.[571] Da Objekttypen, Bezie- hungstypen und Attribute eindeutig auf Tabellen bzw. Attribute der Datenbank abgebildet werden, lassen sich daraus für die dv-technischen Funktionen ebenfalls Verwendungsbeziehungen ableiten. Eine benutzerdefinierte Funktion, die eine be- stimmte Elementarfunktion realisiert, muß demnach die spezifizierten Operationen auf den entsprechenden Tabellen und Attributen ausführen.[572] Andernfalls besteht eine

---

[570] Das Anwendungssystem setzt sich dann aus mehreren dv-technischen Anwendungen zusammen.

[571] Vgl. Kapitel 3.2.2.2.4.

Inkonsistenz zwischen fachlicher Beschreibung und dv-technischer Realisierung, die entweder in einer fehlerhaften fachlichen Spezifikation oder in einer falschen Umsetzung begründet ist.

Die Modellierung der Aufbauorganisation und Kompetenz läßt sich auf dv-technischer Ebene für die Verwaltung von Benutzern und Zugriffsrechten verwenden. Da jede Elementarfunktion einer Verarbeitungsfunktion bzw. einem Benutzerdialog zugeordnet ist, lassen sich die Komponenten der dv-technischen Realisierung identifizieren, die zur Ausführung einer Elementarfunktion benötigt werden. Entsprechend läßt sich die Kompetenz einer organisatorischen Einheit für eine Elementarfunktion auf die dv-technischen Elemente übertragen. Zusätzlich können über die Verwendungsbeziehungen in den dv-technischen Modellen die notwendigen Zugriffsrechte auf Datenbankelemente abgeleitet werden.

Von den genannten Abhängigkeiten zwischen fachlicher und dv-technischer Modellebene lassen sich nur direkte Beziehungen im Metamodell darstellen. Transitive Abhängigkeiten zwischen Informationsobjekten sind nicht darstellbar (vgl. Abbildung 61).

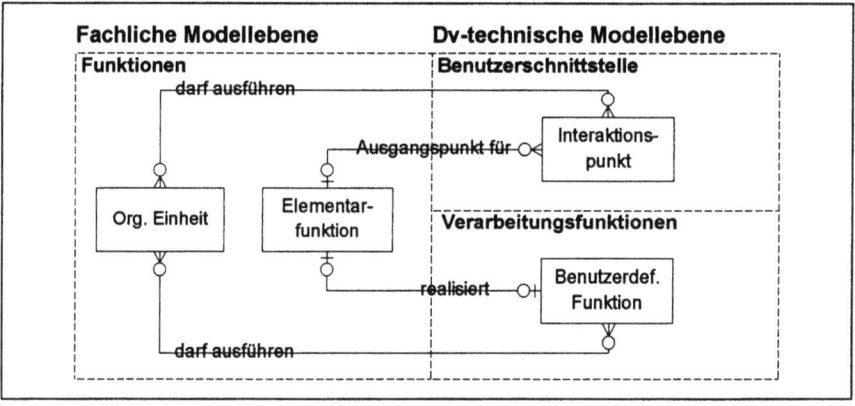

Abbildung 61: Beziehungen zwischen Funktionssicht und dv-technischer Ebene

---

[572] Bei einer benutzerdefinierten Funktion sind dabei auch alle Operationen der von ihr gerufenen Funktionen zu berücksichtigen. Besitzt die Elementarfunktion einen Dialog, so sind ferner die Verwendungsbeziehungen in Bildschirmmasken und -listen mit einzubeziehen.

3.4.3 Beziehungen zwischen Prozeßsicht und dv-technischer Ebene

Die Modellierung der Präzedenzstrukturen auf fachlicher Ebene hat zum Ziel, zulässige Ausführungsreihenfolgen von Elementarfunktionen darzustellen. Diese lassen sich auf zulässige Aufrufbeziehungen der korrespondierenden Verarbeitungsfunktionen übertragen. Da die Aufrufbeziehungen im Metamodell der Verarbeitungsfunktionen dargestellt sind, kann deren Konsistenz zu den Reihenfolgebeziehungen auf fachlicher Ebene geprüft werden.

Die in der Prozeßsicht modellierten Zustände von Objekttypen werden durch eine Basisspalte der entsprechenden Tabelle dargestellt, sofern sie nicht bereits durch die Abbildung auf einen Subtypen eindeutig festgelegt sind. Anhand der Zustandsmodellierung in der Prozeßsicht können für jeden Zustand eines Objekttyps die Elementarfunktionen ermittelt werden, die im jeweiligen Zustand ausführbar sind. Elementarfunktionen, die über die Benutzerschnittstelle aufgerufen werden, sind einem Interaktionspunkt zugeordnet (s. o.). Für alle Interaktionsübergänge, die diesen Interaktionspunkt als Ausgang besitzen, stellt der Zustand somit eine Bedingung für das Schalten des Interaktionsübergangs dar. Wird die Elementarfunktion nicht über die Benutzerschnittstelle, sondern durch eine andere Elementarfunktion oder ereignisgesteuert ausgelöst, dann muß die Verarbeitungsfunktion, die diese Elementarfunktion realisiert, den Zustand des zu bearbeitenden Objekts vor der Verarbeitung prüfen.

Die auf fachlicher Ebene modellierten Ereignisse werden im dv-technischen Modell in Abhängigkeit von ihrer Ursache abgebildet. Löst eine Elementarfunktion ein Ereignis aus, so muß die Ausführung der auszulösenden Elementarfunktionen in der Ablauflogik der zugehörigen Verarbeitungsfunktion berücksichtigt werden. Ereignisse, die durch eine Operation auf einem Datenobjekt eintreten, werden durch Trigger, die ausgelösten Elementarfunktionen durch Triggeraktionen realisiert.[573] Die Operationen, die den Trigger auslösen, müssen mit den spezifizierten Operationen, die das zugehörige Ereignis auslösen, korrespondieren. Ereignisse, die periodische oder feste Termine darstellen, müssen entweder durch organisatorische Maßnahmen geregelt[574] oder in der Verarbeitungslogik durch zeitgesteuerte Mechanismen implementiert werden.

---

[573] Dies kann nur realisiert werden, wenn die Trigger der Datenbank den Aufruf einer Verarbeitungsfunktion erlauben.

[574] Die Ausführung der Funktionen wird dann einem Benutzer übertragen. Unterstützt kann dieser werden, indem alle Elementarfunktionen, die zu demselben Termin ausgeführt werden müssen, über dasselbe Menü aufgerufen werden können.

- 172 -

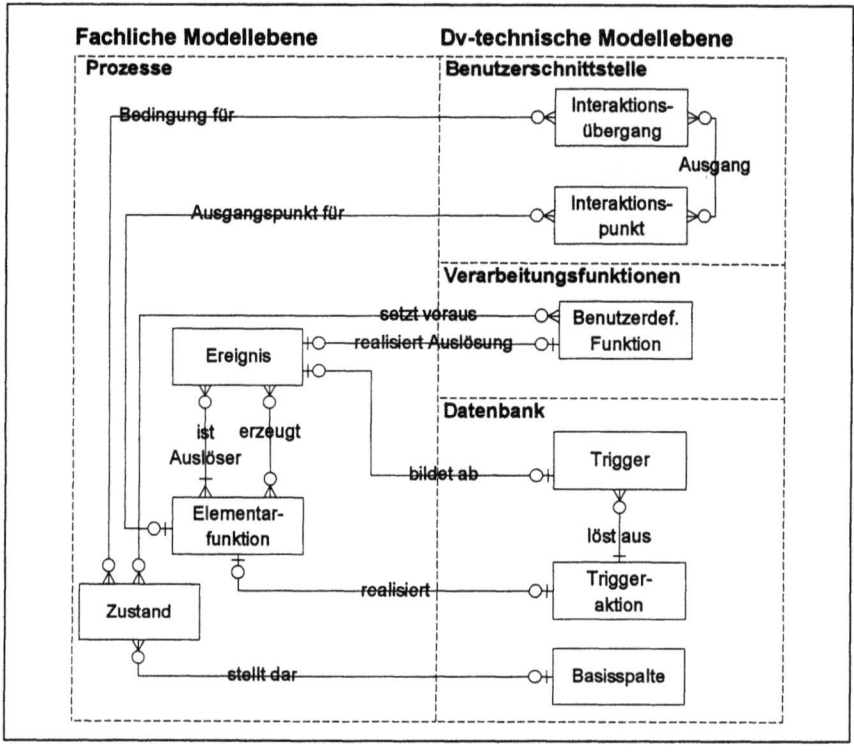

Abbildung 62: Beziehungen zwischen Prozeßsicht und dv-technischer Ebene

4 Modellbasiertes Prototyping

Nachdem im vorangegangenen Kapitel unter dem statischen Aspekt der Modellierung die Metamodelle für betriebliche Anwendungssysteme entwickelt worden sind, wird nun ein prototypingorientiertes Vorgehensmodell zur Entwicklung dieser Systeme erarbeitet.

4.1 Prototypingorientiertes Lebenszyklus-Modell

Aus der Kritik an traditionellen Methoden und Vorgehensmodellen bei der Entwicklung betrieblicher Anwendungssysteme[575] fand zu Beginn der achtziger Jahre Prototyping zunehmend Eingang in die wissenschaftliche Diskussion. Gründe dafür waren die Erfahrungen beim Einsatz von Prototypen in ingenieurwissenschaftlichen Bereichen. Die Erkenntnis, daß ein durchgängiges Verständnis und Konzept eines zu entwickelnden Systems durch die Konstruktion eines Prototyps besser erreicht wird und daß viele Ideen zur Funktionalität des Systems erst bei der Arbeit mit einem Prototyp entstehen, soll auch für den Bereich des Software-Engineering genutzt werden.

4.1.1 Begriffliche Abgrenzungen

Der Begriff „Prototyp" stammt aus dem Griechisch-Lateinischen und bedeutet Urbild oder Muster. Im Ingenieurbereich wird der Begriff als Bezeichnung für eine „erste Ausführung ... zur praktischen Erprobung und Weiterentwicklung"[576] verwendet.

Der Einsatz von Prototypen in der industriellen Produktion weist gegenüber der Softwareentwicklung erhebliche Unterschiede auf. Diese sind in den verschiedenen Formen der Produktentwicklung begründet. Ziel des industriellen Prototyps ist es, an einem ersten Exemplar eines zukünftigen Produkts dessen Eigenschaften zu erproben. Der Prototyp ist Ausgangsbasis für die Planung und Durchführung einer Serienproduktion. Aufgrund dieser Zielsetzung muß der Prototyp alle wesentlichen Eigenschaften des Endprodukts besitzen. Der Prototyp darf sich in der Fertigungsmethode, nicht aber in den Fertigungsmaterialien vom Produkt unterscheiden.[577] Ziel des Prototypenbaus sind die Produkt- und die Prozeßüberprüfung. Funktionalität, Form und Tauglichkeit des Produkts werden anhand des Prototyps evaluiert. Gleichzeitig erfolgt eine Prüfung der Fertigungstauglichkeit des Produkts und die Planung der Produktions-

---

[575] Siehe hierzu Kapitel 2.4.2.2.

[576] Duden, 1990, S. 644.

[577] Vgl. Hallmann, 1985, S. 6.

prozesse. Die Prototypenentwicklung erfolgt erst, wenn der Produktentwurf im wesentlichen abgeschlossen ist.[578]

Bei einem Softwareprojekt handelt es sich dagegen um die einmalige Herstellung eines Produkts.[579] Aus dem Ingenieurbereich sind einmalige Projekte, wie z. B. der Bau eines Hauses oder einer Großanlage, eher mit Softwareprojekten vergleichbar. In diesem Bereich wird aber nicht von Prototypen gesprochen. Zur Veranschaulichung werden dort Modelle verwendet, die i. d. R. nur einige wenige Merkmale des späteren Produkts abbilden und die anderen stark verkürzen.[580]

Die Trennung zwischen Modellen und Prototypen wurde im Software-Engineering nicht in der gleichen Form übernommen. Der Begriff des Softwareprototyps wird weiter gefaßt:

Unter einem **Softwareprototyp** wird ein ausführbares Modell des geplanten Softwareprodukts verstanden, das nicht notwendigerweise alle Eigenschaften des Zielsystems aufweisen muß, jedoch so geartet ist, daß vor dem Abschluß der eigentlichen Systementwicklung Systemeigenschaften erprobt werden können. Merkmale des Prototyps sind, daß er mit wesentlich geringerem Zeit- und Kostenaufwand als das geplante Produkt herstellbar, einfach zu ändern und zu erweitern ist.[581]

Mit **Prototyping** werden alle Arbeiten beschrieben, die zur Herstellung und systematischen Anwendung von Prototypen notwendig sind. Das Vorgehen bei der Entwicklung eines Prototyps erfolgt dabei in einem zyklischen Prozeß, der aus Entwicklung, Erprobung und Weiterentwicklung besteht.[582] Der Prozeß terminiert, wenn die mit dem Prototyp verfolgten Ziele erreicht worden sind (vgl. Abbildung 63).

---

[578] Vgl. Horvárth/Lamla/Höfig, 1994, S. 42 ff.

[579] Auch wenn es sich um Software handelt, die in großer Anzahl produziert werden soll, besteht kein Unterschied zwischen der Einzel- und Massenfertigung. Der Herstellungsprozeß bei der Massenfertigung ist nicht mit dem eines industriellen Produkts vergleichbar, da er lediglich das Kopieren von Software bedeutet.

[580] Zum Modellbegriff vgl. Kapitel 2.2.1.

[581] In Anlehnung an Hallmann, 1990, S. 23 f., Budde et al., 1992, S. 7 f. sowie Pomberger/Blaschek, 1993, S. 3 f.

[582] Vgl. Floyd, 1984, S. 4 und Pomberger, 1990, S. 230.

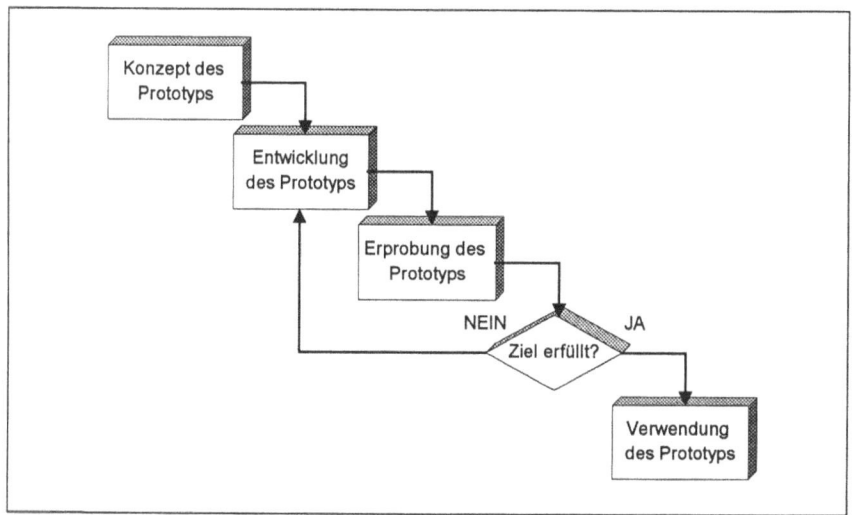

Abbildung 63: Vorgehensweise beim Prototyping
(In Anlehnung an: Oertly, 1991, S. 29 und Pomberger/Blaschek, 1993, S. 25)

Da es im Gegensatz zum Ingenieurbereich für Softwareprototypen keine klare Abgrenzung zu Modellen gibt, werden die verschiedenen Arten von Prototypen begrifflich voneinander abgegrenzt.

HALLMANN[583] ordnet die verschiedenen Arten von Prototypen nach der Reihenfolge ihrer Entstehung im Softwareentwicklungsprozeß (vgl. Abbildung 64).[584] Werden die Anforderungen an das zukünftige System in Form eines ausführbaren Modells dargestellt, an dem dann die Anforderungen geprüft oder neue ermittelt werden, bezeichnet HALLMANN sie als **dynamisches Modell**.[585] Bei nicht ausführbaren Modellen als Vorstufe der dynamischen Modelle handelt es sich noch nicht um Prototypen. Das **Labormuster** oder **Labormodell** dient den Entwicklern intern als Bewertungsgegenstand, der nicht ausgeliefert wird. Das Labormodell soll Fragen der technischen Umsetzung und der generellen Realisierbarkeit klären. Als **Pilotsystem** wird ein Prototyp bezeichnet, der im Anwendungsbereich eingesetzt werden kann.[586] Das einsatzfähige Produkt wird im folgenden auch als **Produktiv-** oder **Zielsystem** bezeichnet.

---

[583] Vgl. Hallmann, 1990, S. 26 f.

[584] Modelle und Prototypen sind in der Abbildung innerhalb der grauen Fläche angeordnet.

[585] KIEBACK et al. sprechen hier vom Prototyp i. e. S. (vgl. Kieback et al., 1991, S. 7).

[586] CAREY/MASON nennen dies einen Version-0-Prototyp (vgl. Carey/Mason, 1983, S. 183).

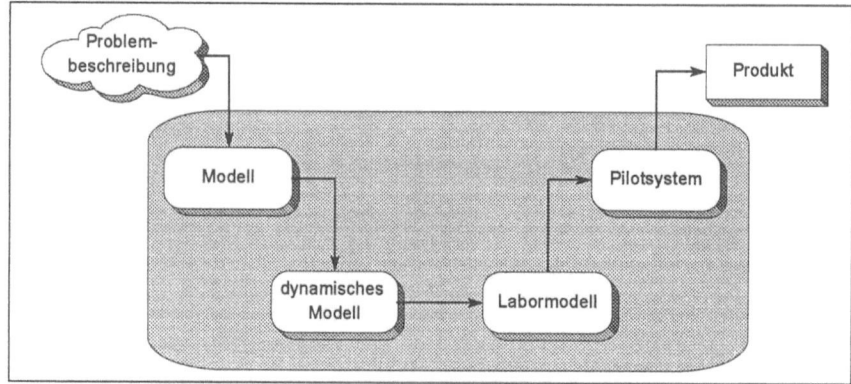

*Abbildung 64: Einteilung von Prototypendefinitionen nach HALLMANN
(Quelle: Hallmann, 1990, S. 27)*

Ansätze einzelner Autoren, den Begriff Prototyp in Analogie zur Ingenieurwissen-
schaft zu verwenden, konnten sich nicht durchsetzen. So definierten FOIDL/HILLE-
BRAND/TAVOLATO einen Prototyp als „erste betriebsfähige Ausführung des
Systems"[587], der alle Funktionen realisiert. Auch SPITTA versucht den Begriff Prototyp auf nicht produktiv eingesetzte Systeme, die in der Zielsprache und Zielumgebung
erstellt werden, zu beschränken.[588] Er grenzt damit nicht nur die dynamischen Modelle, sondern auch Pilot- und Produktivsysteme von Prototypen ab. Diese enge
Begriffsfassung steht allerdings im Widerspruch zum üblichen Gebrauch[589] und soll
deshalb hier nicht verwendet werden.

Zur weiteren Diskussion von Prototyping ist es zweckmäßig, die an der Entwicklung
beteiligten Personen und Gruppen begrifflich voneinander abzugrenzen. Die folgenden
Definitionen lehnen sich an KIEBACK et al. an:[590]

Der **Auftraggeber** initialisiert ein Software-Projekt, um ein Anwendungssystem einzuführen oder zu modifizieren. Die Organisationseinheit, in der die Anwendung eingesetzt werden soll, wird als **Fachbereich** oder **Anwendungsbereich** bezeichnet.

Anwender sind alle Mitglieder des Fachbereichs, die in ihrer Arbeit von einem
Anwendungssystem direkt oder indirekt betroffen sind. Das **Anwendermanagement**

---

[587] Foidl/Hillebrand/Tavolato, 1986, S. 96.

[588] Vgl. Spitta, 1993, S. 50-52.

[589] SPITTA stellte diese neue Begriffsdefinition im Rahmen der Tagung „Requirements Engineering
93: Prototyping" in Bonn vor. Die anschließende Diskussion zeigte erheblichen Widerstand gegen
diese enge Begriffsfassung, so daß nicht damit zu rechnen ist, daß sich diese durchsetzen wird.

[590] Vgl. Kieback et al., 1992, S. 66.

umfaßt die Personen des mittleren Managements, die auf fachlicher Ebene für den Einsatz und die Gestaltung des Anwendungssystems verantwortlich sind.

Als **Benutzer** sollen nur diejenigen Personen bezeichnet werden, die mit dem Anwendungssystem arbeiten. Oft finden sich dafür in der Literatur auch die Bezeichnungen Endbenutzer oder Endanwender.

Der **Software-Hersteller** stellt den Vertragspartner des Auftraggebers dar. Größere Unternehmungen besitzen i. d. R. eine eigene Organisationseinheit, die sich mit Aufgaben der Organisation und Informationsverarbeitung befaßt. Diese wird als **IV-Bereich** bezeichnet.[591] Eine Unterscheidung, ob der Software-Hersteller der IV-Bereich der eigenen Organisation ist oder ob (Teil-)Aufgaben des IV-Bereichs durch ein externes Unternehmen wahrgenommen werden, ist im Rahmen dieser Arbeit nicht notwendig.

Entwickler sind diejenigen, die für einen Software-Hersteller den konkreten Entwicklungsprozeß gestalten und dabei mit Benutzern und dem Anwendermanagement zusammenarbeiten.

4.1.2 Klassifikationsschema für Prototyping-Ansätze

Aus der obigen Definition von Prototyping ist zu entnehmen, daß Prototyping eine Methode ist, die unabhängig von einem bestimmten Vorgehensmodell auf vielfältige Art und Weise im Softwareentwicklungsprozeß eingesetzt werden kann. Dies drückt sich auch in der wissenschaftlichen Diskussion durch eine große Anzahl verschiedener Prototyping-Ansätze aus. Dabei sind zwei unterschiedliche Forschungsrichtungen zu erkennen. BUDDE et al.[592] bezeichnen diese als eine europäische und eine nicht-europäische, im wesentlichen nordamerikanische Auffassung von Prototyping. Im Mittelpunkt der europäischen Forschungsansätze steht der Benutzer, für den qualitativ hochwertige und gleichzeitig auch benutzerorientierte Systeme entwickelt werden sollen. Bei der nordamerikanischen Auffassung steht dagegen die Forderung nach schneller und kostengünstiger Entwicklung im Vordergrund.[593]

---

[591] Vgl. Albers, 1992, Sp. 984. Zur Aufbauorganisation des IV-Bereichs siehe auch Heilmann, 1994b, S. 32-36. Die Zweckmäßigkeit der Integration von Organisations- und IV-Bereich soll hier nicht diskutiert werden, sondern es wird nur die in der Praxis anzutreffende Situation dargestellt. Nach einer Studie von SELIG aus dem Jahre 1986 haben 25 von 33 deutschen Großunternehmen Organisation und Informationsverarbeitung den gleichen Abteilungen oder Bereichen zugeordnet. Einige Autoren stehen dieser Integration allerdings ablehnend gegenüber (vgl. Rutheklock, 1992).

[592] Vgl. Budde et al., 1992, S. VI.

[593] BUDDE et al. charakterisieren dies durch zwei unterschiedliche Fragestellungen: „How can we use prototyping to develop high-quality software that meets the requirements and needs of its future users?" für die europäischen Vertreter und „How can I develop software more quickly and more cheaply?" als dominierende Frage in amerikanischen Publikationen. (Budde et al., 1992, S. VI.)

Da der Gegenstand dieser Arbeit die methodische und instrumentelle Unterstützung bei der Entwicklung betrieblicher Anwendungssysteme ist, soll der softwaretechnische und nicht der sozialwissenschaftliche Aspekt bei Untersuchung der Prototyping-Ansätze im Mittelpunkt stehen.

Zur Klassifikation von Prototyping-Ansätzen werden in der Literatur zumeist drei Kriterien herangezogen:[594]

□ Zweck des Prototyping

□ Verhältnis von Prototyp und Zielsystem

□ Umfang des Prototyps

Diese Kriterien beantworten noch nicht die Frage, in welcher Form Prototyping in ein übergeordnetes Lebenszyklus-Modell eingeordnet wird. Deshalb wird hier als viertes Kriterium die

□ Einordnung in ein Lebenszyklus-Modell

mit aufgenommen.

4.1.2.1 Zweck des Prototyping

Bekanntester Ansatz zur Klassifikation von Prototyping ist der von FLOYD, der nach dem Zweck des Prototyping drei Arten unterscheidet:[595]

□ exploratives Prototyping

□ experimentelles Prototyping

□ evolutionäres Prototyping

Exploratives Prototyping schafft ein Kommunikationsmedium zwischen Entwicklern und Anwendern, das die Ermittlung der Anforderungen erleichtern und beschleunigen soll. Der Einsatz erfolgt zu Beginn des Entwicklungsprozesses. Der Entwickler soll durch das explorative Prototyping das Aufgabengebiet und die Problemstellung kennenlernen, dem Anwender sollen bereits Möglichkeiten und Alternativen der Rea-

---

Europäische Vertreter werfen den amerikanischen Ansätzen häufig die Vernachlässigung der Softwarequalität vor, viele europäische Vertreter (gerade Skandinavische Forschergruppen) betrachten primär nur noch die sozialwissenschaftlichen Aspekte des Prototypings, dort steht dann die Partizipation der Anwender im Vordergrund der Betrachtung.

[594] Vgl. Kreplin, 1985, S. 76 f. sowie Kieback et al., 1991, S. 8-11.

[595] Vgl. Floyd, 1984, S. 6-12. Die meisten Klassifikationen von Prototyping greifen den Ansatz von FLOYD auf und ergänzen ihn um weitere Merkmale (so Pomberger, 1990, S. 227-228 und Hallmann, 1990, S. 26-27).

lisierung aufgezeigt werden. Exploratives Prototyping ist deshalb besonders geeignet, wenn nur unklare Vorstellungen über die Anforderungen und Gestalt des zukünftigen Systems bestehen.[596]

Experimentelles Prototyping dient zur Bewertung und zur Auswahl von Lösungen beim Entwurf des Softwaresystems. Im Dialog zwischen Entwickler und Anwender werden eine zweckmäßige Benutzerschnittstelle ermittelt[597] und die Lösungswege für die einzelnen Funktionen des Systems festgelegt. Außerdem fallen unter experimentelles Prototyping auch technische Prototypen, mit denen der Entwickler bisher unbekanntes Verhalten oder unbekannte Eigenschaften der Basissysteme erforscht. Diese Prototypen sollen die technische Durchführbarkeit der Entwicklung sicherstellen.

Der Grundgedanke des **evolutionären Prototyping** entspricht dem in Kapitel 2.4.2.3 dargestellten evolutionären Entwicklungsansatz, beide Begriffe werden von zahlreichen Autoren auch gleichgesetzt.[598] Auch FLOYD räumt ein, daß diese Form von Prototyping am weitesten von der ursprünglichen Bedeutung des Begriffs „Prototyping" entfernt ist.

Ziel des evolutionären Prototypings ist es, durch den frühen Einsatz einer ersten Version die Funktionalität des Systems sowie dessen Wirkung auf die Organisation zu überprüfen und aus den gewonnenen Erkenntnissen die nächste Version des Systems zu entwickeln. Damit unterscheidet sich das evolutionäre von dem explorativen Prototyping zunächst dadurch, daß der „Prototyp" in der Zielumgebung im Echtbetrieb validiert wird. Zudem erfolgt aber auch der schrittweise Ausbau des Prototyps von einer Vorversion zu einsatzfähigen Versionen.

An dieser Stelle stellt sich die Frage nach einer Abgrenzung von evolutionärem Prototyping und evolutionärer Entwicklung. FLOYD hat ursprünglich evolutionäres Prototyping als Oberbegriff für evolutionäre und inkrementelle Entwicklung verwendet.[599] Bezeichnet man eine Version i. S. der evolutionären Entwicklung als Prototyp, so läßt sich die Bezeichnung „Prototyping" mit dem zyklischen Vorgehen bei der Entwicklung der Versionen (vgl. Abbildung 63) begründen. In neuen Publikationen wird evolutionäres Prototyping als ein Spezialfall der evolutionären Entwicklung angesehen, bei dem

---

[596] Vgl. Budde et al., 1992, S. 38-39.

[597] Die Zuordnung dieser Tätigkeit zum experimentellen Prototyping erzeugt zunächst einen Widerspruch. Da experimentelles Prototyping in die Entwurfsphase eingeordnet wird, müßte die Spezifikation der Benutzerschnittstelle bereits abgeschlossen sein. Denn diese ist Inhalt der Anforderungsdefinition (vgl. Pomberger/Blaschek, 1993, S. 41). Doch ist davon auszugehen, daß die Anforderungsdefinition zum einen nur den statischen Teil der Benutzerschnittstelle (Maskenlayout wichtiger Formulare) beinhaltet, zum anderen beim Einsatz von Prototyping diese Spezifikation der Benutzerschnittstelle als erster Vorschlag und nicht als endgültige Lösung angesehen werden sollte.

[598] So u. a. bei Hallmann, 1990, S. 26 und Pagel/Six, 1994, S. 66-69.

[599] Vgl. Floyd, 1984, S. 10-12, siehe auch Kapitel 2.4.2.3.

der Prototyp immer weiter entwickelt wird, bis eine einsetzbare Systemversion entsteht, die dann bei organisatorischen Änderungen wiederum weiterentwickelt wird.[600] Auch hier soll evolutionäre Entwicklung als Oberbegriff und evolutionäres Prototyping als eine spezielle Form der evolutionären Entwicklung aufgefaßt werden. Evolutionäres Prototyping ist gegenüber anderen Formen der evolutionären Entwicklung durch die Entwicklung von Prototypen und Versionen in stark verkürzten Zyklen gekennzeichnet.

Evolutionäres Prototyping paßt nur bedingt in die obige Klassifikation, da es gegenüber explorativem und experiementellem Prototyping fest mit einem bestimmten Lebenzyklus-Modell verbunden ist. Einige Autoren stellen deshalb in ihrer Klassifikation neben explorativem und experiementellem das **organisatorische Prototyping**.[601] Der Zweck des organisatorischen Prototypings ist, die Wirkung des Prototyps durch dessen Einbettung in die endgültige Arbeitsumgebung des Benutzers zu untersuchen. Damit beinhaltet organisatorisches Prototyping einen zentralen Grundgedanken des evolutionären Prototypings, ohne bereits ein evolutionäres Lebenszyklus-Modell zu implizieren. Da die Einordnung in ein Lebenszyklus-Modell hier noch als zusätzliches Klassifikationskriterium verwendet wird, ist für das hier entwickelte Klassifikationsschema die Bezeichnung organisatorisches Prototyping zweckmäßiger.

4.1.2.2 Verhältnis von Prototyp und Anwendungssystem

Ein weiteres Merkmal zur Klassifikation von Prototypen ist das Verhältnis von Prototyp und Zielsystem. Zum einen kann ein Prototyp nur als Spezifikation dienen und nicht in das zukünftige Produkt mit eingehen.[602] In diesem Fall spricht man von einem Wegwerfprototyp. Das Vorgehen wird auch als Throw-Away-Prototyping bezeichnet.[603] Da der Herstellungsprozeß auf eine schnelle Erstellung der Prototypen ausgerichtet ist, haben Fragen der Ausfallsicherheit und der Effizienz i. d. R. wenig Bedeutung.

Zum anderen ist es möglich, daß der Prototyp im späteren Zielsystem eine Wiederverwendung findet. Sei es, daß er sukzessiv zum Anwendungssystem ausgebaut oder als Komponente in dem Zielsystem wiederverwendet wird.[604] Der zunehmende Einsatz von leistungsstarken Entwicklungswerkzeugen ermöglicht es, daß Prototypen und Ziel-

---

[600] Vgl. Spitta, 1993, S. 50 und Budde et al., 1992, S. 39.

[601] So LAW und MAYHEW/DEARNLEY (vgl. Heeg/Neuser, 1988, S. 49-52).

[602] Vgl. Berblinger 1988, S. 92 f. und Pomberger/Blaschek, 1993, S. 5.

[603] Vgl. Davis, 1992, S. 71.

[604] Siehe hiezu Kreplin, 1985, S. 77, Kieback et al., 1992, S. 69 sowie Budde et al. 1992, S. 41.

system in derselben dv-technischen Umgebung entwickelt werden können. Dies ist Voraussetzung für die Wiederverwendung eines Prototyps.[605]

Bezüglich des Verhältnisses zwischen Prototyp und Anwendungssystem kann der Prototyp somit entweder reines **Erkenntnisobjekt** oder **Bestandteil des Zielsystems** sein.

Neben diesen beiden Verwendungsarten wird in der Literatur häufig noch eine dritte aufgeführt. Gerade im Forschungsbereich erfolgt die Entwicklung von Prototypen zum Wissenserwerb, ohne die Entwicklung eines Produkts zu beabsichtigen. Derartige **Prototypen zu Forschungszwecken** werden in der industriellen Praxis kaum angetroffen.[606] Da in dieser Arbeit die Entwicklung betrieblicher Anwendungssysteme betrachtet wird, ist diese Art der Prototypen für die weitere Untersuchung nicht von Bedeutung.

4.1.2.3 Umfang des Prototyps

Weiterhin lassen sich Prototypen nach dem Grad ihrer Vollständigkeit charakterisieren. Sind alle Funktionen des geplanten Systems im Prototyp verfügbar, so wird dieser als **vollständig** bezeichnet.[607] Die Eigenschaft der Vollständigkeit ist in diesem Zusammenhang erklärungsbedürftig. Wenn ein vollständiger Prototyp angestrebt wird, so werden i. d. R. in einem iterativen Vorgehen zunächst unvollständige Prototypen entwickelt und diese dann erweitert. Somit bezieht sich „vollständig" auf den gewünschten Endzustand des Prototyps. Auch in einem evolutionären Lebenszyklusmodell erscheint dieses Merkmal zunächst als Widerspruch, denn das Ziel einer vollständigen Implementierung eines Systems wird dort von vornherein aufgegeben. Vollständigkeit eines Prototyps bezieht sich in einem evolutionären Vorgehen jeweils nur auf die nächste angestrebte Version.

Werden nur ausgewählte Teile des zukünftigen Anwendungssystems in dem Prototyp realisiert, dann wird er als **unvollständig** bezeichnet. Häufig wird zwischen horizontalem und vertikalem Prototyping unterschieden.[608]

Verständlich wird diese Unterteilung, wenn man die Softwarekomponenten eines Anwendungssystems in horizontale Schichten anordnet. In Abbildung 65 erfolgt dies

---

[605] Vgl. Kieback et al., 1991, S. 11.

[606] Im Rahmen dieser Dissertation wurde mit der Softwareentwicklungsumgebung GRID ein Prototyp zu Forschungszwecken implementiert. Der Prototyp hatte die Aufgabe, die Tragfähigkeit der erarbeiteten Konzepte zu überprüfen. Siehe hierzu auch Kapitel 5.3.

[607] Vgl. Pomberger/Blaschek, 1993, S. 5.

[608] Vgl. Mayr/Bever/Lockemann, 1984, S. 107 und Budde et al., 1992, S. 39-40.

in Anlehnung an das im zweiten Kapitel vorgestellte Architekturmodell.[609] Üblich ist, die Benutzerschnittstelle in solch einem Schichtenmodell an oberster Stelle anzuordnen.

Werden in einem Prototyp nur einzelne Schichten realisiert, so spricht man von einem **horizontalen Prototyp** bzw. von horizontalem Prototyping. Die anderen Schichten werden in diesem Prototyp ausgelassen. In der Literatur wird horizontales Prototyping fast immer mit der obersten Schicht, dem Prototyping der Benutzerschnittstelle, in Verbindung gebracht.[610] Prototypen der Benutzerschnittstelle umfassen die Präsentations- und auch Teile der Dialogsteuerungskomponente. Da ein Teil der Dialogsteuerung von der Anwendungslogik abhängig ist, wird die Dialogsteuerungskomponente in diesem Prototyp i. d. R. nicht vollständig implementiert werden können.[611] Neben der Benutzerschnittstelle können horizontale Prototypen auch die anderen Komponenten eines Anwendungssystems abdecken. Mit einem horizontalen Prototyp der Datenbank kann z. B. die Realisierbarkeit technischer Alternativen erprobt werden.

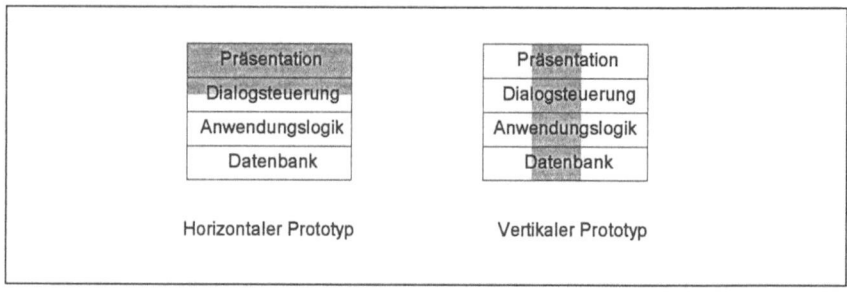

Abbildung 65: Horizontaler und vertikaler Prototyp

In einem **vertikalen Prototyp** werden einzelne ausgesuchte Teile eines Anwendungs-systems vollständig durch alle Schichten hindurch implementiert. Deshalb werden diese Prototypen auch als „Durchstich" bezeichnet.[612] Für den ausgewählten Aufga-

---

[609] Im Gegensatz zu dem 3-Komponentenmodell für Anwendungssysteme (vgl. Abbildung 14) sind im Beispiel alle Schichten übereinander angeordnet. Die Benutzerschnittstelle wird in Anlehnung an das Seeheim-Modell (vgl. Kapitel 3.3.3.1.2) in die Präsentations- und Dialogsteuerungskompo-nente gegliedert.

[610] Vgl. Kieback et al., 1992, S. 68.

[611] Dies ist in der Abbildung 65 durch die halb schraffierte Fläche in der Dialogsteuerung gekennzeichnet. Zu den Problemen bei der Trennung von Dialogsteuerungskomponente und Anwendungslogik siehe Kapitel 3.3.3.1.2.

[612] Vgl. Denert, 1991, S. 53.

benbereich deckt der Prototyp die Funktionalität des späteren Zielsystems vollständig ab.

Die Unterscheidung zwischen vertikalem und horizontalem Prototyping eignet sich nicht nur für unvollständige Prototypen, sondern kann auch zur Beschreibung des Vorgehens bei der Entwicklung eines vollständigen Prototyps benutzt werden. Wird ein Prototyp Schicht für Schicht entwickelt, entspricht dies dem horizontalen Prototyping.[613] Werden bei einer iterativen Prototypenentwicklung dagegen sukzessiv einzelne Durchstiche realisiert, bis der Prototyp die gesamte Funktionalität des Anwendungssystems abdeckt, kann von vertikalem Prototyping gesprochen werden.

4.1.2.4 Einordnung in ein Lebenszyklus-Modell

Zur Abgrenzung der verschiedenen Prototyping-Ansätze ist es zweckmäßig darzustellen, wie Prototyping in ein übergeordnetes Lebenszyklus-Modell eingeordnet wird. Hier lassen sich drei Möglichkeiten unterscheiden. Prototyping

◻ als Methode innerhalb des klassischen Softwarelebenszyklus,

◻ als Ersatz einer phasenorientierten Entwicklung oder

◻ als Lebenszyklus-Modell.

Wird Prototyping als Methode innerhalb des klassischen Softwarelebenszyklus verwendet, bleibt die Trennung des Lebenszyklus in die Phasen Analyse, Entwurf und Implementierung erhalten (vgl. Abbildung 66).

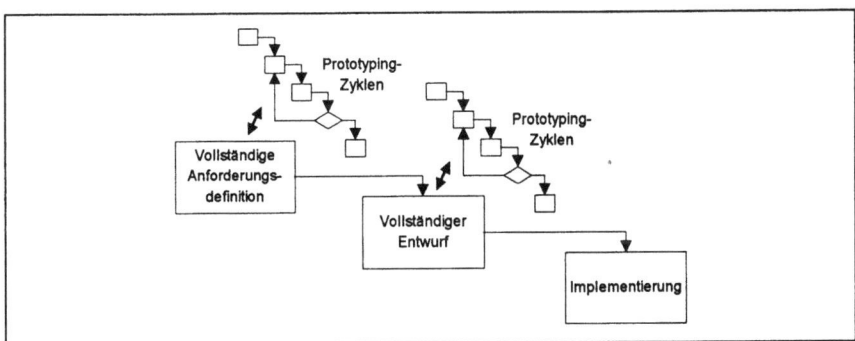

Abbildung 66: Prototyping als Methode innerhalb des klassischen Softwarelebenszyklus

---

[613] Bei den hier betrachteten Anwendungssystemen wird dabei i. d. R. mit der Benutzerschnittstelle begonnen. Da bei diesem Vorgehen mit der obersten Schicht des Architekturmodells begonnen wird, bezeichnet man es auch als „Surface-Down" Entwicklung (vgl. Budde et al., 1992, S. 163).

Die Prototypen werden jeweils innerhalb einer bestimmten Phase eingesetzt. Die Prototypen der einzelnen Phasen sind voneinander unabhängig und müssen deshalb nicht aufeinander aufbauen.[614]

Wird die Herstellung eines Anwendungssystems hingegen als iterativer Prozeß verstanden, dann ersetzt Prototyping eine phasenorientierte Vorgehensweise. Die Phasen Analyse, Entwurf und Implementierung sind nicht mehr voneinander getrennt, sondern die zugehörigen Tätigkeiten werden parallel ausgeführt. Da die Entwicklung des Anwendungssystems ein zyklischer Prozeß der sukzessiven Weiterentwicklung von Prototypen ist, wird diese Vorgehensweise auch als Proto-cycling bezeichnet.[615] Der letzte Prototyp entspricht dem einsatzfähigen Zielsystem.

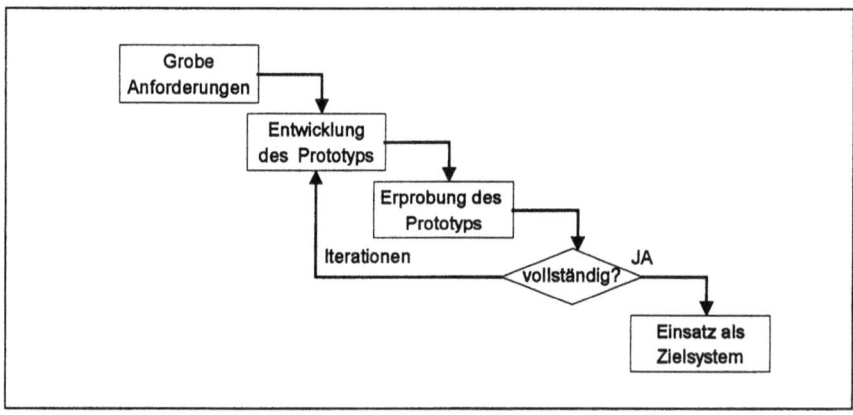

Abbildung 67: Prototyping als iterativer Herstellungsprozeß

Wird Prototyping nicht nur einmalig für die Entwicklung eines Systems eingesetzt, sondern als übergeordnetes Konzept für den gesamten Softwarelebenszyklus verwendet, stellt sich ein Anwendungssystem als Folge von Prototypen dar, die immer weiterentwickelt bzw. geändert werden. Dies entspricht dem evolutionären Prototyping.[616]

---

[614] Aus ökonomischen Gründen ist es allerdings zweckmäßig, vorangegangene Prototypen soweit wie möglich wiederzuverwenden.

[615] Vgl. Schönthaler, 1989, S. 21 f.

[616] Vgl. Kapitel 4.1.2.1.

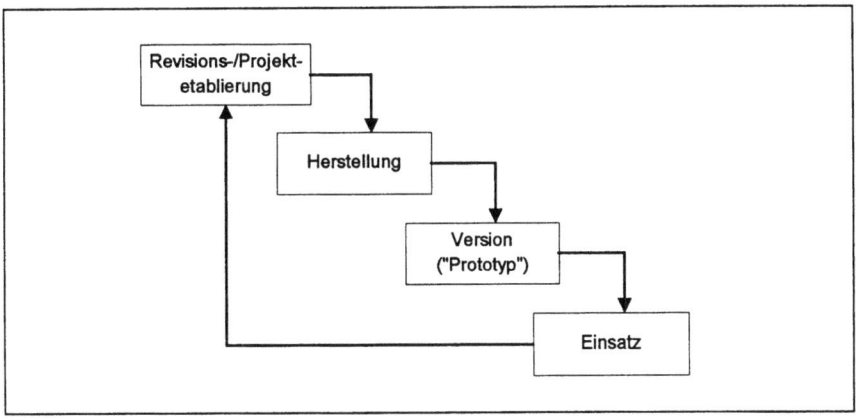

Abbildung 68: Prototyping als Lebenszyklus-Modell

4.1.2.5 Zusammenfassung zum Klassifikationsschema

Die obigen Klassifikationskriterien lassen sich zu einem Klassifikationsschema zusammenfassen (vgl. Abbildung 69).

Merkmal	Ausprägung	
Zweck	explorativ	
	experimentell	
	organisatorisch	
Verhältnis zum Zielsystem	Erkenntnisobjekt	
	Bestandteil des Zielsystems	
Umfang	vollständig	
	unvollständig	horizontal
		vertikal
Einordnung in ein Lebenszyklus-Modell	phasenorientiert	
	iterativ	
	evolutionär	

Abbildung 69: Klassifikationsschema für Prototyping-Ansätze

Anzumerken ist, daß einzelne Merkmalsausprägungen nicht unabhängig voneinander sind. So ist z. B. beim evolutionären Prototyping der Zweck, die Wirkung des Prototyps auf die Organisation zu überprüfen. Evolutionäre Prototypen sind zudem immer vollständig.

4.1.3 Einordnung und Bewertung bestehender Ansätze

4.1.3.1 Synopse bestehender Ansätze

Im folgenden werden bestehende Prototyping-Ansätze kurz dargestellt und in das Klassifikationsschema eingeordnet.

SPITTA[617] fordert, Prototypen und Zielsysteme streng voneinander zu trennen. Die Weiterentwicklung von Prototypen hält er aufgrund der minderen Qualität der Prototypen für nicht praktikabel. Für die Entwicklung eines Anwendungssystems schlägt SPITTA ein phasenorientiertes Vorgehen vor. Prototypen werden in den einzelnen Phasen als Hilfsmittel verwendet, während der Zielfindung und der Spezifikation in Form von explorativen und experimentellen Demonstrationsprototypen der Benutzerschnittstelle (horizontale Prototypen), in der Entwurfsphase als experimentelle Entwurfsprototypen (vertikale Prototypen).

Ähnlich wie SPITTA hält auch POMBERGER[618] an einem phasenorientierten Entwicklungsprozeß fest, wobei aber Problemanalyse und Systemspezifikation sowie Entwurf, Implementierung und Test ineinander verflochten sind.[619] POMBERGER spricht sich für die Wiederverwendung des Prototyps aus, um Entwicklungskosten zu sparen.

DAVIS[620] schlägt vor, Throw-Away-Prototyping mit evolutionärer Anwendungsentwicklung zu kombinieren. Eine erste Version des Systems wird in einem phasenorientierten Vorgehensmodell entwickelt. Zur Weiterentwicklung wird auf die aktuelle Version des Anwendungssystems jeweils ein Wegwerfprototyp aufgesetzt und erprobt. Auf diese Art und Weise wird eine Anforderungsspezifikation für Änderungen und Erweiterungen erstellt, die in einem phasenorientierten Vorgehen in die nächste Version des Systems eingebracht werden.

---

[617] Vgl. Spitta, 1989 und 1993.

[618] Vgl. Pomberger, 1990 und Pomberger/Pree/Stritzinger, 1992.

[619] In jüngeren Veröffentlichungen plädiert POMBERGER für die iterative Weiterentwicklung des Prototyps bis zum Endprodukt. Er setzt hierfür aber den Einsatz objektorientierter Methoden voraus (vgl. Pomberger/Blaschek, 1993, S. 31 f.).

[620] Vgl. Davis, 1992.

Für ein evolutionäres Vorgehen sprechen sich HALLMANN und BUDDE et al. aus. Ähnlich wie POMBERGER gliedert HALLMANN[621] die Entwicklung in drei Hauptprozesse, die Spezifikation, den Entwurf und die Implementierung. Zwischen diesen bestehen Rückkopplungen, so daß sie iterativ durchlaufen werden können. Prototypen werden bei HALLMANN auf Basis einer Anforderungsbeschreibungssprache entwickelt und simuliert. Der Prototyp wird im Zielsystem wiederverwendet. Dieser Ansatz kann der tranformationellen Softwareentwicklung zugeordnet werden.[622]

BUDDE et al.[623] sehen Prototyping sehr stark in eine evolutionäre Entwicklungsstrategie verankert. Ein Anwendungssystem wird in einer Folge von Versionen entwickelt. Die Prototypen und Systemversionen dienen zur Evaluation des Entwurfs. Systemversionen werden im Anwendungsbereich eingesetzt, Prototypen nicht. Auch BUDDE et al. sprechen sich für die Wiederverwendung von Prototypen aus.

Tabelle 11 stellt eine Synopse der beschriebenen Ansätze dar.

Merkmal	Ansatz		Spitta	Pomberger	Davis	Hallmann	Budde et al.
Ziel	explorativ		●	●		●	
	experimentell		●	●	●	●	●
	organisatorisch				●		●
Verhältnis zum Zielsystem	Erkenntnisobjekt		●		●		
	Bestandteil des Zielsystems			●		●	●
Umfang	vollständig				◐	●	●
	unvollständig	horizontal	◐	◐			
		vertikal	◐	◐			
Einordnung in Lebenszyklusmodell	phasenorientiert		●	◐	●		
	iterativ			◐		◐	●
	evolutionär					●	●

Legende ● zutreffend ◐ bedingt zutreffend

Tabelle 11: Synopse bestehender Prototyping-Ansätze

---

[621] Vgl. Hallmann, 1990.

[622] Siehe hierzu die Abgrenzung in Kapitel 4.1.4.4.

[623] Vgl. Budde et al, 1992, S. 67 ff.

4.1.3.2 Bewertung

Die im vorangegangen Kapitel dargestellten Ansätze spiegeln die großen Unterschiede zwischen bestehenden Prototyping-Ansätzen wieder. Trotzdem sind Gemeinsamkeiten erkennbar. Alle Autoren stellen das experimentelle Prototyping zur Klärung des Systementwurfs in den Mittelpunkt ihrer Betrachtungen. Auch ist zu erkennen, daß die Wiederverwendung von Prototypen zunehmend befürwortet wird, um Entwicklungskosten zu reduzieren.

Die Prototyping-Ansätze versuchen ein breites Spektrum von Anwendungssystemen abzudecken, ohne auf konkrete Anwendungsarchitekturen näher einzugehen. In dieser Arbeit soll Prototyping für die Klasse der interaktiven, datenbankbasierten Anwendungssysteme dargestellt werden. Der Grundaufbau des zukünftigen Systems ist durch das vorliegende Architekturmodell festgelegt. Für interaktive, datenbankbasierte Anwendungssysteme wird unter dem Begriff Rapid Prototyping ein spezielles Vorgehen zur schnellen Prototypenentwicklung verstanden.[624] Dieser Aspekt wurde in den dargestellten Ansätzen nicht berücksichtigt. Er wird im folgenden beschrieben, da er den Ansatzpunkt für das modellbasierte Prototyping darstellt.

4.1.4 Der Ansatz des modellbasierten Prototyping

4.1.4.1 Rapid Prototyping als Ansatzpunkt

Seit Mitte der achtziger Jahre wird mit dem Schlagwort **Rapid Prototyping** die schnelle Prototypenentwicklung, speziell bei der Entwicklung interaktiver Anwendungssysteme, bezeichnet.[625] Ziel des Rapid Prototyping ist es, dem Anwender möglichst schnell einen Prototyp[626] zu präsentieren, diesen in mehreren Iterationsschritten zu validieren und zu modifizieren, bis die Lösung den Vorstellungen des Anwenders entspricht. Dabei wird nicht von einem vollständigen Systementwurf ausgegangen, sondern der Prototyp, ausgehend von einem groben Anforderungskonzept, inkremen-

---

[624] Vgl. Wedekind, 1985, S. 58.

[625] Daneben findet sich der Begriff „Rapid Prototyping" noch bei der Entwicklung von Expertensystemen. NEUBERG/STUDER charakterisieren den Rapid-Prototyping-Ansatz dort als die direkte Umsetzung neu gewonnenen Wissens in einen Wissensrepräsentationsformalismus, ohne die einzelnen Schritte der Umsetzung explizit zu dokumentieren. Am Ende des Entwicklungsprozesses liegt in diesem Ansatz das lauffähige System als einzige verfügbare Beschreibung vor. Diese Beschreibung ist für den Experten jedoch weitgehend unverständlich. Deshalb schlagen NEUBERG/STUDER einen modellbasierten Ansatz vor, der semiformale Zwischenrepräsentationen auf höheren Abstraktionsebenen verwendet (modellbasiertes und inkrementelles Knowledge Engineering, vgl. Neuberg/Studer, 1993, S. 19).

[626] I. d. R. zunächst nur einen horizontalen Prototyp der Benutzerschnittstelle.

- 189 -

tell entwickelt.[627] Dem Anwender sollen die Auswirkungen von einzelnen Modellier-
ungsschritten des Entwurfs am Prototyp erfahrbar gemacht werden.[628]

Obwohl Rapid Prototyping bereits seit über zehn Jahren in die wissenschaftliche Diskussion Eingang gefunden hat, wird dieser Begriff noch uneinheitlich verwendet.

In der deutschsprachigen Literatur wird beim Rapid Prototyping zumeist von fehlender
Methodik und Systematik bei der Entwicklung ausgegangen. Ohne vorherige Analyse-
und Entwurfsaktivitäten wird unmittelbar ein Prototyp entwickelt, an dem die Benut-
zeranforderungen validiert werden. In diesem Fall ist der Prototyp das einzig gültige
Dokument im Entwicklungsprozeß. Rapid Prototyping wird dann - zu Recht - durch
Bezeichnungen wie „start-programming-and-see-what-happens", „trial-and-error" oder
„muddling through" charakterisiert.[629] Konsequenz dieser Vorgehensweise ist, daß der
Prototyp nicht wiederverwendet, sondern weggeworfen wird.[630]

Ganz anders ist Rapid Prototyping zu bewerten, wenn die Prototypenbildung parallel
zu strukturierten Analyse- und Entwurfsaktivitäten erfolgt. Oftmals fällt diese
Bezeichnung auch in amerikanischen Veröffentlichungen in Verbindung mit pro-
duktiven Entwicklungswerkzeugen, insbesondere 4GL-Entwicklungsumgebungen für
Datenbankanwendungen. Mit Rapid Prototyping wird dann ausgedrückt, daß sehr
schnell vorzeigbare und funktionsfähige Prototypen erstellt werden können. Die Softwareentwicklung erfolgt aber keineswegs unstrukturiert und planlos, sondern nach
einem datenorientierten Vorgehensmodell.[631]

Bemerkenswert ist diese uneinheitliche Begriffsfassung, da KEUS bereits 1982 beide
Formen des Rapid Prototyping begrifflich voneinander abgegrenzt hat.[632] Er unterscheidet zwischen

□ Rapid Specification Prototyping und

□ Rapid Cyclic Prototyping.

Rapid Specification Prototyping bedeutet, daß der Prototyp entwickelt wird, um eine
Systemspezifikation zu erstellen. Die Entwicklung des Prototyps erfolgt unter der

---

[627] Vgl. Hoppe, 1988, S. 277.

[628] Vgl. Luft, 1985, S. 122.

[629] Vgl. Budde et al., 1992, S. 8-9.

[630] Vgl. Wedekind, 1985, S. 58.

[631] BUDDE et al. charakterisieren die Situation wie folgt: „It is above all in the U.S. literature that the
term *rapid prototyping* is frequently encountered. Most authors use it to denote a concept that does
not significantly differ from our own. It acquires a totally different meaning ... in case where ...
thorough requirement analysis and system design process are abandoned in favour of an unsystem-
atic, trial-and-error approach to software development." (Budde et al., 1992, S. 8.)

[632] Vgl. Keus, 1982, S. 94 f.

Prämisse Geschwindigkeit statt Qualität („quick-and-dirty"), der Prototyp wird nicht wiederverwendet, sondern weggeworfen.

Rapid Cyclic Prototyping beschreibt die iterative Weiterentwicklung des Prototyps zum Anwendungssystem. In jedem Iterationsschritt erfolgt eine qualitative und quantitative Verbesserung des Prototyps, so daß am Ende das Zielsystem vorliegt.

Tabelle 12 stellt die Unterschiede beider Formen des Rapid Prototyping mit Hilfe des Klassifikationsschemas dar. Beide werden dem explorativen und experimentellen Prototyping zugeordnet, da die Ziele des Rapid Prototyping sowohl in der Klärung von Anforderungen als auch in der Auswahl der Entwurfslösungen liegen. Der Schwerpunkt liegt dabei auf dem experimentellen Prototyping.

Beim Rapid Cyclic Prototyping ist der Prototyp vollständig, da er am Ende des Entwicklungsprozesses das Zielsystem darstellt. Beim Rapid Specification Prototyping bleiben die Prototypen unvollständig, es können sowohl horizontale als auch vertikale Prototypen verwendet werden.

Merkmal		Ansatz	Rapid Cyclic Prototyping	Rapid Specification Prototyping
Ziel	explorativ		◐	◐
	experimentell		●	●
	organisatorisch			
Verhältnis zum Zielsystem	Erkenntnisobjekt			●
	Bestandteil des Zielsystems		●	
Umfang	vollständig		●	
	unvollständig	horizontal		◐
		vertikal		◐
Einordnung in ein Lebenszyklusmodell	phasenorientiert			●
	iterativ		●	
	evolutionär			

Legende: ● zutreffend ◐ bedingt zutreffend

Tabelle 12: Gegenüberstellung von Rapid Cyclic und Rapid Specification Prototyping

Ein wesentlicher Unterschied zwischen den beiden Formen liegt in der Einbettung in ein Lebenszyklus-Modell. Rapid Cyclic Prototyping durchbricht die strikte Phasentrennung und versteht sich als iterativer Prozeß der Entwicklung und Validierung von Prototypen. Dagegen liefert Rapid Specification Prototyping als Ergebnis - wie der

Name schon ausdrückt - nur eine Systemspezifikation. Das weitere Vorgehen bei der Entwicklung orientiert sich am klassischen Lebenszyklus-Modell.

CHAPEL[633] grenzt das unstrukturierte Vorgehen, das mit dem Begriff Rapid Prototyping verbunden wird, von einem planvollen iterativen Vorgehen ab, das er Structured Rapid Prototyping nennt. Dieses ist durch ein streng organisiertes Vorgehen und eine detaillierte Datenmodellierung gekennzeichnet. Als Ziel des Prototyping sieht CHAPEL die Definition der Anforderungen und eine Spezifikation des zukünftigen Systems. Dieser Ansatz ist somit dem Rapid Specification Prototyping zuzuordnen.

Ein Beispiel für Rapid Cyclic Prototyping gibt KEUFFEL.[634] Er schlägt unter dem Begriff „Controlled Rapid Prototyping" eine Kombination aus strukturierten Methoden und Rapid Prototyping vor. In jedem Iterationsschritt des Prototyping werden sowohl die Beschreibungsmodelle der strukturierten Methoden (Entity-Relationship-Modell und Datenflußdiagramm) als auch die konkrete Repräsentation des Systems (der Prototyp) so lange geändert und erweitert, bis das Zielsystem fertiggestellt ist.

Für das hier vorgeschlagene Vorgehensmodell wird der Ansatz des Rapid Cyclic Prototyping ausgewählt. Die Wiederverwendung des Prototyps wird dem Wegwerfen vorgezogen, da letzteres den Enwicklungsprozeß verlangsamen und verteuern würde.[635]

4.1.4.2 Integration von Rapid Prototyping und evolutionärem Ansatz

Für das in dieser Arbeit vorgeschlagene Vorgehensmodell werden Rapid Prototyping und der evolutionäre Entwicklungsansatz miteinander kombiniert. Der Softwarelebenszyklus besteht aus zwei sich ergänzenden Zyklen. Am Beginn des Lebenszyklus steht eine Vorstudie. Die Entwicklung des Anwendungssystems erfolgt im Anschluß an die Vorstudie iterativ durch mehrere Rapid Prototyping-Zyklen (vgl. Abbildung 70, innerer Zyklus). Der innere Zyklus wird so lange wiederholt, bis der Prototyp die Anforderungen des Anwenders abdeckt. Dann wird eine betriebsfähige erste Version des Anwendungssystems etabliert. Im Lebenszyklus-Modell findet der Übergang zum äußeren Zyklus statt.

Ist durch organisatorische Veränderungen eine Revision des Anwendungssystems notwendig, dann geht der äußere Zyklus wieder in den inneren Zyklus über. In neuen Rapid Prototyping-Zyklen wird die nächste Version des Anwendungssystems entwickelt.

---

[633] Vgl. Chapel, 1992, S. 42.

[634] Vgl. Keuffel, 1992, S.152 ff.

[635] Vgl. Glas/Zocholl, 1993, S. 291.

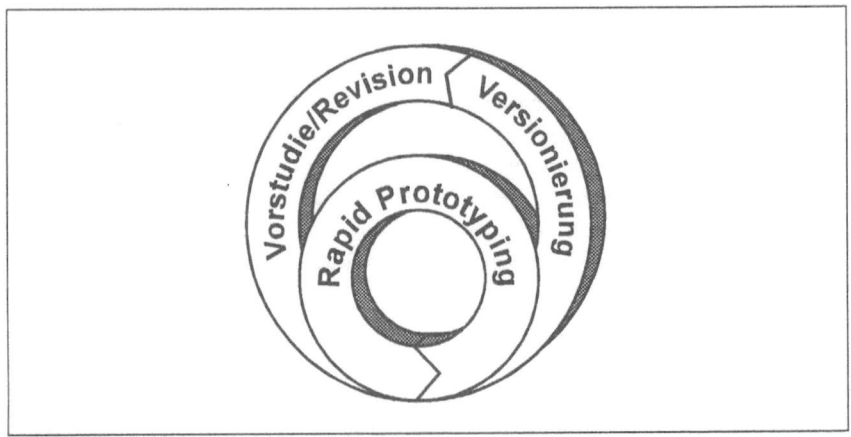

Abbildung 70: Integration von Rapid Prototyping in den evolutionären Ansatz

Der innere Zyklus wird demnach immer mehrfach durchlaufen, bis der Übergang in den äußeren Zyklus erfolgt. Dieser wird einmal durchlaufen, mit der Revision erfolgt wieder der Übergang in den inneren Zyklus.

Abbildung 71 stellt die Abfolge von Prototypen und Systemversionen dar. Die Prototypen werden in den Rapid Prototyping-Zyklen weiterentwickelt, der letzte Prototyp wird zur einsetzbaren Systemversion. Besteht Bedarf zur Revision, erfolgt aufbauend auf dem letzten Prototyp die Weiterentwicklung in neuen Rapid Prototyping-Zyklen.

Ein evolutionärer Entwicklungszyklus besteht aus einer Vorstudie bzw. einer Revison, mehreren Rapid Prototyping-Zyklen und der Versionierung. Diese Dreiteilung ist Grundlage für die Phasengliederung[636] des hier vorgeschlagenen Lebenszyklus-Modells.

---

[636] Zur Diskussion des Begriffs „Phase" und zur Abgrenzung gegenüber phasenorientiertem Vorgehen vgl. Kapitel 2.4.2.1.

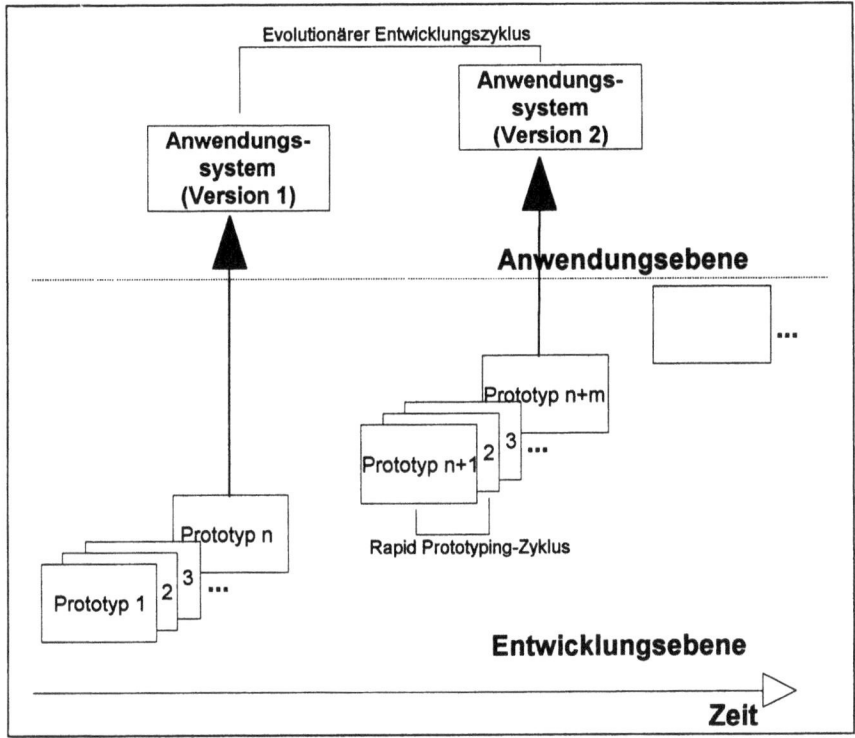

Abbildung 71: Prototypen und Systemversionen im Lebenszyklus

Vorstudie / Revision

Wie beim klassischen Phasenmodell, so kann auch beim prototypingorientierten Vorgehen nicht auf eine Problemanalyse und eine Anforderungsdefinition verzichtet werden. In dieser Phase ist die Abgrenzung des für das Anwendungssystem relevanten Aufgabenbereichs ebenso notwendig wie die Prüfung der Durchführbarkeit. Erst nach dem Durchdringen der Aufgabenstellung und dem Erstellen eines fachlichen Grobkonzepts ist der Entwurf eines ersten Prototyps möglich. In ihrem Detaillierungsgrad und im Anspruch auf Vollständigkeit unterscheidet sich die Anforderungsdefinition jedoch von der Ausgestaltung dieser Phase im klassischen Phasenmodell.

Prototyping

In dieser Phase entsteht die Anwendung in einer Folge von stets weiter verfeinerten und verbesserten Prototypen. Die fachliche Detaillierung des Entwurfs wird während dieser Phase erarbeitet und in den Prototyp umgesetzt. Schritt für Schritt wird der

Prototyp weiterentwickelt und validiert, bis er den Anforderungen des Anwenders entspricht. Diese Phase ist durch die enge Zusammenarbeit von Anwendern und Entwicklern gekennzeichnet.

Versionierung

In dieser Phase werden die notwendigen Schritte durchgeführt, um aus dem letzten Prototyp eine betriebsfähige Version des Zielsystems zu gewinnen. Dies umfaßt zum einen abschließende Implementierungsarbeiten[637], das Testen und das Erstellen einer Benutzerdokumentation, zum anderen die Vorbereitung der Inbetriebnahme des Systems. Zu letzterem zählen u. a. die Übernahme von bestehenden Datenbeständen bzw. die Datenmigration[638] sowie Schulungsmaßnahmen.

4.1.4.3 Die Rolle der Modelle im Entwicklungsprozeß

Kommunikationsgegenstand für Entwickler und Anwender ist in erster Linie der Prototyp. Dieser ist aber nicht alleiniges Modell des zukünftigen Anwendungssystems. Das Anwendungssystem wird mit Hilfe der in Kapitel 3 dargestellten Metamodelle vollständig beschrieben. Aus den dv-technischen Modellen eines Anwendungssystems kann ein Prototyp abgeleitet werden. Der Prototyp entspricht somit stets den ausführbaren dv-technischen Modellen.[639]

Die Entwicklung des Anwendungssystems erfolgt durch schrittweise Modifikation der Modelle. Prototyp- und Modellentwicklung sind miteinander gekoppelt. Werden die Modelle verändert, so werden die Änderungen auch am Prototyp konsistent nachvollzogen.

Abbildung 72 stellt die Reihenfolge der Modellbildung dar. Die Beschreibungsmodelle auf fachlicher (D=Daten, F=Funktionen, P=Prozesse) und dv-technischer Ebene (D=Datenbank, V=Verarbeitungsfunktionen, B=Benutzerschnittstelle) werden nicht parallel entwickelt. Vielmehr ist eine bestimmte Reihenfolge typisch. Die Schraffur macht eine Aussage über die Vollständigkeit und Konsistenz der einzelnen Modelle.

---

[637] Obwohl die Implementierung einen großen Anteil der Tätigkeiten in dieser Phase einnimmt, soll diese Phase nicht als Implementierung bezeichnet werden. Sonst könnte der Eindruck entstehen, daß erst zu diesem späten Zeitpunkt mit der Implementierung begonnen wird.

[638] Hierzu zählt die Anpassung an geänderte Datenstrukturen bei Folgeversionen. Zur Datenmigration von datenbankbasierten Anwendungssystemen siehe Oertly, 1991, S. 95-105.

[639] Die Modelle sind nicht direkt ausführbar im Sinne einer operationalen Spezifikation, sondern die Beschreibungsmodelle können durch geeignete Werkzeuge interpretiert und so zur Ausführung gebracht werden (siehe hierzu Kapitel 5.3.2.4).

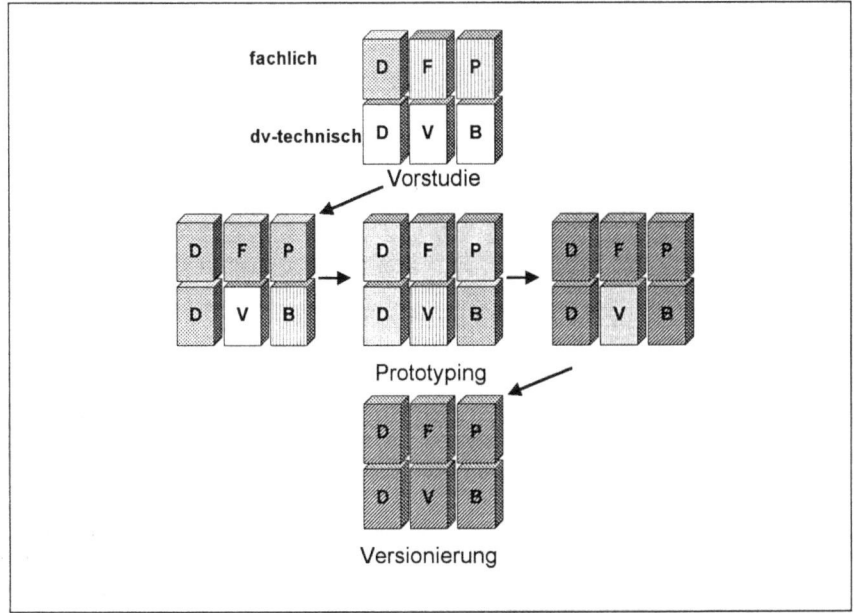

Abbildung 72: Modellbildung im Entwicklungsprozeß

Vor Beginn des Prototyping werden in der Vorstudie die fachlichen Modelle entwikkelt. Im Gegensatz zum klassischen Vorgehen müssen die Fachmodelle aber nicht vollständig, sondern nur so detailliert sein, daß ein effizienter Einstieg in das Prototyping
möglich ist. Das Datenmodell auf fachlicher Ebene bildet die Basis für den Entwurf
der Datenbank auf dv-technischer Ebene. Diese wiederum ist die notwendige Voraussetzung zur Entwicklung von Benutzerschnittstellen- und Funktionsprototypen. Aus
diesem Grund ist das Datenmodell vor Beginn der Prototypingphase im Vergleich zu
den anderen Fachmodellen am detailliertesten zu entwerfen.

Der Prototypingprozeß beginnt mit der Umsetzung des Datenmodells in einen relationalen Datenbankentwurf. Auf Basis der Datenbank wird zunächst die Benutzerschnittstelle des Prototyps entworfen, dann wird der Prototyp sukzessiv um nicht auf der
Oberfläche aufzeigbare Verarbeitungsfunktionen erweitert. Im Laufe des Prototypingprozesses werden die fachlichen und dv-technischen Modelle schrittweise ergänzt und
verfeinert. Fachliche und dv-technische Modelle werden in jedem Rapid Prototyping-
Zyklus gegeneinander geprüft. Abweichungen, die auf Grund der Ergebnisse des Prototypings erkannt wurden, führen zu einer Aktualisierung der ursprünglichen fachlichen Modelle. Wenn der Prototypingprozeß terminiert, liegt eine in sich geschlossene

und konsistente Beschreibung des Anwendungssystems auf fachlicher und in weiten Teilen auch auf dv-technischer Ebene vor.

Einzelne Verarbeitungsfunktionen auf dv-technischer Ebene müssen zu diesem Zeitpunkt noch nicht vollständig modelliert sein (vgl. Schraffur in Abbildung 72). Ist eine fachliche Spezifikation dieser Funktionen anschaulich genug, kann auf eine Umsetzung im Prototyp verzichtet werden.

Mit der Versionierung werden die dv-technischen Modelle des Anwendungssystems vervollständigt. Aus dem letzten Prototyp entsteht so eine einsatzfähige Version.

4.1.4.4 Abgrenzung zu ähnlichen Ansätzen

Ein zu dem hier dargestellten Lösungsansatz ähnliches Vorgehen verfolgt die **transformationelle Softwareentwicklung.**[640] Die Ergebnisse der Anforderungsdefinition werden dort in eine formale und zugleich ausführbare Produktdefinition überführt. Durch die Ausführbarkeit kann aus der Produktdefinition unmittelbar ein lauffähiger Prototyp generiert werden.

Änderungen und Verbesserungen werden an der Produktdefinition vorgenommen und führen unmittelbar zur Veränderung des Prototyps. Die Transformation geschieht dabei zunächst interaktiv durch den Entwickler. Die angewandten Transformationsregeln werden in einem wissensbasierten System festgehalten, so daß die Transformation zunehmend automatisch erfolgen kann.

Ähnlich zu dem hier vorgestellten Ansatz erfolgt die Entwicklung der Systeme in einem zyklischen Prozeß. Die Produktdefinition ist, wie die Beschreibungsmodelle des modellbasierten Ansatzes, das einzig gültige Beschreibungsmittel für das System, sowohl die Systemdokumentation als auch das System selbst werden daraus abgeleitet.

---

[640] Vgl. Pagel/Six, 1994, S. 68-69.

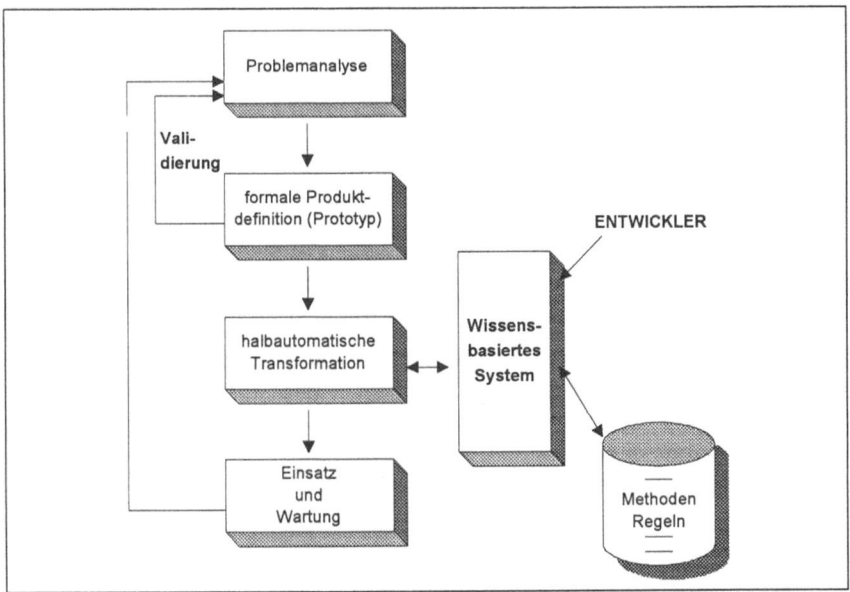

Abbildung 73: KI-unterstützte transformationelle Softwareentwicklung (Quelle: Pagel/Six, 1994, S. 69)

Allerdings setzen die Forschungsarbeiten auf dem Gebiet der transformationellen Softwareentwicklung ihre Schwerpunkte auf die Entwicklung mächtiger Prototyping-Programmiersprachen und deren Umsetzung in gebräuchliche imperative Sprachen unter Verwendung wissensbasierter Systeme. Damit unterscheidet sich die transformationelle Softwareentwicklung in wesentlichen Merkmalen von dem Ansatz dieser Arbeit:

◻ Entwicklung formaler Spezifikationen auf sehr hohem Abstraktionsniveau.

◻ Korrektheitsbewahrende Transformation von Spezifikationen in Programme.

◻ Keine Modellierung der Anwendungssysteme, insbesondere keine explizite Betrachtung der fachlichen Daten-, Funktions- und Prozeßmodelle.

4.2 Das Vorgehensmodell

Im vorangegangenen Kapitel wurde das grundlegende Konzept des modellbasierten Prototyping vorgestellt. Im folgenden soll auf die konkrete Umsetzung in einem Vorgehensmodell eingegangen werden.

4.2.1 Modellbildung und Modellvalidierung

Die Beschreibungsmodelle eines Anwendungssystems sind die Basis des Vorgehensmodells. Die Modellbildung und Modellvalidierung in den Phasen des Softwarelebenszyklus wird im folgenden beschrieben.

Das zukünftige Anwendungssystem[641] wird durch seine Beschreibungsmodelle dargestellt. Für die Modelle der fachlichen Ebene werden graphische und textuelle Repräsentationen verwendet. Die dv-technischen Modelle werden dagegen unmittelbar durch einen Prototyp dargestellt. Graphische und textuelle Repräsentationen besitzen auf der dv-technischen Modellebene eine untergeordnete Rolle.

4.2.1.1 Vorstudie

Am Beginn des Lebenszyklus steht eine allgemeine Problembeschreibung und die Zielformulierung für das Anwendungssystem. Der relevante Aufgabenbereich ist hierbei abzugrenzen, und die zentralen Ziele der zu entwickelnden Anwendung sind festzulegen. Die einzelnen Ziele sind zu gewichten, um für die spätere Entwicklung Prioritäten festlegen zu können. Die definierte Zielhierarchie bildet die Basis für ein zielgerichtetes Vorgehen während des iterativen Prototypingprozesses. Die Ziele sollen während der Prototyping-Phase stabil bleiben.[642]

Im fachlichen Datenmodell müssen die wichtigsten Objekte des Aufgabenbereichs mit ihren Hauptattributen und Beziehungen erfaßt werden. Für diese sind die Mengengerüste zu ermitteln. Dabei sind die Objekttypen nach Grund- und Vorgangsobjekttypen zu unterscheiden. Für die Vorgangsobjekttypen sind die zur späteren Prozeßmodellierung notwendigen Zustände zu identifizieren. Neben der strukturellen Information werden in dieser Phase auch beschreibende Informationen über die Objekttypen und Attribute erfaßt, die später zum Teil direkt in die Benutzerschnittstelle übernommen

---

[641] Wird von dem „zukünftigen" oder „zu entwickelnden" Anwendungssystem gesprochen, dann ist damit immer die nächste Version gemeint.

[642] Ist in der Prototyping-Phase eine Revision der Ziele notwendig, so müssen alle bisher getroffenen fachlichen Entwurfsentscheidungen auf Zielkonformität geprüft werden. Eine Revision der Ziele kann u. U. zu einschneidenden Änderungen der Projektplanung führen.

werden können.[643] Existiert bereits ein unternehmensweites Datenmodell, so ist daraus der für das Projekt relevante Ausschnitt auszuwählen. Dieser bildet den Ausgangspunkt für die Datenmodellierung. Er ist auf seine Vollständigkeit und Zweckmäßigkeit zu prüfen und ggf. zu ergänzen oder zu modifizieren.

In einer Aufgabenanalyse ist auf Basis der Abgrenzung und Zieldefinition der Soll-Zustand des Objektsystems zu definieren. Ausgehend von der Aufgabenanalyse ist eine angemessene Funktionalität des Systems zu bestimmen. Dazu sind mögliche Strategien der Funktionsteilung zwischen Mensch und Computer gegenüberzustellen und dann der Umfang der rechnergestützten Aufgabenbearbeitung festzulegen.[644] Die vom System abzudeckenden Aufgaben werden als Funktionen in die funktionale Dekomposition aufgenommen. Neben den originär aus dem Aufgabenmodell des betroffenen Anwendungsbereichs abgeleiteten Funktionen müssen in der funktionalen Dekomposition auch Funktionen aufgenommen werden, die aus systemtechnischen oder organisatorischen Gründen im zukünftigen System benötigt werden.[645]

Wie im Datenmodell, so sind auch hier zunächst nur die Hauptfunktionen zu erfassen, ohne bereits einen Anspruch auf Vollständigkeit zu erheben. Für die funktionale Dekomposition ist sowohl ein top-down als auch ein bottom-up Vorgehen möglich.[646] Beim top-down Vorgehen werden, ausgehend vom abgegrenzten Geschäftsbereich, die relevanten Geschäftsvorgänge identifiziert und diesen die zugehörigen Funktionen zur Bearbeitung und Selektion von Objekttypen zugeordnet. Alternativ dazu werden bei der bottom-up Methode für die Objekttypen zunächst die Elementarfunktionen zur Be- und Verarbeitung festgelegt. Im nächsten Schritt müssen die Geschäftsvorgänge identifiziert und die Elementarfunktionen den Vorgängen zugeordnet werden.

Innerhalb der funktionalen Dekomposition sind die zentralen Elementarfunktionen genauer zu spezifizieren, d. h. einzelne Abläufe und Regeln sind näher zu beschreiben. Auf Ebene der Elementarfunktionen sind im Rahmen der Prozeßmodellierung die Präzedenzstrukturen zwischen den spezifizierten Elementarfunktionen zu definieren.

Im Funktionsmodell wird ferner die geplante Organisationsstruktur des betroffenen Aufgaben- und Geschäftsbereichs definiert. Für die Organisationseinheiten sind die zukünftigen Kompetenzen für die Elementarfunktionen festzulegen.

---

[643] Vgl. Weisbecker, 1993, S. 303.

[644] Vgl. Müller-Holz auf der Heide/Hacker, 1991, S. 115.

[645] Funktionen wie „Benutzerverwaltung" oder „Auslagerung von Daten" stammen nicht aus dem organisatorischen Aufgabenmodell, sondern werden durch die Einführung des Anwendungssystems notwendig.

[646] Vgl. Schumann/Schüle/Schumann, 1994, S. 89.

Bezüglich der Beschreibungsmodelle ist es Aufgabe der Vorstudie, die fachlichen Modelle eines Anwendungssystems in einem Detaillierungsgrad zu entwerfen, der die Entwicklung eines ersten Prototyps erlaubt. Weiterhin ist auf Basis der Ergebnisse der Vorstudie die technische, ökonomische und personelle Durchführbarkeit des Projekts zu prüfen.

4.2.1.2 Prototyping

4.2.1.2.1 Bildung von Teilsystemen

Für das Prototyping ist es mit Ausnahme sehr kleiner Anwendungssysteme notwendig, das Gesamtsystem in kleine Einheiten zu gliedern. Ziel der Bildung von Teilsystemen ist es, Einheiten zu schaffen,

◻ die getrennt voneinander bearbeitet werden können,

◻ eine für das Prototyping überschaubare Größe besitzen und

◻ für die der Arbeitsfortschritt meßbar ist.

Zur Bildung von Teilsystemen bieten sich zwei Wege an, entweder über das Datenoder über das Funktionsmodell. Teilsysteme werden über das Datenmodell gebildet, indem Objekttypen nach ihrer Zusammengehörigkeit in Cluster unterteilt werden. Die Cluster sind so zu wählen, daß Objekttypen, die in einem engen fachlichen Zusammenhang stehen, demselben Cluster zugeordnet werden.[647] Als Maß für die Güte der Clusterbildung bieten sich mehrere Möglichkeiten. Zum einen kann ein Affinitätskoeffizient ermittelt werden.[648] Dieser berechnet sich aus dem Quotienten aus der Anzahl der Beziehungen, die zwischen Objekttypen desselben Clusters bestehen, und der Anzahl der Beziehungen zwischen Objekttypen verschiedener Cluster. Je größer der Koeffizient ist, um so geringer ist die Kohäsion zwischen verschiedenen Clustern. Daneben können auch die Anzahl der Funktionen und Integritätsbedingungen, die sich auf Objekttypen eines bzw. verschiedener Cluster beziehen, in Relation gesetzt werden. Einen anderen Ausgangspunkt zur Bildung von Teilsystemen bietet die funktionale Dekomposition. Sie stellt das Gesamtsystem durch einen Funktionsbaum dar. Durch das Aufteilen des Funktionsbaums in disjunkte Teilbäume können Teilsysteme gebildet werden.

---

[647] So werden schwache Objekttypen immer dem Cluster des zugehörigen starken Objekttyps angehören und auch Objekttypen einer Spezialisierungshierarchie sind i. d. R. demselben Cluster zuzuordnen.

[648] In Anlehnung an Thoma, 1993, S. 234.

Die Grenzen zwischen Teilsystemen lassen sich zu Beginn des Prototyping nicht immer eindeutig festlegen, da eine Vielzahl von Funktionen und Datenelementen zu diesem Zeitpunkt noch nicht in ausreichender Detailliertheit entworfen worden sind. Die Schnittstellen zwischen verschiedenen Teilsystemen und die Zuordnung einzelner Funktionen oder Datenelemente können sich im Prototypingprozeß verändern. Die Teilsysteme dienen der Bildung von Arbeitseinheiten, sie stellen nicht die Trennung des Gesamtsystems in verschiedene Teilanwendungen dar. Eine Umstrukturierung der Teilsysteme während der Entwicklung ist möglich. Ein Teilsystem wird im Sinne eines Aufgabenkomplexes verstanden, der im Prototypingprozeß eine Arbeitseinheit bildet.

4.2.1.2.2 Modellentwurf

Am Beginn der Prototyping-Phase steht die Transformation des fachlichen Datenmodells in ein relationales Datenmodell. Die Datenbankkomponente bildet die Grundlage für die Entwicklung der ersten Prototypen. Mit Hilfe der in Kapitel 3.4.1 dargestellten Transformationsregeln und unter Berücksichtigung dv-technischer Entwurfsentscheidungen wird ein erster Datenbankentwurf erstellt. Dieser bildet zusammen mit den fachlichen Modellen den Ausgangspunkt für einen ersten Entwurf der Benutzerschnittstelle.

Der Entwurf der graphischen Benutzerschnittstelle eines Anwendungssystems läßt sich in einen Grob- und einen Feinentwurf gliedern.[649] Der Grobentwurf bestimmt zunächst die für die Benutzerschnittstelle relevanten Anwendungsobjekte, ihre grundlegende Darstellungsform und mögliche Interaktionsübergänge. Der Feinentwurf behandelt die detaillierte Ausgestaltung der einzelnen Dialogbausteine. Dazu zählen die anzuzeigenden Datenelemente, die Anordnung einzelner Interaktionselemente und die Ablauflogik innerhalb des Dialogbausteins.[650]

In der Literatur sind verschiedene Ansätze zu finden, die eine automatische Generierung einer Benutzerschnittstelle aus fachlichen Modellen durch wissensbasierte Systeme vorschlagen.[651] Neben den anwendungsbezogenen Informationen gehen dabei software-ergonomische Entwurfsregeln unter Berücksichtigung der zur Verfügung stehenden Dialogbausteine und Interaktionstechniken mit ein. Ohne auf eine mögliche instrumentelle Unterstützung des Schnittstellenentwurfs einzugehen, sollen hier die zentralen Entwurfsregeln dargestellt werden. Eine automatisierte Generierung kann beim vorliegenden Vorgehensmodell immer nur ein erster Vorschlag für die Benutzerschnittstelle der Anwendung sein. Die Generierung kann dem Entwickler Routinetätig-

---

[649] Vgl. Beck/Janssen, 1993, S. 215.

[650] Z. B. die Reihenfolge der Maskenfelder sowie Pre- und Posttrigger.

[651] Vgl. Weisbecker, 1993 sowie Balzert, 1995.

keiten beim Grobentwurf der Benutzerschnittstelle abnehmen, detaillierte Entwurfsentscheidungen müssen dagegen am Prototyp getroffen werden.[652]

Schnittstellenentwurf aus dem Datenmodell

Für jeden Aufgabenkomplex (Teilsystem) sind zunächst die Objekttypen festzulegen, die als Anwendungsobjekte auf der Benutzeroberfläche dargestellt werden sollen. In Abhängigkeit vom Mengengerüst des Objekttyps bieten sich für diesen verschiedene Darstellungsformen an:[653]

◻ Bei einem Mengengerüst bis zu ca. 20 Objekten[654] ist eine Einzeldarstellung der Objekte dieses Objekttyps durch ein Piktogramm möglich.

◻ Größere Objektmengen können nur noch durch Listen anschaulich dargestellt werden. Hierzu sind zentrale Attribute für die Anzeige als Listenelemente auszuwählen.

◻ Bei sehr großen Objektmengen (>1000) ist es zweckmäßig, der Listenanzeige einen Suchdialog für eine Vorauswahl voranzustellen.

Im Feinentwurf werden dann die Einzeldarstellungen zum Bearbeiten der Objekttypen entworfen. Die Attribute werden in Abhängigkeit vom Datentyp und Wertebereich durch verschiedene Dialogelemente realisiert (vgl. Tabelle 13).

Zusammengehörige Attribute, die im fachlichen Datenmodell durch Attributgruppen beschrieben werden, können in den Dialogmasken durch Anordnung in einem Rahmen mit Überschrift kenntlich gemacht werden.

Bestehen zu anderen Objekttypen existentielle Abhängigkeiten, so werden diese Objekttypen i. d. R. innerhalb der Datensicht des starken Objekttyps mit Hilfe von Listenelementen angezeigt.

---

[652] Erwartet man von einer automatischen Generierung den vollständigen und endgültigen Entwurf der Benutzerschnittstelle, so wäre hierzu auch die vollständige Information über alle entwurfsrelevanten Sachverhalte notwendig. Merkmal des Vorgehensmodells ist aber, daß diese Information beim Entwurf des ersten Prototyps nicht vorliegt, sondern erst sukzessive im Prototypingprozeß erfaßt wird. Näherliegend ist hier deshalb der Einsatz von Beratungssystemen, die Hilfestellungen bei Auswahl und Anordnung der Dialogelemente geben und grundlegende Prinzipien der softwareergonomischen Systemgestaltung vermitteln (vgl. Weisbecker, 1993, S. 309).

[653] In Anlehnung an Beck/Janssen, 1993, S. 215.

[654] An anderer Stelle wird hier als Grenze die Zahl 6 genannt (vgl. Janssen/Weisbecker/Ziegler, 1993, S. 340). Beim Entwurf ist das prognostizierte Wachstum zu berücksichtigen. Bei erwarteter Vergrößerung der Objektmenge ist von dieser Darstellungsform abzusehen.

Datentyp	Wertebereich		Dialogelement
	Art	Anzahl	
alphanumerisch oder numerisch	diskret	unbeschränkt	Ein- bzw. Ausgabefeld
		> 1 und ≤ 6	Umschalter
		> 6	Auswahlliste
numerisch	kontinuierlich	> 1 und ≤ 60	Schieberegler, Skala
		> 60	Ein- bzw. Ausgabefeld
logisch	diskret	2	Ein-Aus-Schalter

*Tabelle 13: Kriterien zur Auswahl der Dialogelemente für Datenelemente
(Quelle: In Anlehnung an Weisbecker, 1993, S. 307)*

Schnittstellenentwurf aus dem Funktionsmodell

Zu den Grundobjekttypen des Datenmodells sind Standardinteraktionen zum Einfügen, Ändern und Suchen eines Objekts zu entwerfen. Für die Beziehungstypen, an denen der Objekttyp beteiligt ist, sind ferner Dialoge für das Zuordnen und das Lösen von Beziehungen vorzusehen. Durch dieses Vorgehen wird bereits aus dem Datenmodell die Grundfunktionalität des Anwendungssystems abgeleitet.[655]

Einige dieser Grundfunktionen lassen sich Elementarfunktionen der funktionalen Dekomposition zuordnen. Dies sei an einem Beispiel dargestellt.

Zur Abbildung des Leihverkehrs einer Bibliothek kann folgendes Datenmodell verwendet werden: die Objekttypen BUCH und BENUTZER stellen die Grundobjekttypen des Datenmodells dar. Zwischen beiden wird eine N:M-Beziehung modelliert, um die Ausleihe von Büchern zu beschreiben. Nach dem hier vorgegebenen E-R-Modell ist die Beziehung durch einen Objekttyp darzustellen, weil sie Attribute besitzt (z. B. Datum der Ausleihe, Rückgabefrist, Mahnstufe). Im Beispiel wird der Objekttyp BENUTZER-LEIHT-BUCH dazu verwendet. Wird dieser Objekttyp in eine gleichlautende Tabelle der Datenbank umgesetzt, dann realisiert die Grundfunktion „Datensatz in Tabelle BENUTZER-LEIHT-BUCH einfügen" die fachliche Elementarfunktion „Ausleihe", die Grundfunktion „Datensatz aus BENUTZER-LEIHT-BUCH löschen" die Elementarfunktion „Rückgabe". Ausgehend von diesen Grundfunktionen ist das System dann um weitere Elementarfunktionen (z. B. „Verlängerung", „Mahnung") zu ergänzen.

Kann eine Grundfunktion eines Objekttyps keiner Elementarfunktion zugeordnet werden, ist zu prüfen, ob das fachliche Funktionsmodell um eine Funktion ergänzt werden muß.

---

[655] Vgl. hierzu auch Greutmann, 1993, S. 106.

In einem zweiten Schritt werden, ausgehend von der funktionalen Dekomposition, die noch unberücksichtigten Elementarfunktionen auf der Benutzerschnittstelle modelliert. Funktionen, die sich nicht auf ein bestimmtes Anwendungsobjekt beziehen, werden in das Hauptmenü der Anwendung aufgenommen. Andernfalls wird die Funktionsauslösung entweder bestimmten Interaktionselementen innerhalb der Dialogbausteine (z. B. Druckknöpfen) oder einem Menüelement des Anwendungsobjekts zugeordnet. Dialoge zur Erfassung von Eingabeparametern der Funktionen können ebenfalls bereits in diesem Stadium modelliert werden.

Aus der Prozeßmodellierung können die zustandsabhängigen Präzedenzstrukturen von Elementarfunktionen in Bedingungen bei Interaktionsübergängen umgesetzt werden.

Im weiteren Verlauf der Entwicklung werden sukzessive die von der Benutzerschnittstelle aufrufbaren Verarbeitungsfunktionen modelliert, so daß diese im Prototyp funktionsfähig sind. Dieser Prozeß wird fortgesetzt, bis eine geschlossene und konsistente Beschreibung des Anwendungssystems auf fachlicher und - mit Ausnahme einzelner, für das Prototyping nicht relevanter Funktionen - auch auf dv-technischer Ebene vorliegt.

Die Entwicklung des Prototyps auf Basis ausführbarer dv-technischer Modelle ist nicht nur die Umsetzung fachlicher Modelle, sondern auch die direkte dv-technische Realisierung fachlicher Details, die bisher nicht explizit in Fachmodellen dargestellt wurden. Die fachlichen Modelle müssen während der Prototyping-Phase um diese Inhalte ergänzt werden.

Diesen Sachverhalt soll das folgende Beispiel verdeutlichen: Beim Prototyping wird ein neues Datenelement identifiziert. Dieses Datenelement wird im dv-technischen Datenmodell als Spalte einer Tabelle aufgenommen und in der zugehörigen Bildschirmmaske verwendet. Der Entwickler muß dieses Datenelement als eines mit fachlichem Inhalt identifizieren und als solches kennzeichnen. Hierbei ist vom Entwickler eine Abgrenzung von rein dv-technischen Elementen (z. B. eine temporäre Tabelle zur Verwaltung von Zwischenergebnissen einer Verarbeitungsfunktion) vorzunehmen. Werden fachliches und dv-technisches Datenmodell später gegeneinander geprüft, kann erkannt werden, daß das fachliche Datenmodell um ein Attribut zu erweitern ist.

4.2.1.2.3 Modellevaluation

Der Prototypingprozeß besteht aus iterativen Zyklen der Modellbildung und der Modellevaluation. Bei der Modellbildung werden die fachlichen Konzepte identifiziert und in die Modelle umgesetzt. Die Modellevaluation stellt die Prüfung der entworfenen fachlichen und dv-technischen Modelle auf ihre Zweckmäßigkeit dar.[656] Die

---

[656] Vgl. Kilberth/Gryczan/Züllighoven, 1994, S. 103.

formale Korrektheit und Konsistenz der Modelle ist hierzu die Voraussetzung, sie ist im Rahmen der Modellbildung bereits vor der Modellevaluation zu prüfen. In jedem Prototyping-Zyklus erfolgt somit vor der Modellevaluation der Abgleich zwischen fachlichen und dv-technischen Modellen. Zur Modellevaluation stehen zum einen die graphische Repräsentation der fachlichen Modelle, zum anderen der entwickelte Prototyp zur Verfügung (vgl. Abbildung 74).

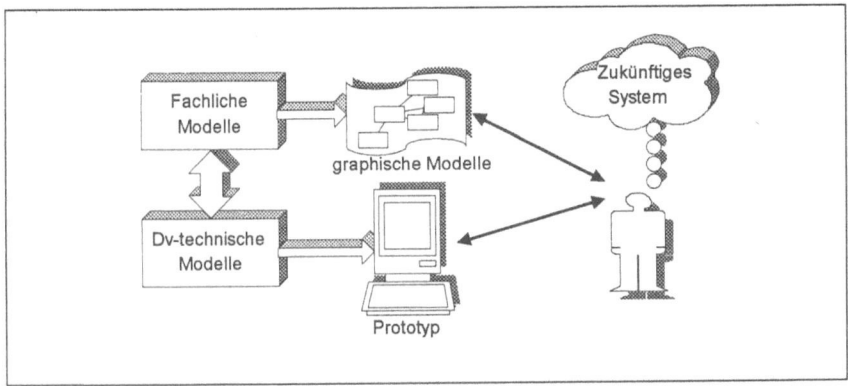

Abbildung 74: Hilfsmittel zur Modellevaluation

Die durchzuführende Modellbewertung kann sich zum einen auf die Zweckmäßigkeit der entworfenen Modelle, zum anderen auf die Benutzbarkeit des Systems beziehen. An dieser Stelle werden mögliche Formen der Modellevaluation dargestellt, Fragen nach den daran beteiligten Personen und nach der Entscheidungsfindung werden bei der Betrachtung möglicher Partizipationsformen diskutiert.[657]

Bewertung der Datenmodelle

Im Prototyp spiegelt sich das fachliche Datenmodell auf der Benutzeroberfläche durch die Darstellung der Objekttypen und Attribute in Masken und Listen wider. Der Anwender erkennt beim Durchspielen von Geschäftsvorfällen oftmals bei der Dateneingabe in den Masken das Fehlen von Attributen, die fehlerhafte Definition von Wertebereichen einzelner Datenelemente oder zusätzlich notwendige Integritätsbedingungen. Während des Prototypings werden so Strukturfehler des Datenmodells erkannt. Erst durch die detaillierte Betrachtung der auf den Datenobjekten auszuführenden Operationen ist eine zweckmäßige Abbildung der Realität in einem Datenmo-

---

[657] Siehe Kapitel 4.2.2.

dell möglich. Das Datenmodell wird während der Prototypingphase korrigiert und ergänzt.

Der Entwickler muß dabei auf Basis der Aussagen des Anwenders z. B. fehlende Attribute in das Datenmodell einordnen. Er muß entscheiden, welchem Objekttyp das Attribut zuzuordnen ist. Die Benutzerschnittstelle des Prototyps präsentiert externe Sichten auf das Datenmodell. Der Entwickler muß diese externen Sichten gedanklich auf das Gesamtmodell abbilden, um die Änderungen vornehmen zu können. Im traditionellen Vorgehensmodell validiert der Anwender das konzeptionelle Datenmodell. Er prüft die Vollständigkeit des Modells, indem er gedanklich die externen Benutzersichten daraus ableitet. Dies führt erfahrungsgemäß zu erheblichen Schwierigkeiten.

Bewertung der Funktionsmodelle

Durch das Prototyping werden häufig zusätzliche fachliche Funktionen identifiziert, die zweckmäßigerweise vom System zu erfüllen sind. Zum einen sind dies Funktionen, die in der Vorstudie vergessen wurden, zum anderen handelt es sich dabei um Funktionen, die erst bei der Erprobung des Systems impliziert werden.[658] Bei einer traditionellen Vorgehensweise werden diese Funktionen erst nach der Fertigstellung in der Wartungsphase als zusätzliche Wünsche des Benutzers berücksichtigt.

Bewertung der Benutzerschnittstelle

Bei der Gestaltung von Dialogmasken und Listen können im Prototyping die für den Anwender relevanten Attribute eines Objekts identifiziert werden. Insbesondere bei der Darstellung von Objekten in Listenform ist die Auswahl der darzustellenden Attribute eines Objekts unmittelbar an die auszuführende Funktion und die subjektiven Anforderungen des Anwenders gebunden. Das Durchspielen der Geschäftsvorfälle am Prototyp erlaubt die Überprüfung der Interaktionsfolgen auf Zweckmäßigkeit. Hier wird unmittelbar der Ablauf der Vorgänge im Zuständigkeitsbereich des Anwenders gestaltet.

Benutzbarkeit des Systems

Ein Prototyp, dessen Verarbeitungslogik bereits so weit realisiert ist, daß konkrete Aufgaben damit bearbeitet werden können, kann durch Tests späterer Benutzer evaluiert werden. FEHRLE schlägt dazu Benutzbarkeitstests („Usability Tests") vor, die in Testlabors ausgeführt und durch Videoaufzeichnungen dokumentiert werden.[659] Die

---

[658] Der Benutzer äußert den Bedarf häufig in der Form: „Wenn wir diese Daten speichern, dann könnte das System doch auch weitere Funktionen abdecken."

[659] Vgl. Fehrle, 1993, S. 96.

Ergebnisse dieser Tests lassen sich in objektiv und subjektiv erhobene Ergebnisse gliedern (vgl. Tabelle 14).

Objektiv erhobene Ergebnisse	Subjektiv erhobene Ergebnisse
▫ Zeit zur Aufgabendurchführung	▫ Was am Produkt am besten / am wenigsten gefällt
▫ Anzahl fehlerfrei gelöster Aufgaben	
▫ Anzahl unnötiger Transaktionen	▫ Produkt entspricht / widerspricht den Erwartungen
▫ Häufigkeit von Benutzerfehlverhalten	▫ Produkt erleichtert Arbeit
▫ Art und Anzahl der Benutzung bereitgestellter Hilfsmittel	

Tabelle 14: Klassifikation der Ergebnisse von Benutzbarkeitstests

4.2.1.3 Versionierung

Der Prototypingprozeß terminiert, wenn mit den fachlichen Modellen und dem letzten Prototyp eine Systemspezifikation vorliegt, die den Anforderungen des Anwenders entspricht. In der Versionierung muß dieser letzte Prototyp so weiterentwickelt werden, daß eine einsatzfähige Systemversion entsteht. Hierzu müssen die im Prototyp ausgelassenen Funktionen in den dv-technischen Modellen ergänzt werden. Daneben ist in dieser Phase ein Systemtest durchzuführen. Durch die Verschmelzung von Entwurf und Implementierung können einzelne Komponenten schon frühzeitig in der Prototyping-Phase getestet werden. Zu diesem späten Zeitpunkt müssen dann nur noch die verbliebenen Komponenten und deren Integration getestet werden.

Darüber hinaus sind in dieser Phase die für den Einsatz benötigten Benutzerdokumentationen fertigzustellen und Strategien zur Systemeinführung zu entwickeln. Substituiert die entwickelte Anwendung ein altes System oder eine vorangegangene Systemversion, werden zusätzlich Strategien zur Datenmigration benötigt.

4.2.1.4 Wartung und Revision

In Abhängigkeit von den in Kapitel 2.4.2.1 dargestellten Formen der Wartung ergeben sich Unterschiede für den Wiedereintritt in einen neuen Rapid Prototyping-Zyklus.

Der Eintritt in einen neuen Zyklus ist nur im Fall der perfektionierenden Wartung notwendig. Wenn neue bzw. geänderte Anforderungen oder organisatorische Veränderungen die Anpassung der bestehenden Systemversion erforderlich machen, muß eine neue Systemversion entwickelt werden.

Das Vorgehen bei der Weiterentwicklung ist mit dem bei der oben dargestellten Erstentwicklung nahezu identisch. Im Unterschied zur Vorstudie bei der Erstentwicklung basiert die Revision auf den bestehenden fachlichen Modellen. Die Dauer des Prototypingprozesses ist abhängig von dem Umfang der notwendigen Anpassungen und Erweiterungen. Der Prozeß kann sich wesentlich kürzer als bei der Erstentwicklung gestalten. Die Weiterentwicklung des Anwendungssystems setzt an den Modellen des letzten Prototyps an. Dieser entspricht der gerade im Einsatz befindlichen aktuellen Systemversion.

Adaptierende und korrigierende Wartung macht dagegen keine neuen Rapid Prototyping-Zyklen notwendig. Korrekturen bzw. Anpassungen müssen hier nur an den dv-technischen Modellen vorgenommen werden. Damit schafft diese Form der Wartung eine neue Systemversion, ohne die oben beschriebenen Rapid Prototyping-Zyklen zu durchlaufen. Alle Änderungen müssen trotzdem an den Modellen des Anwendungssystems durchgeführt werden, damit diese weiterhin die aktuelle Systemversion widerspiegeln.

4.2.2 Partizipation im Vorgehensmodell

4.2.2.1 Formen der Partizipation

Prototyping ist durch eine Kooperation zwischen Anwender und Entwickler gekennzeichnet. Auf Seiten der Anwender stellt sich dabei die Frage, welche Personengruppen in welcher Form an den Entwurfsentscheidungen bei der Entwicklung eines Anwendungssystems beteiligt werden. Die Form der Partizipation in der Softwareentwicklung läßt sich durch die Beantwortung von vier Fragen beschreiben:[660]

◻ Wer wird beteiligt?

◻ Wie wird beteiligt?

◻ Wann wird beteiligt?

◻ Woran wird beteiligt?

Mögliche Partizipationsformen werden anhand dieser Fragen im folgenden diskutiert.

---

[660] Vgl. Ortlieb/Holz auf der Heide, 1993, S. 250 f.

Wer wird beteiligt?

Betrachtet man die Partizipation im Entwicklungsprozeß, so ist es zweckmäßig, drei verschiedene Personengruppen und deren Sicht auf das zu entwickelnde Softwaresystem zu unterscheiden:[661]

◻ Das Anwendermanagement, d. h. die Führungskräfte des betroffenen Anwendungsbereichs.

◻ Die mittelbar vom Anwendungssystem Betroffenen, d. h. Personen des Anwendungsbereichs, die zwar nicht direkt mit dem System arbeiten, aber von seiner Einführung betroffen sind.

◻ Die zukünftigen Benutzer des Systems.

Bei einer Beteiligung von Personen der letzten beiden Gruppen besteht das Problem, daß häufig eine Auswahl einzelner Personen getroffen werden muß, die repräsentativ für die Benutzergruppe an der Entwicklung beteiligt werden.[662]

Wie wird beteiligt?

Partizipation heißt, Lösungen in einem Kommunikationsprozeß zwischen Anwendern und Entwicklern zu erarbeiten. HEILMANN unterscheidet zwischen passivem Mitwirken, aktiver Mitentscheidung und aktiver Partizipation.[663] Bei einer aktiven Partizipation wird der Anwender zum Mitglied des Designteams und kann somit gestaltend am Entwurf des Systems mitwirken. Bei passivem Mitwirken wird der Anwender nur angehört, bei aktiver Mitentscheidung wird er am Entscheidungsprozeß beteiligt.

Es ist zweckmäßig, die Teilnahme am Gestaltungsprozeß und die Entscheidungskompetenz voneinander zu trennen. Deshalb soll im folgenden mit aktiver Partizipation das gestalterische Mitwirken am Entwurfsprozeß ausgedrückt werden, während passive Partizipation diese ausschließt. Um das Ausmaß der Beteiligung der Betroffenen[664] an den zu treffenden Entscheidungen auszudrücken, werden in Anlehnung an SCHANZ fünf Grade der Partizipation unterschieden (vgl. Abbildung 75).[665]

Der Grad der Partizipation kann von der Nichtberücksichtigung (1. Grad) als ein Extrem bis zur vollständigen Selbstentscheidung der Betroffenen (5. Grad) als anderes Extrem reichen. In beiden Extrema kann eigentlich nicht mehr von Partizipation gesprochen werden, da im ersten Fall gar keine Beteiligung, im anderen Fall vollstän-

---

[661]   Vgl. Rauterberg, 1992, S. 113 f.

[662]   Vgl. Bergann/Biskup/Küpper, 1993, S. 103.

[663]   Vgl. Ortlieb/Holz auf der Heide, 1993, S. 250.

[664]   D. h. der Anwender und Benutzer.

[665]   Vgl. Schanz, 1992, Sp. 1903.

dige Delegation vorliegt. Das Spektrum einer möglichen Partizipation des Anwenders beim Prototyping kann deshalb zwischen dem 2. und 4. Grad liegen.

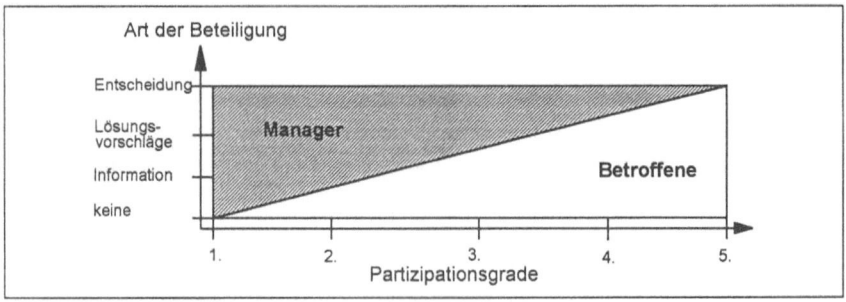

Abbildung 75: Partizipationsgrade zur Definition des Ausmaßes der Beteiligung am Entscheidungsprozeß

Wann wird beteiligt?

Es stellt sich die Frage, zu welchem Zeitpunkt die Partizipation am Entwicklungsprozeß erfolgt. Mögliche Zeitpunkte werden durch das gewählte Vorgehensmodell bestimmt. Im Rahmen des hier gewählten Vorgehensmodells läßt sich die Partizipation in der Vorstudie von der Partizipation im Prototypingprozeß abgrenzen.

Woran wird beteiligt?

Schließlich muß festgelegt werden, an welchen Aktivitäten und Entscheidungen der Anwender mitwirken darf. Im Rahmen des Systementwurfs kann sich die Partizipation z. B. auf die Gestaltung der Benutzeroberfläche beschränken. In diesem Fall kann vom Anwender nur Einfluß auf die Anordnung von Dialogelementen, Dialogschritten und auf die Auswahl der Datensichten genommen werden. Weiterreichend ist die Einflußnahme, wenn diese auch auf die Festlegung der Funktionalität des Systems ausgeweitet wird.

4.2.2.2 Bewertung der Partizipationsformen

Primäres Ziel der Partizipation ist der Informationsaustausch zwischen Anwender und Entwickler. Der Anwender soll Fachwissen in den Entwurfsprozeß einfließen lassen, der Entwickler soll die technische Realisierbarkeit von Lösungsvorschlägen aufzeigen. Aktive Partizipation des Anwenders ist dabei zum effektiven Informationaustausch notwendig.[666] Empirische Untersuchungen bestätigen Zusammenhänge zwischen Kommunikationsintensität und Produktqualität.[667]

Daneben bewirkt die Partizipation aber auch die Qualifizierung der an der Entwicklung beteiligten Benutzer. Durch die Partizipation wird der Benutzer frühzeitig in die Bedienung des zukünftigen Systems eingeübt. Wird der Benutzer aktiv in den Entwicklungsprozeß einbezogen, dann kann dadurch auch die Akzeptanz des Endprodukts und der durch die Einführung notwendigen organisatorischen Änderungen erhöht werden.[668] Aktive Partizipation kann zur Identifikation mit dem Produkt führen. Die Partizipation hat aber nicht nur auf Seiten der Benutzer, sondern auch auf Seiten der Entwickler eine Qualifizierungsfunktion. Die Entwickler lernen durch die enge Zusammenarbeit mit den Anwendern die Organisation des Anwendungsbereichs über die Grenzen des Anwendungssystems hinaus besser kennen und können dieses Wissen bei der Systemgestaltung einfließen lassen.[669]

Der notwendige Partizipationsgrad des Anwenders wird von den an der Entwicklung Beteiligten unterschiedlich beurteilt. Eine empirische Untersuchung von SPINAS/ WAEBER[670] zeigt auf, daß Anwendermanagement, Benutzer und Entwickler gleichermaßen der Meinung sind, daß die Entscheidung bei der Masken- und Dialoggestaltung primär den Benutzern überlassen werden soll. Bei der Frage nach der Funktionalität des Systems differieren die Meinungen der beteiligten Gruppen. Während 60% der von SPINAS/WAEBER befragten Entwickler nur Fachinformationen durch die Benutzer wollen, wünschen Führungskräfte auch hier die stärkere Entscheidungskompetenz der Benutzer.

Während die Evaluation der Modelle beim Prototyping durch die beteiligten Anwender und Entwickler erfolgt, sollten Benutzbarkeitstests mit späteren Benutzern durchgeführt werden, die nicht am Entwurf beteiligt sind. Dadurch wird die Gefahr reduziert, daß sich Anwender im Laufe der Entwicklung zunehmend mit dem System identifizieren und möglicherweise ihre Fähigkeit zur kritischen Einschätzung ihrer Gestaltungsentscheidungen verlieren.[671]

Nicht zu verkennen ist aber auch die Gefahr, daß bei einer Partizipation der Entwickler den Anwender bewußt steuern oder manipulieren kann. Damit der Anwender die Entscheidungen, die aufgrund technischer Restriktionen oder des entstehenden Auf-

---

[666] Vgl. Bergann/Biskup/Küpper, 1993, S. 103.

[667] Vgl. Brodbeck, 1993, S. 245.

[668] Vgl. Ortlieb/Holz auf der Heide, 1993, S. 250.

[669] Vgl. Doberkat/Fox, 1989, S. 200.

[670] Vgl. Spinas/Waeber, 1991.

[671] Vgl. Ortlieb/Holz auf der Heide, 1993, S. 256.

wands gefällt werden, kritisch beurteilen kann, benötigt er eine EDV-Grundqualifikation.[672]

Die Freistellung bzw. Entlastung des Anwenders vom Tagesgeschäft ist ein wesentlicher Faktor für die Bereitschaft zur konstruktiven Auseinandersetzung mit der Aufgabenstellung. Empfindet der Anwender seine Partizipation am Entwicklungsprojekt als zusätzliche Belastung, die ihn von seinen „eigentlichen Aufgaben" abhält, dann wird er eher bereit sein, Entwurfsvorschläge von Seiten der Entwickler ohne sorgfältige Prüfung zu akzeptieren.

4.2.3 Planung und Kontrolle

Iterative Entwicklungsstrategien erfahren in der Praxis einen erheblichen Widerstand, da sie aufgrund ihrer inhärenten Dynamik im Widerspruch zu traditionellen Planungs- und Kontrollmechanismen für Softwareprojekte stehen.[673] Im Rahmen dieses Kapitels werden Methoden aufgezeigt, die die Planung und Kontrolle eines iterativen Vorgehensmodells ermöglichen. Phasenorientierte Planungsmethoden sind hierzu ungeeignet, da ihnen die Annahme zugrunde liegt, daß die Entwicklungsaktivitäten in aufeinanderfolgenden, abgrenzbaren Phasen erfolgen. Die Phasen dienen der zeitlichen Gliederung des Enwicklungsprozesses, die Phasenabschlußdokumente der Kontrolle des Projektfortschritts. Wenn die Entwurfsschritte dagegen iterativ erfolgen, werden Spezifikation und Entwurf nahezu zeitgleich mit der dv-technischen Realisierung abgeschlossen. Die Abschlußdokumente eignen sich deshalb nicht als Kontrollinstrument des Entwicklungsprozesses. Eine wirksame Projektfortschrittskontrolle ist aber bei der Durchführung eines Entwicklungsprojekts unerläßlich.

Für die weiteren Betrachtungen ist es zweckmäßig, das Projektmanagement in die drei Managementebenen der Planung und Kontrolle, der strategischen, der taktischen und der operativen Ebene zu gliedern.[674]

Auf **strategischer Ebene** erfolgt die langfristige Planung der Entwicklung und des Einsatzes eines Anwendungssystems. Sie orientiert sich am Lebenszyklus-Modell des Systems. Auf **taktischer Ebene** werden für die Entwicklungsphasen die Rahmendaten der strategischen Planung in konkrete Projektstrukturpläne umgesetzt. Diese definieren und strukturieren die Teilaufgaben der einzelnen Entwicklungsabschnitte. Die Pro-

---

[672]   ORTLIEB/HOLZ AUF DER HEIDE nennen als notwendige Qualifikationsmaßnahmen für den Anwender darüber hinaus die Bereiche Software-Ergonomie, Kommunikation und Kooperation (vgl. Ortlieb/Holz auf der Heide, 1993, S. 254). Auf Seiten der Entwickler sind die besonders geeignet, die eine Doppelqualifikation besitzen und sowohl über fundiertes Anwendungswissen als auch über fundierte dv-technische Kenntnisse verfügen (vgl. Kieback et al., 1992, S. 75).

[673]   Vgl. Hesse/Weltz, 1994, S. 29 f.

[674]   In Anlehnung an Kurbel/Pietsch, 1989, S. 265 ff.

jektpläne auf taktischer Ebene bilden die Grundlage für eine Termin- und Kostenkontrolle. Auf **operativer Ebene** erfolgt die Umsetzung der Vorgaben der taktischen Ebene durch die Festlegung der Aktivitäten einzelner Projektmitglieder und von Projektgruppen.

Unterschiede zur Planung und Kontrolle von phasenorientierten Entwicklungsprojekten zeigen sich bei einem iterativen Vorgehensmodell auf strategischer und auf taktischer Ebene.

Strategische Ebene

Auf strategischer Ebene erfolgt die langfristige Planung des Anwendungssystems. Strategische Planung orientiert sich am Lebenszyklus-Modell eines Anwendungssystems. Im Rahmen einer evolutionären Entwicklungsstrategie müssen hierzu die evolutionären Zyklen mit jeweils grober Zieldefinition und Budgetierung geplant werden. Aus der Fristigkeit ergeben sich ca. 3 Zyklen, die in die strategische Planung einzubeziehen sind.

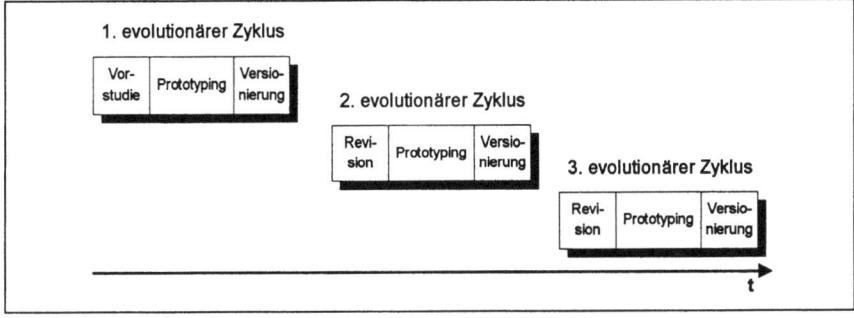

Abbildung 76: Planungshorizont auf strategischer Ebene

Taktische Ebene

Aufgabe der taktischen Ebene ist die Planung und Kontrolle eines evolutionären Entwicklungszyklus. Notwendig für die Durchführung des Projekts ist es, frühzeitig die Organisation der Projektgruppe festzulegen. BECK schlägt hierzu einen Projektvertrag mit folgendem Inhalt vor:[675]

---

[675] Vgl. Beck, 1993a, S. 273.

◻ Zusammensetzung der Projektgruppe

◻ Zeitliche Verfügbarkeit und Freistellung von Mitarbeitern

◻ Kompetenz und Verantwortlichkeit der Projektmitglieder (Rollen, Rechte, Pflichten)

Zur Planung von Entwicklungsprojekten werden i. d. R. Projektstrukturpläne eingesetzt. Diese gliedern ein Projekt in zeitlich abgrenzbare Phasen, die jeweils aus einer Menge von Aufgaben bestehen.

Zur Planung und Kontrolle des Prototypingprozesses sind traditionelle Verfahren nicht geeignet. Für iterative Vorgehensmodelle stellen Referenzlinien ein mögliches Instrument des Projektmanagements dar.[676]

Kennzeichnend für die phasenorientierte Entwicklung ist, daß während jeder Phase eine zentrale Tätigkeit ausgeführt und mit einem bestimmten Ergebnisdokument abgeschlossen wird. Der Projektfortschritt kann unmittelbar am jeweiligen Abschluß-dokument gemessen werden.[677] Bei einem Vorgehensmodell, in dem die Analyse-, Entwurfs- und Implementierungstätigkeiten iterativ verlaufen, werden die Ergebnisdokumente erst zum Abschluß des Entwicklungsprozesses fertiggestellt. Als Planungs- und Kontrollinstrumente für den Projektverlauf sind sie deshalb nicht geeignet.

Um Referenzlinien als Instrument des Projektmanagements einzusetzen, werden für die im Entwicklungsprozeß entstehenden Dokumente mit Hilfe von meßbaren Qualitätsmerkmalen bestimmte Zustände definiert. Eine Referenzlinie legt für jedes der Dokumente einen angestrebten Zustand fest. Sie dient somit der Feststellung des Projektfortschritts und der Synchronisation der verschiedenen Teilaktivitäten. Für das modellbasierte Vorgehen bietet es sich an, als Referenzlinien Zustände der einzelnen Modelle zu wählen.

---

[676] Vgl. Kilberth/Gryczan/Züllighoven, 1994, S. 109 ff.

[677] Wobei sich Rückstände und Unzulänglichkeiten in den Dokumente der ersten Phasen mitunter noch kaschieren lassen.

Zustände der Modelle	Beschreibung
Fachmodell 1 (FM 1)	Erstes fachliches Modell
Fachmodell 2 (FM 2)	Überarbeitetes Fachmodell, Einstieg ins Prototyping möglich
DB-Modell 1 (DB 1)	Datenbank generiert
DB-Modell 2 (DB2)	Attribute vollständig, Integritätsregeln definiert
Benutzerschnittstelle 1 (BS 1)	Erster Entwurf, alle zentralen Objekttypen werden dargestellt
Benutzerschnittstelle 2 (BS 2)	Objekttypen mit Grundfunktionalität
Verarb.-funktionen 1 (VF 1)	Entwurf erster Funktionen der zentralen Objekttypen

Tabelle 15: Beispiele für Zustände der Modelle zur qualitativen Kontrolle

Tabelle 15 zeigt Beispiele für mögliche Zustände der einzelnen Modelle. Für jeden Zustand werden meßbare Qualitätsanforderungen definiert, mit denen das Erreichen des Zustands kontrolliert werden kann. Mit Hilfe der Referenzlinien lassen sich so für einen Projektstrukturplan Projektabschnitte definieren. Der Abschluß eines Projektabschnitts wird durch eine Referenzlinie festgelegt und ist damit kontrollierbar. Wird das Entwicklungsprojekt aufgrund seiner Größe in mehrere Teilprojekte gegliedert, so lassen sich für jedes Teilprojekt entsprechende Modellzustände definieren. Die nachfolgend beschriebene Planung muß dann simultan für alle Teilprojekte durchgeführt werden.

Referenz-linie \ Modelle	Anwender-befragung	Vorstudie	1. Prototyp	2. Prototyp
Fachmodelle	FM 1	FM 2		
Datenbank		DB 1		DB 2
Benutzerschnittstelle			BS 1	BS 2
Verarbeit.-funktionen				VF 1

Tabelle 16: Projektplanung mit Hilfe von Referenzlinien

Neben der Strukturierung des Entwicklungsprozesses ist für die Planung und Kontrolle noch die Definition von Terminen notwendig. Da es keine verbindliche Anforderungsdefinition für den funktionalen Umfang des Anwendungssystems gibt, muß im Entwicklungsprozeß mit einer möglichen Veränderung des funktionalen Umfangs gerechnet werden. Die Planung muß deshalb rollierend erfolgen, von Projektabschnitt zu Projektabschnitt muß das Erreichen einer Referenzlinie kontrolliert und Abweichungen analysiert werden.

Für jede Referenzlinie wird deshalb ein Termin definiert, an dem diese erreicht werden soll. Können einzelne Modellzustände einer Referenzlinie zum festgesetzten Termin nicht erreicht werden, muß die rollierende Planung diese in den nächsten Abschnitten berücksichtigen.

Da das Vorgehensmodell eine mögliche Revision der Planung zu jedem Projektabschnitt vorsieht, besteht die Gefahr, daß das System endlos um neue Funktionalität ergänzt oder modifiziert wird. Um dies zu verhindern und den iterativen Entwicklungsprozeß zu einem Ergebnis zu bringen, kann die Timebox-Methode[678] verwendet werden. Das Prinzip dieser Methode ist, die Fertigstellung einer Systemversion nicht von den gesetzten funktionalen Anforderungen, sondern von zeitlichen Restriktionen abhängig zu machen. Statt den Zeitpunkt der Systemeinführung herauszuzögern, wenn innerhalb eines evolutionären Zyklus durch erweiterte funktionale Anforderungen oder unerwarteter fachlicher bzw. technischer Komplexität gesetzte Termine nicht eingehalten werden können, muß eine Anpassung durch Variation der Funktionalität erfolgen. MARTIN formuliert das Ziel dieses Vorgehens treffend: „It is better to have a system of limited functionality work *quickly* than to wait two years for a comprehensive system."[679]

Die zeitliche Begrenzung eines evolutionären Zyklus darf sich aber nicht zu Lasten der Qualität und Bedienbarkeit auswirken. Es ist deshalb zweckmäßig, bei der Modellevaluation Prioritätsgrade für vorgeschlagene Änderungen[680] zu verwenden. Zusammen mit der Information über die Prioritäten der einzelnen Elementarfunktionen kann dann entschieden werden, welche Funktionen noch in die nächste Version aufgenommen werden. Die Realisierung der ausgelassenen Funktionalität wird in den nächsten Entwicklungszyklus verschoben. Wird das Gesamtsystem aufgrund seiner Größe in Teilsysteme gegliedert, so kann für jedes Teilsystem die Timebox-Methode verwendet werden.

---

[678] Vgl. Martin, 1991, S. 216 ff.

[679] Martin, 1991, S. 217.

[680] Z. B. in der Form von „Muß-, Sollte- und Kann-Änderungen" (Ortlieb/Holz auf der Heide, 1993, S. 258).

5 Instrumentelle Unterstützung

Merkmal des im vorangegangenen Kapitel beschriebenen Vorgehensmodells ist die schnelle Entwicklung von Prototypen. Neben einer methodischen Vorgehensweise sind dazu auch geeignete Werkzeuge notwendig. Vorgehensmodell und Werkzeuge sind bei einer prototypingorientierten Entwicklung eng miteinander verbunden, denn nur der Einsatz von effizienten Werkzeugen ermöglicht die schnelle interaktive Entwicklung von Prototypen. Die Anforderungen an Softwarewerkzeuge zur instrumentellen Unterstützung des modellbasierten Prototyping sollen in diesem Kapitel dargestellt werden.

Im Rahmen der Forschungsarbeiten zu dieser Dissertation wurden mit der Softwareentwicklungsumgebung GRID[681] eine Reihe von Werkzeugen als Prototypen[682] implementiert, um das Vorgehensmodell durch seinen praktischen Einsatz bewerten zu können. Auf einzelne Werkzeuge der Softwareentwicklungsumgebung GRID wird innerhalb dieses Kapitels Bezug genommen.

5.1 Architektur einer repository-basierten Entwicklungsumgebung

Wie bereits in Kapitel 2.2.2.2 dargestellt wurde, ist die integrierte Speicherung der Beschreibungsmodelle eines Anwendungssystems die Grundlage für den Einsatz von Softwarewerkzeugen. Das Repository stellt ein Basiswerkzeug dar, das von den Entwicklungswerkzeugen zur Verwaltung der Metadaten[683] benötigt wird.

Jedes Softwarewerkzeug verwaltet Metadaten. In Abhängigkeit von der Offenheit[684] lassen sich bei der Verwaltung von Metadaten in Softwareentwicklungsumgebungen drei Fälle unterscheiden.

Wenn jedes Werkzeug eine eigene Datenhaltungskomponente besitzt, so besteht zwischen den Werkzeugen nur eine lose Kopplung.[685] Eine Werkzeugintegration wird nicht erreicht, da die Werkzeuge nur auf die eigenen, nicht aber auf die Metadaten

---

[681] Der Name GRID ist ein Akronym für „General Repository for Interactive Development" und leitet sich aus dem Konzept der Beschreibung eines Anwendungssystems in einer zentralen Entwicklungsdatenbank ab.

[682] Gemäß der Klassifikation von Prototypen in Kapitel 4.1.2.2 handelt es sich hier um Forschungsprototypen.

[683] Zur Abgrenzung der Daten eines Anwendungssystems von denen eines Repository werden letztere auch als Metadaten bezeichnet (vgl. Mark/Roussopoulos, 1986, S. 26 f. sowie Blaha, 1992, S. 13). Damit wird ausgedrückt, daß es sich bei den Daten um die Extension der Metamodelle handelt.

[684] Offenheit ist hier im Sinne der Interoperabilität verschiedener Werkzeuge gemeint. Zum Begriff der Offenheit siehe Schmitt, 1993, S. 27 f.

[685] Vgl. Gotthard, 1988, S. 19.

anderer Werkzeuge zugreifen können. Die Kommunikation zwischen Werkzeugen ist nur über definierte Datenaustauschformate möglich.[686]

Demgegenüber ist die integrierte Speicherung der Metadaten aller Werkzeuge einer Entwicklungsumgebung in einer zentralen Datenhaltungskomponente ein erster Schritt zur Werkzeugintegration. Wenn Entwicklungsumgebung und Datenhaltungskomponente ein geschlossenes System bilden, so ist eine Integration von Metadaten über die Entwicklungsumgebung hinweg allerdings nicht möglich.

Von einer repository-basierten Entwicklungsumgebung wird gesprochen, wenn die Verwaltung der Metadaten von den einzelnen Werkzeugen getrennt ist und eine eigenständige Komponente bildet (vgl. Abbildung 77). Somit ist das Repository nicht nur „offen" für Werkzeuge eines Herstellers bzw. eines bestimmten Werkzeugsatzes, sondern auch für Werkzeuge und Repositories anderer Hersteller. Dies ist notwendig, wenn die Metadaten aus Softwareentwicklungsprojekten sowie Metadaten anderer Werkzeuge wie z. B. Organisationsdatenbanken oder Konfigurationsmanagementsysteme integriert werden sollen.[687] Das Repository erfüllt damit die Aufgabe der zentralen, plattformunabhängigen Speicherung aller Entwicklungsinformationen („single point of control").[688]

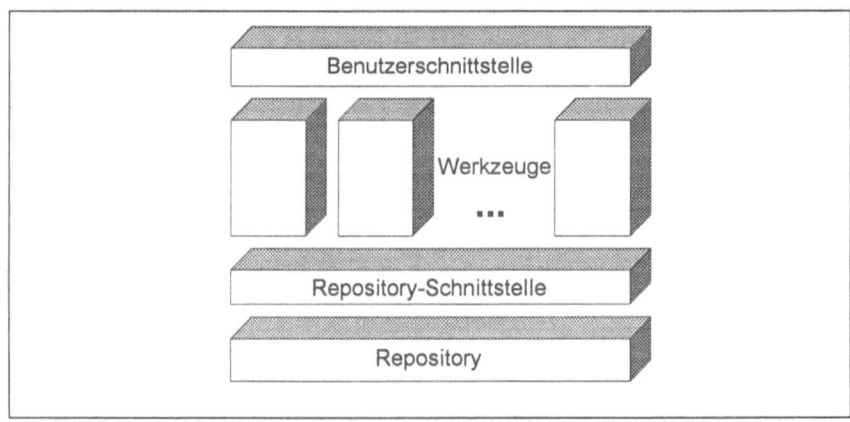

Abbildung 77: Architektur einer repository-basierten Entwicklungsumgebung

---

[686] Vgl. Balzert, 1993, S. 18 f. Durch den Datenaustausch werden die Daten dupliziert und in mehreren Werkzeugen redundant gespeichert. Damit einhergehende Konsistenzprobleme sind unvermeidbar (vgl. Gotthard, 1988, S. 19).

[687] Vgl. Eicker, 1991, S. 27 f.

[688] Vgl. Zandt, 1993, S. XI.

Als Vorteile einer repository-basierten Entwicklungsumgebung gegenüber der losen Werkzeugkopplung oder einer geschlossenen Entwicklungsumgebung sind zu nennen:[689]

❏ Ein Repository ermöglicht die Entwicklung in einer integrierten Mehrbenutzerumgebung und schafft für alle am Projekt Beteiligten eine zentrale und redundanzfreie Informationsbasis.

❏ Durch ein Repository können Systeminformationen über Anwendungen, Werkzeuge und den Systemlebenszyklus hinweg genutzt und auch Werkzeuge unterschiedlicher Hersteller kombiniert werden.

❏ Ein Repository erleichtert die Wiederverwendung von Informationen über Systeme bzw. Projekte hinweg und ist Grundlage für die Konsolidierung von entfernten Unternehmensdaten.

Für eine Entwicklungsumgebung ist aus den oben genannten Gründen ein eigenständiges Repository zu fordern, das die Metadaten zentral und logisch integriert speichert.[690] Den Werkzeugen muß das Repository über eine Schnittstelle das Definieren, Lesen und Schreiben der Metadaten ermöglichen.[691] Die in Abbildung 77 dargestellte Repository-Schnittstelle[692] gewährleistet den einheitlichen Zugriff auf die Metadaten. In Analogie zu den im Kapitel 3.3.2.1.2 beschriebenen Konzepten der SQL-Aufrufschnittstelle für relationale Datenbanken wird so für das Repository eine abstrakte Schnittstelle geschaffen, die von der physischen Datenhaltungskomponente abstrahiert. Durch diese Schnittstelle besteht die Möglichkeit, für die Datenhaltung unterschiedliche Datenbanksysteme zu verwenden.

Aus der obigen Architektur einer repository-basierten Entwicklungsumgebung lassen sich die Anforderungen an die instrumentelle Unterstützung des entwickelten Vorgehensmodells in zwei Teile gliedern. Zum einen sind die Anforderungen an ein Repository als Basiswerkzeug einer Entwicklungsumgebung zu erarbeiten, zum anderen sind die konkreten Werkzeuge darzustellen, die für die modellbasierte Entwicklung benötigt werden. Diese beiden Aspekte werden Gegenstand der Kapitel 5.2 und 5.3 sein.

Wie Abbildung 77 darstellt, bildet die Benutzerschnittstelle die dritte Komponente in der Architektur einer Entwicklungsumgebung. Für eine integrierte Entwicklungsumge-

---

[689] Vgl. Habermann/Leymann, 1993, S. 11 f. und McClure, 1993, S. 162 f.

[690] Unabhängig von dieser Forderung stellt sich für die einzelnen Werkzeuge die Frage nach Art und Umfang der Zwischenspeicherung von Metadaten sowie Zeitpunkt und Form der Übertragung der Metadaten zwischen Repository und Werkzeug. Hierauf wird in Kapitel 5.2.5.1 eingegangen.

[691] Vgl. Eicker, 1991, S. 25.

[692] Diese Schnittstelle wird von Repository-Herstellern auch als „Repository Services" bezeichnet (vgl. Habermann/Leymann, 1993, S. 113).

bung ist es notwendig, daß die Benutzerschnittstelle über alle Werkzeuge hinweg einheitlich ist. Dafür ist eine von den Werkzeugen unabhängige Komponente für die Benutzerschnittstelle Voraussetzung.[693]

Die Anforderungen an die Benutzerschnittstelle werden zum einen aus Sicht des Benutzers unter ergonomischen Aspekten, zum anderen aus Sicht der Werkzeuge durch die Notwendigkeit einer standardisierten Werkzeugschnittstelle bestimmt.[694] Sie unterscheiden sich nicht von den Anforderungen an die Benutzerschnittstelle eines Anwendungssystems.[695] Da diese bereits in Kapitel 3.3.3 dargestellt wurden, ist eine Diskussion der Anforderungen an die Benutzerschnittstelle einer Entwicklungsumgebung hier nicht mehr notwendig.

5.2 Ein Repository als Werkzeug zur Verwaltung von Metadaten

Das Repository ist ein Datenbanksystem zur Verwaltung von Metadaten. Einen konzeptionellen Rahmen für die Beschreibung der Anforderungen an ein Repository liefert die 4-Ebenenarchitektur des IRDS, die bereits für die Modellierung von Anwendungssystemen herangezogen wurde (vgl. Abbildung 78).[696]

Das Datenbankschema, das die Datenstrukturen eines Repository definiert, entspricht den Metamodellen eines Anwendungssystems. Es wird auch als Informationsmodell des Repository bezeichnet.[697] Die Intension des Informationsmodells, das Meta-Informationsmodell ist in der Architektur auf der Meta-Metaebene einzuordnen.

---

[693] Vgl. Balzert, 1992, S. 48.

[694] Vgl. Batz/Krömker/Subel, 1991, S. 153.

[695] Wobei nicht verkannt wird, daß eine graphische Benutzerschnittstelle einer Softwareentwicklungsumgebung durch die Darstellung von Designobjekten wie z. B. Diagrammen komplexer ist als die eines betrieblichen Anwendungssystems.

[696] Vgl. Kapitel 2.2.2.1

[697] Vgl. Habermann/Leymann, 1993, S. 60.

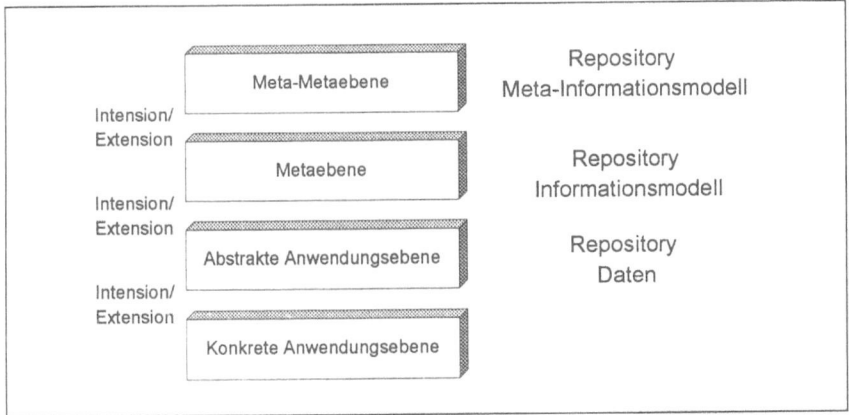

Abbildung 78: Einordnung eines Repository in die Ebenen des IRDS-Standards

Wurden die beiden Modellebenen im dritten Kapitel unter dem Gesichtspunkt des methodischen Vorgehens bei der Entwicklung von Anwendungssystemen betrachet, so stehen nun die Anforderungen unter den Aspekten der Realisierung eines Repository als Softwarewerkzeug und der Integration der Metadaten in einer Entwicklungsumgebung im Mittelpunkt. Darüber hinaus sind die funktionalen Anforderungen an die Werkzeugschnittstelle eines Repository zu definieren.

5.2.1 Repository-Standards

Eine Voraussetzung für die herstellerunabhängige Integration von Werkzeugen und Metadaten sind Standards für Repositories.[698] Zu den relevanten Standards zählen:

□ Information Resource Dictionary System (IRDS)

□ A Tools Integration Standard (ATIS)

□ Portable Common Tools Environment (PCTE)

□ CASE Data Interchange Format (CDIF)

Auf den IRDS-Standard, der sowohl von ANSI als auch von ISO in unterschiedlichen Formen entworfen worden ist, wurde bereits Bezug genommen. Der IRDS-Standard besteht aus mehreren Teilen, in denen u. a. ein Meta-Informationsmodell, ein rudimentäres Informationsmodell sowie die Grundfunktionalität einer Repository-Schnittstelle

---

[698] McCLURE zählt Repository-Standards zu den wichtigsten Standards für die Softwarebranche der neunziger Jahre (vgl. McClure, 1992, S. 14).

(Operationen zur Abfrage und Manipulation der Informationsmodelle und der Metadaten) festgelegt werden.[699]

ATIS wurde als standardisierte Repository-Schnittstelle eines Firmenkonsortiums um
Digital Equipment entworfen. Ziel war es, eine gemeinsame Schnittstelle für Werk-
zeughersteller zu definieren. Neben einem objektorientierten Meta-Informationsmodell
werden in der Schnittstelle auch Mechanismen zur Versionierung, zum Konfigurationsmanagement und zur Arbeitsflußsteuerung unterstützt.[700] Ein konkretes Informationsmodell ist in ATIS nicht enthalten. Funktionale Anforderungen an ein Repository
sind zwar nicht explizit formuliert, lassen sich aber zum Teil aus der Schnittstellendefinition ableiten.

PCTE wurde im Rahmen eines von der Europäischen Gemeinschaft geförderten
ESPRIT-Projekts entwickelt.[701] Der Standard dient der Portabilität von Werkzeugen
über verschiedene Hardware-Plattformen hinweg. Hierzu wird eine abstrakte, betriebs-
systemunabhängige Schnittstelle für Softwarewerkzeuge definiert. Diese beschreibt
nicht nur die Schnittstelle zu dem „Object Management System" (OMS), dem System
zur zentralen Verwaltung der Metadaten, sondern auch die Schnittstelle zu einem
Fenstersystem und Mechanismen zur Kommunikation zwischen verschiedenen Werkzeugen.[702]

Der Standard CDIF wurde entwickelt, um ein einheitliches Datenaustauschformat für
Repositories und Werkzeuge einzuführen. CDIF bezieht sich auf die 4-Schichtenarchi-
tektur des IRDS und definiert in einem sprachorientierten Ansatz Konstrukte, um
Metamodelle in einer Textdatei zu beschreiben. Die von CDIF unterstützten Informationsmodelle beschränken sich allerdings auf fachliche Daten- und Datenfluß-
modelle.[703] Da das Meta-Informationsmodell von CDIF auf einem sprachorientierten
Ansatz basiert, ist es für ein Repository nicht geeignet.

Tabelle 17 faßt zusammen, welche Bereiche durch die genannten Standards abgedeckt
werden.

---

[699] Siehe hierzu Habermann/Leymann, 1993, S. 84 ff. sowie McClure, 1993, S. 201-209.

[700] Vgl. Tannenbaum, 1993, S. 56.

[701] Vgl. Thomas, 1989, S. 15.

[702] Vgl. McClure, 1993, S. 214.

[703] Vgl. Tannenbaum, 1993, S. 54.

Inhalt \ Standard	IRDS	ATIS	PCTE	CDIF
Meta-Informationsmodell	●	●	●	◒
Informationsmodell	●	○	○	●
Repository-Schnittstelle	●	●	●	○
Funktionale Anforderungen	●	◒	●	○
Legende: ● ja	○ nein	◒ bedingt		

Tabelle 17: Inhalte der Repository-Standards

Auf die konkreten Inhalte der einzelnen Standards wird im folgenden bei der Darstellung der Anforderungen an ein Repository eingegangen.

5.2.2 Das Meta-Informationsmodell des Repository

Das Meta-Informationsmodell des Repository, das aus Sicht der Anwendungsentwicklung das Meta-Metamodell darstellt, liefert das Instrumentarium zur Beschreibung der Informationsmodelle. Eine Integration von Metamodellen ist deshalb nur möglich, wenn diese mit demselben Meta-Metamodell beschrieben werden.

Wie bereits in Kapitel 3.1.1 dargestellt wurde, konnten sich die Standardisierungsgremien von ANSI und ISO für den IRDS-Standard bisher nicht auf ein einheitliches Meta-Informationsmodell einigen. Während ANSI den Entity-Relationship-Ansatz verwendet, verfolgt der Standard der ISO einen objektorientierten Ansatz. Als ein Vorteil des objektorientierten Modells wird die Möglichkeit gesehen, komplexe Objekte definieren zu können.[704]

Bei den bestehenden Implementierungen von Repositories dominiert zur Zeit der E-R-Ansatz. Von den in einer Untersuchung aus dem Jahr 1991 von EICKER betrachteten zehn in Deutschland verbreiteten Repositories sind neun E-R-basiert.[705] Die E-R-Ansätze der einzelnen Repositories weisen allerdings erhebliche Unterschiede auf, so daß nicht von einem einheitlichen Meta-Informationsmodell gesprochen werden kann. Auch PCTE verwendet als Meta-Informationsmodell eine Variante des E-R-

---

[704] Obwohl der E-R-Ansatz kein Konstrukt zur Bildung komplexer Objekte vorsieht, lassen sich auch dort komplexe Objekte identifizieren. Deutlich wird dies am Beispiel der benutzerdefinierten Verarbeitungsfunktion des dv-technischen Funktionsmodells (vgl. Kapitel 3.3.2.2.3). Die Informationen eines Designobjekts (einer Funktion) sind in den Metadaten auf eine Vielzahl von Informationsobjekten (z. B. Block, Anweisung, Formale Parameter) verteilt. Alle Informationsobjekte, die zu einem komplexen Objekt gehören, lassen sich aber durch das Verfolgen der existenziellen Abhängigkeiten zu anderen Informationsobjekten ermitteln.

[705] Vgl. Eicker, 1991.

Modells.[706] Die standardisierte Schnittstellendefinition ATIS benutzt dagegen ein objektorientiertes Meta-Informationsmodell. Sie wird bereits von zwei der führenden Repository-Hersteller[707] eingesetzt und ist als Erweiterung des ANSI/ISO IRDS-Standards eingereicht worden.[708]

Es bleibt festzustellen, daß zur Integration der Metadaten über Repositories hinweg weiterhin ein Bedarf für ein standardisiertes Meta-Informationsmodell besteht und z. Zt. in diesem Bereich noch keine Vereinheitlichung in Sicht ist.

Die Architektur einer repository-basierten Entwicklungsumgebung sieht zwischen der Datenhaltungskomponente und den Werkzeugen eine Repository-Schnittstelle vor. Das Meta-Informationsmodell des Repository wird durch diese Schnittstelle definiert. Damit besteht die Möglichkeit, von der eigentlichen Datenhaltungskomponente des Repository zu abstrahieren. Werden E-R-orientierte bzw. objektorientierte Meta-Informationsmodelle durch die Repository-Schnittstelle auf das relationale Modell abgebildet, dann kann die Datenhaltung des Repository durch eine relationale Datenbank erfolgen. Auch wenn die Eignung relationaler Systeme als physische Datenhaltungskomponente für Repositories umstritten ist,[709] so stellen sie zur Zeit den aktuellen Stand der Technik dar.[710] Die abstrakte Schnittstelle oberhalb der physischen Datenhaltung schafft die Grundlagen für einen späteren Wechsel zu einer geeigneteren Datenbanktechnologie. Dadurch würde ein Teil der Funktionalität der Repository-Schnittstelle in das darunterliegende Datenbanksystem verlagert werden.

5.2.3 Das Informationsmodell des Repository

Das Informationsmodell eines Repository definiert die Elemente und Strukturen der Metadaten. Für das Vorgehensmodell wurden im Rahmen dieser Arbeit geeignete Metamodelle zur Beschreibung eines Anwendungssystems entwickelt. Diese gilt es nun in ein Gesamtkonzept einer repository-basierten Entwicklungsumgebung einzuordnen.

---

[706] Vgl. Thomas, 1989, S. 17.

[707] Das CDD/Repository von Digital Equipment setzt diese Schnittstelle ein und auch IBM plant, diese Schnittstelle in seiner CASE-Strategie zu verwenden (vgl. McClure, 1993, S. 213).

[708] Vgl. Habermann/Leymann, 1993, S. 159 f.

[709] Eine Beurteilung und Gegenüberstellung von relationalen, Entity-Relationship- und dedizierten Datenbanken als Datenbanktechnologie für Repositories findet sich bei Abbenhardt, 1990, S. 53.

[710] Vgl. McClure, 1993, S. 177. Häufig wird die für die Anwendungsdaten eingesetzte relationale Datenbanktechnologie auch zur Speicherung der Metadaten verwendet, um Lizenzkosten und Administrationsaufwand spezieller Entwicklungsdatenbanken einzusparen (vgl. Kelter, 1993, S. 283).

5.2.3.1 Mögliche Inhalte eines Repository

Mit der Frage, welche Daten in einem Repository gespeichert werden sollen, lassen sich verschiedene Formen von Repositories abgrenzen. Als Vorläufer der Repositories gelten Data Dictionary Systeme. Sie stammen aus dem Bereich der Datenbanksysteme und dienen zur Verwaltung von Informationen über die Daten(strukturen) der Anwendungssysteme.[711] Ziel der Data Dictionary Systeme ist es, durch eine Beschreibung der Datenstrukturen über die Grenzen einzelner Anwendungen hinweg die Grundlage zur Datenintegration zu schaffen. Data Dictionary Systeme enthalten wegen ihrer Nähe zu Datenbanksystemen i. d. R. nur die implementierungsbezogene Beschreibung von Daten. Die Metadaten eines Data Dictionaries sind innerhalb der in dieser Arbeit eingeführten Modellarchitektur für Anwendungssysteme der dv-technischen Datenbankkomponente zuzuordnen.

CASE-Repositories sind die konsequente Weiterentwicklung des Data Dictionary Konzeptes. Ihre Informationen über Anwendungssysteme sind nicht nur auf die Datenbankkomponente beschränkt, sondern umfassen alle Spezifikations- und Entwurfsinformationen. Sie dienen somit der Integration von Softwarewerkzeugen im Entwicklungsprozeß.[712] CASE-Repositories sind auf eine bestimmte Entwicklungsumgebung abgestimmt und verwalten i. d. R. die Metadaten einzelner Entwicklungsprojekte.

McCLURE fordert von einem Repository darüber hinaus die Integration aller Softwaresystem-Aktivitäten.[713] Dazu zählen die Integration der Metadaten verschiedener Entwicklungsprojekte sowie die Verwaltung von Informationen über das Projektmanagement und über die Konfigurationen und Betriebsumgebungen von Anwendungssystemen.

Weitergehend ist die Forderung nach einem Unternehmens-Repository[714], das alle Unternehmensinformationen verwaltet und sich nicht auf die Beschreibung von Softwaresystemen beschränkt. Dazu zählen Informationen über die Organisationsstruktur und Geschäftsregeln unabhängig von ihrer DV-Unterstützung. Das Unternehmens-Repository dient als umfassendes Nachschlagewerk über ein Unternehmen.

Abbildung 79 stellt dar, wie die Metadaten der verschiedenen Formen von Repositories aufeinander aufbauen. Die für die instrumentelle Unterstützung des Vorgehensmodells benötigte Entwicklungsdatenbank ist den CASE-Repositories zuzuordnen, weil die im dritten Kapitel entworfenen Metamodelle der Beschreibung von Spezifikations- und Entwurfsinformationen eines konkreten Anwendungssystems dienen.

---

[711] Siehe hierzu u. a. Leong-Hong/Plagman, 1982.

[712] Vgl. McClure, 1993, S. 165 f.

[713] Vgl. McClure, 1993, S. 166.

[714] Auch als „Full Enterprise Repository" bezeichnet (McClure, 1993, S. 166).

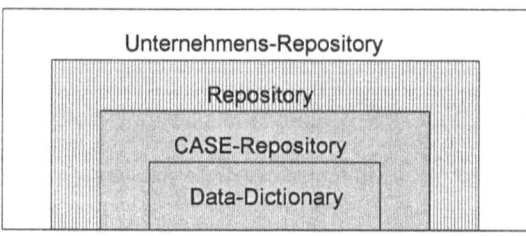

Abbildung 79: Abgrenzung verschiedener Repository-Inhalte

Auch wenn innerhalb dieser Arbeit Metamodelle zur Verwaltung von entwicklungs-begleitenden Informationen wie z. B. des Projektmanagements und der Einsatzum-gebung von der Modellierung ausgenommen wurden, ist es zweckmäßig, diese Informationen in einem Repository zusammen mit den Metadaten über das Anwen-dungssystem zu verwalten.

5.2.3.2 Integration von Metamodellen

Sollen Repositories die Integration verschiedener Werkzeuge unterstützen, so müssen die von den Werkzeugen verwendeten Metamodelle offengelegt und vereinheitlicht werden.[715] Eine Integration von Werkzeugen ist nur möglich, wenn diese ihre Meta-daten gegenseitig nutzen und nicht nur „nebeneinander" im Repository ablegen.

Der Entwurf eines Metamodells ist zentraler Bestandteil des Entwurfes eines Werk-zeugs. Unterschiedliche Methoden und Details der Werkzeuge sind wichtige Kriterien bei der Auswahl eines Werkzeugs. Vor diesem Hintergrund ist es nicht überraschend, daß die bisher vorgeschlagenen Standard-Metamodelle von den Herstellern kaum akzeptiert wurden, sondern individuelle Metamodelle eingesetzt werden.[716] Wün-schenswert wäre es, zumindest für Kernbereiche der Modellierung wie z. B. der fachlichen und dv-technischen Datenmodellierung, standardisierte Metamodelle einzu-führen. Da sich zwischen den Herstellern in den Standardisierungsgremien keine Eini-gung abzeichnet, ist zu erwarten, daß sich aufgrund von Marktanteilen Metamodelle einzelner Repository-Hersteller als Quasi-Standards etablieren werden.[717] Je mehr Werkzeuge die gleichen Metamodelle verwenden, um so größer ist ihr Vorteil gegen-über proprietären Lösungen.

---

[715] Vgl. Kelter, 1993, S. 283.

[716] Vgl. Kelter, 1993, S. 283.

[717] Hier zeigt sich auch eine zunehmende Bereitschaft der Hersteller von Repositories, ihre Metamo-delle offenzulegen.

5.2.4 Funktionale Anforderung an ein Repository

Die Anforderungen an ein Repository als Datenbanksystem für die Metadaten der Softwareentwicklung unterscheiden sich stark von denen an Datenbanken im betrieblichen Anwendungsbereich.[718] Zum einen ist dies durch erweiterte funktionale Anforderungen an das Repository begründet. Als Beispiele sind hier das Versions-, Konfigurationsmanagement und lange Transaktionen zu nennen. Zum anderen unterscheiden sich die zu speichernden Metadaten von den Anwendungsdaten durch zum Teil sehr komplexe Strukturen. Im folgenden werden die zentralen Anforderungen an ein Repository zusammengefaßt.

Unterstützung komplexer Objekte

Die Modellierung zusammengesetzter Objekte wird zu den zentralen Eigenschaften eines Repository gezählt.[719] Neben der Definition und Verwaltung gehören dazu auch Funktionen zur Bearbeitung komplexer Objekte, die von der Binnenstruktur abstrahieren.[720] Zur effizienten Verwaltung von Objekten mit unterschiedlicher Granularität sind auch unterschiedliche Speicher- und Speicherzugriffsmechanismen notwendig. Die Repository-Schnittstelle abstrahiert von diesen Unterschieden in der physischen Speicherung, so daß sie für ein Werkzeug nicht sichtbar sind.[721]

Gewährleistung der referentiellen Integrität

Unter referentieller Integrität wird in diesem Zusammenhang die Forderung verstanden, daß ein in den Metadaten referenziertes Objekt immer im Repository vorhanden sein muß.[722] Zur Einhaltung der referentiellen Integrität werden Mechanismen benötigt, die das Verhalten beim Ändern und Löschen von referenzierten Objekten festlegen.[723]

Unterstützung von Varianten und Versionen von komplexen Objekten

Die Modifikation und Weiterentwicklung der Modelle eines Anwendungssystems sind zentrale Merkmale des hier entwickelten Vorgehensmodells. Hieraus ergibt sich die

---

[718] Die Eignung des relationalen Modells für den betrieblichen Anwendungsbereich wurde bereits in Kapitel 3.3.1.1.1 dargestellt.

[719] Vgl. Abbenhardt, 1990, S. 50.

[720] Wie z. B. eine Kopierfunktion, die ein komplexes Objekt mit seiner gesamten inneren Struktur kopiert.

[721] Vgl. Abbenhardt, 1990, S. 50.

[722] Damit ist die referentielle Integrität nicht auf das relationale Datenmodell beschränkt, sondern kann als Forderung unabhängig von der Implementierung des Repository aufgenommen werden.

[723] In Analogie zu den in Kapitel 3.3.1.3.3 dargestellten referentiellen Aktionen im relationalen Modell.

Notwendigkeit, daß das Repository Versions- und Variantenmanagement in unterschiedlicher Granularität unterstützt.[724]

Lange Transaktionen

In Abhängigkeit von der Granularität der Designobjekte ergeben sich zum Teil lange Transaktionszeiten. Dieser Tatsache muß das Repository durch ein entsprechendes Transaktionskonzept Rechnung tragen. Der Bearbeiter eines Designobjekts sollte während der Erstellung oder Bearbeitung exklusive Zugriffsrechte auf die betroffenen Objekte besitzen. Erst nach abgeschlossener Transaktion dürfen die Ergebnisse der Änderungen anderen Entwicklern zur Verfügung stehen.[725] Mechanismen kommerzieller Datenbanksysteme, wie z. B. das Zurücksetzen von Transaktionen bei Deadlocks oder Systemfehlern und das Warten auf gesperrte Objekte, sind für lange Transaktionen nicht adäquat.[726] Zur Realisierung dieser Anforderung bieten sich Mechanismen zum Aus- und Einchecken komplexer Objekte an.

Zugriffskontrolle auf Designobjekte

In Analogie zu konventionellen Datenbanksystemen muß es möglich sein, den Entwicklern in Abhängigkeit von ihrer Aufgabe unterschiedliche Zugriffsrechte auf die Metadaten zu vergeben. Damit kann gewährleistet werden, daß jeder Entwickler nur die ihm obliegenden Designobjekte verändert.

Änderungsverwaltung und Audit-Informationen

Eine automatische Protokollierung soll garantieren, daß Zeitpunkt, Person und ggf. auch Gründe von Änderungen an Entwurfsobjekten festgehalten werden. Damit werden zum einen Änderungen in ihrer Historie transparent gemacht, zum anderen kann nachvollzogen werden, welcher Entwickler für Änderungen verantwortlich ist. Ferner ist bei einer lückenlosen Protokollierung auch die Rücknahme von Änderungen möglich. Die Protokollierung besitzt somit Informations-, Kontroll- und Schutzfunktionen.[727]

---

[724] Vgl. McClure, 1993, S. 179.

[725] Vgl. Abbenhardt, 1990, S. 51.

[726] Vgl. Batz/Krömker/Subel, 1991, S. 157.

[727] Vgl. McClure, 1993, S. 179 f.

Erstellen von Abfragen und Berichten

Es ist hilfreich, wenn das Repository unabhängig von den darauf basierenden Werkzeugen über eine Komponente zur Erzeugung von Abfragen und Standardberichten verfügt. Diese sollte interaktive Abfragen und das Erstellen benutzerdefinierter Berichte ermöglichen, um die Inhalte des Repository auch über die Werkzeuggrenzen hinweg transparent zu machen.[728]

Archivierung

Der Umfang der zu verwaltenden Metadaten und das Führen von Versionen und Varianten macht es notwendig, daß ein Repository die Auslagerung von Informationen auf Offline-Speichermedien unterstützt.[729] Mechanismen zur Ein- und Auslagerung müssen den Zugriff auf frühere Versionen ermöglichen, und Abfragesprachen müssen das Problem der Erreichbarkeit von Daten explizit berücksichtigen.[730]

Kommunikation zwischen Werkzeugen

Werden mehrere Werkzeuge parallel auf einer Fensteroberfläche eingesetzt, so müssen diese Prozesse miteinander kommunizieren. Zum einen müssen die von einem Werkzeug angezeigten Daten bei der Änderung durch ein anderes Werkzeug aktualisiert werden. Eine in PCTE realisierte Lösung ist, daß das Repository an die Prozesse, die von einer Änderung betroffen sind, automatisch eine Nachricht senden kann. Zum anderen ist es zweckmäßig, daß ein Werkzeug die Dienste eines anderen Werkzeugs benutzen kann, indem es bestimmte Funktionen des Werkzeugs aufruft.[731]

Tabelle 18 stellt dar, welche Repository-Standards die gestellten funktionalen Anforderungen abdecken.[732]

---

[728] Vgl. McClure, 1993, 180.

[729] Vgl. Batz/Krömker/Subel, 1991, S. 157.

[730] Vgl. Kelter, 1993, S. 283.

[731] Vgl. Kelter, 1993, S. 284.

[732] Unter Heranziehen folgender Quellen: Habermann/Leymann, 1993, McClure, 1993, Wakeman/Jowett, 1993, Tannenbaum, 1993, Thomas, 1989.

Anforderung⟍⟍⟍⟍ Standard	IRDS	ATIS	PCTE
Komplexe Objekte	○	●	○
Referentielle Integrität	●	●	●
Varianten und Versionen	●	●	●
Lange Transaktionen	○	◒	◒
Zugriffskontrolle	●	●	●
Änderungsverwaltung und Audit-Informationen	○	○	○
Erstellen von Abfragen und Berichten	●	○	○
Archivierung	○	○	○
Kommunikation zwischen Werkzeugen	○	●	●

Legende: ● ja ○ nein ◒ bedingt

Tabelle 18: Abdeckung der funktionalen Anforderungen durch Repository-Standards

Neben den genannten funktionalen Anforderungen an die Repository-Schnittstelle stellen interaktive Entwicklungswerkzeuge hohe Anforderungen an das Antwortzeitverhalten eines Repository. Um Änderungen an Designobjekten unmittelbar im Repository speichern zu können, ist ein unverzögerter Datenaustausch zwischen den Werkzeugen und dem Repository notwendig. Dieser ist in erster Linie von der gewählten Repository-Architektur abhängig.

5.2.5 Vorschlag einer repository-basierten Architektur

5.2.5.1 Hardware-Plattformen für ein Repository

Unter technischen Gesichtspunkten stellt sich die Frage, auf welchen Hardware-Plattformen ein Repository für eine Entwicklungsumgebung betrieben werden soll. Für die Softwarewerkzeuge einer integrierten Entwicklungsumgebung haben sich Workstation- und PC-basierte Systeme als geeignet erwiesen. Aufgrund der Anforderungen an eine graphikfähige Benutzerschnittstelle[733] der Werkzeuge besitzen diese gegenüber host-basierten Systemen erhebliche Produktivitätsvorteile.[734] Vor diesem Hintergrund bieten sich für den Einsatz eines Repository mehrere Hardware-Architekturen an.

In einem **host-basierten, zentralisierten Repository** werden die Metadaten zentral verwaltet und durch Ein- und Auslagerungsprozesse (Uploading/Downloading)

---

[733] Siehe hierzu u. a. Batz/Krömker/Subel, 1991, S. 153 ff.

[734] Vgl. McClure, 1993, S. 182.

zwischen dem Repository und dem lokalen Arbeitsplatz eines Werkzeugs ausgetauscht (vgl. Abbildung 80). Die gesamte Funktionalität des Repository[735] ist auf dem Host-Rechner realisiert. Ein Beispiel dieser Architektur war der Repository Manager/MVS von IBM.[736]

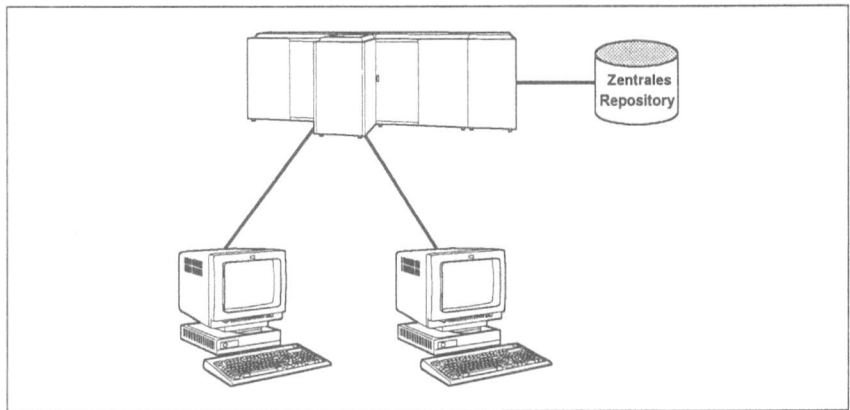

Abbildung 80: Host-basierte, zentralisierte Repository-Architektur

Ein Nachteil dieser Architektur ist beim parallelen Arbeiten mit mehreren Werkzeugen an einem lokalen Arbeitsplatz zu erkennen. Da die Kommunikation zwischen den Werkzeugen über die Daten des Repository erfolgt, werden Änderungen eines Werkzeugs für die anderen erst sichtbar, wenn die Daten an das Repository zurückübertragen (Uploading) werden. Dieser Übertragungsprozeß kann nur in größeren Abständen erfolgen, weil er aufgrund der notwendigen Integritätsprüfungen des Repository i. d. R. einige Zeit in Anspruch nimmt. Da eine Prototyping-Entwicklungsumgebung aber einen schnellen Austausch der Designinformationen zwischen den verschiedenen Werkzeugen erfordert, ist diese Repository-Architektur hier nicht geeignet.

Abhilfe leistet eine **zweistufige Architektur,** in der ein **zentralisertes Repository** um **lokale Repositories** an den Arbeitsplätzen ergänzt wird (vgl. Abbildung 81).

---

[735] Gemeint sind u. a. die Funktionen der Integritätssicherung, Wiederherstellung und Versionierung.

[736] Vgl. Sagawa, 1990, S. 209 ff. Die im folgenden genannten Nachteile dieser Architektur führten dazu, daß die Weiterentwicklung dieses host-basierten Repository von IBM im Jahr 1994 eingestellt wurde.

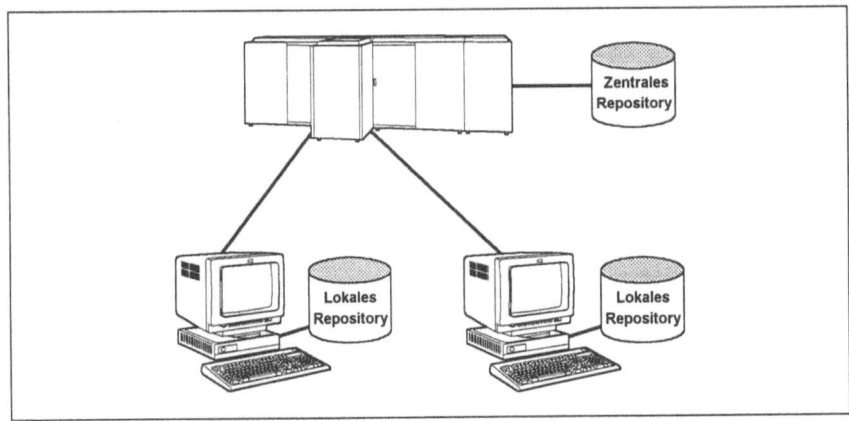

*Abbildung 81: Zweistufige Repository-Architektur mit zentralem und lokalen Repositories
(Quelle: Habermann/Leymann, 1993, S. 122)*

Die Informationsmodelle der lokalen und des zentralen Repository sind identisch. Die am lokalen Arbeitsplatz benötigten Metadaten werden vom zentralen Repository für die anderen Entwickler gesperrt und an das lokale Repository übertragen (check-out). Nach ihrer Bearbeitung werden die geänderten Metadaten geprüft und wieder in das zentrale Repository eingelagert (check-in).[737] Die lokalen Repositories werden deshalb auch als „Satellitenversionen" des zentralen Repository bezeichnet.[738] Beispiel für eine zweistufige Architektur, in der ein zentalisiertes host-basiertes Repository durch lokale Repositories unterstützt wird, ist MethodManager von MSP (Manager Software Products).[739]

In dieser Architektur ist die Interoperabilität zwischen den Werkzeugen eines Arbeitsplatzes gewährleistet, weil jeder Arbeitsplatz über die volle Funktionalität eines Repository verfügt. Zu Schwierigkeiten führt diese Architektur, wenn die Anwendungsentwicklung arbeitsteilig erfolgt und an mehreren Arbeitsplätzen gleichzeitig sich überlappende Teile der Metadaten benötigt werden. Da die Ein- und Auslagerungsprozesse zwischen zentralem und lokalem Repository nur in größeren Zeitabständen erfolgen, bedarf es zusätzlicher Kommunikationsmechnanismen, um z. B. bei der Anforderung einer Sperre die Freigabe der Daten von einem anderen lokalen Repository anzufordern.

---

[737] Im Unterschied zu den Upload/Download-Mechanismen eines zentralisierten Repository erfolgt hier der Datenaustausch nicht zwischen einem Repository und Werkzeugen, sondern zwischen zwei Repositories.

[738] Vgl. Tannenbaum, 1993, S. 44.

[739] Vgl. Habermann/Leymann, 1993, S. 110 ff. sowie Tannenbaum, 1993, S. 44 f.

Die Notwendigkeit, in einer Projektgruppe von verschiedenen Arbeitsplätzen parallel auf Metadaten zugreifen zu können, führt zu einem Abkommen von lokalen Repositories zugunsten eines von einer Projektgruppe gemeinsam nutzbaren Server-Repositories in einem lokalen Netzwerk (LAN). Für das im Mehrbenutzerbetrieb eingesetzte Repository entfallen somit die oben beschriebenen check-out/check-in Mechanismen.

Ein solches LAN-Repository kann ein zentrales Repository aber zumindest dann nicht ersetzen, wenn mehrere Entwicklungsprojekte parallel durchgeführt werden. Der Mehrbenutzerbetrieb einer großen Zahl von Entwicklern würde für das LAN-Repository überdimensionale Hardware-Ressourcen erfordern, um ausreichende Verarbeitungsgeschwindigkeit für die Entwicklungswerkzeuge der Arbeitsplätze zu garantieren. In diesem Fall bietet sich ein zentrales Repository als Unternehmens-Repository an, das die einzelnen Projekt-Repositories durch Ein- und Auslagerungsmechanismen mit den notwendigen Metadaten versorgt (vgl. Abbildung 82). Das zentrale Repository nimmt in dieser Architektur eine integrative Funktion ein, ohne direkt mit den Entwicklungswerkzeugen zu kommunizieren.

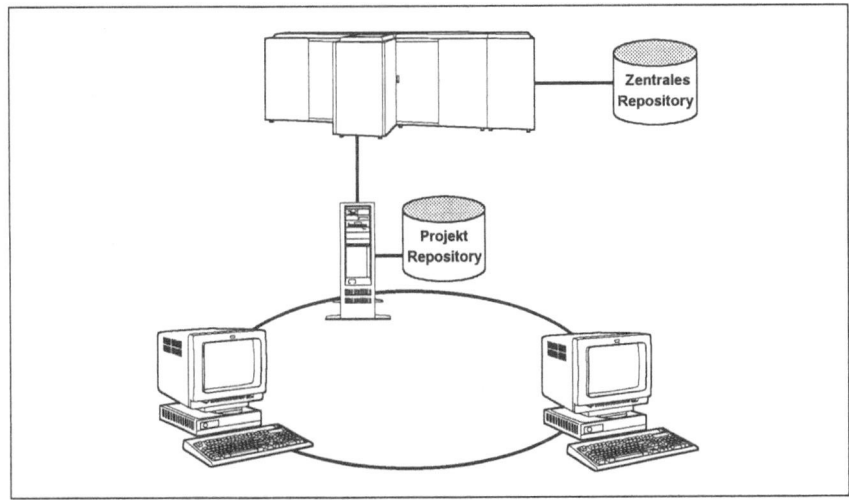

Abbildung 82: Server-Repository in einem lokalen Netzwerk mit zentralem Unternehmens-Repository

5.2.5.2 Einbettung des Repository in den Entwicklungsprozeß

In der oben dargestellten zweistufigen Architektur ergibt sich für den Einsatz eines Repository im Entwicklungsprozeß das folgende Bild (vgl. Abbildung 83).[740] Zu Projektbeginn werden die von der Anwendungsentwicklung betroffenen Teile der Informationsmodelle in das Projekt-Repository übertragen (1). Handelt es sich um die Revision eines bestehenden Systems, dann werden die vollständigen Metamodelle der aktuellen Version des Anwendungssystems in das Projekt-Repository übernommen. Bei einer Neuentwicklung können, sofern vorhanden, bestehende fachliche Modelle des Aufgabenbereichs übertragen werden.

Das Projekt-Repository dient während der Entwicklung des Anwendungssystems für die Entwicklungswerkzeuge dann als Metadatenbasis (2). Erst nach Abschluß der Entwicklung wird das Projekt-Repository wieder in das Unternehmens-Repository übertragen (4a)[741] und die Version des Anwendungssystems aus den Metadaten generiert (4b).

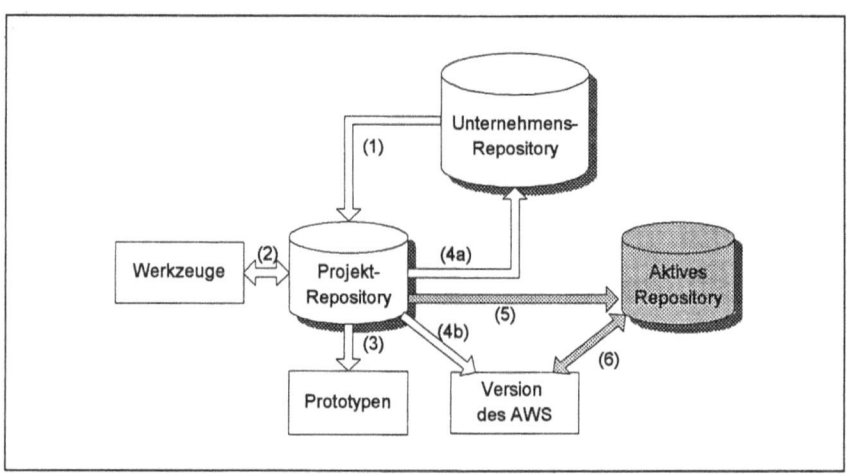

Abbildung 83: Repository-Architektur zur Anwendungsentwicklung

In Abbildung 83 ist grau die Option eines aktiven Repository dargestellt. Ein aktives Repository steht einem Anwendungssystem zur Laufzeit zur Verfügung, um es mit

---

[740] In Anlehnung an Habermann/Leymann, 1993, S. 21 f.

[741] Es ist zweckmäßig, auch innerhalb eines evolutionären Entwicklungszyklus Zwischenergebnisse in das Unternehmens-Repository zu übertragen, um diese für andere Entwicklungsprojekte sichtbar zu machen (z. B., um im voraus Benennungskonflikte zu vermeiden).

Informationen zu versorgen.[742] Dies bedeutet, daß die Informationen des Projekt-Repository nicht vollständig als Anwendungsprogramme generiert werden (4b), sondern weiterhin in einer Datenbank gehalten werden. Ein im Anwendungssystem integrierter Interpreter ist in der Lage, die Metadaten des aktiven Repository zu interpretieren und so die Anwendung auszuführen.[743] Mit der Versionierung werden Teile der aktuellen Daten des Projekt-Repository in das aktive Laufzeit-Repository übertragen (5), die Version des Anwendungssystems greift zur Laufzeit auf diese Daten zu (6).

Vorteil dieser Architektur ist, daß das Anwendungssystem jederzeit auf den aktuellen Stand des Repository zugreift und eine Änderung des Anwendungssystems durch Anpassungen der Metadaten und ohne erneute Programmgenerierung möglich ist.[744] Als Nachteile sind zu nennen, daß ein interpretatives System gegenüber einem generierten eine verringerte Verarbeitungsgeschwindigkeit besitzt und die Betriebsfähigkeit des Anwendungssystems von der Verfügbarkeit der Laufzeitkomponente abhängig ist.

Die Technik der interpretativen Ausführung des Anwendungssystems über die Metadaten eines aktiven Repository bildet auch die Grundlage für ein repository-basiertes Prototypingwerkzeug. Ein Prototyp wird durch Interpretation des Projekt-Repository ausgeführt (vgl. Abbildung 83, (3)). Der Prototyp stellt somit den jeweils aktuellen Stand des Repository dar. Hierauf wird bei der Betrachtung der Prototypingwerkzeuge in Kapitel 5.3.2.4 noch eingegangen.

Im Rahmen der Implementierung der Entwicklungsumgebung GRID wurde nur eine rudimentäre Realisierung einer Repository-Komponente durchgeführt. Eine Eigenimplementierung war notwendig, da zu Projektbeginn im Jahr 1989 kein adäquates Repository verfügbar war. Das Repository von GRID besteht aus einer abstrakten Schnittstelle zu einer relationalen Datenbank, die einen navigierenden Zugriff auf die Metadaten im Mehrbenutzerbetrieb erlaubt. Wichtigstes Merkmal dieser Schnittstelle ist die automatische Unterstützung der referentiellen Integrität. Die vorhandenen Entwicklungskapazitäten wurden im Projekt zugunsten der Implementierung von Entwicklungswerkzeugen eingesetzt.

---

[742] Vgl. Habermann/Leymann, 1993, S. 16.

[743] Beispiel für ein aktives Repository ist das Data Dictionary der Standardsoftware von SAP (vgl. Habermann/Leymann, 1993, S. 167 f.).

[744] Hier ist auch eine Stärke der oben erwähnten SAP-Standardsoftware zu sehen. Durch Änderung der Metadaten (wie z. B. die Änderung der Wertebereiche von Attributen) kann die Standardanwendung an individuelle Anforderungen angepaßt werden, ohne Programmänderungen vornehmen zu müssen.

5.3 Werkzeuge zur interaktiven Entwicklung durch Prototyping

Im folgenden werden die repository-basierten Entwicklungswerkzeuge beschrieben, die zur instrumentellen Unterstützung des hier vorgeschlagenen Vorgehensmodells benötigt werden. Der Schwerpunkt wird bei der Darstellung auf die Werkzeuge zur dv-technischen Modellierung und zur Realisierung von Prototypen und Zielsystem gelegt. Die Werkzeuge zur fachlichen Modellierung unterscheiden sich in ihrer Grundfunktionalität kaum von bekannten Analyse-Werkzeugen. Ihre Besonderheit besteht in den Modelltransformationen und Konsistenzbedingungen zur dv-technischen Ebene. Diese werden deshalb gesondert dargestellt.

5.3.1 Werkzeuge für die fachliche Modellierung

Zur Modellierung eines Anwendungssystems auf fachlicher Ebene ist es aus Gründen der Anschaulichkeit zweckmäßig, daß die fachlichen Daten-, Funktions- und Prozeß-modelle mit Hilfe von Werkzeugen graphisch entworfen und dargestellt werden.

Die Modellierungsaufgaben auf fachlicher Ebene lassen sich mit zwei Werkzeugen durchführen:

□ Ein **Entity-Relationship-Modellierer** zur Erstellung des fachlichen Datenmodells und

□ ein **Funktions-Modellierer** für das Funktions- und das Prozeßmodell.

Das Zusammenfassen der Funktions- und Prozeßsicht in einem Modellierungswerkzeug ist zweckmäßig, weil zwischen beiden starke wechselseitige Beziehungen bestehen.[745]

Die Modellierungswerkzeuge haben die Aufgabe, die Erstellung der fachlichen Beschreibungen eines Anwendungssystems auf Basis der im dritten Kapitel beschriebenen Metamodelle zu unterstützen. Neben den semantischen Informationen müssen die Werkzeuge auch die Daten für die graphische Darstellung der Modelle verwalten können. Hierzu zählen u. a. Informationen über Größe, Position und Beschriftung der einzelnen Darstellungselemente. Die Metamodelle auf fachlicher Ebene müssen deshalb um Elemente ergänzt werden, mit denen die graphische Repräsentation von Daten-, Funktions- und Prozeßmodellen beschrieben werden können. Für ein fachliches Modell sollten mehrere graphische Repräsentationen zulässig sein. Ein Modellierungswerkzeug muß folglich zwischen Operationen auf graphischen Darstel-

---

[745] In beiden Metamodellen ist die Elementarfunktion das zentrale Informationsobjekt. Das fachliche Prozeßmodell stellt die Reihenfolgebeziehungen zwischen den im Funktionsmodell beschriebenen Elementarfunktionen dar. Da statische und dynamische Funktionsbeschreibung in enger Wechselwirkung stehen, wäre es nicht hilfreich, beide mit verschiedenen Werkzeugen zu entwerfen.

lungsobjekten und Operationen auf fachlichen Informationsobjekten unterscheiden können.[746]

Neben der Entwurfsunterstützung müssen die Werkzeuge auch über eine Berichts- und Dokumentationskomponente verfügen, um aus den Daten der fachlichen Beschreibungen textuelle Entwurfsdokumentationen zu erzeugen.

Für die Entwicklungsumgebung GRID wurde ein graphischer E-R-Modellierer entwikkelt, der die oben gestellten Anforderungen erfüllt. Abbildung 84 stellt die Benutzeroberfläche des Werkzeugs dar.

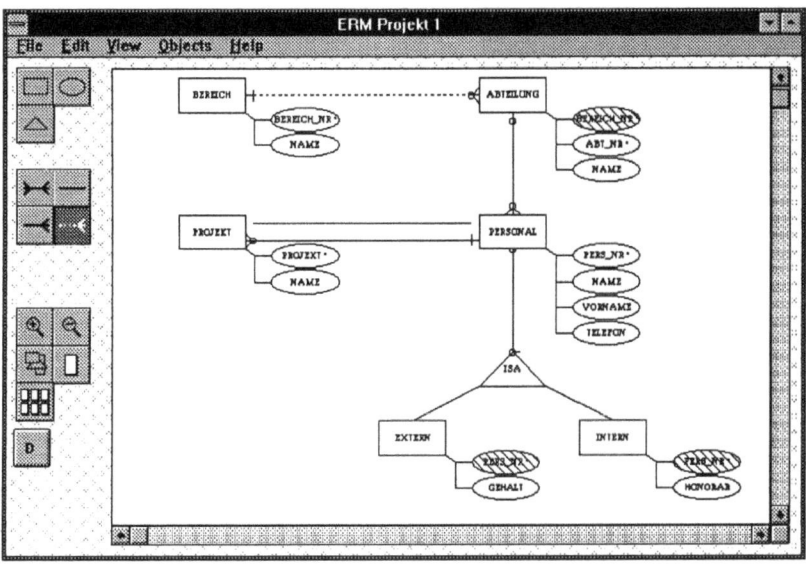

Abbildung 84: Datenmodellierung mit dem E-R-Modellierer von GRID

---

[746] Den Unterschied stellt folgendes Beispiel dar: Wird mit einem graphisch-interaktiven Werkzeug aus einem graphischen Modell ein Designobjekt, z. B. ein Objekttyp, zum Löschen ausgewählt, dann stellt sich die Frage, ob sich die Operation auf das graphische Objekt (der Objekttyp soll in der Darstellung nicht angezeigt werden) oder auf das Informationsobjekt bezieht (der gewählte Objekttyp wird aus dem fachlichen Modell entfernt).

5.3.2 Werkzeuge für die dv-technische Modellierung

5.3.2.1 Data Dictionary System

Das Data Dictionary System (DDS) dient zur Definiton der relationalen Schemata, die einem Anwendungssystem zugrunde liegen. Auch bei diesem Werkzeug ist es ähnlich wie beim ER-Modellierer zweckmäßig, die Tabellen und Fremdschlüsselbeziehungen graphisch darzustellen und direktmanipulativ zu bearbeiten.[747]

Neben den in Kapitel 3.3.1.2 dargestellten Metadaten sollte ein Data Dictionary System auch spezifische Informationen über konkrete Datenbanksysteme verwalten können. Die von einem konkreten Datenbanksystem unabhängigen Datendefinitionen des dv-technischen Modells können damit in den herstellerabhängigen Dialekt[748] einer SQL-Data Definition Language (DDL) transformiert werden.

Für das DDS von GRID wurde ein sprachorientierter Ansatz verwendet, um diese Transformationsregeln zu beschreiben. Die Sprache verwendet Befehlsschablonen (Templates), die für jeden DDL-Befehl die datenbankspezifische Befehlssyntax beinhalten. Zur Erzeugung von DDL liest ein Generator diese Schablonen und ersetzt die darin enthaltenen Schlüsselwörter durch entsprechend aufbereitete Metadaten des Data Dictionaries.

Abbildung 85 zeigt als Ergänzung zum Metamodell der Datenbankkomponente auf dv-technischer Ebene (vgl. Abbildung 41, S. 116) die Modellierung von datenbanksystem-spezifischen Informationen für das DDS. Das Informationsobjekt *DBMS* dient der Darstellung möglicher Datenbanksysteme, das Informationsobjekt *DDL-Befehl* nimmt die möglichen SQL DDL-Befehle auf. Für jedes Datenbanksystem kann zu jedem DDL-Befehl im Informationsobjekt *DBMS-Befehl* eine Befehlsschablone festgehalten werden.

Daneben ist häufig auch eine Abbildung der SQL-Datentypen auf herstellerspezifische System-Datentypen notwendig. Auch hier lassen sich für konkrete Datenbanksysteme feste Abbildungsregeln definieren. Einem SQL-Datentyp, in Abbildung 85 durch das Informationsobjekt *Basisdatentyp* dargestellt, muß für jedes DBMS eindeutig ein System-Datentyp zugeordnet werden. Um Benennungskonflikte bei Tabellen- und Spaltennamen zu vermeiden, ist es darüber hinaus zweckmäßig, wenn im DDS die durch den SQL-Standard bzw. durch ein konkretes Datenbanksystem reservierten

---

[747] Eine graphische Komponente wurde für das DDS von GRID bisher nicht realisiert.

[748] Auch wenn z. Zt. einige Datenbanksysteme bezüglich ihrer Funktionalität den SQL/92-Standard abdecken, besitzt keines eine vollständig dem Standard entsprechende DDL. Aus diesem Grund bleibt die herstellerspezifische Umsetzung der Datendefinitionen notwendig.

Schlüsselwörter verwaltet werden.[749] Bereits bei der Namensvergabe und auch bei der Generierung von DDL-Befehlen kann sichergestellt werden, daß in der Datendefinition keines dieser reservierten Schlüsselwörter als Bezeichner für ein Datenobjekt verwendet wird.

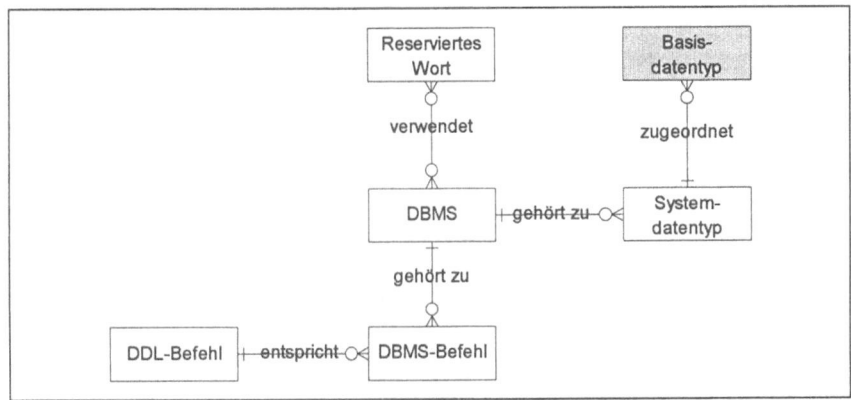

Abbildung 85: Metamodell zur Beschreibung DBMS-spezifischer Informationen für das Data Dictionary System

Das iterative Vorgehen bei der Entwicklung bedingt während des Prototypingprozesses häufige Schemaänderungen. Diese müssen in der Datenbankkomponente des Prototyps auch physisch nachvollzogen werden, damit beim Prototyping mit den aktuellen Datenstrukturen gearbeitet werden kann. Aus diesem Grund sind an das DDS und die Datenbankkomponente des Prototyps erhöhte Anforderungen zu stellen. Das DDS muß verwalten, welche Schemaänderungen noch nicht physisch in der Datenbankkomponente des Prototyps durchgeführt worden sind. Somit ist jederzeit die Kontrolle möglich, ob die logische Beschreibung des DDS der physischen Datenbankkomponente des Prototyps entspricht. Auf Seiten der Datenbankkomponente des Prototyps müssen Schemaänderungen einfach durchführbar sein. Bestehende Datenbanksysteme weisen hier z. Zt. erhebliche Defizite auf. Schemaänderungen sind häufig nur durch Entfernen und Neuanlegen von Tabellen durchführbar.[750] Bestehende Dateninhalte, die für das Arbeiten mit dem Prototyp benötigt werden, gehen in diesem Fall verloren. Unterstützt das Datenbanksystem keine Übernahme der bestehenden Daten bei Schemaänderun-

---

[749] SQL-Schlüsselwörter sind alle Terminale der SQL-Syntax wie z. B. CREATE, DROP, VIEW und TABLE.

[750] Erst der SQL/92-Standard kennt den ALTER-Befehl zur Durchführung von Schemaänderungen (vgl. Date/Darwin, 1993, S. 99-101).

gen, so werden zusätzliche Werkzeuge zur Datenmigration benötigt. Die Aufgabenstellung der Datenmigration bei der Entwicklung eines neuen Prototyps innerhalb eines Rapid Prototyping-Zyklus ist analog zu der beim Einsatz einer neuen Systemversion im Betrieb. Auch hier muß bei Schemaänderungen gewährleistet werden, daß die bestehenden Datenbestände der Produktionsdatenbank in die neuen Strukturen übernommen werden.[751]

5.3.2.2 Funktionseditor

Der Funktionseditor dient dem Entwurf der Verarbeitungsfunktionen. Mit dem Editor muß zum einen die Intermodulstruktur, zum anderen die Intramodulstruktur modelliert werden. Zur anschaulichen Darstellung der Intramodulstruktur verwendet der Funktionseditor die Symbole des Struktogramms von NASSI und SHNEIDERMAN (vgl. Abbildung 44, S. 131). Der Entwurf einer Verarbeitungsfunktion in Form eines Struktogramms bedarf besonderer Werkzeugunterstützung. Da die vollständige Ablauflogik einer Funktion i. d. R. nicht im voraus überschaubar ist, verändern sich die Größe und Proportionen der einzelnen Elemente des Struktogramms während des Entwurfs. Da dem Entwickler die ständige manuelle Anpassung der Diagramme nicht zuzumuten ist, wird das Layout des Struktogamms automatisch berechnet. Durch drag-and-drop Interaktionen können die Blockkonstrukte (vgl. Abbildung 86, am linken Rand angeordnet) an einer beliebigen Stelle im Struktogramm eingefügt und über die speziellen Eingabedialoge des entsprechenden Blockkonstrukts bearbeitet werden. Der Funktionseditor ermöglicht es so, die Verarbeitungsfunktionen direktmanipulativ zu erstellen, ohne das Struktogramm „zeichnen" zu müssen.

Damit auch komplexere Verarbeitungsfunktionen überschaubar mit dem Editor entworfen und bearbeitet werden können, ist es möglich, Teile des Struktogramms wahlweise ein- und auszublenden. Darüber hinaus helfen zusätzliche Editoren bei der Erstellung von Ausdrücken und Bedingungen sowie bei der Variablendefinition.

Zur Darstellung der Intermodulstruktur dienen Baumdiagramme, die die bearbeitete Verarbeitungsfunktion in ihrer Aufrufhierarchie darstellen. Über diese Baumdarstellung kann die gerade bearbeitete Funktion auch gewechselt werden.

Der Funktionseditor gestattet einen interaktiven, dialoggesteuerten Entwurf von Funktionen. Durch die speziellen Eingabedialoge der Blockkonstrukte wird garantiert, daß nur gültige Eingaben gemacht werden. So werden u. a. die Existenz von Variablen und Datenbankspalten und die Anzahl der Parameter eines Funktionsaufrufs direkt bei der Eingabe geprüft.

---

[751] Konzepte hierzu finden sich u. a. bei Oertly, 1991, S. 94 ff.

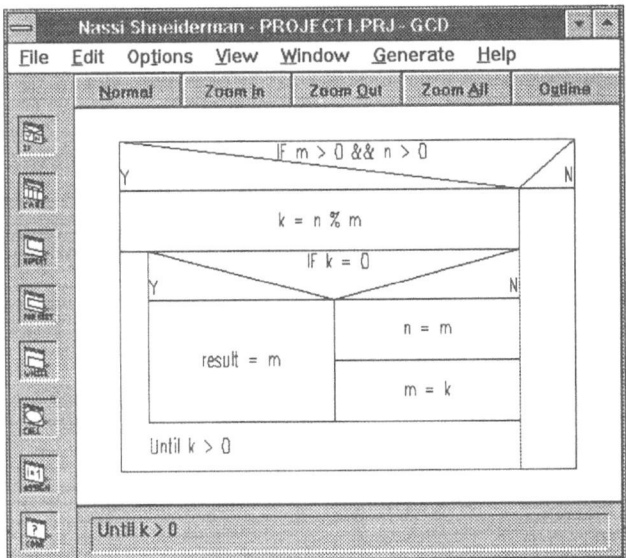

Abbildung 86: NASSI/SHNEIDERMAN-Funktionseditor von GRID

Die Akzeptanz des Funktionseditors als Programmierwerkzeug hängt wesentlich von seiner Produktivität gegenüber den herkömmlichen Programmeditoren ab. Hier bietet der Struktogramm-Editor durch seine integrierte Eingabeprüfung zwar Vorteile, erfahrene Programmierer können die dialogorientierte Entwurfstechnik aber auch als störend empfinden. Eine Alternative wäre ein „intelligenter" Editor, der textuelle Eingaben unmittelbar syntaktisch prüft und die Metadaten für die Beschreibungsmodelle aus den Eingaben ableitet. Beide Werkzeuge könnten auch parallel eingesetzt werden, wenn sie dieselben Metadaten verwenden.

5.3.2.3 Oberflächen-Entwurfswerkzeuge

Die Entwurfswerkzeuge für die Benutzerschnittstelle müssen zum einen die Gestaltung der Präsentationskomponente, d. h. der Dialogbausteine, zum anderen den Entwurf der Dialogabläufe unterstützen. Durch die interpretative Ausführung der Beschreibung der Benutzerschnittstelle wird die Steuerungslogik unmittelbar am Prototyp definiert. Auf ihren Entwurf wird deshalb im nächsten Kapitel bei der Beschreibung des Anwendungsanimators eingegangen.

Zum Entwurf der Elemente der Benutzerschnittstelle werden mehrere Werkzeuge benötigt. Zum einen sind dies einfachere Editoren zur Definition von Menüs und Werkzeugleisten der Anwendung bzw. von Anwendungsobjekten, zum anderen wird für jeden Dialogbaustein der Benutzerschnittstelle ein Entwurfswerkzeug benötigt. Diese sollten die graphisch interaktive Definition der Interaktionspunkte einer Anwendung ermöglichen.

Eine wichtige Anforderung an den Entwurf der Benutzerschnittstelle ist die Erweiterbarkeit des Prototypingwerkzeugs um neue Dialogbausteine.[752] Besteht während einer Entwicklung Bedarf an einem neuen Dialogbaustein, so wird dieser einmalig entworfen, implementiert und in die Entwicklungsumgebung integriert. Für alle folgenden Projekte steht der Baustein dann ohne weiteren Entwicklungsaufwand zur Verfügung.[753]

Für jeden Dialogbaustein, der im Prototyp und im Zielsystem verwendet werden soll, werden vier Komponenten benötigt.

□ Ein Metamodell, um die parametrisierbaren Elemente des Dialogbausteins zu beschreiben. Das Informationsmodell des Repository muß um diese Strukturen erweitert werden.

□ Ein graphischer Editor, mit dem konkrete Elemente dieses Bausteins entworfen werden können.

□ Ein Handler, d. h. ein über eine funktionale Schnittstelle aufrufbares Modul, das den Dialogbaustein auf Basis der zugehörigen Metadaten ausführen kann.

□ Ein Generator, der aus den Meta-Daten Quellcode für eine lauffähige Instanz eines Dialogbausteins erzeugt.

5.3.2.4 Anwendungsanimator

Der Anwendungsanimator[754] ist die zentrale Komponente der Entwicklungsumgebung GRID. Seine Aufgabe ist die interpretative Ausführung der dv-technischen Beschreibungen des Anwendungssystems. Der Anwendungsanimator verwendet das Projekt-Repository der Entwicklungsumgebung als aktives Repository, um einen Prototyp des Anwendungssystems auszuführen.[755] Durch die Interpretation der Metadaten werden Änderungen, die während der Ausführung des Prototyps mit den oben beschriebenen

---

[752] Vgl. Schneider-Hufschmidt, 1993, S. 64.

[753] Möglich ist neben der Eigenentwicklung auch der Kauf solcher Dialogbausteine. Unter dem Begriff „Component Ware" hat sich für das Betriebssystem Windows 3.1 ein Markt für Softwarebausteine (VBX-Controls) entwickelt, die als modulare Bausteine in Werkzeuge und Anwendung integriert werden können (vgl. Udell, 1994 und Malischewski, 1995).

[754] Der Begriff Animator wurde ursprünglich nur für Werkzeuge zur Simulation der dynamischen Komponente der Benutzerschnittstelle verwendet (vgl. Hallmann, 1990, S. 162 f.). Hier wird er auf die interpretative Ausführung aller Komponenten des Anwendungssystems bezogen.

[755] Siehe hierzu Kapitel 5.2.5.2.

Werkzeugen am dv-technischen Entwurf durchgeführt werden, unmittelbar am Prototyp wirksam.[756] Das Zusammenspiel von Animator und Werkzeugen ermöglicht eine interaktive Entwicklung des Anwendungssystems.

Die interpretative Ausführung der dv-technischen Beschreibungen während der Rapid Prototyping Phase stellt an den Anwendungsanimator gegenüber einer normalen Laufzeitkomponente eines aktiven Repository höhere Anforderungen, da die Designinformationen im Repository während des Prototyping noch unvollständig sein können. Der Anwendungsanimator muß erkennen können, wenn Designobjekte noch nicht vollständig definiert sind und deren Ausführung verweigern.

Daneben ist es für ein besseres Laufzeitverhalten des Prototyps zweckmäßig bzw. aufgrund technischer Restriktionen auch notwendig, daß Teile der dv-technischen Beschreibungen durch Generierungsschritte transformiert werden.[757] Wie bereits bei der Beschreibung des Data Dictionary Systems dargestellt wurde, müssen Strukturänderungen im Datenbankschema durch Datenmigration in der Datenbankkomponente des Prototyps erst nachvollzogen werden, damit sie bei der Ausführung des Prototyps verwendet werden können.

Die Animation der Benutzerschnittstelle ist zum Entwurf der Dialogsteuerung notwendig. Interaktionen, die Zustandsübergänge auslösen, müssen unmittelbar nach ihrer Definition auch ausführbar sein. Wird ein neuer Übergang in der Animation ausgelöst, erfolgt der Wechsel zum nachfolgenden, u. U. noch unspezifizierten Interaktionspunkt. Diesem kann ein standardisierter Dialogbaustein zugewiesen werden, der dann mit dem zugehörigen Oberflächen-Werkzeug bearbeitet werden kann.

Für Verarbeitungsfunktionen ist eine hybride Ausführung notwendig.[758] Verarbeitungsfunktionen, für die generierter und compilierter Programmcode vorliegt, sollten wegen des deutlich besseren Laufzeitverhaltens nicht interpretiert, sondern direkt ausgeführt werden. Auch Funktionen, die aus Bibliotheken wiederverwendet werden, sind einzubinden und dadurch vom Animator aufrufbar.

Verarbeitungsfunktionen, die nicht in ausführbarer Form vorliegen oder die seit der letzten Generierung geändert worden sind, müssen durch den Anwendungsanimator interpretiert werden. Von der zu animierenden Funktion werden die zugehörigen Blöcke ermittelt und ausgeführt. Beinhaltet die Funktion Aufrufe anderer Funktionen, die noch nicht spezifiziert sind, so sollte die Möglichkeit bestehen, die Animation zu

---

[756] Der Anwendungsanimator muß die geänderten Daten nur erneut aus dem Repository laden.

[757] Aufgrund der technischen Restriktionen bestehender Datenbanksysteme kommt die interpretative Ausführung der Datenbankkomponente nicht in Betracht.

[758] Dieses Verfahren verwendet u. a. auch das Prototyping-Werkzeug PRONTO (vgl. Glas/Zocholl, 1993, S. 292-294).

unterbrechen und die manuelle Eingabe der Rückgabewerte zu ermöglichen. Die Animation sollte analog zur Funktionalität eines Programmcode-Debuggers die Abfrage von Systemzuständen und Variablen, die schrittweise Ausführung von Blökken und das Setzen von Unterbrechungspunkten erlauben.

5.3.2.5 Anwendungsgenerator

Der Anwendungsgenerator hat die Aufgabe, aus den dv-technischen Beschreibungen der Verarbeitungsfunktionen und der Benutzerschnittstelle ausführbaren Programmcode zu erzeugen. Zwar könnten diese beiden Komponenten mit dem Anwendungsanimator interpretativ ausgeführt werden, so daß auch das Zielsystem ohne Generierung lauffähig wäre, dies würde aber wesentlich höhere Rechnerleistungen als die Ausführung von generiertem Programmcode beanspruchen. Weil die zur Entwicklung eingesetzte Hardware i. d. R. deutlich leistungsfähiger ist als die der späteren Einsatzumgebung, kommt die verminderte Verarbeitungsgeschwindigkeit der Animation in der Zielumgebung stärker zum Tragen. Aus diesem Grund ist ein generiertes Zielsystem dem interpretierten i. d. R. vorzuziehen. Unumgänglich ist die Generierung von Programmcode, wenn die Entwicklungs- und die Zielumgebung nicht identisch sind.

Ähnlich wie bei der Generierung von datenbanksystemspezifischen DDL-Befehlen im Data Dictionary System können für die Verarbeitungsfunktionen die modellierten Konstrukte mit Hilfe von Schablonen auf die Syntax verschiedener prozeduraler Programmiersprachen abgebildet werden. Zur Generierung der Benutzerschnittstelle können Spezifikationssprachen von User Interface Managementsystemen (UIMS) erzeugt werden. Unterscheiden sich diese Systeme von den beim Prototyping eingesetzten, müssen die verwendeten Dialogbausteine für die Zielumgebung nachgebildet werden.

5.3.3 Werkzeuge zur Modelltransformation

Jedes der oben beschriebenen Werkzeuge zur Modellierung einer fachlichen oder dv-technischen Sicht muß in der Lage sein, die Integrität der jeweiligen Teilmodelle zu prüfen. Daneben werden für die Abbildungsregeln zwischen fachlicher und dv-technischer Ebene aber auch Werkzeuge benötigt, die die Konsistenz zwischen beiden Modellierungsebenen prüfen und Transformationen zwischen den Ebenen vornehmen.

In herkömmlichen Softwarewerkzeugen wird i. d. R. die Modelltransformation nur top-down unterstützt, d. h die dv-technischen Modelle werden aus den fachlichen Modellen abgeleitet. Das hier dargestellte Vorgehensmodell sieht eine große Flexibilität in der Reihenfolge der Modellentwicklung vor. Die dv-technischen Modelle können zur Umgestaltung des Prototyps angepaßt werden, ohne daß die zugehörigen Änderungen vorher in die fachlichen Modelle eingebracht worden sind. Aus diesem Grund müssen die Transformationswerkzeuge auch in bottom-up Richtung Modelltransformationen bzw. Abgleiche erlauben. Die angewandten Transformationsregeln werden in den Beschreibungsmodellen festgehalten, so daß Entsprechungen zwischen Elementen verschiedener Modellebenen erkennbar bleiben.

Die Konsistenz zwischen fachlicher und dv-technischer Ebene kann gewährleistet werden, indem die Änderungsprotokollierung des Repository zur Hilfe genommen wird. Ausgehend von einem konsistenten Zustand können die Modifikationen durch Verfolgen der Änderungsprotokolle nachvollzogen und sukzessiv in den korrespondierenden Teilmodellen übernommen werden.

5.3.4 Prozeßbegleitende Werkzeuge

Neben der fachlichen und dv-technischen Modellierung sollten auch die prozeßbegleitenden Aktivitäten durch Softwarewerkzeuge unterstützt werden. Die von den Entwicklungswerkzeugen abgelegten Metadaten können von diesen Werkzeugen verwendet werden. Eine mögliche instrumentelle Unterstützung des Projektmanagements und der Dokumentation soll hier kurz skizziert werden.

Projektmanagement

Ein Projektmanagementsystem unterstützt die Planungs- und Kontrollaufgaben der strategischen, taktischen und operativen Ebene. Die Daten des Projektmanagements werden im Repository gespeichert, um allen Projektteilnehmern den Zugriff auf die Planungsdaten zu ermöglichen. Durch Verwaltung der Daten vergangener Projekte kann auf strategischer Ebene die Kosten- und Terminplanung durch Hinzuziehen von Erfahrungsdaten unterstützt werden. Auf operativer Ebene kann das Projektmanagementsystem zusätzlich Kommunikations- und Steuerungsaufgaben übernehmen. So können z. B. Zwischenergebnisse nach dem Abschluß von Arbeitseinheiten automatisch an betroffene Projektteilnehmer übermittelt werden.

Einen Vorschlag für ein Projektmanagementsystem zur Unterstützung evolutionärer Entwicklungsprojekte machen KURBEL/DORNHOFF.[759] Ein System sollte auf den einzelnen Planungsebenen folgende Aufgaben abdecken:[760]

◻ Strategische Ebene

Modellierung des einzusetzenden Vorgehensmodells (ggf. Auswahl aus einer vorhandenen Projektdatenbank[761])
Aufwandsschätzungen auf Basis von Vergangenheitsdaten

---

[759] Vgl. Kurbel/Dornhoff, 1993, S. 120 ff.

[760] In Anlehnung an Kurbel/Dornhoff, 1993, S. 113 ff.

□ Taktische Ebene

Modellierung von Aufgaben und deren Beziehungen
Terminierung der Aufgaben
Ressourcenplanung
Einsatzplanung der Projektteilnehmer
Fortschrittskontrolle, Kostenkontrolle

□ Operative Ebene

Aktivitätenplanung und -abstimmung
Kalenderfunktionen
Kommunikationsfunktionen durch Nachrichtenaustausch (Mail)

Dokumentation

Dokumentationswerkzeuge können die notwendigen Informationen zur Erstellung von Entwurfs- und Benutzerdokumentationen aus dem Repository entnehmen. Für die Entwurfsdokumentation sind die generierten Berichte der Werkzeuge i. d. R. ausreichend. Der Entwickler sollte während seiner Arbeit durch Online-Informationssysteme unterstützt werden. Wenn diese unmittelbar auf das Repository zugreifen, geben sie im Gegensatz zu gedruckter Dokumentation immer den aktuellen Entwicklungsstand wieder. Neben der Dokumentation des Systems selbst sind auch Entwurfsentscheidungen in der Dokumentation festzuhalten und ggf. zu begründen.[762]

An die Gestaltung einer Benutzerdokumentation in Form eines Handbuchs und einer Online-Hilfe werden häufig höhere Anforderungen gestellt. Bei den Hilfesystemen zählen hypertextbasierte Systeme zum Standard. Um Systemänderungen auch in Benutzerdokumentationen und Hilfesystemen nachzuvollziehen, müssen die Elemente der Dokumentation ebenfalls in Metamodellen dargestellt werden. So können die Referenzen zu den Designobjekten verwaltet und überwacht werden.[763] Änderungen führen dann entweder zu einer erneuten Generierung des betroffenen Abschnitts oder Kapitels der Dokumentation oder signalisieren zumindest die notwendige Überarbeitung.

Für die Entwicklungsumgebung GRID wurde hierzu ein repository-basiertes Hypertext-Hilfesystem entwickelt. Die Elemente der Dokumentation sind im Metamodell mit den Designobjekten verknüpft, so daß sich Abhängigkeiten und Änderungen zwischen Entwurf und Dokumentation kontrollieren lassen.

---

[761] Diese enthält Referenzstrukturen (Phasen, Aufgaben, Aktivitäten) für mögliche Vorgehensmodelle.

[762] Vgl. Kieback et al., 1991, S. 47.

[763] Vgl. Eicker, 1994, S. 117 f.

6 Zusammenfassung und Ausblick

Die vorliegende Arbeit zeigt eine mögliche methodische und instrumentelle Unterstützung bei der Entwicklung betrieblicher Anwendungssysteme auf, um die Forderungen nach schnellerer und anwendungsgerechter Entwicklung der Systeme zu erfüllen. Das entwickelte Vorgehensmodell des modellbasierten Prototyping verbindet dazu die Konzepte der iterativen Entwicklung durch Prototyping mit denen der Anwendungsmodellierung.

Ergebnis ist eine Modellarchitektur, mit der interaktive, datenbankbasierte Anwendungssysteme sowohl auf fachlicher als auch auf dv-technischer Ebene beschrieben werden können. Die einzelnen Teilmodelle der Architektur wurden integriert, so daß ein geschlossenes Konzept zur Beschreibung der Systeme vorliegt.

Beim Entwurf der Metamodelle wurde der Schwerpunkt auf die dv-technische Modellebene gelegt. Im Unterschied zu bestehenden Ansätzen der Anwendungsmodellierung wurden die Sichten der fachlichen Modellebene nicht auf die dv-technische Ebene projiziert, sondern davon abweichend die Sichten Datenbank, Verarbeitungsfunktionen und Benutzerschnittstelle gewählt. Diese wurden aus einem dv-technischen Architekturmodell für betriebliche Anwendungssysteme abgeleitet. Die dv-technischen Modelle wurden so detailliert entworfen, daß aus diesen ausführbare Prototypen abgeleitet werden können.

Das hier vorgeschlagene Vorgehensmodell des modellbasierten Prototyping stützt sich auf die entwickelten Metamodelle und integriert Rapid Prototyping in ein evolutionäres Entwicklungskonzept. Es läßt sich durch folgende Merkmale charakterisieren:

- Detaillierte Anforderungs- und Entwurfsentscheidungen werden sowohl auf Basis grober fachlicher Konzepte (Fachmodelle) als auch nach der Auswertung von Erfahrungen an Prototypen (dv-technische Modelle) getroffen.

- Die Entwicklung ist datenorientiert, d. h., die zentrale Entwicklungsbasis bildet ein Datenmodell, das vom Entwickler vor Beginn des Prototyping vergleichsweise detailliert entworfen wird.

- Das Zielsystem, das mit klaren Schnittstellen in die Achitekturkomponenten Daten, Funktionen und Oberflächen gegliedert ist, wird simultan mit der Validierung, Modifizierung und Verfeinerung der Fachmodelle und der dv-technischen Modelle erzeugt.

- Das Vorgehensmodell wird bei der praktischen Umsetzung durch eine geschlossene Entwicklungsumgebung unterstützt, deren zentrale Komponente ein Repository ist, in dem das Anwendungssystem mit den fachlichen und dv-technischen Modellen beschrieben wird. Die Entwicklungsdatenbank ist die zu jedem Zeitpunkt aktuelle Entwicklungsdokumentation.

□ Für das Vorgehensmodell wurden Methoden zur Planung und Kontrolle sowie Formen der Partizipation aufgezeigt.

Die entwickelten Metamodelle liefern darüber hinaus ein Basiskonzept zur Beschreibung von Anwendungssystemen. Sie können deshalb auch als Grundlage für die Beschreibung von generischen und partiellen Modellen eines Anwendungssystems im Sinne des CIMOSA-Referenzmodells dienen. Wird Standard-Anwendungssoftware durch partielle Modelle in den hier entwickelten Metamodellen dargestellt, kann die individuelle Anpassung dieser Systeme mit Hilfe des Vorgehensmodells durchgeführt werden.

In der vorliegenden Arbeit wurde die Modellierung und Gestaltung des organisatorischen Umsystems eines Anwendungssystems von den Untersuchungen ausgenommen. Partizipative Softwareentwicklung beinhaltet aber nicht nur die Gestaltung eines Softwaresystems, sondern umfaßt auch die Lösung von Fragen der Organisations- und Arbeitsgestaltung. Hier stellt sich die Frage, in welchem Maß Prototyping als Instrument der Organisationsentwicklung eingesetzt werden kann und welche Gestaltungsspielräume in einem partizipativen Entwicklungsprozeß zweckmäßig sind.

Diese und ähnliche Fragestellungen, die die betrachteten Inhalte in einen stärkeren betriebs- und arbeitswissenschaftlichen Kontext setzen, müssen weiteren, zweckmäßigerweise empirischen Arbeiten vorbehalten bleiben. Die vorliegende, im Kernbereich der Wirtschaftsinformatik angesiedelte Arbeit hat für entsprechende Untersuchungen eine umfassende Basis gelegt.

Literaturverzeichnis

Abbenhardt(1990)   Abbenhardt, H.: Datenbanken für Software-Entwicklungsumgebungen - Techniken im Vergleich, in: *IM Information Management*, Jg. 5 (1990), Heft 2, S. 48-53.

Albers(1992)   Albers, F.: Organisation der Informationsverarbeitung, in: Frese, E. (Hrsg.): Handwörterbuch der Organisation (HWO), 3. Aufl., Poeschel, Stuttgart, 1992, Sp. 981-994.

Albers(1994a)   Albers, S.: Datenlatein, Einführung in die Programmierung mit SQL/92, in: *c't Magazin für Computer und Technik*, 1994, Heft 10, S. 294-302.

Albers(1994b)   Albers, S.: Grammatikübung, Wichtige SQL/92-Befehle, in: *c't Magazin für Computer und Technik*, 1994, Heft 10, S. 304-306.

Albers/Petzold(1995)   Albers, S., Petzold, H.J.: Datenorientierte Modellierung und Entwicklung betrieblicher Anwendungssysteme unter Beteiligung der Benutzer, in: Dzida, W., Konradt, U. (Hrsg.): Psychologie des Software-Entwurfs, Verlag für Angewandte Psychologie, Göttingen, 1995, S. 25-44.

ANSI(1988)   o.V.: Information Resource Dictionary System (IRDS), ANSI X3.138, 1988.

ANSI-Embedded SQL(1989)   o.V.: Database Language Embedded SQL, ANSI X3.168, 1989.

ANSI-SQL86(1986)   o.V.: Database Language SQL, ANSI X3.135, 1986.

ANSI-SQL89(1989)   o.V.: Database Language - SQL with Integrity Enhancement, ANSI X3.135, 1989.

ANSI-SQL92(1992)   o.V.: Database Language SQL, ANSI X3.135, 1992.

ANSI/X3/SPARC(1975)   o.V.: ANSI/X3/SPARC Study Group on Data Base Management Systems, Interim Report, FDT (ACM SIGMOD bulletin), Vol. 7 (1975), No. 2.

Backer(1994)   Backer, R.: SQL3 - ein Standard soll mit den Dialekten aufräumen, in: *Computer Zeitung* 28, 14.7.1994, S. 12.

Balzert(1982)   Balzert, H.: Die Entwicklung von Software-Systemen, Prinzipien, Methoden, Sprachen, Werkzeuge, Bibliographisches Institut, Mannheim, 1982.

Balzert(1992)   Balzert, H.: Die Auswahl einer CASE-Umgebung, in: *Online*, 1992, Heft 12, S. 47-50.

Balzert(1993)   Balzert, H.: CASE - Grundlagen, in: Balzert, H. (Hrsg.): CASE, Auswahl, Einführung, Erfahrungen, Wissenschaftsverlag, Mannheim, 1993, S. 17-32.

Balzert(1995)   Balzert, H.: Generierung von Benutzungsoberflächen aus OOA-Modellen, in: *HMD*, Jg. 32 (1995), Heft 183, S. 86-100.

Barker(1989)   Barker, R.: CASE Method: Entity-Relationship Modelling, Addison-Wesley, Wokingham, 1989.

Barker(1990)   Barker, R.: CASE Method: Tasks and Deliverables, Addison-Wesley, Wokingham, 1990.

Bartsch-Spörl/Rohe(1993)   Bartsch-Spörl, B., Rohe, H.: Prototyping mit Standard-Anwendungs-Software, in: Züllighoven, H., Altmann, W., Doberkat, E.-E. (Hrsg.): Requirements Engineering'93: Prototyping, Teubner, Stuttgart, 1993, S. 67-78.

Batz/Krömker/Subel(1991)   Batz, T., Krömker, D., Subel, H.-P.: Rahmensysteme für offene Werkzeugsätze: Schnittstellen und Standards, in: *Informationstechnik it*, Jg. 33 (1991), Heft 3, S. 150-159.

Beck(1993a)   Beck, A.: Benutzerpartizipation aus Sicht von SW-Entwicklern und Benutzern, in: Rödiger, K.-H. (Hrsg.): Software Ergonomie'93, Teubner, Stuttgart, 1993, S. 263-274.

Beck(1993b)   Beck, A.: Analyse der Aufgabenmerkmale als Voraussetzung für erfolgreiches Prototyping, in: Züllighoven, H., Altmann, W., Doberkat, E.-E. (Hrsg.): Requirements Engineering'93: Prototyping, Teubner, Stuttgart, 1993, S. 79-92.

Beck/Janssen(1993)   Beck, A., Janssen, C.: Vorgehen und Methode für aufgaben- und benutzerangemessene Gestaltung von graphischen Benutzungsschnittstellen, in: Coy, W., Gorny, P., Kopp, I., Skarpelis, C. (Hrsg.): Menschengerechte Software als Wettbewerbsfaktor, Teubner, Stuttgart, 1993, S. 200-221.

Beck/Ziegler(1991)   Beck, A., Ziegler, J.: Methoden und Werkzeuge für die frühen Phasen der Software-Entwicklung, in: Ackermann, D., Ulich, E. (Hrsg.): Software-Ergonomie'91, Benutzerorientierte Software-Entwicklung, Teubner, Stuttgart, 1991, S. 76-85.

Berblinger(1988)   Berblinger, J.: Das Prototyping-Projekt-Modell (PPM), Dissertation, TH Darmstadt, 1988.

Bergann/Biskup/Küpper(1993)   Bergann, R., Biskup, H., Küpper, A.: Software-Sanierung mit Benutzerbeteiligung und Prototyping, in: Züllighoven, H., Altmann, W., Doberkat, E.-E. (Hrsg.): Requirements Engineering'93: Prototyping, Teubner, Stuttgart, 1993, S. 93-105.

Berry(1992)   Berry, R.E.: The designer's model of the CUA Workplace, in: *IBM Systems Journal*, Vol. 31 (1992), No. 3, S. 429-458.

Berry/Reeves(1992)   Berry, R.E., Reeves, C.J.: The evolution of the Common User Access Workplace Model, in: *IBM Systems Journal*, Vol. 31 (1992), No. 3, S. 414-428.

Bischofberger/Pomberger(1992)   Bischofberger, W., Pomberger, G.: Prototyping-Oriented Software Development - Concepts and Tools, Springer, Berlin, 1992.

Blaha(1992)   Blaha, M.: Models of models, in: *Journal of Object-Oriented Programming*, Vol. 5 (Sept 1992), No. 5, S. 13-18.

Boehm(1976)   Boehm, B.W.: Software Engineering, in: *IEEE Transactions on Computers*, Vol. C-25 (Dez. 1976), No. 12, S. 1226-1241.

Böhm(1994)   Böhm, P.: ODBMS an der Schwelle zum Markterfolg, in: *Computerwoche Focus 1*, Datenbanken in Bewegung, 29. April 1994, S. 14-15 u. 35.

Brodbeck(1993)   Brodbeck, F.C.: Warum es sinnvoll ist, Kommunikation und Kooperation in Software-Entwicklungsprojekten verstärkt zu kultivieren: Ergebnisse aus einer empirischen Untersuchung, in: Rödiger, K.-H. (Hrsg.): Software Ergonomie'93, Teubner, Stuttgart, 1993, S. 237-247.

Budde et al.(1984)   Budde, R., Kuhlenkamp, K., Mathiassen, L., Züllighoven, H. (Hrsg.): Approaches to Prototyping, Springer, Berlin, 1984.

Budde et al.(1992) Budde, R., Kautz, K., Kuhlenkamp, K., Züllighoven, H.: Prototyping: An Approach to Evolutionary System Development, Springer, Berlin, 1992.

Bühner(1989) Bühner, R.: Betriebswirtschaftliche Organisationslehre, 4. Aufl., Oldenbourg, München, 1989.

Bullinger/Fähnrich/Thines(1994) Bullinger, H.-J., Fähnrich, K.-P., Thines, M.: Zukünftige Benutzungsschnittstellen an Werkstattinformationssystemen, in: REFA-Nachrichten, 1994, Heft 6, S. 5-18.

Bullinger/Wagner(1994) Bullinger, H.-J., Wagner, J.: Objektorientierte Benutzungsschnittstellen, in: Objekt Spektrum, 1994, Heft 3, S. 8-10.

Carey/Mason(1983) Carey, T.T., Mason, R.E.A.: Information System Prototyping: Techniques, Tools and Methodologies, in: INFOR, Vol. 21 (1983), S. 177-191.

Cattell(1991) Cattell, R.G.G.: What are Next-Generation Database Systems?, in: Communications of the ACM, Vol. 34 (1991), No. 10, S. 31-33.

Chapel(1992) Chapel, H.: Rethink your business before redesigning your systems, in: Data Based Advisor, August 1992, S. 42.

Chen(1976) Chen, P.P.: The Entity-Relationship Model: Toward a Unified View of Data, in: ACM Transactions on Database Systems, Vol. 1 (1976), No. 1, S. 9-36.

Chen(1983) Chen, P.P.: A Preliminary Framework for Entity-Relationship Models, in: Chen, P.P. (Hrsg.): Entity-Relationship Approach to Information Modeling and Analysis, North Holland, Amsterdam, 1983, S. 19-28.

Chen/Knöll(1991) Chen, P.P., Knöll, H.-D.: Der Entity-Relationship-Ansatz zum logischen Systementwurf: Datenbank und Programmentwurf, BI-Wissenschaftsverlag, Mannheim, 1991.

Chroust(1992) Chroust, G.: Modelle der Software-Entwicklung, Oldenbourg, München, 1992.

Coad/Yourdon(1994) Coad, P., Yourdon, E.: Objektorientierte Analyse, Prentice Hall, München, 1994.

Codd(1970) Codd, E.F.: A relational model of data for large shared data bases, in: Communications of the ACM, Vol. 13 (1970), No. 6, S. 377-387.

Codd(1990) Codd, E.F.: The Relational Model for Database Management, Version 2, Addison-Wesley, Reading, 1990.

Computerwoche(1993) o.V.: Die Mehrzahl der Produkte ist relational und SQL-basiert, in: Computerwoche 40, 1. Oktober 1993, S. 82-85.

CUA(1987) o.V.: IBM Systems Application Architecture, Common User Access, Panel Design and User Action, 1st Edition, 1987.

CUA(1989a) o.V.: IBM Systems Application Architecture, Common User Access, Basic Interface Design Guide, 1st Edition, 1989.

CUA(1989a) o.V.: IBM Systems Application Architecture, Common User Access, Advanced Interface Design Guide, 1st Edition, 1989.

CUA(1992) o.V.: Object-Oriented Interface Design, IBM Common User Access Guidelines, 1st Edition, 1992.

Date(1990) Date, C.J.: An Introduction to Database Systems, Volume 1, Fifth Edition, Addison-Wesley, Reading, 1990.

Date/Darwen(1992)	Date, C.J., Darwen, H.: Relational Database Writings 1989-1991, Addison-Wesley, Reading, 1992.
Date/Darwen(1993)	Date, C.J., Darwen, H.: A Guide to the SQL Standard, Third Edition, Addison-Wesley, Reading, 1993.
Davis(1991)	Davis, D.B.: Software that Makes Your Work Flow, in: *Datamation*, Vol. 37 (1991), No. 4, S. 75-78.
Davis(1992)	Davis, A.M.: Operational Prototyping: A new development Approach, in: *IEEE Software*, Vol. 9 (Sept. 1992), No. 5, S. 70-78.
Denert(1991)	Denert, E.: Software-Engineering, Methodische Projektabwicklung, Springer, Berlin, 1991.
Denert/Hesse(1980)	Denert, E., Hesse, W.: Projektmodell und Projektbibliothek: Grundlagen zuverlässiger Softwarentwicklung und Dokumentation, in: *Informatik-Spektrum*, Jg. 3 (1980), S. 215-228.
Derigs/Grabenbauer(1993)	Derigs, U., Grabenbauer, L.: COLOWIN, Fallorientierte Einführung in die Systementwicklung, Oldenbourg, München, 1993.
Domschke/Drexl(1991)	Domschke, W., Drexl, A.: Einführung in Operations Research, 2. Aufl., Springer, Berlin, 1991.
Domschke/Scholl/Voß(1993)	Domschke, W., Scholl, A., Voß, S.: Produktionsplanung, Ablauforganisatorische Aspekte, Springer, Berlin, 1993.
DIN 33 400(1975)	DIN 33 400: Gestalten von Arbeitssystemen nach Arbeitswissenschaftlichen Erkenntnissen - Begriffe und allgemeine Leitsätze, Beuth, Berlin, 1975.
DIN 66 234(1988)	DIN 66 234 Teil 8: Bildschirmarbeitsplätze, Grundsätze ergonomischer Dialoggestaltung, Beuth, Berlin, 1988.
DIN 66 261(1985)	DIN 66 261: Informationsverarbeitung, Sinnbilder für Struktogramme nach Nassi-Shneiderman, Beuth, Berlin, 1985.
Doberkat/Fox(1989)	Doberkat, E.-E., Fox, D.: Software prototyping mit SEL: mit zahlreichen Aufgaben und Beispielen, Teubner, Stuttgart, 1989.
Dogac/Chen(1983)	Dogac, A., Chen, P.P.: Entity-Relationship Model in the ANSI/SPARC Framework, in: Chen P.P. (Hrsg.): Entity-Relationship Approach to Information Modeling and Analysis, North Holland, Amsterdam, 1983, S. 357-374.
Duden(1990)	o.V.: DUDEN, Fremdwörterbuch, 5. Aufl., Bibliographisches Institut, Mannheim, 1990.
Dzida(1983)	Dzida, W.: Das IFIP-Modell für Benutzerschnittstellen, in: *Office Management*, Jg. 31 (1983), S. 6-8.
Eicker(1991)	Eicker, S.: Basiskonzepte für das IV-Dictionary als Werkzeug zur Verwaltung der betrieblichen Metadaten, Dissertation, Universität Dortmund, 1991.
Eicker(1994)	Eicker, S.: Verknüpfung der Objekte eines CASE-Repository mit der zugehörigen textlichen Dokumentation, in: *HMD*, Jg. 31 (1994), Heft 175, S. 106-122.
Eisele(1995)	Eisele, R.: Embedded SQL: Ein Standard-Interface, in: *Datenbank Focus*, 1995, Heft 1, S. 20-29.

ESPRIT-AMICE(1993) ESPRIT Consortium AMICE (Hrsg.): CIMOSA: Open System Architecture for CIM, 2nd Edition, Springer, Berlin, 1993.

Fähnrich/Ilg/Görner(1993) Fähnrich, K.-P., Ilg, R., Görner, C.: Styleguides zur Systementwicklung, Reicht das aus?, in: *Office Management*, 1993, Heft 10, S. 89-90.

Fähnrich/Ilg/Görner(1994) Fähnrich, K.-P., Ilg, R., Görner, C.: Normung verhindert Wildwuchs, Neue EU-Richtlinie zur benutzergerechten Softwaregestaltung, in: *Computerwoche FOCUS* 3, 1.7.1994, S. 34-35.

Falkenberg/Wildgrube(1991) Falkenberg, E., Wildgrube, E.: Datenbankverwaltungssystem, in: Schneider, H.-J. (Hrsg.): Lexikon der Informatik und Datenverarbeitung, 3. Aufl., Oldenbourg, München, 1991, S. 180.

Färberböck/Gutzwiller/Heym(1991) Färberböck, H., Gutzwiller, T., Heym, M.: Ein Vergleich von Requirements Engineering Methoden auf Metabasis, in: Timm, M. (Hrsg.): Requirements Engineering'91, Springer, Berlin, 1991, S. 40-66.

Fehrle(1993) Fehrle, T.: Empirische Evaluation von Benutzerschnittstellen, in: Böcker, H.-D., Glatthaar, W., Strothotte, T. (Hrsg.): Mensch-Computer-Kommunikation, Benutzergerechte Systeme auf dem Weg in die Praxis, Springer, Berlin, 1993, S. 91-99.

Ferstl/Sinz(1991) Ferstl, O.K., Sinz, E.J.: Ein Vorgehensmodell zur Objektmodellierung betrieblicher Informationssysteme im Semantischen Objektmodell (SOM), in: *Wirtschaftsinformatik*, Jg. 33 (1991), Heft 6, S. 477-491.

Floyd(1981) Floyd, C.: A Process-Oriented Approach to Software Development, in: Systems Architecture, Proceedings of the 6th European ACM Regional Conference, Westbury House, 1981, S. 285-294.

Floyd(1984) Floyd, C.: A Systematic Look at Prototyping, in: Budde et al., 1984, S. 1-18.

Floyd(1986) Floyd, C.: STEPS - eine Orientierung der Softwaretechnik auf sozialverträgliche Technikgestaltung, in: Riedmann, E. et al. (Hrsg.): 10 Jahre Informatik und Gesellschaft - eine Herausforderung bleibt bestehen, Forschungsbericht Nr. 227, Universität Dortmund, 1986, S. 106-120.

Floyd(1994) Floyd, C.: Evolutionäre Systementwicklung und Wandel in Organisationen, in: *GMD-Spiegel*, 1994, Heft 3, S. 36-40.

Floyd/Keil(1984) Floyd, C., Keil, R.: Integrative Systementwicklung, Ein Ansatz zur Orientierung der Softwaretechnik auf die benutzergerechte Entwicklung rechnergestützter Systeme, TU Berlin, Fachbereich Informatik, BMFT Forschungsbericht DV 84-003, 1984.

Floyd/Reisin/Schmidt(1989) Floyd, C., Reisin, F.-M., Schmidt, G.: STEPS to Software Development with Users, in: Ghezzi, C., McDermid, J.A. (Hrsg.): ESEC '89, Springer, Berlin, 1989, S. 48-64.

Foidl/Hillebrand/Tavolato(1986) Foidl, H., Hillebrand, K., Tavolato, P.: Prototyping, die Methode, das Werkzeug, die Erfahrungen, in: *Angewandte Informatik*, 1986, Heft 3, S. 95-100.

Freeman/Wasserman(1984) Freeman, P., Wasserman, A.I.: Tutorial on Software Design Techniques, 4th Edition, IEEE Computer Society Press, Silver Spring, 1984.

Gabler(1984) o.V.: Gabler Wirtschaftslexikon, Gabler, Wiesbaden, 1984.

Gebhardt et al.(1992)	Gebhardt, R., Schnitzler, R., Roggenbuck, S., Ameling, W.: Modellorientierte Softwareentwicklung - Neue Wege vom Problem zum Programm erläutert am Beispiel eines Einkommensteuerprogramms, in: *Wirtschaftsinformatik*, Jg. 34 (1992), Heft 3, S. 307-326.
Gfaller(1992)	Gfaller, H.: SQL-Standards: Hersteller öffnen sich dem Wettbewerb, in: *Computerwoche* 11, 13. März 1992, S. 7-8.
Giesecke(1994)	Giesecke, M.: Einsatz von Standard- und Individualsoftware, in: *Office Management*, 1994, Heft 5, S. 52-54.
Glas/Zocholl(1993)	Glas, B., Zocholl, F.: PRONTO - ein durchgängiges Verfahren zur prototyping-orientierten Software-Entwicklung, in: Züllighoven, H., Altmann, W., Doberkat, E.-E. (Hrsg.): Requirements Engineering'93: Prototyping, Teubner, Stuttgart, 1993, S. 287-302.
Glinz(1993)	Glinz, M.: Hierarchische Verhaltensbeschreibung in objektorientierten Systemmodellen - eine Grundlage für modellbasiertes Prototyping, in: Züllighoven, H., Altmann, W., Doberkat, E.-E. (Hrsg.): Requirements Engineering'93: Prototyping, Teubner, Stuttgart, 1993, S. 175-192.
Gotthard(1988)	Gotthard, W.: Datenbanksysteme für Software-Produktionsumgebungen, Springer, Berlin, 1988.
Green(1985)	Green, M.: Report on Dialogue Specification Tools, in: Pfaff, G.E. (Hrsg.): User Interface Management Systems, Springer, Berlin, 1985, S. 9-20.
Greutmann(1992)	Greutmann, T.: HIDE and IDEA: Tools for User-Oriented Application Development, Dissertation Nr. 9642, ETH Zürich, 1992.
Greutmann(1993)	Greutmann, T.: Datenmodellierung und aufgabengerechte Dialoge: ein Synchronisationsproblem, in: Rödiger, K.-H. (Hrsg.): Software Ergonomie'93, Teubner, Stuttgart, 1993, S. 99-109.
Griese(1992)	Griese, J.: Informationsverarbeitung: Anwendungs-Software, in: Frese, E. (Hrsg.): Handwörterbuch der Organisation (HWO), 3. Aufl., Poeschel, Stuttgart, 1992, Sp. 967-977.
Grün(1992)	Grün, O.: Projektorganisation, in: Frese, E. (Hrsg.): Handwörterbuch der Organisation (HWO), 3. Aufl., Poeschel, Stuttgart, 1992, Sp. 2102-2116.
Gutzwiller(1994a)	Gutzwiller, T.A.: Das CC RIM-Referenzmodell für den Entwurf von betrieblichen, transaktionsorientierten Informationssystemen, Physica, Heidelberg, 1994.
Gutzwiller(1994b)	Gutzwiller, T.A.: Das St. Galler Referenzmodell für den IS-Entwurf, in: *HMD*, Jg. 31 (1994), Heft 180, S. 104-115.
Habermann/Leymann(1993)	Habermann, H.-J., Leymann, F.: Repository, Eine Einführung, Oldenbourg, München, 1993.
Hallmann(1985)	Hallmann, M.: Klassifizierung von Prototypingansätzen in der Softwareentwicklung, Universität Dortmund, Fachbereich Informatik, Forschungsbericht Nr. 209, 1985.
Hallmann(1990)	Hallmann, M.: Prototyping komplexer Softwaresysteme, Ansätze zum Prototyping und Vorschlag einer Vorgehensweise, Teubner, Stuttgart, 1990.
Hammer/Champy(1994)	Hammer, M., Champy, J.: Business Reengineering, Die Radikalkur für das Unternehmen, Campus, Frankfurt, 1994.

Hansen(1992)	Hansen, H.R.: Wirtschaftsinformatik I, Einführung in die betriebliche Datenverarbeitung, 6. Aufl., Fischer, Stuttgart, 1992.
Harel(1987)	Harel, D.: Statecharts: A visual formalism for complex systems, in: *Science of Computer Programming*, Vol. 8 (1987), S. 231-274.
Hatley/Pirbhai(1993)	Hatley, D.J., Pirbhai, I. A.: Strategien der Echtzeit-Programmierung, Hanser, München, 1993.
Haupt(1991)	Haupt, D.: Stapelbetrieb, in: Schneider, H.-J. (Hrsg.): Lexikon der Informatik und Datenverarbeitung, 3. Aufl., Oldenbourg, München, 1991, S. 762-763.
Heeg/Neuser(1988)	Heeg, F.-J., Neuser, R.: Nutzergerechte Ausgestaltung von Software durch Prototyping - Grundlagen, Vorgehensweise, Wirtschaftlichkeitsaspekte, VDI, Düsseldorf, 1988.
Heilmann(1994a)	Heilmann, H.: Workflow Management: Integration von Organisation und Informationsverarbeitung, in: *HMD*, Jg. 31 (1994), Heft 176, S. 8-21.
Heilmann(1994b)	Heilmann, H.: IV-Aufbauorganisation im Wandel, in: *HMD*, Jg. 31 (1994), Heft 179, S. 27-37.
Heilmann/Pleye(1993)	Heilmann, H., Pleye, D.: Änderungshäufigkeit von Daten und Funktionen, in: *HMD*, Jg. 30 (1993), Heft 174, S. 115-123.
Heinrich/Burgholzer(1988)	Heinrich, L.J., Burgholzer, P.: Informationsmanagement, 2. Aufl., Oldenbourg, München, 1988.
Hesse et al.(1984)	Hesse, W., Keutgen, H., Luft, A.L., Rombach, H.D.: Ein Begriffssystem für die Softwaretechnik, Vorschlag zur Terminologie, in: *Informatik-Spektrum*, Jg. 7 (1984), S. 200-213.
Hesse et al.(1994a)	Hesse, W., Barkow, G., Braun, H. v., Kittlaus, H.-B., Scheschonk, G.: Terminologie der Softwaretechnik, Ein Begriffssystem für die Analyse und Modellierung von Anwendungssystemen, Teil 1: Begriffssystematik und Grundbegriffe, in: *Informatik-Spektrum*, Jg. 17 (1994), S. 39-47.
Hesse et al.(1994b)	Hesse, W., Barkow, G., Braun, H. v., Kittlaus, H.-B., Scheschonk, G.: Terminologie der Softwaretechnik, Ein Begriffssystem für die Analyse und Modellierung von Anwendungssystemen, Teil 2: Tätigkeits- und ergebnisbezogene Elemente, in: *Informatik-Spektrum*, Jg. 17 (1994), S. 96-105.
Hesse/Weltz(1994)	Hesse, W., Weltz, F.: Projektmanagement für evolutionäre Software-Entwicklung, in: *IM Information Management*, Jg. 9 (1994), Heft 3, S. 20-32.
Heuer(1992)	Heuer, A.: Objektorientierte Datenbanksysteme, Konzepte, Modelle, Systeme, Addison-Wesley, Bonn, 1992.
Hoppe(1988)	Hoppe, H.U.: Werkzeuge für die Prototypenentwicklung von Benutzerschnittstellen, in: Balzert, H., Hoppe, H.U., Oppermann, R., Peschke, H., Rohr, G., Streitz, N.A. (Hrsg.): Einführung in die Software-Ergonomie, de Gruyter, Berlin, 1988, S. 277-297.
Horowitz(1984)	Horowitz, E.: Fundamentals of Programming Languages, 2. Aufl., Springer, Berlin, 1984.
Horváth/Lamla/Höfig(1994)	Horváth, P., Lamla, J., Höfig, M.: Rapid Prototyping - der schnelle Weg zum Produkt, in: *Harvard Business Manager*, Nr. 3, 1994, S. 42-53.

IBM(1991)   o.V.: IBM AD/Cycle Information Model, Reference, 1st Edition, IBM
                     Corporation, San Jose, June 1991.

IDAPI(1993)   o.V.: IDAPI contra ODBC, in: *Datenbank Fokus*, 1993, Heft 1, S. 10.

ISO-9075(1987)   o.V.: International Organisation for Standardisation: Database Language
                     SQL, Document ISO/IEC 9075:1987.

ISO-9075(1989)   o.V.: International Organisation for Standardisation: Database Language
                     SQL, Document ISO/IEC 9075:1989.

ISO-9075(1992)   o.V.: International Organisation for Standardisation: Database Language
                     SQL, Document ISO/IEC 9075:1992.

ISO 9241(1991)   o.V.: ISO 9241: Ergonomic requirements for office work with visual
                     display terminals (VDTs), draft, 1991.

ISO-ANSI(1994a)   o.V.: ISO-ANSI Working Draft SQL Part 2: Database Language
                     SQL/Foundation (SQL3), Digital Equipment Corporation, March 1994.

ISO-ANSI(1994b)   o.V.: ISO-ANSI Working Draft SQL Part 3: SQL Call Level Interface
                     (SQL/CLI), Digital Equipment Corporation, March 1994.

ISO-IRDS(1990)   o.V.: Information Technology - Information Resource Dictionary System
                     (IRDS) framework, ISO/IEC 10027, 1990.

Jablonski(1995)   Jablonski, S: Workflow-Management-Systeme: Motivation, Modellierung,
                     Architektur, in: *Informatik-Spektrum*, Jg. 18 (1995), S. 13-24.

Janssen(1993)   Janssen, C.: Dialognetze zur Beschreibung von Dialogabläufen in
                     graphisch-interaktiven Systemen, in: Rödiger, K.-H. (Hrsg.): Software
                     Ergonomie'93, Teubner, Stuttgart, 1993, S. 67-76.

Janssen/Weisbecker/Ziegler(1993)   Janssen, C., Weisbecker, A., Ziegler, J.: Generierung graphi-
                     scher Benutzerschnittstellen aus Datenmodellen und Dialognetz-Spezifi-
                     kationen, in: Züllighoven, H., Altmann, W., Doberkat, E.-E. (Hrsg.):
                     Requirements Engineering'93: Prototyping, Teubner, Stuttgart, 1993,
                     S. 335-347.

Jenz(1993)   Jenz, D.: Erweitertes SQL als Mittler zwischen R- und OO-Systemen, in:
                     Computerwoche 40, 1.Oktober 1993, S. 43-45.

Kargl(1989)   Kargl, H.: Fachentwurf für DV-Anwendungssysteme, Oldenbourg, Mün-
                     chen, 1989.

Kattler(1994)   Kattler, T.: Die Perspektive der Anwendungssoftware - ein Szenario, in:
                     Office Management, 1994, Heft 1-2, S. 20-23.

Kaufmann(1994)   Kaufmann, A.: Software-Reengineering, Analyse, Restrukturierung und
                     Reverse-Engineering von Anwendungssystemen, Oldenbourg, München,
                     1994.

Kelter(1991)   Kelter, U.: Das aktuelle Schlagwort: CASE, in: *Informatik-Spektrum*, Jg.
                     14 (1991), S. 215-217.

Kelter(1993)   Kelter, U.: Integrationsrahmen für Software-Entwicklungsumgebungen, in:
                     Informatik-Spektrum, Jg. 16 (1993), S. 281-285.

Kemper/Moerkotte(1993)   Kemper, A., Moerkotte, G.: Basiskonzepte objektorientierter Datenbank-
                     systeme, in: *Informatik-Spektrum*, Jg. 16 (1993), S. 69-80.

Keuffel(1992)   Keuffel, W.: Controlled Rapid Prototyping, in: *Data Based Advisor*,
                     March 1992, S. 152-157.

Keus(1982)   Keus, H.E.: Prototyping: a more reasonable approach to system develop-
                              ment, in: *ACM SIGSOFT Software Engineering Notes*, Vol. 7 (1982), No.
                              5, S. 94-95.

Kieback et al.(1991)   Kieback, A.,   Lichter, H.,   Schneider-Hufschmidt, M.,   Züllighoven, H.:
                              Prototyping in industriellen Software-Projekten, GMD-Studie Nr. 184,
                              GMD, Sankt Augustin, 1991.

Kieback et al.(1992)   Kieback, A.,   Lichter, H.,   Schneider-Hufschmidt, M.,   Züllighoven, H.:
                              Prototyping in industriellen Software-Projekten, in: *Informatik-Spektrum*,
                              Jg. 15 (1992), S. 65-77.

Kieras/Polson(1983)   Kieras, D., Polson, P.G.: A Generalized Transition Network Representa-
                              tion for Interactive Systems, Proceedings of the CHI, 1983, S. 103-106.

Kilberth/Gryczan/Züllighoven(1994)   Kilberth, K.,   Gryczan, G.,   Züllighoven, H.: Objektorientierte
                              Anwendungsentwicklung, Konzepte, Strategien, Erfahrungen, 2. Aufl.,
                              Vieweg, Braunschweig, 1994.

Kimm et al.(1979)   Kimm, R., Koch, W., Simonsmeier, W., Tonsch, F.: Einführung in Soft-
                              wareengineering, de Gruyter, Berlin, 1979.

Kirn(1995)   Kirn, S.: Organisatorische Flexibilität durch Workflow-Management-
                              Systeme?, in: *HMD*, Jg. 32 (1995), Heft 182, S. 100-112.

Klein(1990)   Klein, J.: Vom Informationsmodell zum integrierten Informationssystem,
                              in: *IM Information Management*, Jg. 5 (1990), Heft 2, S. 6-16.

Klein(1991)   Klein, J.: Darstellung der Poblematik heterogener betrieblicher Informa-
                              tionssysteme am Informationsmodell der Unternehmung, in: *IM Informa-
                              tion Management*, Jg. 6 (1991), Heft 4, S. 46-55.

Kock/Rehäuser/Krcmar(1995)   Kock, T., Rehäuser, J., Krcmar, H.: Ein Vergleich ausgewählter Work-
                              flow-Systeme, in: *IM Information Management*, Jg. 10 (1995), Heft 1,
                              S. 36-43.

Kosiol(1962)   Kosiol, E.: Organisation der Unternehmung, Gabler, Wiesbaden, 1962.

Kreibohm(1993)   Kreibohm, H.: Wandel der Benutzungsschnittstellen kommerzieller
                              Anwendungssysteme, in: Böcker, H.-D., Glatthaar, W., Strothotte, T.
                              (Hrsg.): Mensch-Computer-Kommunikation, Benutzergerechte Systeme
                              auf dem Weg in die Praxis, Springer, Berlin, 1993, S. 207-220.

Kreplin(1985)   Kreplin, K.-D.: Prototyping - Softwareentwicklung für und mit dem
                              Anwender, in: *HMD*, Jg. 22 (1985), Heft 126, S. 73-84.

Kühme(1991)   Kühme, T.: Werkzeuge zur Erstellung graphischer Bedienoberflächen, in:
                              HMD, Jg. 28 (1991), Heft 160, S. 75-85.

Kung(1990)   Kung, C.: Object subclass hierarchie in SQL: A simple approach, in:
                              Communications of the ACM, Vol. 33 (1990), No. 7, S. 117-125.

Kurbel(1985)   Kurbel, K.: Programmierstil in Pascal, Cobol, Fortran, Basic, PL/I,
                              Springer, Berlin, 1985.

Kurbel/Dornhoff(1993)   Kurbel, K., Dornhoff, P.: Mehr Flexibilität: Ein innovativer Ansatz für das
                              Softwareprojektmanagement, in: *HMD*, Jg. 30 (1993), Heft 170, S. 111-
                              127.

Kurbel/Pietsch(1989)   Kurbel, K., Pietsch, W.: Projektmanagementebenen bei evolutionärer Softwareentwicklung, in: Kurbel, K., Mertens, P., Scheer, A.W. (Hrsg.): Interaktive betriebswirtschaftliche Informations- und Steuerungssysteme, de Gruyter, Berlin, 1989, S. 261-285.

Lehner et al.(1991)   Lehner, F., Auer-Rizzi, W., Bauer, R., Breit, K., Lehner., J., Reber, G.: Organisationslehre für Wirtschaftsinformatiker, Hanser, München, 1991.

Leong-Hong/Plagman(1982) Leong-Hong, B.W., Plagman, B.K.: Data Dictionary/Directory Systems, Administration, Implementation and Usage, Wiley & Sons, New York, 1982.

Lientz/Swanson(1980)   Lientz, B.P., Swanson, E.B.: Software Maintenance Management, Addison-Wesley, Reading, 1980.

Lipeck(1989)   Lipeck, U.W.: Dynamische Integrität von Datenbanken, Grundlagen der Spezifikation und Überwachung, Springer, Berlin, 1989.

Lockemann(1991)   Lockemann, P.C.: Datenbanksystem, objektorientiertes, in: Schneider, H.-J. (Hrsg.): Lexikon der Informatik und Datenverarbeitung, 3. Aufl., Oldenbourg, München, 1991, S. 179-180.

Lockemann(1993)   Lockemann, P.C.: Weiterentwicklung relationaler Datenbanken für objektorientierte Anwendungen, in: *Informatik-Spektrum*, Jg. 16 (1993), S. 81-88.

Lockemann/Dittrich(1987)   Lockemann, P.C., Dittrich, K.R.: Architektur von Datenbanksystemen: in: Lockemann/Schmidt, 1987, S. 85-161.

Lockemann/Schmidt(1987)   Lockemann, P.C., Schmidt, J.W. (Hrsg.): Datenbank-Handbuch, Springer, Berlin, 1987.

Ludewig(1993)   Ludewig, J.: Sprachen für das Software-Engineering, in: *Informatik-Spektrum*, Jg. 16 (1993), S. 286-294.

Luft(1985)   Luft, A.L.: Der Modellierungsschritt bei der Spezifikation, Konstruktion und Verifikation großer Software-Systeme, in: Morgenbrod, H., Remmele, W. (Hrsg.): Entwurf großer Software-Systeme, Teubner, Stuttgart, 1985, S. 111-133.

Mainka(1991)   Mainka, O.: Normierung der Bedienoberfläche durch CUA innerhalb SAA, in: *HMD*, Jg. 28 (1991), Heft 160, S. 86-95.

Malischewski(1995)   Malischewski, C.: ComponentWare, in: *Wirtschaftsinformatik*, Jg. 37 (1995), Heft 1, S. 65-67.

Mark/Roussopoulos(1986)   Mark, L., Roussopoulos, N.: Metadata Management, in: *IEEE Computer*, Vol. 19 (Dez. 1986), No. 12, S. 26-36.

Markowitz/Shoshani(1992)   Markowitz, V.M., Shoshani, A.: Representing Extended Entity-Relationship Structures in Relational Databases: A Modular Approach, in: *ACM Transactions on Database Systems*, Vol. 17 (Sept 1992), No. 3, S. 423-464.

Martin(1991)   Martin, J.: Rapid Application Development, MacMillan, New York, 1991.

Martin/McClure(1983)   Martin, J., McClure, C.: Software Maintenance, The Problem and Its Solutions, Prentice-Hall, Englewood Cliffs, 1983.

Mauri(1991)   Mauri, G.A.: OSF/MOTIV und OPEN LOOK, Eine Bewertung der herstellerübergreifenden Standards für graphische Oberflächen, in: *HMD*, Jg. 28 (1991), Heft 160, S. 65-73.

Mayr/Bever/Lockemann(1984) Mayr, H.C., Bever, M., Lockemann, P.C.: Prototyping Interactive
Application Systems, in: Budde et al., 1984, S. 105-121.

McClure(1988) McClure, C.: The CASE for Structured Development, in: *PC Tech Journal*, August 1988, S. 51-67.

McClure(1992) McClure, C.: Kein CASE ohne gebündelte Unternehmensinformationen, in: *Computerwoche* 40, 2. Oktober 1992, S. 13-16.

McClure(1993) McClure, C.: Software-Automatisierung, Reengineering - Repository - Wiederverwendbarkeit, Hanser, München, 1993.

Melton/Simon(1993) Melton, J., Simon, A.R.: Understanding the new SQL: a complete guide, Morgan Kaufmann, San Mateo, 1993.

Mertens(1991) Mertens, P.: Integrierte Informationsverarbeitung 1, Administrations- und Dispositionssysteme in der Industrie, 8. Aufl., Gabler, Wiesbaden, 1991.

Mertins/Süssenguth/Jochem(1994) Mertins, K., Süssenguth, W., Jochem, R.: Modellierungsmethoden für rechnerintegrierte Produktionsprozesse, Hanser, München, 1994.

Meyer(1991) Meyer, B.: Stammdaten, in: Schneider, H.-J. (Hrsg.): Lexikon der Informatik und Datenverarbeitung, 3. Aufl., Oldenbourg, München, 1991, S. 760.

Microsoft(1992) o.V.: The Windows Interface, an Application Design Guide, Microsoft Press, Redmond, 1992.

Mistelbauer(1989) Mistelbauer, H.: Datenstrukturanalyse in der Systementwicklung, in: Müller-Ettrich, G. (Hrsg.): Effektives Datendesign, Praxis-Erfahrungen, Müller, Köln, 1989, S. 109-160.

Mistelbauer(1991) Mistelbauer, H.: Datenmodellverdichtung: Vom Projektdatenmodell zur Unternehmens-Datenarchitektur, in: *Wirschaftsinformatik*, Jg. 33 (1991), Heft 4, S. 289-299.

Mistelbauer(1993) Mistelbauer, H.: Vom Datenmodell zur Datenintegration, Datenmanagement im Industriebetrieb, in: Müller-Ettrich, G. (Hrsg.): Fachliche Modellierung von Informationssystemen, Methoden, Vorgehen, Werkzeuge, Addison-Wesley, Bonn, 1993, S. 129-213.

Müller-Holz auf der Heide/Hacker(1991) Müller-Holz auf der Heide, B., Hacker, S.: Prototyping in einem Designteam: Vorgehen und Erfahrungen bei einer benutzerorientierten Software-Entwicklung, in: Ackermann, D., Ulich, E. (Hrsg.): Software-Ergonomie'91, Benutzerorientierte Software-Entwicklung, Teubner, Stuttgart, 1991, S. 108-118.

Müller/Neuhold(1991) Müller, H., Neuhold, E.: Funktion, in: Schneider, H.-J. (Hrsg.): Lexikon der Informatik und Datenverarbeitung, 3. Aufl., Oldenbourg, München, 1991, S. 325.

Münzenberger(1989) Münzenberger, H.: Eine pragmatische Vorgehensweise zur Datenmodellierung, in: Müller-Ettrich, G. (Hrsg.): Effektives Datendesign, Praxis-Erfahrungen, Müller, Köln, 1989, S. 32-75.

Nassi/Shneiderman(1973) Nassi, I., Shneiderman, B.: Flowchart Techniques for Structured Programming; in: *ACM SIGPLAN*, Vol. 8 (1973), No. 8, S. 12-26.

Neuberg/Studer(1993)	Neuberg, S., Studer, R.: Einsatz von Hypermedia beim Wissenserwerb, in: Böcker, H.-D., Glatthaar, W., Strothotte, T. (Hrsg.): Mensch-Computer-Kommunikation, Benutzergerechte Systeme auf dem Weg in die Praxis, Springer, Berlin, 1993, S. 19-32.
Neumann(1992)	Neumann, K.: Kopplungsarten von Programmiersprachen und Datenbanksprachen, in: *Informatik-Spektrum*, Jg. 15 (1992), S. 185-194.
Nordsieck(1955)	Nordsieck, F.: Rationalisierung der Betriebsorganisation, 2. Aufl., Poeschel, Stuttgart, 1955.
Oberquelle(1987)	Oberquelle, H.: Sprachkonzepte für benutzergerechte Systeme, Springer, Berlin, 1987.
ODBC(1992)	o.V.: Microsoft ODBC Application Programmers Guide, Microsoft, Redmond, 1992.
ODBC(1993)	o.V.: Microsoft ODBC API Reference, Microsoft, Redmond, 1993.
Oertly(1991)	Oertly, W.F.: Evolutionäre Prototypenbildung für Datenbank-Anwendungs-Komplexe, Dissertation, ETH Zürich, 1991.
Olle et al.(1991)	Olle, T.W., Hagelstein, J., Macdonald, I.G., Rolland, C., Sol, H.G., Van Assche, F.J.M., Verrijn-Stuart, A.A: Information Systems Methodologies: a framework for understanding, 2. Aufl., Addison-Wesley, Wokingham, 1991.
OPEN LOOK(1990)	o.V.: Open-Look, Graphical User Interface Application Style Guidelines, Addison-Wesley, Reading, 1990.
Oren(1985)	Oren, O.: Integrity Constraints in the Conceptual Schema Language SYSDOC, in: Chen, P.P. (Hrsg.): Entity-Relationship-Approach, The Use of ER Concept in Knowledge Representation, North-Holland, Amsterdam, 1985, S. 288-294.
Ortlieb/Holz auf der Heide(1993)	Ortlieb, S., Holz auf der Heide, B.: Benutzer bei der Software-Entwicklung angemessen beteiligen - Erfahrungen und Ergebnisse mit verschiedenen Konzepten, in: Rödiger, K.-H. (Hrsg.): Software Ergonomie'93, Teubner, Stuttgart, 1993, S. 249-261.
Ortner(1991)	Ortner, E.: Unternehmensweite Datenmodellierung als Basis für integrierte Informationsverarbeitung in Wirtschaft und Verwaltung, in: *Wirtschaftsinformatik*, Jg. 33 (1991), Heft 4, S. 269-280.
Ortner/Söllner(1989)	Ortner, E., Söllner, B.: Konzept und Einsatz eines Data Dictionary bei Datev, in: *Informatik-Spektrum*, Jg. 12 (1989), S. 82-92.
Österle(1995)	Österle, H.: Business Engineering, Prozeß- und Systementwicklung, Band 1: Entwurfstechniken, Springer, Berlin, 1995.
Österle/Steinbock(1994a)	Österle, H., Steinbock, H.-J.: Das informationstechnische Potential, Stand und Perspektiven (Teil 1), in: *IM Information Management*, Jg. 9 (1994), Heft 2, S. 26-31.
OSF/Motif(1992)	o.V.: OSF/Motif Style Guide Revision 1.2, Open Software Foundation Inc., Cambridge, 1992.
Österle/Steinbock(1994b)	Österle, H., Steinbock, H.-J.: Das informationstechnische Potential, Stand und Perspektiven (Teil 2), in: *IM Information Management*, Jg. 9 (1994), Heft 3, S. 52-59.

Pagel/Six(1994)   Pagel, B.-U., Six, H.-W.: Software Engineering, Band 1: Die Phasen der Softwareentwicklung, Addison-Wesley, Bonn, 1994.

Parnas(1972)   Parnas, D.L.: On the Criteria to Be Used in Decomposing Systems into Modules, in: *Communications of the ACM*, Vol. 15 (1972), No. 12, S. 1053-1058.

Petzold(1970)   Petzold, H.J.: Systemanalyse als Instrument zur Einsatzvorbereitung für elektronische Datenverarbeitungsanlagen in Industriebetrieben, Dissertation, TH Darmstadt, 1970.

Petzold(1994)   Petzold, H.J.: Standardisierung als Instrument zur Gestaltung offener Informations- und Kommunikationssysteme großer Unternehmen, in: Schiemenz, B., Wurl, H.-J.: Internationales Management, Gabler, Wiesbaden, 1994, S. 161-178.

Petzold/Schmitt(1993)   Petzold, H.J., Schmitt, H.-J.: Verteilte Anwendungen auf der Basis von Client-Server-Architekturen, in: *HMD*, Jg. 30 (1993), Heft 170, S. 79-92.

Petzold/Schmitt/Weber(1990)   Petzold, H.J., Schmitt, H.-J., Weber, V.: General Repository for Interactive Development (GRID), Arbeitspapier des Fachgebiets für Informationssysteme und Datenverarbeitung (Messedokumentation CeBIT 90), TH Darmstadt, 1990.

Pfohl(1981)   Pfohl, H.-Chr.: Planung und Kontrolle, Kohlhammer, Stuttgart, 1981.

Picot(1993)   Picot, A.: Organisation, in: Bitz, M., Dellmann, K., Domsch, M., Egner, H. (Hrsg.): Vahlens Kompendium der Betriebswirtschaftslehre, Bd. 2, 3. Aufl., Vahlen, München, 1993, S. 101-174.

Picot/Meier(1992)   Picot, A., Maier, M.: Informationssysteme, computerunterstützte, in: Frese, E. (Hrsg.): Handwörterbuch der Organisation, 3. Aufl., Poeschel, Stuttgart, 1992, Sp. 923-936.

Picot/Rohrbach(1995)   Picot, A., Rohrbach, P.: Organisatorische Aspekte von Workflow-Management-Systemen, in: *IM Information Management*, Jg. 10 (1995), Heft 1, S. 28-35.

Pistor(1993)   Pistor, P.: Objektorientierung in SQL 3: Stand und Entwicklungstendenzen, in: *Informatik-Spektrum*, Jg. 16 (1993), S. 89-94.

Ploenzke(1989)   o.V.: Informationsstruktur-Analyse, Version 2.2, EDV Studio Ploenzke, Wiesbaden, 1989.

Pomberger(1990)   Pomberger, G: Methodik der Softwareentwicklung, in: Kurbel, K., Strunz, H. (Hrsg.): Handbuch der Wirtschaftsinformatik, Poeschel, Stuttgart, 1990, S. 215-236.

Pomberger/Blaschek(1993)   Pomberger, G., Blaschek, G.: Grundlagen des Software Engineering, Prototyping und objektorientierte Software-Entwicklung, Hanser, München, 1993.

Pomberger/Pree/Stritzinger(1992)   Pomberger, G., Pree, W., Stritzinger, A.: Methoden und Werkzeuge für das Prototyping und ihre Integration, in: *Informatik Forschung und Entwicklung*, 1992, Heft 7, S. 49-61.

Pomberger/Remmele(1987)   Pomberger, G., Remmele, W.: Prototyping-orientierte Software-Entwicklung, in: *IM Information Management*, Jg. 3 (1987), Heft 2, S. 28-35.

Raasch(1993)   Raasch, J.: Systementwicklung mit strukturierten Methoden, Ein Leitfaden für Praxis und Studium, 3.Aufl., Hanser, München, 1993.

Rauh/Stickel(1992)   Rauh, O., Stickel, E.: Beziehungsprobleme: Zur Quantifizierung von Beziehungsarten im ER-Modell, in: *Informationstechnik it*, Jg. 34 (1992), Heft 6, S. 345-351.

Rauterberg(1992)   Rauterberg, M.: Partizipative Modellbildung zur Optimierung der Softwareentwicklung, in: Studer, R. (Hrsg.): Informationssysteme und Künstliche Intelligenz: Modellierung, Springer, Berlin, 1992, S. 113-128.

Rauterberg et al.(1994)   Rauterberg, M., Spinas, P., Strohm, O., Ulich, E., Waeber, D.: Benutzerorientierte Software-Entwicklung, Konzepte, Methoden und Vorgehen zur Benutzerbeteiligung, Teubner, Stuttgart, 1994.

Reisig(1985)   Reisig, W.: Systementwurf mit Netzen, Springer, Berlin, 1985.

Reisin/Schmidt(1989)   Reisin, F.-M., Schmidt, G.: Steps - Ein Ansatz zur evolutionären Systementwicklung, in: Janser, K.-D., Schwitalla, U., Wicke, W. (Hrsg.): Beteiligungsorientierte Systementwicklung, Westdeutscher Verlag, Opladen, 1989, S. 94-105.

Reuter(1987)   Reuter, A.: Maßnahmen zur Wahrung von Sicherheits- und Integritätsbedingungen, in: Lockemann/Schmidt, 1987, S. 337-479.

Riekert(1993)   Riekert, W.-F.: Interaktion, Präsentation und Repräsentation, in: Böcker, H.-D., Glatthaar, W., Strothotte, T. (Hrsg.): Mensch-Computer-Kommunikation, Benutzergerechte Systeme auf dem Weg in die Praxis, Springer, Berlin, 1993, S. 7-18.

Rofrano(1992)   Rofrano, J.J.: Design considerations for distributed applications, in: *IBM Systems Journal*, Vol. 31 (1992), No. 3, S. 564-589.

Röhrich(1991)   Röhrich, J.: Stand und Entwicklung objektorientierter graphischer Benutzungsoberflächen, in: *HMD*, Jg. 28 (1991), Heft 160, S. 14-24.

Ross/Schoman(1977)   Ross, D.T., Schoman, K.E.: Structured Analysis for Requirements Definition, in: *IEEE Transactions on Software Engineering*, Vol. SE-3 (Jan. 1977), No. 1, S. 6-15.

Royce(1970)   Royce, W.W.: Managing the Development of Large Software Systems, in: *Proceedings IEEE WESCON*, August 1970, S. 1-9.

Rupietta(1992)   Rupietta, W.: Organisationsmodellierung zur Unterstützung kooperativer Vorgangsbearbeitung, in: *Wirtschaftsinformatik*, Jg. 34 (1992), Heft 1, S. 26-37.

Rutheklock(1992)   Rutheklock, T.: Der integrierte ORG/DV-Bereich - ein Anachronismus, in: *zfo*, 1992, Heft 6, S. 362-365.

Rzevski(1984)   Rzevski, G.: Prototypes versus Pilot Systems: Strategies for Evolutionary Information System Development, in: Budde et al., 1984, S. 356-367.

Sagawa(1990)   Sagawa, J.M.: Repository Manager Technology, in: *IBM Systems Journal*, Vol. 29 (1990), No. 2, S. 209-227.

Schäfer(1993)   Schäfer, S.: Klassische Entwurfstechniken für die objektorientierte Softwareentwicklung, in: *HMD*, Jg. 30 (1993), Heft 170, S. 47-54.

Schanz(1992)   Schanz, G.: Partizipation, in: Frese, E. (Hrsg.): Handwörterbuch der Organisation, 3. Aufl., Poeschel, Stuttgart, 1992, Sp. 1901-1914.

Scheer(1988a)   Scheer, A.W.: Wirtschaftsinformatik, Informationssysteme im Industriebetrieb, Springer, Berlin, 1988.

Scheer(1988b) Scheer, A.W.: Unternehmensdatenmodell (UDM) als Grundlage integrierter Informationssysteme, in: ZfB, Jg. 58 (1988), Heft 10, S. 1091-1114.

Scheer(1991) Scheer, A.W.: Architektur integrierter Informationssysteme, Grundlage der Unternehmensmodellierung, Springer, Berlin, 1991.

Scheer(1994) Scheer, A.W.: Wirtschaftsinformatik, Referenzmodelle für industrielle Geschäftsprozesse, 4. Aufl., Springer, Berlin, 1994.

Scheer/Hoffmann/Wein(1994) Scheer, A.W., Hoffmann, W., Wein, R.: Customizing von Standardsoftware mit Referenzmodellen, in: HMD, Jg. 31 (1994), Heft 180, S. 92-103.

Schirmer/Roth(1992) Schirmer, S., Roth, C.: Ketzerische Thesen zur CASE-Euphorie, in: Online, 1992, Heft 6, S. 24-29.

Schlageter/Stucky(1983) Schlageter, G., Stucky, W.: Datenbanksysteme, Konzepte und Modelle, 2. Aufl., Teubner, Stuttgart, 1983.

Schmieder/Uhr/Woehe(1995) Schmieder, S., Uhr, W., Woehe, F.: Entwicklung von Software für betriebswirtschaftliche Anwendungen - Läßt sich ein Trend zu mehr branchenbezogener Software verifizieren?, in: Wirtschaftsinformatik, Jg. 37 (1995), Heft 1, S. 78-81.

Schmidt(1987) Schmitt, J.W.: Datenbankmodelle, in: Lockemann/Schmidt, 1987, S. 1-83.

Schmitt(1993) Schmitt, H.-J.: Client-Server Architekturen, Architekturmodelle für eine neue informationstechnische Infrastruktur, Dissertation, TH Darmstadt, Lang, Frankfurt, 1993.

Schmitt(1994) Schmitt, H.-J.: Prinzenparade, Stärken und Schwächen der wichtigsten SQL-Datenbank-Server, in: c't Magazin für Computer und Technik, 1994, Heft 4, S. 234-251.

Schneider(1992) Schneider, S.: DB2 erwacht erst langsam aus dem Dörnröschen-Schlaf, in: Computerwoche 20, 15. Mai 1992, S. 47-48.

Schneider-Hufschmidt(1993) Schneider-Hufschmidt, M.: Eine Entwicklungsumgebung für adaptierbare Benutzungsoberflächen, in: Böcker, H.-D., Glatthaar, W., Strothotte, T. (Hrsg.): Mensch-Computer-Kommunikation, Benutzergerechte Systeme auf dem Weg in die Praxis, Springer, Berlin, 1993, S. 61-74.

Schönthaler(1989) Schönthaler, F.: Rapid Prototyping zur Unterstützung des konzeptuellen Entwurfs von Informationssystemen, Dissertation, Universität Karlsruhe, 1989.

Schönthaler/Németh(1992) Schönthaler, F., Németh, T.: Software-Entwicklungswerkzeuge: Methodische Grundlagen, 2. Aufl., Teubner, Stuttgart, 1992.

Schott/Graave/Schley(1994) Schott, A., Graave, H.J.M., Schley, J.: Entwicklung und Einsatz technischer Anwendungsarchitekturen in der Versicherungswirtschaft, in: HMD, Jg. 31 (1994), Heft 180, S. 34-45.

Schulz(1988) Schulz, A.: Software-Entwurf, Methoden und Werkzeuge, Oldenbourg, München, 1988.

Schumann/Schüle/Schumann(1994) Schumann, M., Schüle, H., Schumann, U.: Entwicklung von Anwendungssystemen, Grundzüge eines werkzeuggestützten Vorgehens, Springer, Berlin, 1994.

Seibt(1986) Seibt, D.: Anwendung, in: Schneider, H.-J. (Hrsg.): Lexikon der Informatik und Datenverarbeitung, 2. Aufl., Oldenbourg, München, 1986, S. 31.

Seibt(1991) Seibt, D.: Anwendung, interaktive, in: Schneider, H.-J. (Hrsg.): Lexikon der Informatik und Datenverarbeitung, 3. Aufl., Oldenbourg, München, 1991, S. 41.

Shlaer/Mellor(1988) Shlaer, S., Mellor S.J.: Object-oriented Systems Analysis, Modeling the World in Data, Yourdon Press, Englewood Cliffs, 1988.

Shlaer/Mellor(1992) Shlaer, S., Mellor S.J.: Object Lifecycles, Modeling the World in States, Yourdon Press, Englewood Cliffs, 1992.

Shneiderman(1992) Shneiderman, B.: Designing the User Interface: Strategies for Effective Human-Computer Interaction, 2nd Edition, Addison-Wesley, Reading, 1992.

Siemens (1991) Siemens AG: Software-Prozeßmodell, in: Schneider, H.-J. (Hrsg.): Lexikon der Informatik und Datenverarbeitung, 3. Aufl., Oldenbourg, München, 1991, S. 739.

Simon/Heilmann/Gebauer(1991) Simon, M., Heilmann, H., Gebauer, A.: Benutzerschnittstellen, Grundlage, Historie, Tendenzen, in: *HMD*, Jg. 28 (1991), Heft 160, S. 3-13.

Sinz(1988) Sinz, E.J.: Das Strukturierte Entity-Relationship Modell (SER-Modell), in: *Angewandte Informatik*, 1988, Heft 5, S. 191-202.

Sinz(1993) Sinz, E.J.: Datenmodellierung im Strukturierten Entity-Relationship Modell (SERM), in: Müller-Ettrich, G. (Hrsg.): Fachliche Modellierung von Informationssystemen, Methoden, Vorgehen, Werkzeuge, Addison-Wesley, Bonn, 1993, S. 63-126.

Sinz/Amberg(1992) Sinz, E.J., Amberg, M.: Objektorientierte Datenbanksysteme aus Sicht der Wirtschaftsinformatik, in: *Wirtschaftsinformatik*, Jg. 34 (1992), Heft 4, S. 438-441.

Smolander et al.(1991) Smolander, K., Lyytinen, K., Tahvanainen, V.-P., Marttiin, P.: MetaEdit - A Flexible Graphical Environment for Methodology Modelling, in: Andersen, R., Bubenko, J.A., Solvberg, A. (Hrsg.): Advanced Information Systems Engineering, Springer, Berlin, 1991, S 168-193.

Sommerville(1987) Sommerville, I.: Software-Engineering, Addison-Wesley, Bonn, 1987.

Sowa/Zachman(1992) Sowa, J.F., Zachman, J.A.: Extending and formalizing the framework for information systems architecture, in: *IBM Systems Journal*, Vol. 31 (1992), No. 3, S. 590-616.

Spinas/Waeber(1991) Spinas, P., Waeber, D: Benutzerbeteiligung aus Sicht von Endbenutzern, Softwareentwicklern und Führungskräften mit Beteiligungserfahrung, in: Ackermann, D., Ulich, E. (Hrsg.): Software-Ergonomie'91, Benutzerorientierte Software-Entwicklung, Teubner, Stuttgart, 1991, S. 36-45.

Spitta(1989) Spitta, T.: Software Engineering und Prototyping, Eine Konstruktionslehre für administrative Softwaresysteme, Springer, Berlin, 1989.

Spitta(1993) Spitta, T.: Sechs Jahre Anwendungsentwicklung mit Prototypen, Revision von Begriffen und Konzepten, in: Züllighoven, H., Altmann, W., Doberkat, E.-E. (Hrsg.): Requirements Engineering'93: Prototyping, Teubner, Stuttgart, 1993, S. 49-66.

Stachowiak(1973) Stachowiak, H.: Allgemeine Modelltheorie, Springer, Wien, 1973.

Stahlknecht(1990)   Stahlknecht, P.: Computerunterstützung in den betriebswirtschaftlichen Funktionsbereichen, in: Kurbel, K., Strunz, H. (Hrsg.): Handbuch der Wirtschaftsinformatik, Poeschel, Stuttgart, 1990, S. 29-41.

Steinbauer(1990)   Steinbauer, D.: Strukturierter Fachentwurf bei der Erstellung von PC-Softwareprodukten, in: *IM Information Management*, Jg. 5 (1990), Heft 2, S. 58-67.

Tannenbaum(1993)   Tannenbaum, A.: U.S. market seeing repository rebirth, in: *Software Magazine*, June 1993, S. 46-61.

Teorey et al.(1989)   Teorey, T.J., Wie, G., Bolton, D.L., Koenig, J.A., ER Model Clustering as an Aid for User Communication and Documentation in Database Design, in: *Communications of the ACM*, Vol. 32 (1989), No. 8, S. 975-987.

Texas Instruments(1992) o.V.: Rapid Application Development Overview, Texas Instruments Inc., 1st Edition, 1992.

Thoma(1993)   Thoma, H.: Integration von Applikationen und Datenbanken mit Hilfe einer Applikations-Architektur, in: Müller-Ettrich, G. (Hrsg.): Fachliche Modellierung von Informationssystemen, Methoden, Vorgehen, Werkzeuge, Addison-Wesley, Bonn, 1993, S. 217-260.

Thomas(1989)   Thomas, I.: PCTE interfaces: Supporting tools in software-engineering environments, in: *IEEE Software*, Vol. 6 (Nov. 1989), No. 6, S. 15-23.

Udell(1994)   Udell, J.: Component Ware, in: *Byte*, Vol. 19 (May 1994), No. 5, S. 46-56.

Vetter(1990)   Vetter, M.: Strategie der Anwendungssoftware-Entwicklung, Planung, Prinzipien, Konzepte, 2. Aufl., Teubner, Stuttgart, 1990.

Wakeman/Jowett(1993) Wakeman, L., Jowett, J.: PCTE, The standard for open repositories, Prentice Hall, New York, 1993.

Ward/Mellor(1991)   Ward, P.T., Mellor, S.J.: Strukturierte Systemanalyse von Echtzeit-Systemen, Hanser, München, 1991.

Wasserman(1985)   Wasserman, A.I.: Extending state transition diagrams for the specification of human-computer interaction, in: *IEEE Transactions on Software Engineering*, Vol. 11 (1985), No. 8, S. 699-713.

Wasserman/Pircher/Shewmake(1986) Wasserman, A.I., Pircher, P.A., Shewmake, D.T.: Building reliable interactive information systems, in: *IEEE Transactions on Software Engineering*, Vol. 12 (1986), No. 1, S. 147-156.

Wedekind(1976)   Wedekind, H.: Systemanalyse, Die Entwicklung von Anwendungssystemen für Datenverarbeitungsanlagen, 2. Aufl., Hanser, München, 1976.

Wedekind(1985)   Wedekind, H.: Ein Experiment zum Rapid Prototyping, in: *Angewandte Informatik*, 1985, Heft 2, S. 58-61.

Weisbecker(1993)   Weisbecker, A.: Integration von software-ergonomischen Wissen in die Systementwicklung, in: Rödiger, K.-H. (Hrsg.): Software Ergonomie'93, Teubner, Stuttgart, 1993, S. 299-310.

Wiborny(1991)   Wiborny, W.: Datenmodellierung, CASE-Management, Addison-Wesley, Bonn, 1991.

Witt/Schwarzer(1988) Witt, K.-U., Schwarzer, U.S.: Konzeption und Realisierung von Werkzeugen für den Implementierungs-Entwurf relationaler Datenbanken, in: *Angewandte Informatik*, 1988, Heft 8, S. 329-336.

Wolf(1979)   Wolf, M.: Die Leistungsfähigkeit des systemorientierten Ansatzes für die
                          Modellierung, in: Bea, F.X., Bohnet, A., Klimesch, H. (Hrsg.): System-
                          modelle, Anwendungsmöglichkeiten des systemtheoretischen Ansatzes,
                          Oldenbourg, München, 1979, S. 11-37.

X/Open-SQL(1991)   o.V.: X/Open and SQL Access Group SQL, 1991.

Yourdon(1988)   Yourdon, E.: Managing the System Life Cycle, Second Edition, Prentice
                          Hall, Englewood Cliffs, 1988.

Zachman(1987)   Zachman, J.A.: A framework for information systems architecture, in:
                          IBM Systems Journal, Vol. 26 (1987), No. 3, S. 276-292.

Zandt(1993)   Zandt, N.: Integriertes Repository als gute Basis für die Entwicklung, in:
                          Computerwoche 43, 22. Oktober 1993, S. X-XI.

Zehnder(1989)   Zehnder, C.A.: Informationssysteme und Datenbanken, 5. Aufl., Teubner,
                          Stuttgart, 1989.

Ziegler(1988)   Ziegler, J.: Aufgabenanalyse und Funktionsentwurf, in: Balzert, H., Hop-
                          pe, H.U., Oppermann, R., Peschke, H., Rohr, G., Streitz, N.A. (Hrsg.):
                          Einführung in die Software-Ergonomie, de Gruyter, Berlin, 1988, S. 231-
                          252.

Ziegler/Ilg(1991)   Ziegler, J., Ilg, R.: Techniken der direkten Manipulation für die Benutzer-
                          schnittstellengestaltung, in: *HMD*, Jg. 28 (1991) Heft 160, S. 48-64.

Zilahi-Szabó(1988)   Zilahi-Szabó, M.G.: Informatik, Einführung in die allgemeine Wirtschafts-
                          informatik, Oldenbourg, München, 1988.

Zimmermann et al.(1993)   Zimmermann, H.H., Katzy, B.R., Plötz, A.J., Tanner, H.-R.: Integrierte
                          Unternehmensmodellierung, in: *IO Management Zeitschrift*, Jg. 62 (1993),
                          Heft 11, S. 67-72.

If you have any concerns about our products,
you can contact us on
ProductSafety@springernature.com

In case Publisher is established outside the EU,
the EU authorized representative is:
Springer Nature Customer Service Center GmbH
Europaplatz 3, 69115 Heidelberg, Germany

Printed by Libri Plureos GmbH
in Hamburg, Germany